राजनीति सिद्धांत : अवधारणाएँ एवं विमर्श

राजनीति सिद्धांत

अवधारणाएँ एवं विमर्श

संपादन

संजीव कुमार

प्रोफेसर

राजनीति विज्ञान विभाग

ज़ाकिर हुसैन दिल्ली कॉलेज

दिल्ली विश्वविद्यालय

दिल्ली

ओरियंट ब्लैकस्वॉन

राजनीति सिद्धांत : अवधारणाएँ एवं विमर्श

ओरियंट ब्लैकस्वॉन प्राइवेट लिमिटेड

मुख्य कार्यालय
3-6-752 हिमायत नगर, हैदराबाद 500029 (आंध्र प्रदेश), भारत
ई-मेल: centraloffice@orientblackswan.com

शाखाएँ
बंग्लुरु, चेन्नई, गुवाहाटी, हैदराबाद, कोलकाता,
मुंबई, नई दिल्ली, नोएडा, पटना, विशाखापट्टनम

ओरियंट ब्लैकस्वॉन द्वारा संशोधित एवं परिवर्द्धित संस्करण 2023
सेज भाषा संस्करण 2021

ISBN 978-93-5442-521-9

आवरण और पुस्तक सज्जा
ओरियंट ब्लैकस्वॉन प्राइवेट लिमिटेड

037723

लेज़र टाइपसेटर
सुरेश कुमार शर्मा, नई दिल्ली

मुद्रक
बी.बी. प्रेस, नोएडा 201 301

प्रकाशक
ओरियंट ब्लैकस्वॉन प्राइवेट लिमिटेड
3-6-752 हिमायत नगर, हैदराबाद 500029 (तेलंगाना) भारत
ई-मेल : info@orientblackswan.com

विषयानुक्रम

प्रस्तावना

यह पुस्तक 2021 में सेज भाषा द्वारा प्रकाशित पुस्तक राजनीति सिद्धांत का संशोधित एवं परिवर्द्धित संस्करण है। पहले के कार्यों के पूर्ण संशोधन के आधार पर, नया खंड राजनीतिक सिद्धांत की प्रमुख अवधारणाएँ, बहस और दृष्टिकोणों का एक महत्त्वपूर्ण अवलोकन प्रस्तुत करता है। इसमें तीन महत्त्वपूर्ण नवीन प्रविष्टियाँ हैं– स्वतंत्रता, मुक्ति और स्वराज (अध्याय 2), समतावाद (अध्याय 5) और मानवाधिकार: सार्वभौमिकता बनाम सांस्कृतिक सापेक्षवाद (अध्याय 11)। राजनीतिक सिद्धांत में समकालीन बदलावों को ध्यान में रखते हुए अन्य अध्यायों में भी महत्त्वपूर्ण संशोधन किए गए हैं।

राजनीतिक सिद्धांत एक जटिल अवधारणा है जिसके अर्थ को लेकर राजनीतिक सिद्धांतकार एकमत नहीं हैं। इसकी जटिलता का मुख्य कारण इसका बहु–आयामी एवं बहु–स्तरीय स्वरूप है– जो मानव अस्तित्व से जुड़े लगभग सभी पहलुओं/चिंताओं पर ध्यान केंद्रित करता है। अगर राजनीतिक सिद्धांत से संबधित पुस्तकों और शोध–पत्रिकाओं पर गौर करें, तो हम इसमें अनेक विषयों का समावेश पाते हैं। अध्ययन का एक बड़ा हिस्सा राजनीतिक चिंतन के समृद्धशाली और वैविध्यपूर्ण इतिहास (History of Political Thought) से संदर्भ रखता है जिसमें प्लेटो से लेकर मार्क्स, कांट, और आज जॉन रॉल्स जैसे विचारकों की आदर्श परिकल्पनाओं को समझने का प्रयास किया जाता है। विविध राजनीतिक अवधारणाएँ (political concepts)– स्वतंत्रता, समानता, न्याय, अधिकार, वैधता, नागरिकता आदि के विश्लेषण के साथ उदारवाद, मार्क्सवाद, रूढ़िवाद, राष्ट्रवाद, अराजकतावाद जैसी राजनीतिक परंपराओं (Political Traditions) का अवलोकन भी राजनीतिक सिद्धांत के अध्ययन के मुख्य आयाम हैं।

एक अकादमिक शाखा के रूप में राजनीतिक सिद्धांत लगातार विकसित होता रहा है। वर्तमान समय में, समुदायवाद, बहुसंस्कृतिवाद, नारीवाद, जलवायु परिवर्तन, वैश्विक न्याय, आदि जैसे ज्वलंत मुद्दे, राजनीतिक सिद्धांत के शोध एवं विमर्श के नए विषय के रूप में सामने आ रहे हैं। इन कारणों से राजनीतिक सिद्धांत की समझ और इसकी समावेशी परिभाषा प्रदान करना अत्यंत जटिल हो जाता है। लेकिन एक चिंतन जो इन विविध अवधारणाओं, परंपराओं और मुद्दों को "राजनीतिक सिद्धांत" की शाखा के तहत एकजुट करता है–वह है: "सामूहिक रूप" से, कैसे साथ रहना संभव है? एक "उत्तम सामाजिक व्यवस्था" के निर्माण की विभिन्न संभावनाओं की तलाश की अभिरुचि ही इसके अध्ययन का मुख्य बिंदु है।

राजनीतिक सिद्धांत, मुख्य रूप से एक मानकीय उद्यम (Normative enterprise) है। यह "क्या है" (what is) के बदले "क्या होना चाहिए" (what ought to be) के प्रश्न को

अहम मानती है। इसका अर्थ, यह नहीं कि राजनीतिक सिद्धांतकार, समसामयिक राजनीतिक और सामाजिक व्यवस्था की समस्याओं की चिंता नहीं करते क्योंकि वर्तमान पृष्ठभूमि के गुण और दोष को जाने बिना यह निर्धारित करना संभव नहीं है, कि हमें किन बातों के लिए आकांक्षी होना चाहिए? एक तार्किक और व्यवस्थित चिंतन के रूप में राजनीतिक सिद्धांत का उद्देश्य वास्तविकता (reality) की हमारी समझ को और एक "उत्तम जीवन" (Good life) के लिए उपयुक्त परिस्थितियों का निर्माण करना है।

इस बात में कोई संदेह नहीं है कि राजनीतिक सिद्धांत हमें मानवीय अस्तित्व तथा सामूहिक जीवन से जुड़े प्रश्नों के बारे में तर्कसंगत ढंग से सोचने और समझने के लिए प्रेरित करता है। परंतु यदि व्यावहारिक दृष्टि से देखा जाए, तो हमें ज्ञात होगा कि एक न्यायपूर्ण तथा समतामूलक समाज के लिए क्या उचित एवं वांछनीय (Desirable) है और क्या नहीं, इस बारे में कोई निश्चित राय अथवा मत संभव नहीं है। एक आदर्श समाज कैसा हो, वह किन मूल्यों पर आधारित हो उसमें निर्णय लेने का अधिकार किसके पास हो तथा उस समाज को किस प्रकार से संगठित व व्यवस्थित किया जाए – ये कुछ ऐसे बुनियादी प्रश्न हैं जो राजनीतिक चिंतकों व सिद्धांतकारों के लिए गंभीर विचार-विमर्श के केंद्र बने रहें हैं।

व्यक्ति के राजनीतिक व सामाजिक जीवन के बारे में सिद्धांतकारों के भिन्न-भिन्न मत राजनीतिक सिद्धांत के अध्ययन के अलग-अलग दृष्टिकोणों के रूप में उभरकर हमारे सामने आते हैं। उल्लेखनीय है, सामान्य व्यक्ति भी जिन्हें राजनीति सिद्धांत की समझ हो अथवा नहीं, जब अपनी राय व्यक्त या मन की बात कहते हैं, अनेक प्रकार से राजनीतिक विचार एवं अवधारणाओं का प्रयोग करते हैं। रोज़मर्रा की भाषा में स्वतंत्रता, समानता, न्याय, अधिकार जैसे शब्दों का प्रचलन आम है। उसी तरह, रूढ़िवादी, उदारवादी, फासीवादी, नारीवादी या समाजवादी जैसे शब्द, प्रायः लोग अपने स्वयं के विचार/मत अथवा दूसरों के लिए प्रयोग में लाते हैं, हालांकि, शायद ही कभी किसी परिशुद्धता के साथ इनका उपयोग किया जाता है या उनके अर्थ की स्पष्ट समझ होती है ।

उदाहरण के लिए, उपर्युक्त में से कुछ संकल्पनाओं को लेते हैं। समानता के इस कथन से क्या अर्थ निकलता है कि सभी लोग समान/बराबर होने चाहिए। क्या इसका मतलब सब लोगों के समान अधिकार, समान अवसर, समान संसाधन, समान राजनीतिक प्रभाव, समान मज़दूरी मिलने से है । एक स्वतंत्र दुनिया में व्यक्तियों को किन स्वतंत्रताओं का आनंद लेना चाहिए? क्या उन्हें बिना किसी प्रतिबंध के, अभिव्यक्ति, संपत्ति अर्जित, और विनिमय करने की स्वतंत्रता मिलनी चाहिए? अवसर की समानता कब पर्याप्त है, कब विशेष व्यवहार (सकारात्मक कार्यवाही) की ज़रूरत होती है? क्या हमेशा कानून का कर्तव्य पालन करना चाहिए? बहुसांस्कृतिक समाजों में, सभी को बिल्कुल समान अधिकार मिलना चाहिए, या कुछ इस आधार पर विशेष अधिकारों का दावा कर सकते हैं, कि वे अल्पसंख्यक या अल्पमत में हैं?

क्या एक "न्यायपूर्ण समाज" वह है जो सभी व्यक्तियों को समान मात्रा में संसाधन वितरित करता है, या वह जिससे मात्र एक साधारण जीवन संभव हो सके, न्यायपूर्ण समाज

में वितरण का सवाल, क्या राष्ट्र-राज्य के परिधि के अंतर्गत सीमित होने चाहिए, या राष्ट्र राज्य की सीमाओं से परे नागरिकों के उन अधिकारों पर विचार करने की आवश्यकता है जो "वैश्विक न्याय" के संदर्भ में सामने आते हैं। ऐसे प्रश्नों का कोई सरल उत्तर नहीं हो सकता।

अगर लोकतंत्र पर विचार करें तो कुछ लोगों का मानना है कि लोकतंत्र वास्तव में उम्मीदवारों और राजनीतिक दलों को वोट देने के बारे में है, वहीं अन्य इसे नागरिकों के शासन में प्रत्यक्ष भागीदारी से जोड़ते हैं। इसी तरह उदारवादी, कम्युनिस्ट या फासीवादी जैसे शब्दों का आमतौर पर दुरुपयोग किया जाता है। मसलन, किसी को फासीवादी कहने का क्या अर्थ है? फासीवादी किन मूल्य या मान्यताओं को मानते हैं और क्यों ?

इस प्रकार हम देख सकते हैं, राजनीति की इन प्रमुख अवधारणाओं के बारे में हमारे विचार काफी जटिल हैं। शब्दों के अर्थों को लेकर इस तरह की असहमति के कारण कई टिप्पणीकार यह तर्क देते हैं कि 'राजनीतिक अवधारणाएँ अनिवार्य रूप से प्रतिस्पर्धी हैं'। [गैली, 1956] विवाद और असहमति इन अवधारणाओं की प्रकृति का हिस्सा हैं। अवधारणाओं के उचित उपयोग पर असहमति विभिन्न–सैद्धांतिक, आदर्शवादी (मानकीय) और अनुभवजन्य मानदंड को दर्शाती है। राजनीतिक सिद्धांतकार का प्रयास अतः इन अस्पष्ट और प्रतिस्पर्धी (contested) अवधारणाओं पर कुछ सटीकता लाना है, ताकि ऐसी सामाजिक व्यवस्था (social arrangements) का अनुसरण हो सके, जिनके हम विशेष आकांक्षी होते हैं। प्रमुख राजनीतिक विचार– जैसे स्वतंत्रता, समानता, न्याय आदि के अर्थ को व्यवस्थित तरीके से स्पष्ट और संशोधित करने की आवश्यकता है। कौन कितने महत्त्वपूर्ण हैं– कब पर्याप्त हैं, काफी हद तक इसका अर्थ, विभिन्न संदर्भों पर निर्भर करता है। इन तर्कों की जांच में, अतः समकालीन अनुभवों और भविष्य के रुझानों और अपेक्षाओं को प्रतिबिंबित करने की भी अत्यंत आवश्यकता है।

कोई भी पुस्तक सभी राजनीतिक अवधारणाओं को कवर करने का दावा नहीं कर सकती, और यह कोई अपवाद नहीं है। इस पुस्तक का उद्देश्य छात्रों को राजनीतिक सिद्धांतकारों और आम नागरिकों के समसामयिक बहसों में नियोजित कुछ प्रमुख अवधारणाओं, मुद्दों एवं असहमतियों से परिचित कराना है। "प्रमुख वैचारिक परंपराओं" के परिप्रेक्ष्य में इन अवधारणाओं के औचित्य एवं महत्त्व को दर्शाया गया है।

यह स्पष्ट है, प्रस्तुत अवधारणाएं हमारे जीवन के अमूर्त मसले नहीं हैं। इनके बिना मानव जीवन की कल्पना नहीं की जा सकती – वर्तमान की सामाजिक और राजनीतिक परिघटनाओं से इनका सीधा संबंध होता है। जरूरी है, इनके व्यावहारिक महत्त्व पर बल दिया जाए। अतः इस पुस्तक में – जेंडर, वैश्विक न्याय, मानवाधिकार, बहुसंस्कृतिवाद, समतावाद, सकारात्मक कार्यवाही, भाषण और अभिव्यक्ति की स्वतंत्रता के विमर्श के माध्यम से राजनीतिक सिद्धांत के समकालीन महत्त्व को दर्शाने का प्रयास किया गया है।

हिंदी में राजनीति विज्ञान में लेखन-कार्य बेहद चुनौतीपूर्ण है। खासकर राजनीतिक सिद्धांत जैसे जटिल विषय पर स्तरीय ग्रंथों का सर्वदा अभाव रहा है। हमारी निर्भरता अंग्रेजी की

चंद पुस्तकों तक ही सीमित है या उनके अनुवादित संस्करणों से जो छात्रों के लिए समझना बेहद कठिन है। लिहाजा यह पुस्तक इस रिक्तता को भरने का एक लघु प्रयास भी है जो विषय की सारगर्भित जानकारी दे सके। पुस्तक को लिखने के क्रम में इस बात पर विशेष ध्यान दिया गया है कि अमूर्त अवधारणाओं को सरल, हिंदी भाषा में उचित उदाहरणों के साथ प्रस्तुत किया जाए।

मुख्य रूप से यह पुस्तक स्नातक और स्नातकोत्तर छात्रों की आवश्यकता के अनुरूप लिखी गई है। आशा है कि चुनी गई रीडिंग छात्रों व शोधकर्ताओं को राजनीतिक सिद्धांतकारों के विभिन्न सैद्धांतिक पक्ष एवं तर्कों पर गंभीरता से विचार करने में सहायक होंगी। समाज शास्त्री, इतिहासकार, राजनेता, नौकरशाहों, पत्रकारों आदि के लिए भी यह पुस्तक उपयोगी होगा जो राजनीति की गतिशीलता और इससे जुड़े मुद्दों में रुचि रखते हैं।

इस पुस्तक के लिए मैं उन सभी गुरुजनों के प्रति कृतज्ञता व्यक्त करता हूँ जिन्होंने राजनीतिक सिद्धांत की मेरी समझ को बेहतर किया है। सौभाग्यशाली हूँ, लगभग दो दशकों के अकादमिक सफर में मुझे एम.पी. सिंह, अशोक आचार्य, बिंदु पुरी, विद्युत चक्रवर्ती, वाल्मीकि प्रसाद सिंह, पीटर डीसूजा, गोपाल गुरु, डेनिस डाल्टन, डगलस एलन, एंथनी परेल जैसे प्रबुद्ध अग्रजों से लगातार समर्थन और मार्गदर्शन मिलता रहा है।

इस कार्य के लिए अकादमिक वातावरण प्रदान करने के लिए, जाकिर हुसैन दिल्ली कॉलेज में अपने सहकर्मी और छात्रों के प्रति भी अपनी कृतज्ञता व्यक्त करता हूँ। पुस्तक के लिए ओरियंट ब्लैकस्वॉन की टीम की प्रतिबद्धता और धैर्य प्रेरणादायक था। निशा रॉय चौधरी का मैं बहुत आभारी हूँ जिन्होंने धैर्य के साथ पूरे ड्राफ्ट को पढ़ा और इस संदर्भ में कई उपयोगी सुझाव और हर त्रुटियों को दूर करने का अथक प्रयास किया।

मैं अपने माता-पिता का उनके निश्चल प्रेम और प्रोत्साहन के लिए अपना आभार व्यक्त करना चाहता हूँ। मेरी पत्नी अंजलि रॉय और मेरे बेटे पार्थ के निरंतर समर्थ और स्नेह ने इस पुस्तक लेखन की राह को काफी हद तक आसान कर दिया। उनके स्नेह ने मेरे हौंसले को और आगे बढ़ाया।

संजीव कुमार
नई दिल्ली

संदर्भ सूची (Reference)

गैल्ली, डब्लू.बी. (1956), "एस्सेन्शियली कंटेस्टेड कंसेप्ट्स", *प्रोसीडिंग्स ऑफ द ऐरिस्टोटेलियन सोसाइटी*, न्यू सीरीज, खंड 56 : 167-198

इकाई 1

अध्याय 1

स्वतंत्रता
Liberty

कुमार राहुल

प्रस्तावना (Introduction)

एक छोटी-सी कहानी से स्वतंत्रता की अवधारणा को समझने का प्रयास करते हैं। बारिश की एक सुबह तीन दोस्त सुहाने मौसम का आनंद उठाने के लिए ड्राइविंग पर निकल जाते हैं। पहाड़ी रास्ता होने के कारण ड्राइविंग का मज़ा दोगुना हो जाता है। परंतु शायद ये प्रकृति को मंजूर नहीं था। लगभग एक घंटे की यात्रा के बाद उनकी खुशी दुख में बदल गई, क्योंकि भू-स्खलन के कारण आगे का रास्ता बंद हो गया था। परिस्थितिवश वे वापस लौटने को मजबूर हो गए। नीलेश गाड़ी चला था। खिन्न होकर वह और तेज़ रफ्तार से चलाने लगा। कार हवा से बातें कर रही थी। वह निर्धारित गति सीमा से कहीं ज़्यादा तेज़ रफ्तार से गाड़ी हाँक रहा था। तीनों मित्रों में बहस छिड़ गई। नयना और आन्या गुस्से में थे। नीलेश अपने में मग्न था। उसको तेज़ गति से गाड़ी चलाने का शौक था। वह बार-बार अपने दोस्तों को आश्वस्त कर रहा था कि वे चिंता न करें। वह एक कुशल ड्राइवर है, इसलिए कोई अपनी चिंता न करे। कोई यातायात पुलिस भी नहीं है, इसलिए उसको कोई नहीं रोकेगा।

नयना और आन्या की चिंता एक-सी थी, लेकिन उनके दृष्टिकोण अलग थे। नयना का तर्क था कि राज्य के कानून का उल्लंघन करना उचित नहीं है। इसलिए, यातायात नियमों का पालन करते हुए निर्धारित गति सीमा के अंदर ही नीलेश को गाड़ी चलानी चाहिए। ऐसा करने से दूसरे वाहनों की सुरक्षा भी बनी रहेगी। आन्या का दृष्टिकोण अलग था। उसका तर्क था कि बात सिर्फ यातायात के नियमों के अनुपालन की नहीं है। बात आत्म-सृजित नैतिकता की है। हमें "अन्य" (the other) के जीवन को भी उतना ही नैतिक महत्त्व प्रदान करना चाहिए, जितना कि आत्म-जीवन को। "आत्म" और "अन्य" नैतिक दृष्टि से अन्योन्याश्रित हैं। इसलिए, यातायात के नियम हमारे नैतिक-प्राकृतिक नियमों से सु-संगत होने चाहिए।

उपर्युक्त संदर्भ से स्वतंत्रता को समझने के कम-से-कम चार दृष्टिकोण हमें प्राप्त होते हैं। स्वतंत्रता के विषय में नीलेश की समझ प्रसिद्ध ब्रिटिश विचारक थॉमस हॉब्स और इजया बर्लिन से प्रभावित लगती है। दोनों ही स्वतंत्रता को ऐसी अवस्थिति के रूप में देखते हैं, जहाँ

कोई बाध्यकारी तत्त्व मौजूद न हो। लेकिन हॉब्स और बर्लिन के विचारों में थोड़ा अंतर है। हॉब्स मानते हैं कि स्वतंत्रता में "स्वतः-स्फूर्त गति" (self-induced movement) होती है। इसलिए, स्वतंत्र होने का तात्पर्य है, स्वतः-स्फूर्त रूप से गतिमान रहना। यह एक विचित्र व्याख्या है। स्वतः-स्फूर्त गतिशीलता में रूकावट या बाधा गैर-उन्मुक्तता का द्योतक है। अतः इस व्याख्या के अनुसार, नदी में पानी की बहती हुई धारा स्वतंत्र है, जबकि तालाब में ठहरा हुआ पानी अस्वतंत्र। सड़क पर चलता हुआ व्यक्ति स्वतंत्र है, जबकि बिस्तर पर सोया हुआ व्यक्ति अस्वतंत्र। हॉब्स के अनुसार, व्यक्ति और वस्तु दोनों ही स्वतंत्र और अस्वतंत्र हो सकते हैं। स्वतंत्रता निर्बाध होनी चाहिए। अनियतिक और अनैच्छिक रूप से भी अगर स्वतः-स्फूर्त गतिशीलता में रुकावट पहुँचती है तो हॉब्स के अनुसार इसे स्वतंत्रता का ह्रास माना जाएगा। [इस दृष्टिकोण पर विस्तृत चर्चा के लिए टी. सोरेल द्वारा संपादित *कैंब्रिज कम्पैनियन टू हॉब्स*, 1996 : 175-207 देखें]

बर्लिन का दृष्टिकोण थोड़ा अलग है। हॉब्स की तरह बर्लिन भी स्वतंत्रता को बाह्य हस्तक्षेप या बाधाओं की अनुपस्थिति के रूप में परिभाषित करते हैं। लेकिन बर्लिन के अनुसार, बाधाएँ व्यक्ति के संज्ञान से निर्मित होनी चाहिए, तभी उसे बाधाओं की श्रेणी में रखा जा सकता है। अतः बर्लिन के अनुसार, भू-स्खलन जैसी प्राकृतिक बाधा को अभीष्ट हस्तक्षेप की श्रेणी में नहीं रखा जा सकता। बर्लिन मानते हैं कि सिर्फ मनुष्य ही स्वतंत्र या अस्वतंत्र हो सकते हैं, वस्तु नहीं। क्योंकि, सिर्फ मनुष्य ही सुनियोजित रूप से बाधाओं का सृजन कर सकता है, उसे क्रियान्वित कर सकता है और उसका शिकार भी हो सकता है।

हॉब्स और बर्लिन के मानदंडों से स्वतंत्रता के विषय में नीलेश की समझ अभिप्रेरित लगती है। उसे लगता है कि भू-स्खलन से उसकी स्वतंत्रता विखंडित हो गई। यातायात पुलिस की अनुपस्थिति का लाभ उठाने के लिए नीलेश उन्मत्त हो गया। इसे ही नकारात्मक स्वतंत्रता का नाम दिया गया है। बाधाओं या बाह्य हस्तक्षेप की अनुपस्थिति ही स्वतंत्रता प्राप्ति के लिए सर्वोचित दशा है, स्वतंत्रता के विषय में ऐसी समझ ही नकारात्मक स्वतंत्रता कहलाती है।

नयना के विचारों में टी. एच. ग्रीन जैसे सकारात्मक उदारवादी चिंतक की झलक दिखती है, जबकि आन्या के विचारों में गांधी और कांट जैसे चिंतकों की प्रतिध्वनि स्पष्ट सुनाई पड़ती है। उनके विचारों में, स्वतंत्रता का तात्पर्य सिर्फ बाहरी हस्तक्षेप की अनुपस्थिति नहीं है बल्कि स्वतंत्रता का "आत्म-निर्णय" की क्षमता से भी है। बौद्धिक रूप से क्षमतावान व्यक्ति ही "आत्म" और "अन्य" के संबंधों की समग्रता को समझ सकता है। स्वतंत्रता की ऐसी अवधारणा हमें स्वं एवं अन्य को समान नैतिक मूल्य प्रदान करने की प्रेरणा देती है। स्वतंत्रता की ऐसी व्याख्या "आत्म-नियंत्रण" पर बल देती है। इस लेख में आगे दी गई विवेचना से नयना और आन्या के विचारों को और अधिक स्पष्टता से समझा जा सकता है।

नकारात्मक और सकारात्मक स्वतंत्रता
(Ngeative and Positive Liberty)

"नकारात्मक" और "सकारात्मक" स्वतंत्रता जैसी उक्ति को प्रसिद्ध विचारक बर्लिन ने प्रचलित कर दिया। सर्वप्रथम 1958 में बर्लिन ने ऑक्सफोर्ड विश्वविद्यालय में इस विषय

पर व्याख्यान दिया था, जो एक लेख के रूप में प्रकाशित हुआ। बर्लिन के इस व्याख्यान की पृष्ठभूमि आज से बिलकुल अलग थी। तब पूरा विश्व दो परस्पर विरोधी विचारधाराओं में विभाजित था। पूर्वी यूरोप में साम्यवाद की लहर थी, जबकि पश्चिम में पूँजीवाद की। उनके बीच का शीत युद्ध उनके लिए धर्म युद्ध जैसा ही था। बर्लिन का व्याख्यान दोनों खेमों के विचार क्षेत्र में स्वतंत्रता को तलाशने का मात्र एक बौद्धिक प्रयास था।

बर्लिन ने एक प्रश्न के द्वारा स्वतंत्रता का प्रत्ययीकरण किया है– 'किस प्रक्षेत्र में कोई व्यक्ति या व्यक्ति समूह, अपनी योग्यता के अनुसार, बिना किसी बाहरी व्यक्ति के हस्तक्षेप के, वह सब कुछ करने या बनने के लिए निर्बाध रूप से स्वतंत्र है, जो कुछ वह करना या बनना चाहता है?' [बर्लिन, टू कॉन्सेप्ट्स ऑफ लिबर्टी : 169] बर्लिन के अनुसार, हम इस प्रश्न का उत्तर देने के प्रयास में नकारात्मक स्वतंत्रता की अवधारणा का प्रयोग करते हैं।

बर्लिन ने एक दूसरे प्रश्न के माध्यम से सकारात्मक स्वतंत्रता की अवधारणा का प्रत्ययीकरण किया है। 'नियंत्रण या हस्तक्षेप का स्त्रोत क्या है या कौन है? जो यह तय करता हो कि कोई व्यक्ति क्या करेगा या क्या बनेगा? बर्लिन के अनुसार, इस प्रश्न के उत्तर के रूप में हम सकारात्मक स्वतंत्रता की अवधारणा का प्रयोग करते हैं।' [बर्लिन, टू कॉन्सेप्ट्स ऑफ लिबर्टी : 169]

इन्हीं दोनों प्रश्नों के माध्यम से बर्लिन ने नकारात्मक और सकारात्मक स्वतंत्रता की व्याख्या की है। हस्तक्षेप का स्त्रोत आंतरिक है या बाह्य, यह एक अहम प्रश्न है। नकारात्मक स्वतंत्रता की प्रकृति नकारात्मक इसलिए है कि बाह्य हस्तक्षेप या बाह्य बाधाओं को स्वतंत्रता प्राप्ति के मार्ग में सबसे बड़ी बाधा समझा जाता है। हस्तक्षेप जितना अधिक होगा, स्वतंत्रता उतनी कम और स्वतंत्रता उतनी ज्यादा होगी हस्तक्षेप जितना कम।

बाह्य हस्तक्षेप को भयवृति के रूप में देखा जाता है। अतः स्वतंत्रता का भविष्य स्वतंत्र नहीं है। स्वंतंत्रता की अनुभूति बाह्य हस्तक्षेप जैसी भयवृति के उन्मूलन या न्यूनीकरण पर निर्भर करती है। यही वृति नकारात्मकता की द्योतक है।

वहीं दूसरी ओर, सकारात्मक व्याख्या में स्वतंत्रता को आत्म-नियंत्रण, आत्म-स्वामित्व, आत्म-निपुणता, आत्म-निर्णयता, आत्म-शासन और आत्मानुभूति के रूप में समझा गया है। स्पष्ट है कि सकारात्मक स्वतंत्रता, बाह्य हस्तक्षेप की अनुपस्थित के बजाय, एक आंतरिक दशा है। इसी कारणवश कई सिद्धांतकार सकारात्मक स्वतंत्रता को राजनीतिक सिद्धांत का विषय मानते ही नहीं हैं। ऐसा इसलिए कि ऐसी स्वतंत्रता राजनीतिक प्रयास से प्राप्त नहीं की सकती है। अतः सकारात्मक स्वतंत्रता एक राजनीतिक विषय ही नहीं है। ऐसे सिद्धांतकारों का यह भी मत है कि सकारात्मक स्वतंत्रता एक पराभौतिक (Metaphysical) विषय है। अतः व्यक्तियों की सकारात्मक स्वतंत्रता की प्राप्ति के लिए राज्य द्वारा कोई राजनीतिक कार्यवाही न तो अपेक्षित है न ही वांछनीय।

जॉन लॉक, हर्बर्ट स्पेंसर, जे. एस. मिल, मिल्टन फ्राइडमैन, बर्लिन, हिलेल स्टैनर, रॉबर्ट नोजिक जैसे दार्शनिकों ने इस पक्ष का समर्थन किया है। स्वतंत्रता प्राप्ति में राज्य को सकारात्मक भूमिका दिए जाने का इन्होंने प्रबल रूप से प्रतिवाद किया है।

राजनीतिक चिंतन के इतिहास में अब सकारात्मक स्वतंत्रता की परंपरा को रेखांकित करने का प्रयास करते हैं। स्पष्ट है कि नकारात्मक और सकारात्मक अवधारणाओं में व्यापक

वैषम्य की स्थिति है। रूसो, कांट, हेगेल, ग्रीन, गांधी और रॉल्स जैसे दार्शनिकों के प्रत्यय में सकारात्मक अवधारणा का निरूपण मिलता है।

बर्लिन के दोनों प्रश्नों के आलोक में स्वतंत्रता की दोनों अवधारणाओं के मध्य अंतर को और अधिक स्पष्टता से समझने के लिए हम पुनः अपने मूल उदाहरण पर लौटते हैं। नीलेश बिना किसी बाह्य हस्तक्षेप के अपनी कार ड्राइव कर रहा है। अपनी इच्छाओं पर उसका कोई नियंत्रण नहीं है, अपितु इच्छाओं का उसके मानस पर नियंत्रण है। ऐसी स्थिति नकारात्मक स्वतंत्रता की द्योतक है। नयना और आन्या बार-बार आत्म-नियंत्रण को स्वतंत्रता का आधार होने की बात करते हैं। उनके अनुसार, ऐसी इच्छाएं जो अन्य व्यक्तियों की स्वतंत्रताओं का सम्मान न करे, जो प्राकृतिक नियमों के साथ सु-संगत न हो, तार्किक और न्यायोचित नहीं हो सकती। नयना और आन्या स्वतंत्रता के सकारात्मक पक्ष को उजागर कर रहे हैं। अतः कानूनी बाध्यता और नैतिक बाध्यता से हमारी स्वतंत्रता घटने के बजाय बढ़ती है। यही सकारात्मक स्वतंत्रता की अवधारणा का मूल तर्क है।

सकारात्मक स्वतंत्रता की विवेचना
(Examining Positive Liberty)

सकारात्मक स्वतंत्रता का प्रत्ययीकरण बहुत ही विवादास्पद रहा है। इसकी व्याख्याओं में भी सुबद्धता का अभाव दिखता है। उन सभी व्याख्याओं के दार्शनिक आधार भी अलग-अलग हैं। हस्तक्षेप का स्त्रोत क्या है, यही सबसे महत्त्वपूर्ण विषय है और वैचारिक मतभेद का कारण भी। सभी मतभेदों के बावजूद, सकारात्मक स्वतंत्रता के केंद्रीय आशय को लेकर मतैक्य है: न्यायसंगत मध्यवर्तन (legitimate intervention) से घटने के बजाय हमारी स्वतंत्रता में संवृद्धि ही होती है।

सकारात्मक स्वतंत्रता की विवेचना के लिए बर्लिन के लेख "स्वतंत्रता की दो अवधारणा" की कुछ पंक्तियों को उद्धृत करना सांदर्भिक है। 'साधारणतया मैं उस हद तक स्वतंत्र माना जा सकता हूँ, जब तक कि कोई व्यक्ति या व्यक्ति समूह मेरे द्वारा किए जा रहे कार्यों में हस्तक्षेप न करे। इस अर्थ में राजनीतिक स्वतंत्रता से अभिप्राय उस प्रक्षेत्र से है, जिसके अंतर्गत मैं निर्बाध रूप से, बिना किसी हस्तक्षेप के अपना कार्य कर सकूँ। आप अपनी राजनीतिक स्वतंत्रता तब खोते हैं, जब आपको अपने लक्ष्य प्राप्ति से रोका जाता है। लक्ष्य प्राप्ति में आपकी अक्षमता राजनीतिक स्वतंत्रता के अभाव की द्योतक बिल्कुल भी नहीं है।' [बर्लिन, टू कॉन्सेप्ट्स ऑफ लिबर्टी : 170]

बर्लिन के वक्तव्य से स्पष्ट है कि वे स्वतंत्रता को क्षमता के साथ जोड़कर नहीं देखते। स्वतंत्रता क्षमता से स्वतंत्र है। उदाहरण के तौर पर, अगर शिक्षा प्राप्त करने के लिए स्कूल उपलब्ध हों, लेकिन निर्धनतावश आप स्कूल की फीस देने में सक्षम न हों, तो बर्लिन के विचार में, इसे शिक्षा प्राप्त करने की स्वतंत्रता के अभाव के रूप में नहीं देखा जाना चाहिए। बर्लिन के विचार में, स्वतंत्रता की उपलब्धता को क्षमता-सर्जन से पृथक करके देखा जाना चाहिए। अगर स्वतंत्रता उपलब्ध हो, लेकिन प्रतिकूल और विषम सामाजिक-आर्थिक दशाओं

के कारण व्यक्ति स्वतंत्रता का उपयोग करने में सक्षम न हो, तो इसके लिए व्यक्ति को जिम्मेदार माना जाना चाहिए। बर्लिन के विचार में क्षमताहीनता के लिए समाजीकरण की प्रक्रिया को दोषी मान लेना उचित नहीं है। अत: सामाजिक न्याय या सकारात्मक कार्यवाही के माध्यम से व्यक्तियों में क्षमता का विकास करना स्वतंत्रता की मूल भावना के विपरीत है।

कालांतर में स्वतंत्रता की अवधारणा में परिशोधन हुआ। वैश्विक स्तर पर परिस्थितियां बदल रही थीं। सोवियत रूस के रूप में प्रथम साम्यवादी राष्ट्र की स्थापना हो चुकी थी। उदारवाद बौद्धिक और वैचारिक संकटों से जूझ रहा था। जहाँ पश्चिम के उदारवादी-पूँजीवादी राष्ट्र 1929 में शुरू हुए आर्थिक संकट, बेरोजगारी और मुद्रा-स्फीति से ग्रस्त थे, सोवियत रूस आर्थिक प्रगति के मार्ग पर अग्रसर था।

सैद्धांतिक स्तर पर उदारवाद वैधता के संकट (legitimacy crisis) से जूझ रहा था। उदारवाद को समानता और स्वतंत्रता जैसे वायदों से वैधता (legitimacy) मिली थी। स्वयं मार्क्स ने भी स्वतंत्रता और समानता जैसे प्रगतिशील वायदों के कारण उदारवाद की उत्पत्ति को क्रांतिकारी बताकर उसका स्वागत किया था। लेकिन कालांतर में यह साफ हो गया कि उदारवाद स्वतंत्रता और समानता को सिर्फ नागरिक और राजनीतिक अधिकारों तक सीमित कर देना चाहता है। आर्थिक समानता के प्रश्न पर उदारवाद एक भिन्न व्याख्या प्रस्तुत करता है। उदारवाद में आर्थिक समानता से तात्पर्य आर्थिक स्वतंत्रता के समान अधिकार से है, न कि आर्थिक संसाधनों में समान हिस्सेदारी से। फलस्वरूप, राजनीतिक और नागरिक स्वतंत्रता सुनिश्चित होने के बावजूद, समाज आर्थिक रूप से सरंचनात्मक विषमता से ग्रसित हो गया। आर्थिक विषमता के कारण समाज का एक बड़ा वर्ग बाजार-केंद्रित आर्थिक प्रतिस्पर्धा में पिछड़ता चला गया। आर्थिक वंचन की इस प्रक्रिया में व्यक्ति की राजनीतिक और नागरिक स्वतंत्रताओं के सम्यक रूप से इस्तेमाल करने की क्षमता भी प्रभावित होने लगी, जिससे उदारवाद के समक्ष वैधता का संकट गहराने लगा। वहीं दूसरी तरफ, रोजगार के अधिकार, आर्थिक समानता की गारंटी और समतामूलक समाज की स्थापना जैसे प्रगतिशील नारों के कारण समाजवाद के प्रति नवोदित राज्यों का झुकाव स्पष्ट रूप से देखा जा सकता था। इसी राजनीतिक और बौद्धिक संदर्भ में उदारवाद ने, पुनर्विचार के उपरांत, स्वतंत्रता की अवधारणा में समसामयिक परिशोधन किया। उदारवाद अब क्षमता के सर्जन और परिवर्धन पर बल देने लगा। स्वतंत्रता के सार्थक उपयोग के लिए सामाजिक-आर्थिक दशाओं में बदलाव को अपरिहार्य समझा जाने लगा। सकारात्मक स्वतंत्रता को हम निम्नलिखित संस्करण में देख सकते हैं:

1. सामाजिक और आर्थिक सुरक्षा के रूप में
2. सशक्तीकरण और क्षमता-सर्जन के उपकरण के रूप में
3. क्रियात्मक स्वतंत्रता के रूप में

हम तीनों ही संस्करणों की संक्षिप्त चर्चा करेंगे। द्वितीय विश्व युद्ध के बाद जन्मे नवोदित राज्यों में समाज का स्वरूप पश्चिम के देशों से बिलकुल भिन्न था। जहाँ पश्चिम के देशों में अल्पविकसित राज्य और अतिविकसित समाज देखने को मिलता है, वहीं गैर-पश्चिम देशों में स्थिति बिल्कुल विपरीत है। उपनिवेशोत्तरवादी विद्वानों का मानना है कि

उपनिवेशोत्तर देशों में अतिक्रियाशील राज्य और अल्पविकसित समाज का अंतर्विरोध पाया जाता है। राज्य का यह स्वरूप औपनिवेशिक सत्ता द्वारा थोपा गया है, क्योंकि उपनिवेशों के आर्थिक दोहन के लिए प्रबल राज्य का होना आवश्यक था। अल्पविकसित समाज भी उपनिवेशवाद की ही देन है। उपनिवेशवाद ने शिक्षा व्यवस्था और सांस्कृतिक धरोहर को कमजोर कर दिया, जिससे लोगों में सामाजिक दायित्वों के प्रति सचेतन, पर्यावरण के प्रति संवेदनशीलता, महिलाओं के प्रति आदर, आत्म-निर्भरता, आत्म-निर्णयता, और सामान्य नागरिक चेतना जैसी प्रवृति अल्पविकसित रह गई। इन्हीं चुनौतियों से आज उत्तर-औपनिवेशिक राज्य जूझ रहे हैं।

कुछ आलोचकों का मत है कि सामाजिक विषमता उपनिवेशवाद की देन नहीं है। अनंतकाल से ऐसे समाजों में गैर-बराबरी सरंचनात्मक रूप ले चुकी थी। सामाजिक वर्गीकरण और विषमतावाद सामाजिक सरंचना का हिस्सा बन चुका था। सामाजिक और आर्थिक वंचन की प्रक्रिया सदियों से क्रियाशील थी। शोषण, दर्प-मर्दन और सामाजिक भेद-भाव परंपराओं और प्रथाओं का अभिन्न हिस्सा बन चुके थे। उपनिवेशवाद ने पूर्व से विद्यमान ऐसी सामाजिक व्यवस्था को सिर्फ हवा दी, जिसके फलस्वरूप समाज का घोर अवक्षेपण हो गया।

ऐसा नहीं है कि पश्चिम के देशों में समाज सर्वथा ही समतामूलक रहा है, लेकिन वहां वंचन की प्रक्रिया अधिकांशतः आर्थिक अधिक थी और सामाजिक कम। फिर भी, पश्चिम का समाज भी जेंडर और रंगभेद के आधार पर श्रेणीबद्ध था।

समाज चाहे पश्चिम का हो या गैर-पश्चिम का, वंचन की प्रक्रिया सामाजिक हो या आर्थिक, गैर-बराबरी और अल्पविकसित समाज का कारण उपनिवेशवाद हो या रूढ़िवाद, पृष्ठभौमिक समानता को सुनिश्चित किए बगैर नागरिक स्वतंत्रता और अवसर की स्वतंत्रता का यथोचित वितरण करना कोरी कल्पना है। इस अभिज्ञता से प्रेरित होकर ही राज्यों ने कुछ ठोस संवैधानिक प्रावधानों के माध्यम से सामाजिक और आर्थिक सुरक्षा सुनिश्चित करने का कदम उठाया। उदाहरणस्वरूप, सती-प्रथा जैसी कुरीति का उन्मूलन, अस्पृश्यता से प्रतिरक्षा का अधिकार, धर्म, जाति, नस्ल, रंग, लिंग जैसे स्वेच्छाकारी कारकों के आधार पर शोषण और भेदभाव के विरुद्ध अधिकार, इत्यादि।

सामाजिक सुरक्षा की गारंटी एक प्राथमिक और आवश्यक कदम है, पर पर्याप्त नहीं। जैसा कि पहले उल्लेख किया जा चुका है, नकारात्मक स्वतंत्रता ने बाज़ार-केंद्रित वितरण प्रणाली को बढ़ावा दिया। अर्थात्, स्वतंत्रता की एक ऐसी अवधारणा जो हर व्यक्ति को असीमित आर्थिक स्वतंत्रता प्रदान करे, आर्थिक संविदा में प्रवेश करने का असीमित अधिकार दे, और विशुद्ध रूप से योग्यता के आधार पर आर्थिक संसाधनों और पूँजी प्राप्त करने का उन्मुक्त अवसर मुहैया कराए, और सभी सेवाएं प्रतिभावानों के लिए खोल दी जाएं। एडम स्मिथ ने द *वेल्थ ऑफ नेशंस* (The Wealth of Nations) में ऐसी ही स्वतंत्रता का प्रतिपादन किया है।

जॉन रॉल्स ने इसे "प्राकृतिक स्वतंत्रता की व्यवस्था" की संज्ञा दी है। इसकी आलोचना करते हुए रॉल्स ने तर्क दिया है कि ऐसी प्रणाली सर्वथा ही अनुचित परिणाम लेकर आएगी। स्वेच्छाचारी बाधाओं का उन्मूलन आवश्यक है, लेकिन सिर्फ इतना पर्याप्त नहीं है। अपने जीवनकाल में व्यक्ति अनेक अनिश्चितताओं का शिकार हो सकता है। जैसे कि प्राकृतिक,

सामाजिक और भाग्य पर आधारित अनिश्चितताएं। प्राकृतिक लॉटरी हमारी अनुवांशिक वृति का वितरण करती है। सामाजिक लॉटरी हमारे जन्म के संयोग से जुड़ी हई है, जैसे जाति, लिंग, वर्ग, इत्यादि, जो हमारे घर और स्कूल के वातावरण को प्रभावित करता है। भाग्य पर आधारित अनिश्चितताएं, जैसे कि बीमारी, दुर्घटना आदि भी गहरा प्रभाव छोड़ती हैं। ये तीनों ही अनिश्चितताएं हमारे जीवन की संभावनाओं को प्रभावित करती हैं। इस लॉटरी में जिसका सूचकांक अधिक होगा, उसकी सफलता की संभावना अधिक होगी। इसलिए, रॉल्स का तर्क है कि प्राकृतिक स्वतंत्रता की व्यवस्था (नकारात्मक स्वतंत्रता) में न्याय की उम्मीद नहीं की जा सकती।

रॉल्स जैसे सकारात्मक उदारवादी सिद्धांतकारों ने स्वतंत्रता को आंशिक रूप से बाज़ार की अनिश्चितताओं से निकाल कर इसे राज्य के सरंक्षण में सौंपने का समर्थन किया है। अतः सकारात्मक उदारवाद स्वतंत्रता की प्राप्ति के लिए "निष्पक्ष अवसर की समानता" के सिद्धांत का प्रतिपादन करता है। [रॉल्स, 1971 : 83] इस सिद्धांत का मूल उद्देश्य पृष्ठभौमिक असमानता को दूर करना है। तात्पर्य यह है कि समान रूप से प्रतिभावान और क्षमतावान व्यक्तियों की सफलता की संभावना भी समान होनी चाहिए। इस उद्यम में, सामाजिक व्यवस्था में उस व्यक्ति का प्रारंभिक स्थान बाधक नहीं बनना चाहिए। अगर प्राकृतिक या सामाजिक कारणों से प्रतिभागी समान रूप से योग्य न हों, तो यह सिद्धांत राज्य को सकारात्मक कार्यवाही की अनुमति देता है। रॉल्स इस उपागम से आगे जाकर एक समतावादी प्रस्ताव देते हैं। उनका तर्क है कि अगर सभी समान हों, किंतु अत्यधिक निर्धन हों, यह भी कोई आदर्श स्थिति नहीं है। इसलिए ऐसी असमानताएँ जो सबके लिए लाभकारी हो, खासकर समाज के सर्वाधिक वंचित वर्ग के लिए, आपत्तिजनक नहीं होनी चाहिए। यही रॉल्स का "विभेद का सिद्धांत" है। [रॉल्स, 1971 : 75] यह सिद्धांत असमान वितरण की अनुमति देता है, बशर्ते कि ऐसी असमानताएँ वंचित वर्ग के लिए अधिकतम रूप से लाभकारी हों। रॉल्स अपनी इस व्याख्या को "लोकतांत्रिक समानता" की संज्ञा देते हैं, जिसे सकारात्मक स्वतंत्रता का अवतार माना गया है। [रॉल्स, 1971 : 75] सकारात्मक कार्यवाही के रूप में सकारात्मक स्वतंत्रता का यह अवतरण सामाजिक सशक्तीकरण का एक प्रबल माध्यम है। सकारात्मक कार्यवाही के माध्यम से राज्य वंचित वर्गों के पक्ष में विभेद करता है। यह नीति सौम्य और सख्त दोनों ही रूपों में फलीभूत हो सकती है। आमतौर पर अगर पिछड़ेपन का परिणाम सतही हो, तो राज्य सौम्य सकारात्मक कार्यवाही से पिछड़ेपन को दूर करने का उद्देश्य रखता है। जैसे- सामाजिक सुरक्षा का अधिकार, आर्थिक सुरक्षा के लिए प्रयोजनाएं, छात्रवृति, सस्ती दर पर बैंक ऋण की व्यवस्था, शिक्षण संस्थानों में शुल्क माफी, सेवा परीक्षाओं के लिए निशुल्क प्रशिक्षण, विशेष अनुदान की व्यवस्था, इत्यादि। अगर पिछड़ापन सरंचनात्मक रूप ले चुका हो, अर्थात् अगर पिछड़ापन इतिहास, संस्कृति और संस्थागत कार्य प्रणाली का हिस्सा बन गया हो तो राज्य सख्त सकारात्मक कार्यवाही करता है, जिसे हम बोलचाल की भाषा में "आरक्षण" भी कहते हैं। सकारात्मक कार्यवाही एक संक्रमणकालीन व्यवस्था है।

जे. एस. मिल के विचार (Ideas of J.S. Mill)

जे. एस. मिल 19वीं सदी के एक महान दार्शनिक थे। उनकी पुस्तक *ऑन लिबर्टी* (On Liberty), जो 1859 में प्रकाशित हुई, राजनीतिक सिद्धांत के साहित्य में एक शाश्वत ग्रंथ की श्रेणी में स्थापित है। स्वतंत्रता के बारे में मिल के विचार को नकारात्मक और सकारात्मक के द्विभाजन में किसी एक पक्ष में स्थापित करना मुश्किल है। कई बार मिल नकारात्मक स्वतंत्रता के पक्षकार जान पड़ते हैं, कई बार सकारात्मक और कई बार उनके मध्य की कड़ी।

अपनी पुस्तक *ऑन लिबर्टी* में मिल ने अभिव्यक्ति की स्वतंत्रता और व्यक्तिगत स्वायत्तता का पुरजोर समर्थन किया है। मिल ने स्वतंत्रता की प्रकल्पना को अभीष्ठ सत्य के रूप में स्थापित किया है। अर्थात्, स्वतंत्रता का व्यक्ति के साथ अन्योन्याश्रित संबंध है। स्वतंत्रता किसी तार्किक औचित्य की मोहताज नहीं है। अपितु, स्वतंत्रता पर प्रतिबंध या स्वतंत्रता में कटौती के औचित्य को सिद्ध करने का भार उनके ऊपर है, जो ऐसा करना चाहते हैं। इस विचार पद्धति को स्वतंत्रता का पूर्वसत्यापित सिद्धांत (Presumption of liberty) भी कहते हैं।

समकालीन उदारवादी विचारक, जैसे जोएल फिनबर्ग, स्टैनले बेन और जॉन रॉल्स, स्वतंत्रता के इस सैद्धांतिक पक्ष के समर्थक हैं। कई विचारकों ने इसे आधारभूत स्वतंत्रता के सिद्धांत की भी संज्ञा दी है। अपनी पुस्तक के प्रथम अध्याय में ही मिल ने स्वतंत्रता के सिद्धांत का प्रतिपादन किया है, जो "क्षति-सिद्धांत" (Harm principle) के रूप में प्रचलित हुआ। मिल लिखते हैं:

'आत्म-रक्षा ही एक मात्र कारण है, जिसके लिए मानव जाति, व्यक्तिगत या सामूहिक रूप से, किसी भी सदस्य की स्वतंत्रता में हस्तक्षेप करने हेतु अनुमतिबद्ध हो सकती है। किसी भी व्यक्ति को क्षति से रक्षित करना ही एक मात्र उद्देश्य हो सकता है, जबकि एक सभ्य समुदाय के किसी भी सदस्य के विरुद्ध, उसकी इच्छा के प्रतिकूल, शक्ति का औचित्यपूर्ण प्रयोग किया जा सकता है।' [मिल, 14]

उपर्युक्त उद्धरण से स्पष्ट है कि मिल स्वतंत्रता को दो आयामों में विभक्त करके देखते हैं: पहला आत्म-संबंधी कार्यक्षेत्र में स्वतंत्रता और दूसरा अन्य-संबंधी कार्यक्षेत्र में स्वतंत्रता। स्वतंत्रता के विषय में मिल के दृष्टिकोण की ऐसी व्याख्या राजनीतिक सिद्धांत के साहित्य में सुप्रसिद्ध है। मिल के आत्म-संबंधी कार्यक्षेत्र में व्यक्ति को अधिकतम स्वतंत्रता प्राप्त है। मिल ने आत्म-संबंधी वैयक्तिक कार्य-क्षेत्र की स्वतंत्रताओं में किसी भी प्रकार के बाह्य हस्तक्षेप को अनुचित माना है और उसे निषिद्ध किया है। अगर ऐसी स्वतंत्रताओं के प्रयोग से किसी भी अन्य व्यक्ति के हितों को क्षति हो रही हो, तो उसे सर्वथा अनुचित माना जाएगा। मिल के इस तर्क को "क्षति-सिद्धांत" के रूप में जाना जाता है। मिल के लिए, कोई भी कार्य जो सहमति पर आधारित न हो, क्षति की श्रेणी में आता है।

मिल इस बात को मानते हैं कि हमारे किसी व्यवहार से, जिसे हम व्यक्तिगत कार्य-क्षेत्र की श्रेणी में रखते हैं, लोगों को उससे दुःख पहुंच सकता है। जैसे कि मदिरा पान की आदत, वेश-भूषा, खान-पान, नास्तिकता, समलैंगिकता, आदि। ऐसी व्यवहार शैली हमें आहत कर सकती है। लेकिन, मिल का तर्क है कि "आहत" को "क्षति" की श्रेणी में नहीं रखा जा

सकता। जब तक कि किसी व्यक्ति के किसी क्रियाकलाप या कार्यविधि के परिणामस्वरूप किसी अन्य व्यक्ति का जीवन संकटमय न हो जाए, या उस व्यक्ति की संपत्ति के भंजन का खतरा न हो, या उसकी आर्थिक संभावनाओं में विकृति न हो जाए, उसे "क्षति" की श्रेणी में नहीं रखा जा सकता है। "आहत होना" इस बात पर निर्भर करता है कि प्रश्नगत कार्य व्यक्ति के मानदंडों पर खरा उतरता है या नहीं। उदाहरणस्वरूप- समलैंगिकता। इसे क्षति की श्रेणी में कतई नहीं रखा जा सकता। मिल का तर्क है कि "मानव-स्वतंत्रता" की मान्यता और विस्तारीकरण के लिए समाज नैतिक या वैचारिक असुविधाओं को सहन कर सकता है। राज्य को वैयक्तिक क्षेत्र की स्वतंत्रताओं का भरपूर सम्मान करना चाहिए और अनुचित हस्तक्षेप से बचना चाहिए। आत्म-संबंधी कार्यों में व्यक्ति को अपनी पसंद के अनुकूल असीमित स्वतंत्रताएं मिलनी चाहिए। मुख्य रूप से मिल ने मानव-स्वतंत्रता के लिए निम्नलिखित आयामों को निर्दिष्ट किया है। [मिल : 15]

1. **सचेतन का अंतरस्थ ज्ञानक्षेत्र :** (Inward domain of consciousness) इसके तहत किसी भी बिंदु या विषय पर आस्था, अभिमत, विचार और अभिव्यक्ति की असीम स्वतंत्रता का मिल ने पुरजोर समर्थन किया है।

2. **अभिरुचि और अनुचर की स्वतंत्रता :** व्यक्ति को अपनी आस्था, धारणा और अभिमत के अनुसार काम करने और आचरण करने का पूर्ण अधिकार होना चाहिए। हर व्यक्ति को अपनी जीवन योजना के अनुरूप अनुगमन करने की पूर्ण स्वतंत्रता मिलनी चाहिए, बशर्ते कि ऐसी योजना "क्षति-सिद्धांत" के मानदंडों से सु-संगत हों। हर व्यक्ति को अपने अंतःकरण से जीवन-यापन करने की स्वतंत्रता को मिल ने सर्वोच्च स्थान दिया है, भले ही ऐसी जीवन शैली को किसी व्यक्ति या व्यक्ति समूह ने मूर्खतापूर्ण, निकृष्ट या विकृत घोषित कर दिया हो।

3. **किसी व्यक्ति, समूह या संघ के साथ संबद्ध होने की स्वतंत्रता :** मिल ने मानव जीवन के हितार्थ इन स्वतंत्रताओं को अत्यधिक महत्त्वपूर्ण माना है। ऐसी स्वतंत्रताएं व्यक्तिगत संबंधों और राजनीतिक संबंधों के लिए अनिवार्य हैं।

डेविड मिलर ने मानवाधिकार के दृष्टिकोण से मिल द्वारा निर्देशित स्वतंत्रता के आयामों का स्वागत किया है। मानवाधिकार के दृष्टिकोण से किसी मानवीय क्रियाकलाप या कार्यविधि का सही-गलत या कल्याणकारी-नुकसानकारी मानदंडों पर मूल्यांकन करना उचित नहीं है। यह परिदृश्य जीवन शैली को विशेषता के अनुसार पदक्रम में स्थापित करने का हिमायती नहीं है। क्या धार्मिक होना नास्तिक होने से ज्यादा श्रेयष्कर है, क्या राजनीतिक प्रणेता होना किसी कलाकार होने या किसान होने या गृहणी होने से अधिक मूल्यवान है। स्वतंत्रता का मानवाधिकार दृष्टिकोण ऐसे प्रश्नों को सार्थक नहीं मानता। मुख्य तर्क यह है कि स्वतंत्रता एक सामाजिक दशा है, जो मूल्यों की विविधता को बढ़ावा देती है, और व्यक्ति को अपनी पसंद, अपने अंतःकरण, अपनी जीवन योजना, अपनी आस्था और अभिमत के अनुसार विकल्पों को निर्भीकता के साथ चुनाव करने की छूट देती है। इन स्वतंत्रताओं को मिल ने आत्म-अनुभूति और स्व-विकास के लिए अपरिहार्य माना है। इन स्वतंत्रताओं के बिना व्यक्ति का नैतिक और बौद्धिक विकास असंभव है। मिल के अनुसार, स्वतंत्रता का अंतिम

उद्देश्य वैयक्तिकता की प्राप्ति है। बौद्धिक और नैतिक व्यक्तित्व का निर्माण ही स्वतंत्रता का परम लक्ष्य है। प्रसिद्ध विचारक मैक्फर्सन ने मिल की स्वतंत्रता को विकासजनक स्वतंत्रता (developmental liberty) की संज्ञा दी है, जो बौद्धिकता के निर्माण और संवर्धन के लिए आवश्यक है। मिल के इस सैद्धांतिक आयाम को व्याख्याकारों ने सकरात्मक स्वतंत्रता की श्रेणी में रखा है। हम इसे क्रियात्मक स्वतंत्रता भी कह सकते हैं। हम इसकी तुलना गांधी के बौद्धिक स्वराज से भी कर सकते हैं।

समानता के एक आयाम के रूप में स्वतंत्रता: रोनाल्ड ड्वोर्किन

(Liberty as an Aspect of Equality : Ronald Dworkin's View)

'मेरी समझ से कानूनी बाध्यताओं से मुक्ति ही स्वतंत्रता है, जिसे आमतौर पर नकारात्मक स्वतंत्रता कहा जाता है।' [कैथरीन फ्लिकशु, 2007:114 में उद्धृत] ड्वोर्किन के अनुसार, विधिक अहस्तक्षेप ही स्वतंत्रता है। ड्वोर्किन लिखते हैं कि उनकी विशेष रुचि स्वतंत्रता में नहीं, अपितु स्वतंत्रता और वितरणात्मक समानता (distributive equality) के बीच अंतर्संबंध की विवेचना में है। उनके अनुसार, स्वतंत्रता एक स्वतंत्र प्रत्यय न होकर समानता का ही एक आयाम है। ड्वोर्किन के अनुसार, स्वतंत्रता और तात्विक समानता के बीच प्रतिरोधक न होकर समरस अंतर्संबंध हैं।

उदारवादी समानता सभी व्यक्तियों के प्रति एकरूपता के साथ बर्ताव नहीं करती है। उदारवादी समानता भिन्नता का आदर करती है। प्रत्येक व्यक्ति की वैयक्तिकता के प्रति सम्मान और सरोकार उदारवादी समानता के ज़ेहन में है। यही ड्वोर्किन का सारभूत तात्विक समानता का सिद्धांत है, जो वास्तव में मिल के आत्म-विकास रूपी स्वतंत्रता के सिद्धांत के साथ तारतम्य रखता है। मिल और ड्वोर्किन, दोनों के लिए नकारात्मक स्वतंत्रता महत्त्वपूर्ण है, इसलिए नहीं कि यह स्वयंभू रूप से एक साध्य है, अपितु इसलिए कि यह आत्म-विकास और बौद्धिक विकास की संभावनाओं को सार्थक बनाता है। व्यक्ति की स्वायत्तता के लिए यह एक आदर्श स्थिति है।

व्यक्तिगत स्वायत्तता का सिद्धांत क्या है?

(What is the Theory of Personal Autonomy)

हैरी फ्रैंकफर्ट द्वारा लिखित *फ्रीडम ऑफ द विल एंड द कोंसेप्ट ऑफ द पर्सन* (Freedom of the Will and the Concept of a Person, 1971), स्वायत्तता अध्ययन के क्षेत्र में मील का पत्थर है। स्वायत्तता के विषय में अध्ययन को फ्रैंकफर्ट ने समसामयिकता प्रदान की। उसके बाद ड्वोर्किन ने फ्रैंकफर्ट के कार्य को आगे बढ़ाया। ड्वोर्किन और फ्रैंकफर्ट के सिद्धांत को व्यक्तिगत स्वायत्तता का प्रत्ययात्मक ढांचा समझा जाता है।

स्वतंत्रता और स्वायत्तता में अन्योन्याश्रित संबंध हैं। पर दोनों सर्वांगसम अवधारणाएँ नहीं हैं। स्वतंत्र होने और स्वायत्त होने में अंतर है। नकारात्मक उदारवाद के अनुसार बाह्य अवरोधों और ऐच्छिक हस्तक्षेप की अनुपस्थिति ही स्वतंत्रता की परम दशा है। यह सिद्धांत स्वतंत्रता

को इच्छापूर्ति का साधन मानता है। इच्छाओं की उत्पत्ति, निर्माण प्रक्रिया और प्रमाणिकता पर इसका कोई ध्यान नहीं होता। इसके विपरीत, स्वायत्तता का सिद्धांत इस बिंदु पर बल देता है कि इच्छाएं आत्म-उत्सर्जित हैं या नहीं, इच्छाओं की निर्माण प्रक्रिया प्रामाणिक है या नहीं। इच्छाएं अगर बिना किसी तार्किक पर्यालोचन के निर्मित हुई हैं, तो उसे स्वायत्तता के मानदंडों के अनुसार प्रामाणिक नहीं कहा जा सकता। इसी मीमांसा से स्वायत्तता को स्वयं का स्वयं के ऊपर शासन अथवा "स्वशासन" भी कहा जाता है। निष्कर्ष के रूप में, स्वायत्त व्यक्ति वह है, जो मूल्यों और सिद्धांतों से प्रेरित होकर, उनके अनुरूप अपने कार्यों को दिशा प्रदान करता है। ऐसे मूल्य और सिद्धांत प्रामाणिक होने चाहिए। अर्थात्, ऐसे मूल्यों और सिद्धांतों का स्वीकरण तार्किक परीक्षण के उपरांत होना चाहिए। सार तत्व यह है कि व्यक्ति स्वायत्त तब कहलाता है, जब वह अपनी विचार-शैली, जीवन-चरित्र और अभिलाषाओं के ऊपर तार्किक आत्म-नियंत्रण स्थापित कर लेता है।

व्यक्तिगत स्वायत्तता का सामाजिक महत्त्वः जोसेफ राज़ का सिद्धांत
(Social Aspect of Personal Autonomy : Joseph Raz's Theory)

उदारवादी तटस्थता और सर्वोत्कृष्टवाद (perfectionism) के बीच हमेशा से वैषम्य की स्थिति रही है। उदारवादी सर्वोत्कृष्टवाद मुख्य रूप से नैतिक मूल्यों को समुदाय-उन्मुखी मानता है। अर्थात्, समुदाय ही नैतिक मूल्यों की जननी है। नैतिकता की धाराएं समुदाय से ही प्रवाहित होती है। सर्वोत्कृष्टवादियों का मुख्य तर्क है कि नीति निर्माताओं के लिए नैतिक रूप से तटस्थ होना न तो संभव है, न ही वांछनीय। सर्वोत्कृष्टवादी अरस्तू के मानकीय प्रकृतिवाद और सद्गुण नीतिशास्त्र (virtue ethics) से प्रेरित हैं।

वहीं दूसरी ओर, उदारवादी तटस्थता का सिद्धांत गुणात्मक जीवन के किसी विशेष स्वरूप को बढ़ावा देने से या क्रियान्वित करने से राज्य को निषिद्ध करता है। अतः राज्य को किसी खास जीवन शैली को प्रोत्साहन नहीं देना चाहिए। राज्य को तटस्थ रूप से मूल्यों की अनेकता को प्रोन्नत करना चाहिए।

जोसेफ राज़ ने अपनी पुस्तक द *मोरेलिटि ऑफ फ्रीडम* (The Morality of Freedom) की रचना तब की थी, जबकि उदारवादी तटस्थता की प्रवृति परवान पर थी। यह पुस्तक तटस्थता की अनावश्यकता को अधिमान देती है। साधारणतया, उदारवाद तटस्थता के सिद्धांत का हिमायती होता है। मूल्यों और सिद्धांतों के उत्सर्जन में और उन्हें प्रामाणिकता प्रदान करने में समुदाय की क्या भूमिका हो, यह विवाद का विषय रहा है। जोसेफ राज़ का सिद्धांत दोनों में सामंजस्य स्थापित करने की दिशा में एक प्रयास है। राज़ का तर्क है कि व्यक्तिगत स्वायत्तता (personal autonomy) को उदारवादी सामाजिक मूल्य के रूप में स्थापित किया जा सकता है। यह एक असामान्य उपागमिक स्थिति है। उदारवाद के अनुसार, व्यक्तिगत स्वायत्तता एक व्यक्तिजनक मूल्य है, कोई सामुदायिक मूल्य नहीं, जो इस बात पर बल देता है कि व्यक्तिमूलक स्वायत्तता को शासन और समाज के अनुचित दखल से सुरक्षित रखा जाए, जबकि राज़ व्यक्तिगत स्वायत्तता को समाज-सृजित और समाज सन्निहित मानते हैं।

उनका तर्क है कि यह नितांत आवश्यक है कि समाज व्यक्तिगत स्वायत्तता के मूल्य को पहचान और अधिमान दे, तभी व्यक्तिगत स्वायत्तता को प्रयोग में लाया जा सकता है। समाज से बाहर निकल कर व्यक्तिगत स्वायत्तता का कोई मोल नहीं।

राज का अरस्तूवाद बर्लिन के नकारात्मक और सकारात्मक स्वतंत्रता के द्विभाजन से परे है। राज ने बखूबी अपने आप को एक उदारवादी सर्वोत्कृष्टवाद के प्रमुख सिद्धांतकार के रूप में स्थापित किया है। स्वायत्तता के लिए क्षमता-निर्माण ही सकारात्मक स्वतंत्रता है। लेकिन, व्यक्तिगत स्वायत्तता के मूल्य को स्वतंत्रता के सिद्धांत का सारभूत मर्म समझना, नकारात्मक और सकारात्मक स्वतंत्रता को संधिबद्ध करता है। इसलिए स्वतंत्रता का समग्र महत्त्व व्यक्तिगत स्वायत्तता के मूल्यों में ही समावेशित है। [विशेष चर्चा के लिए जोसेफ राज़ की पुस्तक 'The Morality of Freedom' देखें]

आलोचना (Critique)

उपर्युक्त चर्चा से एक बात स्पष्ट है कि सकारात्मक स्वतंत्रता के प्रवर्त्तकों ने स्वतंत्रता को "आत्म-विकास", "आत्म-ज्ञान", "आत्मानुभूति", "व्यक्तिगत स्वायत्तता" या "स्वशासन" के रूप में स्थापित करने का प्रयास किया है। बर्लिन ने स्वतंत्रता के ऐसे प्रत्ययीकरण की प्रबल आलोचना की है। उदाहरणस्वरूप- रूसो की मान्यता है कि वास्तविक स्वतंत्रता का अर्थ अपनी लालसा और संवेग की प्राप्ति नहीं है। स्वतंत्रता नैतिक आचार या नैतिक कानून के आज्ञापालन में निहित है, जिसे "सामान्य इच्छा" (general will) कहते हैं। लोकजन ने लोकतांत्रिक और विमर्शी प्रक्रिया से नैतिक-प्राकृतिक नियमावली को संहिताबद्ध करके अनुल्लंघनीय बना दिया। रूसो का तर्क है कि लोक चर्चा से निर्मित ऐसी संहिता व्यक्तिगत स्वतंत्रता और स्वशासन के परम लक्ष्य को पुनर्स्थापित कर देगी। रूसो व्यक्तिगत स्वतंत्रता को इतना मूल्यवान मानते हैं कि जो व्यक्ति सामान्य इच्छा के आदेश का अनुपालन नहीं करेगा, उसे पूरे समुदाय द्वारा ऐसा करने के लिए बलपूर्वक बाध्य किया जाएगा, क्योंकि सामान्य इच्छा के अनुपालन में ही व्यक्ति की स्वतंत्रता अंतर्निहित है। राजनीतिक सिद्धांत के साहित्य में यह "स्वतंत्रता विरोधाभास" (pradox of freedom) के रूप में प्रचलित हो गया। स्वतंत्रता की ऐसी प्रकल्पना में राज्य या राजनीतिक समुदाय अत्यधिक शक्तिशाली बन जाता है, जो समुदाय के एकल विचार-शैली या एकल विचार-व्यवस्था को पूरे समाज पर निरंकुशता से थोपने की शक्ति रखता है। ऐसा राजनीतिक समुदाय सामाजिक और सांस्कृतिक विविधता को क्षत-विक्षत कर सकता है। विविधता का ह्रास स्वतंत्रता का ही ह्रास है, क्योंकि विविधता के पटल पर ही स्वतंत्रता पुष्पित होती है। स्वतंत्रता के इस तर्क को लेकर रूसो की प्रबल आलोचना हुई है।

हेगेल ने भी राज्य को एक नैतिक विचार के रूप में दर्जा दिया है। हेगेल का मानना है कि राज्य व्यक्ति की इच्छाशक्ति की सार्वजनिक अभिव्यक्ति है। व्यक्ति की इच्छाशक्ति का राज्य की इच्छाशक्ति के साथ एकाकार हो जाना ही व्यक्ति की आंतरिक स्वतंत्रता की आत्मानुभूति का एक मात्र माध्यम है।

प्रसिद्ध दार्शनिक कांट ने भी व्यक्तियों की आत्म-सरंचना को "तात्विक" और "संवृतिक" भागों में विभाजित करके देखा है। मनुष्य का तात्विक-आत्म उसे तार्किकता की ओर ले जाता है और तार्किक क्षमता प्राप्त करने के लिए अभिप्रेरित करता है, जबकि "सांवृतिक-आत्म" भौतिक इच्छाओं की प्राप्ति के लिए उन्मत्त करता है। तात्विक-आत्म को श्रेयष्कर दर्जा प्राप्त है, जबकि सांवृतिक आत्म को निम्नतर। उच्चतर आत्म के द्वारा निम्नतर आत्म के ऊपर स्वनियंत्रण स्थापित कर लेना ही, कांट की दृष्टि में, स्वतंत्रता का मार्मिक अर्थ है। यद्यपि कांट और गांधी के बीच घोर विषयांतर है, गांधी का स्वराज भी स्वतंत्रता के इसी मर्म को प्रोन्नत करता है।

स्वतंत्रता को श्रेयष्कर-आत्म और निम्नतर-आत्म की पराभौतिक सरंचना पर आश्रित करना, बर्लिन के दृष्टिकोण में, बेहद आपत्तिजनक है। बर्लिन के अनुसार, स्वतंत्रता एक स्वतंत्र अवधारणा है। इसे पराभौतिक सरंचना पर आश्रित करना एक जोखिमपूर्ण मनोवृति है। निश्चित रूप से, रूसो, हेगेल और कांट बर्लिन की आलोचना के निशाने पर हैं। मुख्य तर्क है कि स्वतंत्रता की गुणात्मकता की पहचान और इसे परिभाषित करने के लिए राज्य या समुदाय जैसे शक्तिवान संगठनों को अधिकृत करने में जबरदस्त खतरा है। राज्य कुछ विशेष मूल्यों और आचार-शैली की पहचान करके और उसे अनुल्लंघनीय दर्जा देकर उसे मानवीय आदर्श के रूप में स्थापित कर देता है। साथ ही, राज्य ऐसी विचार-व्यवस्था का निर्माण कर देता है, जिससे उच्च आदर्शों की प्राप्ति को हम अपने उच्चतर आत्म के उद्देश्य के रूप में स्वीकार कर लेते हैं या कम-से-कम उसे स्वीकार कर लेने के लिए प्रेरित रहते हैं। संभावित खतरा यह है कि राज्य का शासक वर्ग अपनी राजनीतिक और सामुदायिक प्राथमिकताओं को राज्य की संस्थाओं के माध्यम से हमारे उच्चतर आत्म के परम लक्ष्य के रूप में परियोजित कर देता है। (Implicit danger is that the ruling class succeeds in establishing their political and communities' interests and priorities as the supreme goal of our higher self) एक राजनीतिक और भ्रामक तथाकथित सत्य को विचारों के ताने-बाने से, हमारे पराभौतिक सत्य के रूप में पहचान मिल जाती है। उदाहरणस्वरूप- राष्ट्रवाद की विचारधारा। राष्ट्र को राज्य के साथ एकीकृत करके पूजनीय बना दिया जाता है और इसे सभी भौतिक आवश्यकताओं के ऊपर अधिमान दिया जाता है। भौतिक संसाधनों और मानव संसाधनों के न्यायपूर्ण वितरण एवं आपूर्ति की मांग, जैसे- रोजगार, शिक्षा, स्वास्थ्य इत्यादि, को निम्नतर-आत्म की श्रेणी में डाल कर उनके महत्त्व को कम कर दिया जाता है, और समुदाय या राज्य से प्रवाहित मूल्यों, जैसे कि शक्तिशाली राष्ट्र की परिकल्पना, या एक विशेष जीवन शैली या सांस्कृतिक पद्धति, इत्यादि को उच्चतर आत्म के रूप में स्थान देकर उनकी पवित्रता और अनुल्लंघनीयता को नैतिक रूप से उत्कृष्ट दर्जा प्रदान कर दिया जाता है। उदाहरणस्वरूप-राज्य अगर आत्मिक या आध्यात्मिक संतुष्टि के नाम पर एक विशेष धर्मग्रथ के पढ़ने को संस्थागत रूप से आवश्यक बना दे, तो निश्चित ही विविधता और सांस्कृतिक स्वतंत्रता के लिए यह एक विनाशकारी कदम होगा। बर्लिन की चिंता यह है कि सकारात्मक स्वतंत्रता के नाम पर राज्य को एक पैतृक दर्जा देना एक जोखिमपूर्ण मनोवृति है। ऐसी प्रवृति को बढ़ावा देने से संभव है कि कालांतर में राज्य एक निरंकुश और सर्वाधिकारवादी सत्ता के रूप स्थापित हो जाए।

मार्क्सवादियों ने भी उदारवादी राज्य के वर्ग-चरित्र को अपनी विवेचना का प्रमुख स्तंभ बनाया है। मार्क्सवादी विश्लेषण के अनुसार, राज्य का सर्वथा ही एक वर्ग-चरित्र होता है। राज्य तटस्थ हो ही नहीं सकता। राज्य शासक-वर्ग के हाथों में उनके हितों के साधन के लिए एक उपकरण मात्र है। अतः स्वतंत्रता के पराभौतिक विश्लेषण से शासक वर्ग अपने वर्ग हितों को सार्वजनिक सत्य के रूप में स्थापित कर देते हैं। फलस्वरूप, राज्य के द्वारा क्रियान्वित स्वतंत्रता शासक वर्ग की स्वतंत्रता को सुनिश्चित करती है। सर्वजन के हितार्थ वास्तविक स्वतंत्रता एक साम्यवादी समाज में ही संभव है।

निष्कर्ष (Conclusion)

इस लेख में मुख्य रूप से उदारवादी स्वतंत्रता की अवधारणाओं की विवेचना की गई है। स्वतंत्रता की गैर-उदारवादी व्याख्याओं और सिद्धांतों का विवेचन इस लेख की परिधि से बाहर है। उदारवादी साहित्य में बर्लिन का लेख एक स्तंभ है। शायद ही कोई सिद्धांतकार होगा, जिसने स्वतंत्रता की विवेचना में बर्लिन की अनदेखी की हो। स्वतंत्रता की वास्तविक सरंचना, रूप और प्रयोजन को लेकर लंबे अरसे तक उदारवादियों और मार्क्सवादियों के बीच तीखी बहस होती रही। इस बहस में विजेता घोषित करना न तो संभव है न ही उद्देश्य। इतना तय है कि इस विमर्श ने स्वतंत्रता की अवधारणा का और संवर्धन ही किया है।

उदारवाद के अंदर भी स्वतंत्रता को लेकर बहस होती रही है। बर्लिन, बेन, ड्वोर्किन, रॉल्स, नोजिक, रूसो, कांट, मिल, गांधी जैसे विचारकों की चर्चा इस लेख में की गई है। उनके सिद्धांतों का तुलनात्मक दृष्टिकोण से अध्ययन करना रुचिकर होगा।

20वीं सदी के अंतिम चरण में स्वतंत्रता के विषय को समुदायवादी चिंतकों ने प्रमुखता से उठाया है। इस विमर्श का मुख्य प्रश्न था: स्वतंत्रता और समुदाय में किसे वरीयता दी जाए? इस प्रश्न पर केंद्रित अकादमिक बहस को हम उदारवादी-समुदायवादी बहस के रूप में भी जानते हैं। समुदायवादियों का मुख्य तर्क है कि स्वतंत्रता के प्रत्ययीकरण में समुदाय के महत्त्व को कमतर करके नहीं देखा जाना चाहिए। व्यक्तिगत स्वतंत्रता को सामाजिक महत्त्व समुदाय से ही प्राप्त होता है। जोसेफ राज़ की अवधारणा को उदारवादी-समुदायवादी बहस में एक सेतु के रूप में देखा जा सकता है।

सिद्धांतों के पटल पर तो स्वतंत्रता का विषय सर्वथा ही जीवंतकारी रहा है। स्वतंत्रता के लक्ष्य ने अनेक सामाजिक-राजनीतिक क्रांतियों को भी प्रेरित किया है। उम्मीद की जा सकती है कि स्वतंत्रता के अधिकार को लेकर सैद्धांतिक बहस और सामाजिक-राजनीतिक सचेतन की जीवनता अनंतकाल तक बनी रहेगी।

अभ्यास प्रश्न (Practice Questions)

1. आपके विचार में, क्या स्वतंत्रता पर बर्लिन के विचार प्रासंगिक हैं?
2. जे. एस. मिल के द्वारा स्वतंत्रता पर दिए गए विचार से क्या आप सहमत हैं?
3. क्या आप मानते हैं कि सकारात्मक स्वतंत्रता सर्वसत्तावाद की जननी है?

4. क्या सामाजिक न्याय और सकारात्मक स्वतंत्रता अन्योन्याश्रित हैं?
5. व्यक्तिगत स्वायत्तता की अवधारणा क्या है?

संदर्भ सूची (References)

बर्लिन, इजया, (2002), *लिबर्टी*, (सं.) हेनरी हार्डी, ऑक्सफोर्ड: ऑक्सफोर्ड यूनिवर्सिटी प्रेस।

ड्वोर्किन, रोनाल्ड, (2002), *सॉवरेन वर्चूय*, कैम्ब्रिज, मास: हार्वर्ड यूनिवर्सिटी प्रेस, 2.

ग्रे, जॉन, (2000), *टु फेसेस ऑफ लिब्रटिज*, कैम्ब्रिज: पोलिटी।

फ्रैंकफर्ट, हैरी, (1982),जी. वाटसन (सं.) *फ्रीडम ऑफ द विल एंड द कॉन्सेप्ट ऑफ द पर्सन फ्री विल*, ऑक्सफोर्ड : ऑक्सफोर्ड यूनिवर्सिटी प्रेस।

किमलिका,विल,(1991), *कंटेम्पररी पॉलिटिकल फिलोसोफी* ऑक्सफोर्ड : ऑक्सफोर्ड यूनिवर्सिटी प्रेस।

मिल, जॉन स्टुअर्ट, (1985), *ऑन लिबर्टी*, लंदन: पेंगुइन बुक्स ।

मिलर, डेविड, (2003), *पॉलिटिकल फिलॉसफी, ए वेरी शॉर्ट इंट्रोडक्शन*, ऑक्सफोर्ड : ऑक्सफोर्ड यूनिवर्सिटी प्रेस।

राज़, जोसेफ, (1988), द *मोरेलिटि ऑफ फ्रीडम*, ऑक्सफोर्ड: ऑक्सफोर्ड यूनिवर्सिटी प्रेस।

रॉल्स, जॉन, (2008), *ए थ्योरी ऑफ जस्टिस*, (तीसरा भारतीय पुनर्मुद्रण), नई दिल्ली: यूनिवर्सल लॉ पब्लिकेशन, (1971) में हार्वर्ड यूनिवर्सिटी प्रेस द्वारा प्रकाशित।

अध्याय 2

स्वतंत्रता, मुक्ति और स्वराज
Freedom, Emancipation and Swaraj

अभिजीत कुमार

प्रस्तावना (Introduction)

स्वतंत्रता क्या है? इस प्रश्न का सरल उत्तर है, बाधाओं का अभाव (absence of constraint)। कहा जाता है कि स्वतंत्रता तब होती है जब व्यक्ति पर बाहरी प्रतिबंध अनुपस्थित हों। हालांकि, बाधाओं की अनुपस्थिति, स्वतंत्रता का केवल एक आयाम है। स्वतंत्रता लोगों की स्वतंत्र रूप से स्वयं को अभिव्यक्त करने और अपनी क्षमता को विकसित करने और इसका विस्तार करने के बारे में भी है। इस अर्थ में स्वतंत्रता वह स्थिति है जिसमें लोग अपनी रचनात्मकता और क्षमताओं का विकास कर सकते हैं।

स्वतंत्रता अपनी इच्छा का प्रयोग करने के लिए एक संवेदनशील व्यक्ति की शक्ति है। एक विशेष परिणाम को डिजाइन करते हुए, लोग अपने विचारों और अपने प्रयासों को इसे साकार करने की दिशा में मोड़ते हैं- एक लक्ष्य की ओर। अपने लक्ष्य के प्रति कार्य करने की उनकी क्षमता ही उनकी स्वतंत्रता है। स्वतंत्रता की सही अभिव्यक्ति किसी ऐसे व्यक्ति में पाई जाएगी, जो जानता है कि अच्छा क्या है, और इसे कैसे महसूस किया जाए, फिर इसे प्राप्त करने में उन्हें कोई बाधा ना हो। स्वतंत्रता का यह सही स्तर सर्वोच्च भगवान (supreme god) या बुद्ध (Buddha) द्वारा अनुभव किया जा सकता है।

स्वतंत्रता पर दृष्टिकोण
(Perspective on Freedom)

उदारवादी (liberals) सर्वोच्च व्यक्तिवादी मूल्य के रूप में स्वतंत्रता को प्रधानता देते हैं। जबकि शास्त्रीय उदारवादी (classical liberals) नकारात्मक स्वतंत्रता का समर्थन करते हैं, जिसका अर्थ है बाधा का अभाव। आधुनिक उदारवादी (modern liberals) स्व-प्रभुत्व या व्यक्तिगत विकास के अर्थ में सकारात्मक स्वतंत्रता की वकालत करते हैं।

रूढ़िवादियों (conservatives) की दृष्टि में, सच्ची स्वतंत्रता सरकार पर सामूहिक नियंत्रण के बारे में नहीं है; यह किसी के जीवन और वस्तु के निजी आनंद में शामिल है।

इस दृष्टिकोण से, स्वतंत्रता को बनाए रखने का सरकार को लोगों के प्रति जवाबदेह बनाने से बहुत कम लेना-देना है। रूढ़िवादी इंगित करते हैं कि लोकतांत्रिक रूप से निर्वाचित बहुमत, व्यक्तिगत सुरक्षा और व्यक्तिगत अधिकार, विशेष रूप से संपत्ति के अधिकार के लिए खतरा पैदा करते हैं-जैसे कि लालची राजा (rapacious kings) या लालची अभिजात वर्ग (greedy elites)। इसका अर्थ यह है कि स्वतंत्रता को उन संस्थानों द्वारा सबसे अच्छी तरह से संरक्षित किया जा सकता है जो उन बहुसंख्यकों की शक्ति पर अंकुश लगाते हैं, या सरकार के क्षेत्र को जितना संभव हो, उतना कम कर सकते हैं।

नैतिक (ethically) रूप से, स्वतंत्रता "सभी इच्छाओं को पूरा करना" नहीं है, बल्कि व्यर्थ, अनावश्यक या व्यसनी (addictive) इच्छाओं से मुक्त होना। व्यसनी (the addict) तब भी गुलाम रहता है जब वह अपनी दवा प्राप्त करता है; पर गुणी पुरुष मुक्त होता है, क्योंकि उसे मादक द्रव्य की इच्छा भी नहीं होती। इसका अर्थ यह है कि सबसे बड़ी आज़ादी "किसी चीज से आज़ादी" है, न कि "कुछ करने की आज़ादी"। [पॉल, स्टर्न्स (2021)]

स्वतंत्रता को आध्यात्मिक (metaphysically) और नैतिक (morally) रूप से माना जा सकता है। आध्यात्मिक रूप से मुक्त होने का अर्थ है- अपने विचार और निर्णय पर कुछ नियंत्रण रखना। नैतिक रूप से मुक्त होने का अर्थ है- नैतिक मानकों के अनुसार जीने की क्षमता होना- कुछ अच्छा निर्माण करना, और कुछ पुण्य प्राप्त करना।

राजनीतिक संदर्भ में, स्वतंत्रता व्यक्तिगत अधिकारों के आधार पर एक सामाजिक व्यवस्था में रहना है, या व्यावहारिक रूप से, स्वतंत्रता का केवल एक ही विशेष अर्थ है - अन्य व्यक्तियों द्वारा बल की स्थापना से स्वतंत्रता। केवल बल प्रयोग द्वारा ही किसी व्यक्ति को बोलने से रोका जा सकता है, या उसकी संपत्ति लूट ली जा सकती है, या उसकी हत्या की जा सकती है। केवल बल प्रयोग से ही मनुष्य के अधिकारों का हनन होता है। सबसे महत्त्वपूर्ण स्वतंत्रता अभिव्यक्ति की स्वतंत्रता है। सच्चाई, अच्छी सोच, सहनशीलता, खुलेपन, विनम्रता, आत्मविश्वास और प्रेम के लिए हमें इसकी आवश्यकता है। हम सत्य की खोज तभी करते हैं जब हम वैकल्पिक विचारों का पता लगाने के लिए स्वतंत्र होते हैं। हम तभी अच्छा सोचते हैं जब लोग हमें प्रतिक्रिया देने के लिए स्वतंत्र हों। हम सहिष्णुता और खुले विचारों के गुणों का विकास तभी करते हैं जब हम अप्रिय विचारों को सुनने के लिए स्वतंत्र होते हैं। जब हमारे विचारों को मुक्त सार्वजनिक क्षेत्र में परखा जाता है तो हम विनम्रता विकसित करते हैं, जबकि उन विचारों से आत्मविश्वास पैदा होता है जो इन परीक्षणों से बचे रहते हैं। [पॉल, स्टर्न्स : 2021]

मुक्ति के रूप में स्वतंत्रता (Freedom as Emancipation)

हम स्वतंत्रता को एक मुक्तिदायक आदर्श के रूप में और अच्छे कारण के साथ सोचते हैं। पूरे इतिहास में, स्वतंत्र होने की इच्छा ने हाशिए पर पड़े अनगिनत समूहों को राजनीतिक और आर्थिक अभिजात वर्ग के शासन को चुनौती देने के लिए प्रेरित किया। 19वीं और 20वीं सदी में, अश्वेत नागरिक अधिकार कार्यकर्ताओं और नारीवादियों ने स्वतंत्रता के नाम पर लोकतंत्र के विस्तार के लिए संघर्ष किया, जबकि लोकलुभावनवादियों और प्रगतिवादियों ने श्रमिकों के आर्थिक प्रभुत्व को समाप्त करने के लिए संघर्ष किया।

"मुक्ति" का अर्थ किसी भी प्रकार के दमन या बंधन से मुक्ति है। 19वीं और 20वीं सदी की अवधि को अक्सर न केवल भारत बल्कि पश्चिम में भी महिलाओं की सामाजिक, यौन, आर्थिक, राजनीतिक और कानूनी मुक्ति के रूप में जाना जाता है। मुक्ति को कई अलग-अलग तरीकों से मापा और परिभाषित किया गया है। इसे स्थानीय समुदाय में केंद्रित एक जानबूझकर चल रही प्रक्रिया के रूप में परिभाषित किया गया है, जिसमें आपसी सम्मान, महत्त्वपूर्ण प्रतिबिंब, देखभाल और समूह की भागीदारी शामिल है, जिसके माध्यम से मूल्यवान संसाधनों के बराबर हिस्से की कमी वाले लोग उन संसाधनों तक अधिक पहुंच और नियंत्रण प्राप्त करते हैं; या एक प्रक्रिया जिसके द्वारा लोग अपने जीवन पर नियंत्रण प्राप्त करते हैं, अपने समुदाय के जीवन में लोकतांत्रिक भागीदारी और अपने पर्यावरण की एक महत्त्वपूर्ण समझ प्राप्त करते हैं।

सशक्तीकरण अनिवार्य रूप से एक नीचे से ऊपर (bottom-up approach) की प्रक्रिया है न कि किसी ऐसी चीज के रूप में जिसे ऊपर से नीचे की रणनीति (top-down strategy) के रूप में तैयार किया जा सकता है। सशक्तीकरण का केंद्रीय विचार शक्ति है। शक्ति विभिन्न स्तरों पर संचालित होती है जैसे परिवार, घर और अन्य सामाजिक संरचनाएं। शक्ति के अलावा, सशक्तीकरण की धारणा अन्य आवर्ती अवधारणाओं के एक समूह के आसपास निर्मित होती है: पसंद, एजेंसी, उपलब्धियां, महिलाओं के हित, जेंडर (gender), भागीदारी और अधिकार-आधारित दृष्टिकोण।

महिलाओं के हित के लिए महिलाओं को खुद को सशक्त बनाना होगा; सशक्तीकरण कोई ऐसी चीज नहीं है जो केवल महिलाओं के लिए हो। नारीवादी नारा "व्यक्तिगत ही राजनीतिक है" महिलाओं की चेतना के विस्तार में सशक्तीकरण की प्रक्रिया की जड़ है।

मुक्तिदायी आदर्शों के रूप में स्वतंत्रता

(Freedom as Emancipated Value)

मुक्तिदायक मूल्य मानव सशक्तीकरण प्रक्रिया की "भावना" का प्रतिनिधित्व करते हैं। अमर्त्य सेन के अनुसार, मुक्ति, वर्चस्व से मुक्त अस्तित्व का विचार, एक सार्वभौमिक इच्छा है। [Welzel : 2013] कल्पना के उपहार के साथ आत्म-जागरूक प्राणियों के रूप में, मनुष्यों में बाहरी बाधाओं से मुक्त रहने की अंतर्निहित इच्छा होती है। स्वतंत्रता की इच्छा इतनी मौलिक है कि सभी प्रमुख धर्म, मोक्ष के विचार की वकालत करते हुए इसे संबोधित करते हैं। मोक्ष (salvation) एक स्वाभाविक रूप से मुक्तिदायक विचार (emancipatory idea) है क्योंकि यह बाद के जीवन में वर्चस्व से मुक्त अस्तित्व का वादा करता है। विमुक्ति मूल्य (emancipative value) के साथ अंतर यह है कि वे इस जीवन में मुक्ति का लक्ष्य रखते हैं। [वेल्ज़ेल : 2013]

मुक्तिदायक मूल्य पसंद की स्वतंत्रता और अवसरों की समानता पर ज़ोर देते हैं। वे एक मेटा-वैल्यू के रूप में काम करते हैं जो अपनी छतरी के नीचे विशिष्ट मूल्यों की एक बड़ी विविधता की खोज को सहन करता है। मुक्तिदायक मूल्य लोगों को अपनी पसंद के विशिष्ट मूल्यों को आगे बढ़ाने की स्वतंत्रता पर ज़ोर देते हैं।

मुक्ति की मार्क्सवादी अवधारणा (Marxist Concept of Emancipation) मार्क्सवादी विश्लेषण मानव मुक्ति से संबंधित अपने सरोकार के लिए विख्यात है। मुक्ति की मार्क्स की परिभाषा सकारात्मक स्वतंत्रता की धारणा का उपयोग करती है। हम तब मुक्त होते हैं, जब हम अपनी आत्म-पूर्ति का पीछा करने के लिए स्वतंत्र होते हैं और यह लक्ष्य जागरूक स्व-निर्मित उद्देश्यों से प्रेरित होता है। 1840 के दशक की शुरुआत में मुक्ति के बारे में मार्क्स के दार्शनिक लेखन हेगेलियन दर्शन पर उनके महत्त्वपूर्ण प्रतिबिंब से विकसित हुए। मार्क्स ने यहूदी मुक्ति पर ब्रुनो बाउर के निबंध की आलोचना की और राजनीतिक और मानव मुक्ति के बीच के अंतरों पर चर्चा की। मार्क्स के लिए, नागरिक अधिकारों और राजनीतिक उदारवाद का विस्तार "मानव मुक्ति (human emancipation) का अंतिम रूप" नहीं था क्योंकि एक व्यक्ति अहंकारी बुर्जुआ समाज में अमूर्त और अलग-थलग रहता है।

कार्ल मार्क्स ने अपनी पुस्तक, द *कम्युनिस्ट मेनिफेस्टो* (The Communist Manifesto) (1848) में स्पष्ट रूप से मुक्ति को साम्यवाद (communism) नामक एक नई सामाजिक व्यवस्था के निर्माण के रूप में वर्णित किया है, जिसका लक्ष्य सर्वहारा वर्ग को पूँजीवादी समाज में शोषण और वर्चस्व से मुक्त करना है। मार्क्स ने कल्पना की कि इस प्रक्रिया के माध्यम से, नया समाज वास्तव में मानवतावादी की ओर जाता है। साम्यवादी समाज में, श्रम और निजी संपत्ति के विभाजन को समाप्त कर दिया जाएगा, और सर्वहारा वर्ग के शोषण पर काबू पा लिया जाएगा, जो अंततः सभी मनुष्यों को पूँजीवाद के सभी तरह के वर्चस्व से मुक्त कर देगा।

बाद में जर्गेन हैबरमास (Jurgen Habermas) (1990) ने संचार का प्रतिमान प्रदान करके भौतिकवाद के मार्क्सवादी विचार का पुनर्निर्माण किया। हैबरमास के लिए, मुक्ति एक सार्वभौमिक संचार स्वायत्तता स्थापित करना है, जिसमें किसी भी प्रकार की असमानता, जैसे कि वर्ग, पितृसत्ता और जातीयता को कम किया जाता है। इस संवादात्मक स्वायत्तता को सभी सभ्यताओं को गले लगाना चाहिए और सभी मानव जातियों को एकजुट करना चाहिए।

सबसे भव्य अर्थ में, सशक्तीकरण सिद्धांत का अर्थ है–

1. पूरे समाज में उत्पीड़न के सभी रूपों और स्रोतों की पहचान करना और समझना।
2. उन व्यक्तियों, समूहों और समुदायों को मुक्त करना जो अपनी पूरी क्षमता तक पहुंचने के लिए उत्पीड़ित हैं, चाहे वे युवा हों या बूढ़े; कामकाजी हों या बेरोज़गार; आवासित या बेघर; पुरुष या महिला; शहरी या ग्रामीण; समलैंगिक, विषमलैंगिक, या अन्य; कोई फर्क नहीं पड़ता कि उनकी जाति, धर्म या राष्ट्रीय मूल क्या है।

एक सामाजिक-राजनीतिक अवधारणा के रूप में सशक्तीकरण राजनीतिक भागीदारी और लोगों में जागरूकता पैदा करने से परे है। सामान्य तौर पर सशक्तीकरण को कई प्रकारों में वर्गीकृत किया जा सकता है जैसे- सामाजिक, आर्थिक, राजनीतिक, कानूनी और लैंगिक सशक्तीकरण। ये सभी प्रकार के सशक्तीकरण किसी-न-किसी रूप में महत्त्वपूर्ण हैं।

सामाजिक सशक्तीकरण (Social empowerment) किसी व्यक्ति की दमन, शोषण या किसी भी प्रकार के भेदभाव को प्रतिबंधित करने की शक्ति को बढ़ाता है। उदाहरण के लिए, जाति, वर्ग, पंथ, लिंग, धर्म या जन्म स्थान के आधार पर भेदभाव के खिलाफ खड़े होने की क्षमता।

राजनीतिक सशक्तीकरण (Political empowerment) में वोट देने का अधिकार, निर्णय लेने में भाग लेने का अधिकार, चुनाव लड़ने का अधिकार, अनुसूचित जाति/अनुसूचित जनजाति के लिए सीटों का आरक्षण और केंद्र, राज्य, जिला और अन्य स्थानीय निकायों में महिलाओं के लिए आरक्षण का प्रावधान शामिल है।

आर्थिक सशक्तीकरण (Economic empowerment) का उद्देश्य अमीर और गरीब के बीच की खाई को कम करना और समान अवसर प्रदान करना है। यह एक ऐसा वातावरण बनाता है, जहाँ एक व्यक्ति अपने और अपने परिवार के लिए कमाने के लिए काम कर सकता है।

कानूनी सशक्तीकरण (Legal empowerment) की गारंटी हर देश में एक अच्छी कानूनी प्रणाली के माध्यम से दी जाती है। इनमें एक व्यक्ति के बुनियादी मानव अधिकार, मौलिक अधिकार और अन्य अधिकार शामिल हैं जिन्हें राज्य समय-समय पर लागू करता है। कानूनी अधिकार अदालतों द्वारा लागू किए जा सकते हैं और इनका उल्लंघन करने पर सज़ा भुगतनी पड़ सकती है।

लिंग सशक्तीकरण (Gender empowerment) का उद्देश्य समाज में पुरुषों और महिलाओं के बीच असमानता को खत्म करना है। इसका उद्देश्य महिलाओं को पुरुषों के बराबर मानना है, अगर महिलाओं को शिक्षा, कौशल और प्रशिक्षण प्रदान किया जाता है, तो वे उन सभी कार्यों और जिम्मेदारियों को निभा सकती हैं जो पुरुष समाज में निभाते हैं।

भारत में ऐसे कई लोग थे जो आम लोगों की मुक्ति (emancipation), सशक्तीकरण (empowerment) या उत्थान (upliftment) से जुड़े थे। राजा राममोहन राय ने भारत में प्रचलित सती प्रथा को समाप्त कर दिया, ईश्वर चंद्र विद्या सागर और स्वामी दयानंद सरस्वती महिला शिक्षा और विधवा पुनर्विवाह के लिए खड़े हुए। गांधीजी महिला सशक्तीकरण और अछूतों के उत्थान और उन्हें समान स्तर पर खड़ा करने के पक्षधर थे। भीम राव अंबेडकर ने भी भारत में अछूतों की स्थिति को ऊपर उठाने के लिए बहुत काम किया। उन्होंने संविधान में आरक्षण देकर समाज में आगे अछूतों की सुरक्षा को सुनिश्चित किया। अमेरिका में राष्ट्रपति अब्राहम लिंकन ने गुलामी को पूरी तरह से समाप्त कर दिया। दक्षिण अफ्रीका में नेल्सन मंडेला और गांधीजी ने नस्लीय भेदभाव का विरोध किया। पंडिता रमा बाई, सरोजिनी नायडू, सुचिता कृपलानी, कमला नेहरू और एनी बीसेंट आदि भारतीय समाज में सभी वर्गों और वर्गों के लोगों को सशक्त बनाने में बहुत सक्रिय रूप से शामिल थे।

स्वराज (Swaraj)

हाल की भारतीय सोच में स्वराज का अर्थ अक्सर अस्पष्ट होता है। इस शब्द को इसके मूल संस्कृत आधार तक खोजने का प्रयास किया गया है, और फिर आधुनिक स्थिति के लिए इसके प्राचीन अर्थ की पुनर्व्याख्या की गई है। पाल, अरबिंदो और तिलक जैसे दार्शनिकों और स्वतंत्रता सेनानियों ने अक्सर देखा, संस्कृत शब्द "स्वयं (own), अपना (one's own), या स्वयं (self)" का सुझाव देता है। इस प्रकार प्रारंभिक वैदिक ग्रंथों में प्रयुक्त स्व-राज "स्व-शासन", "स्व-शासक", अपने स्वयं के शासन को दर्शाता है। *ऋग्वेद* और *अथर्ववेद* में भी स्व शब्द का प्रयोग "स्व-शासक" और "राजा" के रूप में किया गया है। यह राजत्व

या तो दैवीय या स्थलीय हो सकता है, जो देवताओं के "राजा" इंद्र पर लागू होता है, या तकनीकी अर्थ में कभी-कभी, पश्चिमी भारत के सांसारिक राजाओं के लिए।

वैदिक साहित्य में, स्वराज का एक राजनीतिक अर्थ है जिसका अर्थ है स्व-शासन, इस अर्थ में कि एक राजा अपने स्वयं के प्रभुत्व पर संप्रभुता का आनंद लेता है। आधुनिक काल में बाल गंगाधर तिलक और अन्य लोगों ने इस शब्द का इस राजनीतिक अर्थ में उपयोग करने की मांग की। डेनिस डाल्टन (Dennis, Dalton 1982) ने अपनी पुस्तक *इंडियन आइडिया ऑफ फ्रीडम* (The Indian Idea of Freedom) में, स्वराज की व्याख्या निश्चित रूप से अपनी ज़रूरतों को पूरा करने के लिए एक अलग ऐतिहासिक और वैचारिक संदर्भ में की; लेकिन स्वराज के आह्वान में वे अपने स्वयं के राजनीतिक प्रभुत्व पर एक स्वतंत्र शासन की मांग कर रहे थे।

संस्कृत शब्द "स्व" का दूसरा अर्थ आत्मा के विशुद्ध आध्यात्मिक अर्थ में "स्व" है। इस अर्थ में स्वराज "आत्मा-शासन" का सुझाव देता है, या जो केवल अपनी आत्मा के आदेश से शासित होता है। इस तरह से स्वराज के उपयोग को राजनीतिक अर्थ से अलग करने की आवश्यकता नहीं है, क्योंकि एक राजा के पास "आत्मा-शासन" भी हो सकता है। वास्तव में, उसे अपनी संप्रभुता को ठीक से बनाए रखने में सक्षम माना जा सकता है क्योंकि उसके पास विलक्षण आध्यात्मिक गुण हैं।

स्वराज और भारतीय स्वतंत्रता आंदोलन
(Swaraj and Indian Freedom Movement)

स्वराज के विचार का पूर्ण महत्त्व 19वीं सदी के अंत और 20वीं सदी के प्रारंभ से खोजा जा सकता है। इस शब्द का समकालीन भारतीय पुनरुद्धार बाल गंगाधर तिलक और बाद में महात्मा गांधी द्वारा किया गया है। कुछ मराठी लेखकों ने स्वराज के विचार को मराठा नेता शिवाजी (1627-1680) के राजनीतिक जीवन से जोड़ा, जिन्होंने महाराष्ट्र के अलग-अलग वर्गों से एक संघ की नींव रखी। शिवाजी के सहयोग से इस्तेमाल किए गए स्वराज ने हिंदू धर्म के प्रसार के लिए स्वतंत्रता (freedom) और राजनीतिक स्वतंत्रता (political liberty) दोनों का संकेत दिया। स्वराज के उनके लक्ष्य में, उनके एक जीवनीकार के अनुसार, "संपूर्ण भारत की मुसलमानों की गुलामी से मुक्ति" शामिल था। [ताकाहाव : 1921]

जब तिलक ने 1890 के दशक के अंत में शिवाजी पूजा और त्योहार के एक पूरे पंथ के साथ इस शब्द को पुनर्जीवित किया। उन्होंने इस शब्द का इस्तेमाल इस अर्थ में किया कि यह राजनीतिक स्वतंत्रता और हिंदू राज्य के निर्माण के रूप में शिवाजी से जुड़ा है। उन्होंने अंततः इस लक्ष्य को पूरे भारत में विस्तारित किया। यद्यपि स्वराज की उनकी अवधारणा ने बार-बार पुनर्परिभाषा को स्वीकार किया। यह राजनीतिक और धार्मिक स्वतंत्रता का लक्ष्य बना रहा, या जैसा कि उन्होंने इसे "होम रूल" (Home Rule) कहा। [तिलक : 1918]

स्वराज का अर्थ तेजी से बंगाल में राष्ट्रवादी आंदोलन के चरमपंथी तत्वों के साथ जुड़ गया। चरमपंथी ब्रह्मबांधब उपाध्याय (Brahmabandhab Upadhyaya) द्वारा संपादित बंगाल

के दैनिक समाचार पत्र *संध्या* में स्वराज की लगातार उपस्थिति से इस संघ का विकास हुआ। उन्होंने स्वराज का उपयोग ब्रिटिश शासन से पूर्ण स्वतंत्रता के साथ-साथ फिरंगी (विदेशी) मानसिकता के अर्थ में किया। इसलिए, स्वराज का अर्थ सभी पश्चिमी प्रभावों से मनोवैज्ञानिक मुक्ति के साथ-साथ राजनीतिक स्वतंत्रता की प्राप्ति है। उपाध्याय ने लगातार स्वराज को एक राष्ट्रीय लक्ष्य के रूप में संदर्भित किया, जिसमें स्वदेशी का अभ्यास, अपने देश द्वारा बनाए गए उत्पादों का उपयोग शामिल होगा। बाद में, इस पहचान को बिपिन चंद्र पाल द्वारा और विकसित किया गया। [पाल: 1954]

इस बिंदु पर, दादाभाई नौरोजी ने स्वराज शब्द को एक प्रतिबंधित राजनीतिक परिभाषा देकर राष्ट्रीय स्तर पर सम्मानजनक बनाने का प्रयास किया, और फिर इसे संपूर्ण कांग्रेस, अतिवादी और नरमपंथी के उद्देश्य के रूप में भी स्थापित किया। गोखले के नेतृत्व में नरमपंथी, ब्रिटिश साम्राज्य के तत्वावधान में औपनिवेशिक स्वशासन के लक्ष्य से संतुष्ट थे। तिलक, अरबिंदो और पाल के नेतृत्व में चरमपंथियों ने तर्क दिया कि न तो गोखले की स्वराज की अवधारणा और न ही इसे प्राप्त करने की उनकी विधि सही थी। दादाभाई के भाषण पर उनकी प्रतिक्रिया स्वराज की पूर्ण स्वतंत्रता के रूप में व्याख्या करना था।

तिलक, अरबिंदो और पाल के लिए स्वराज का अर्थ, ब्रिटेन से पूर्ण स्वतंत्रता था। तिलक की तरह उन्होंने भी अपनी राजनीतिक मांग को पारंपरिक शब्दों और स्वर से घेरा है जिसने इसे और बल दिया। लेकिन, तिलक के विपरीत, उन्होंने स्वराज की राजनीतिक अवधारणा से परे जाना चाहा। उन्होंने इसे भारत के पारंपरिक विचार से जोड़ने वाले स्वतंत्रता के दर्शन में विस्तारित करने का प्रयास किया जो इसे राजनीतिक स्वतंत्रता के यूरोपीय विचार से सैद्धांतिक रूप से अलग करता है। [पाल, The Spirit of Indian Nationalism, : 1910]

ब्रिटिश शासन से स्वतंत्रता के लिए भारत ने इस संघर्ष में, स्वराज के लक्ष्य का लगातार आह्वान किया गया। इसका अर्थ अक्सर भारत के लिए केवल स्वतंत्रता होता था। लेकिन गांधी ने तर्क दिया कि स्वराज शब्द का अर्थ राजनीतिक स्वतंत्रता से अधिक होना चाहिए। महात्मा गांधी (Mahatma Gandhi) ने समझाया–

> स्वराज का मूल अर्थ स्वशासन है। इसलिए, स्वराज को भीतर से अनुशासित शासन के रूप में प्रस्तुत किया जा सकता है ... स्वतंत्रता (independence) की ऐसी कोई सीमा नहीं है। स्वतंत्रता का अर्थ हो सकता है कि आप जैसा चाहे वैसा कर सकते हैं और कोई आपको रोकेगा नहीं। स्वराज (Swaraj) सकारात्मक है स्वतंत्रता नकारात्मक है...।

महात्मा गांधी की स्वराज की अवधारणा
(Mahatma Gandhi's Concept of Swaraj)

गांधी ने अपनी पुस्तक *हिंद स्वराज* में कहा है, 'मेरी राय में, हमने "स्वराज" शब्द का उपयोग इसके वास्तविक अर्थ को समझे बिना किया है। मैंने इसे समझाने का प्रयास किया है जैसा कि मैं इसे समझता हूँ, और मेरी अंतरात्मा इस बात की गवाही देती है कि अब से मेरा जीवन इसकी प्राप्ति के लिए समर्पित है'। [गांधी: 1909, 2016]

अपनी पुस्तक *हिंद स्वराज* (1909) के माध्यम से, गांधी ने स्वराज पर पहला व्यापक वक्तव्य दिया है, और इस पर उन्होंने जो विचार प्रस्तुत किए हैं, वे स्वतंत्रता के अर्थ पर उनकी भविष्य की सोच के लिए आधार प्रदान करते हैं। गांधी ने 1909 से पहले स्वराज के बारे में लिखा था, लेकिन इस शब्द का संदर्भ शायद ही कभी मिलता है। गांधी के एकत्रित कार्यों में स्वराज का पहला स्पष्ट उपयोग 1906 में दादाभाई नौरोजी के कांग्रेस अध्यक्षीय भाषण के एक संक्षिप्त संदर्भ के साथ होता है। 'स्वराज हासिल करने के लिए, समृद्ध होने के लिए और उन अधिकारों को संरक्षित करने के लिए जिन्हें हम महत्त्व देते हैं...।'

गांधी को स्वराज शब्द पसंद आया क्योंकि इसमें पारंपरिक भारतीय जड़ें थीं, और उन्होंने तर्क दिया कि इस वजह से इसका एक अनूठा अर्थ है जो "स्वतंत्रता" से काफी अलग है। गांधी के अनुसार, स्वराज शब्द एक पवित्र शब्द है, एक वैदिक शब्द है, जिसका अर्थ है स्व-शासन और आत्म-संयम, न कि सभी संयम से मुक्ति, जिसका अर्थ अक्सर "स्वतंत्रता" होता है। [गांधी : 1959]

स्वराज एक बहुस्तरीय विचार है, इसे इस प्रकार वर्गीकृत किया जा सकता है–

1. विचारों में स्वराज (Swaraj in ideas), 2. व्यक्ति में स्वराज (Swaraj in individual), 3. सरकार (राष्ट्र) में स्वराज (Swaraj in government), 4. अर्थव्यवस्था में स्वराज (Swaraj in economy)

1. विचारों में स्वराज (Swaraj in Ideas): गांधी ने स्वराज को एक "आचरण के तरीके" के रूप में देखा जो पुरुषों को उनके कर्तव्य का मार्ग, इच्छा पर नियंत्रण का मार्ग और "उनके मन और जुनून पर महारत" का मार्ग बताता है। इसका तात्पर्य एक व्यक्तिगत नैतिक प्राणी के उत्थान से है जो भोग की सीमा निर्धारित करता है और खुशी को बड़े पैमाने पर एक मानसिक स्थिति के रूप में देखता है। उन्होंने स्वराज की कल्पना सादगी के जीवन के रूप में की, जो धन और शक्ति की खोज के विपरीत था।

गांधी के अनुसार, स्वराज में चार पुरुषार्थ, जीवन के चार साध्य – काम, अर्थ, धर्म और मोक्ष, क्रमशः आनंद, धन, धार्मिकता और अंतिम आत्म-साक्षात्कार की अवधारणा शामिल है। गांधी का मानना था कि, केवल पहले तीन, राजनीति और राजनीतिक दर्शन से संबंधित हैं; जबकि चौथा इसके बाहर है। कठोर अर्थों में राजनीति धर्म की सीमा के भीतर काम और अर्थ की व्यवस्था है। उन्हें लगता है, जीवन की यह दृष्टि, भारतीय सभ्यता की सबसे मूल्यवान विरासत है, एक विरासत की रक्षा करने और गृह-शासन के आधुनिक राष्ट्र में शामिल करने के लायक है।

गांधी के स्वराज के विचार के तीन मुख्य पहलुओं को उस रूप में इंगित किया जा सकता है जिसे 1909 में उनके प्रारंभिक बयान के बाद ग्रहण किया गया था।

पहला, गांधी ने हमेशा स्वतंत्रता को मुख्य रूप से एक व्यक्ति के रूप में देखा न कि एक सामूहिक गुण के रूप में। इस बिंदु पर, वह विवेकानंद और अरबिंदो के साथ थे। गांधी ने पुष्टि की कि लोगों के स्वराज का अर्थ व्यक्तियों के स्वराज (स्व-शासन) का कुल योग है। डेनिस डाल्टन (Dennis Dalton) ने अपनी पुस्तक, द *इंडियन आइडिया ऑफ फ्रीडम* (The Indian Idea of Freedom) में लिखा है, 'गांधी के विचार परिपक्व होने के साथ,

उन्होंने अहिंसा पर ज़ोर दिया, और इसके पालन को स्वतंत्रता के संरक्षण के साथ निकटता से देखा। उन्होंने तर्क दिया कि अहिंसा के पालन के अनुरूप नागरिक स्वतंत्रता स्वराज की ओर पहला कदम है।' [डाल्टन: 1982]

दूसरा, पारंपरिक नागरिक स्वतंत्रता (conventional civil liberties) जैसे प्रेस, भाषण, संघ, और स्वराज के लिए धर्म मौलिक है पर ज़ोर देने के अलावा, गांधी ने यह भी बताया कि स्वतंत्रता का सार सामाजिक, राजनीतिक या आर्थिक स्वतंत्रता से अधिक होना चाहिए। स्वराज "स्वतंत्रता से असीम रूप से बड़ा है और इसमें शामिल है"। गांधी के स्वराज के कम्पास में चार बिंदु शामिल हैं: सत्य, अहिंसा, राजनीतिक और आर्थिक स्वतंत्रता; स्वराज प्रत्येक की प्राप्ति के बिना अधूरा रहा, क्योंकि प्रत्येक, गांधी के लिए यह सभी के साथ जुड़ा हुआ था। [डाल्टन: 1982]

अंत में, गांधी की स्वराज की अवधारणा ने विवेकानंद और अरबिंदो द्वारा पहले की गई स्वतंत्रता के "आंतरिक" और "बाहरी" रूपों के बीच समान अंतर किया। गांधी ने लगातार स्वतंत्रता के अति-राजनीतिक रूप के सर्वोच्च मूल्य पर ज़ोर दिया। [डाल्टन: 1982]

व्यक्ति में स्वराज (Swaraj in individual) को गांधी ने व्यक्तिगत स्वतंत्रता का कारण बताया। उनके शब्दों में, "स्वराज का वास्तव में अर्थ आत्म-नियंत्रण है। आत्मसंयम वही कर सकता है जो सदाचार के नियमों का पालन करता हो, सत्य से छल न करता हो, सत्य का त्याग न करता हो और अपने माता-पिता, पत्नी-बच्चों, नौकरों-पड़ोसियों के प्रति अपने कर्तव्य का निर्वाह करता हो। ऐसा आदमी स्वराज के सुख में है..."। गांधी के अनुसार, एक व्यक्तिगत स्वराजवादी को सत्य, अहिंसा, अस्तेय, अपरिग्रह, ब्रह्मचर्य, निर्भयता, शारीरिक श्रम, भोजन में अभोग, स्वदेशी का उपयोग, सभी धर्मों के लिए समान और सम्मान, अस्पृश्यता का उन्मूलन जैसे ग्यारह व्रतों का पालन करना होता है।

सरकार में स्वराज (Swaraj in governement) इसका अर्थ है राष्ट्र द्वारा राष्ट्र का स्वशासन। यह एक राजनीतिक स्वतंत्रता है जिसे आत्मनिर्णय के माध्यम से प्राप्त और बनाए रखा जाता है। राजनीतिक रूप से, स्वराज का अर्थ था 'राष्ट्रीय प्रतिनिधियों के माध्यम से राष्ट्रीय जीवन को विनियमित करने की क्षमता'। राष्ट्रीय जीवन, हालांकि, समय के साथ इतना परिपूर्ण हो गया था कि यह स्व-विनियमित होगा और किसी भी प्रतिनिधित्व की आवश्यकता नहीं होगी, जिससे प्रबुद्ध अराजकता (enlightened anarchy) की स्थिति पैदा होगी, जहाँ हर कोई अपना शासक होगा और खुद पर इस तरह से शासन करेगा कि वह कभी अपने पड़ोसी के लिए बाधा न बने।

गांधी की कॉर्पोरेट गतिविधि संसदीय यानी लोकतांत्रिक स्वराज की ओर निर्देशित थी। लेकिन इसका अर्थ "अंग्रेजों के बिना एक अंग्रेजी शासन" नहीं था। इसके विपरीत, यह स्थानीय नैतिक अर्थव्यवस्था पर आधारित एक अलग राज्य व्यवस्था थी जहाँ लोग मुख्य रूप से शारीरिक श्रम द्वारा अपनी भूमि को जोतेंगे। यह एक ऐसी सभ्यता थी जो जबरदस्ती की शक्ति से घृणा करती थी और नैतिक अनुनय के माध्यम से कार्य करती थी।

ग्राम स्वराज (Gram Swaraj) : गांधी भारत के लोगों द्वारा स्वराज या स्वशासन चाहते थे जो ग्रामीण जनता का प्रतिनिधित्व करते हैं। उन्होंने बार-बार कहा कि "भारत की आत्मा गांव

में बसती है" (India's soul live in the villages)। वह चाहते थे कि सत्ता का ढांचा नीचे से शुरू हो। गांधी के इस अधीनस्थ दृष्टिकोण ने उनके ग्राम स्वराज के विचार को बहुत मज़बूत बना दिया। उन्होंने स्वतंत्र भारत में ग्राम गणतंत्र (village republic) का सपना देखा था।

पूर्ण स्वराज (Purna Swaraj) : गांधी के अनुसार, स्वराज के तहत, लोग "पूँजी की बुराइयों से दूर रहेंगे" और "श्रम के उत्पाद का न्यायपूर्ण वितरण" प्राप्त करने का प्रयास करेंगे। उन्होंने आगे कहा कि स्वराज तब तक पूर्ण स्वराज नहीं होगा जब तक कि गरीबों को जीवन की आवश्यकताओं और सुविधाओं का आनंद लेने में सक्षम नहीं किया जाता है, जिनका कि राजकुमारों (Princes) और पैसे वाले लोगों द्वारा आनंद लिया जाता है।

उन्होंने पूर्ण स्वराज को उस स्वराज के रूप में परिभाषित किया 'जितना राजकुमार के लिए उतना ही किसान के लिए, जितना अमीर भूमि मालिक के लिए उतना ही भूमिहीन किसान के लिए, जितना हिंदुओं के लिए उतना ही मुसलमानों के लिए ...।'

अर्थव्यवस्था में स्वराज (Swaraj in Economy) : गांधी के अनुसार, इसके नैतिक और राजनीतिक आयाम के अलावा, पूर्ण स्वराज या राम-राज्य का एक आर्थिक आयाम भी है, जिसका अर्थ है, ब्रिटिश पूँजीपति और पूँजी से पूरी तरह से स्वतंत्रता, साथ ही उनके भारतीय समकक्षों से भी। दूसरे शब्दों में, सबसे विनम्र को सबसे ऊंचे के बराबर महसूस करना चाहिए। यह केवल पूँजी या पूँजीपति द्वारा अपने कौशल और पूँजी को निम्नतम और निम्नतम (the lowliest and the least) के साथ साझा करने से ही हो सकता है।

आर्थिक स्वतंत्रता से, गांधी का अर्थ गरीबी से मुक्ति था। वास्तव में, गरीबी दिए गए समाजों के आर्थिक विकास के सापेक्ष एक घटना है। लेकिन गांधी के पास यह तय करने का अपना मानदंड था कि क्या कोई समाज स्वतंत्रता-अस्वीकार करने वाली गरीबी से पीड़ित है। मानदंड जीवन की आवश्यकताओं की उपलब्धता जैसे कि अच्छा भोजन, वस्त्र और आवास; अपने परिश्रम के फल का आनंद लेने की क्षमता और व्यक्ति के विकास का अवसर।

आर्थिक स्वतंत्रता की उनकी धारणा उनके इस तर्क के अनुरूप थी कि मनुष्य का निजी संपत्ति पर कोई पूर्ण अधिकार नहीं था। उन्होंने निजी संपत्ति के एक निश्चित प्रकार के अधिकार का बचाव किया था, लेकिन यह अधिकार उस समुदाय की भलाई के लिए सशर्त था जिसमें वो रहता था। संपत्ति के सशर्त अधिकार का उनका बचाव संपत्ति के ट्रस्टीशिप (trusteeship) की धारणा के अनुरूप था। गांधी ने तर्क दिया था कि भारत को बड़े पैमाने पर उत्पादन की नहीं बल्कि जनता द्वारा उत्पादन की ज़रूरत है।

स्वराज के स्तंभ (Pillars of Swaraj)

गांधी ने 1928 में लिखा था कि, जितनी जल्दी यह मान लिया जाएगा कि हमारी कई सामाजिक बुराइयां स्वराज की ओर हमारे कदमों को बाधित कर रही हैं, हमारे पोषित लक्ष्य की ओर हमारी प्रगति उतनी ही अधिक होगी। समाज सुधार को स्वराज की प्राप्ति तक के लिए टाल देना स्वराज का अर्थ जानना नहीं है। [बोस : n.d.] गांधी के लिए, सामाजिक सुधार के प्रमुख उद्देश्यों को "स्वराज के तीन स्तंभ" कहा जाता था: हिंदू-मुस्लिम एकता

(Hindu-Muslim unity), अस्पृश्यता का उन्मूलन (the abolition of untouchability) और भारत के गांवों का उत्थान (the upliftment of India's Villages)। गांधी ने इन तीन उद्देश्यों को पूरा करने और सत्याग्रह के माध्यम से स्वराज प्राप्त करने का तरीका दिखाने के लिए रचनात्मक कार्यक्रम शुरू किया।

निष्कर्ष (Conclusion)

हमने यह कहकर प्रारंभ किया कि स्वतंत्रता बाहरी बाधाओं की अनुपस्थिति (absence of constraint) है। अब हमें यह एहसास हो गया है कि स्वतंत्रता चुनाव करने की हमारी क्षमता का प्रतीक है। और जब हम चुनाव करते हैं, तो हमें अपने कार्यों और उनके परिणामों के लिए जिम्मेदारी भी स्वीकार करनी होती है। भारतीय राजनीतिक चिंतन में स्वतंत्रता के अनुरूप एक अवधारणा "स्वराज" है। स्वराज शब्द में दो शब्द शामिल हैं – स्व (स्व) और राज (शासन)। इसका अर्थ स्व का शासन और स्वयं पर शासन दोनों समझा जा सकता है।

यद्यपि स्वराज शब्द का अर्थ स्वशासन है, गांधी ने इसे एक अभिन्न क्रांति की सामग्री दी जो जीवन के सभी क्षेत्रों को शामिल करती है। 'व्यक्तिगत स्तर पर (at the individual level), स्वराज आत्म-मूल्यांकन, निरंतर आत्म-शुद्धि और बढ़ती आत्मनिर्भरता की क्षमता से जुड़ा हुआ है।' राजनीतिक (politically) रूप से, स्वराज स्वशासन है न कि अच्छी सरकार (गांधी के लिए, अच्छी सरकार स्वशासन का कोई विकल्प नहीं है)। आर्थिक दृष्टि (economically) से स्वराज का अर्थ लाखों मेहनतकशों के लिए पूर्ण आर्थिक स्वतंत्रता है। और अपने पूर्ण अर्थ में, स्वराज सभी बंधनों से मुक्ति से कहीं अधिक है, यह स्व-शासन, आत्म-संयम है और इसे मोक्ष (salvation) के समान समझा जा सकता है।

स्वराज को अपनाने का अर्थ है एक ऐसी व्यवस्था को लागू करना जिससे राज्य तंत्र वस्तुतः शून्य हो जाता है, और वास्तविक शक्ति सीधे लोगों के हाथों में रहती है। गांधी ने कहा, 'शक्ति लोगों में निवास करती है, वे इसका किसी भी समय उपयोग कर सकते हैं।' यह दर्शन एक व्यक्ति के अंदर रहता है जिसे स्वयं का स्वामी बनना सीखना होता है और अपने समुदाय के स्तर तक ऊपर की ओर फैलता है जो केवल स्वयं पर निर्भर होना चाहिए। गांधी ने कहा, 'ऐसी अवस्था में (जहाँ स्वराज प्राप्त होता है) हर कोई अपना शासक होता है। वह खुद पर इस तरह से शासन करता है कि वह कभी भी अपने पड़ोसी के लिए बाधा नहीं बनता; और यह भी स्वराज है जब हम खुद पर शासन करना सीखते हैं।'

अभ्यास प्रश्न (Practice Questions)

1. स्वतंत्रता के विभिन्न परिप्रेक्ष्यों की चर्चा कीजिए।
2. क्या आप स्वतंत्रता को एक मुक्त मूल्य (emancipated value) के रूप में समझते हैं? स्पष्ट कीजिए।
3. भारतीय संदर्भ में, स्वतंत्रता स्वराज की अवधारणा के अनुरूप है। आलोचनात्मक परीक्षण कीजिए।
4. गांधी की स्वराज की अवधारणा कैसे स्वतंत्रता की धारणा को समृद्ध करती है। विवेचना कीजिए।

संदर्भ (References)

डाल्टन, डेनिस, (1982), *इंडियन आइडिया ऑफ फ्रीडम: पॉलिटिकल थॉट ऑफ स्वामी विवेकानंद, अरबिंदो घोष, महात्मा गांधी और रवींद्रनाथ टैगोर*, गुड़गांव, हरियाणा: अकादमिक प्रेस।

बोस, एन.के. गांधी से चयन (गांधी के विचारों का विश्वकोश), अहमदाबाद, नवजीवन मुद्रणालय, 25 अप्रैल, 2023 https://www.mkgandhi.org/ebks/SelectionsFromGandhi.pdf

गांधी, एम. (1959), *इंडिया ऑफ माई ड्रीम्स*, अहमदाबाद: नवजीवन।

गांधी, महात्मा, (1909), (2016), *हिंद स्वराज*, दिल्ली : राजपाल एंड संस।

पाल, बी.सी. 1954, *स्वदेशी और स्वराज*, कलकत्ता।

______ (1910), *द स्पिरिट ऑफ इंडियन नेशनलिज्म*, लंदन: हिंद राष्ट्रवादी एजेंसी।

सेठी, आरती, 2013, "फ्रीडम ऑफ स्पीच एंड क्वेश्चन ऑफ सेंसरशिप", *राजनीतिक सिद्धांत : एक परिचय*, राजीव भार्गव और अशोक आचार्य द्वारा, 308. दिल्ली : पीयर्सन।

स्टर्न्स, पॉल. स्वतंत्रता क्या है? 20th April, 2023 https://philosophynow.org/issues/143/What_is_Freedom

ताकाहाव, एन.एस. (1921), *शिवाजी महाराज का जीवन*, बंबई : मनोरंजन।

तिलक, बाल गंगाधर, (1918), *उनका लेखन और भाषण*, मद्रास : गणेश और सह।

वेल्ज़ेल, ईसाई, (2013), *फ्रीडम राइजिंग : ह्यूमन एंपावरमेंट एंड द सर्च फॉर इमैनसिपेशन*, न्यूयॉर्क : कैंब्रिज यूनिवर्सिटी प्रेस।

अध्याय 3

भाषण और अभिव्यक्ति की स्वतंत्रता का अधिकार

Right to Freedom of Speech and Expression

शिम्पी पांडे

प्रस्तावना (Introduction)

राजनीतिक सिद्धांत के अंतर्गत भाषण और अभिव्यक्ति की स्वतंत्रता का महत्त्वपूर्ण स्थान है जिसकी विस्तृत एवं व्यापक रूपरेखा है। अभिव्यक्ति की स्वतंत्रता ना केवल लोकतंत्र की पूर्व शर्त है, बल्कि यह लोकतंत्र के मूल्यों में महत्त्वपूर्ण स्थान पर स्थित सभी स्वतंत्रताओं की जननी है। आधुनिक युग में अभिव्यक्ति की स्वतंत्रता को स्वतंत्र समाज में ना केवल स्वीकृति प्रदान की गई है बल्कि इसके संरक्षण को भी महत्त्व दिया गया है। अपने विचारों को बिना किसी बाधा के व्यक्त करना, किसी भी प्रकार के दंड के भय में ना होना, प्रत्येक समाज व राज्य के विकास में महत्त्वपूर्ण भूमिका का निर्वहन करता है।

आधुनिक उदारवादी लोकतांत्रिक व्यवस्थाओं में भाषण व अभिव्यक्ति की स्वतंत्रता को मुक्त समाज का सार व सूचक माना जाता है। यह कुछ प्रमुख उद्देश्यों को पूरा करने के लिए आवश्यक है, जैसे- सत्य की खोज करना, गैर स्व-पूर्ति, लोकतांत्रिक मूल्य, बहुलता को सुनिश्चित करना। [चैप्टर-2 (अ): 39-40]। यह समाज और राज्य के लिए लाभकारी परिणाम लाने में सहायक होती है। [स्मिट्स : 2009, 159-161] आइवर जेनिंग्स के अनुसार, भाषण की स्वतंत्रता के बिना तर्क का आग्रह करना जो लोकतंत्र का आधार है, निर्मित नहीं किया जा सकता है। मिल्टन के अनुसार, इस स्वतंत्रता के बिना व्यक्ति या राष्ट्र के जीवन में नैतिक व बौद्धिक विकास नहीं हो सकता। लास्की ने लोकतंत्र को विमर्श की सरकार के रूप में परिभाषित किया है व कहा है कि यह तभी सफल हो सकता है जब सरकार के अंतर्गत लोगों की प्रभावशाली भागीदारी हो। इसके लिए लोगों का शिक्षित होना आवश्यक है। यह मौलिक अधिकारों की श्रेणी में भी महत्त्वपूर्ण है।

उदारवादी-लोकतांत्रिक मूल्यों में भाषण और अभिव्यक्ति की स्वतंत्रता
(Freedom of Speech and Expression in Liberal Democratic Values)

सैद्धांतिक रूप से अभिव्यक्ति की स्वतंत्रता का विचार एक ऐसी संकल्पना से संबंधित है जिसके अंतर्गत विचारों, भावों, आकांक्षाओं को अभिव्यक्त करने की स्वतंत्रता सम्मिलित है। उदारवादी लोकतांत्रिक व्यवस्था के अंतर्गत अभिव्यक्ति की स्वतंत्रता को केंद्रीय या मौलिक सिद्धांत के रूप में स्वीकृत किया गया है, किंतु इसके साथ ही यह भी तथ्यगत है कि नियमित रूप से इसकी सीमाओं के विषय में विवाद बना रहता है। मुख्यत: किस अभिव्यक्ति पर किस सीमा तक प्रतिबंध और नियंत्रण लगाया जाए इस पर विवाद विद्यमान रहता, क्योंकि कई बार स्वतंत्र अभिव्यक्ति से समस्या उत्पन्न होती है। इसकी विस्तृत चर्चा अध्याय के अंतिम भाग में की जाएगी। स्वतंत्र बहस और मुक्त विचार-विमर्श लोकतंत्र का आंतरिक भाग है, यदि यह स्वतंत्रता ना हो तो लोकतंत्र का कोई मूल्य नहीं है क्योंकि यह सर्वाधिकारवादी व सत्तावादी शासन व्यवस्था के समान हो जाएगी। [सरकार : 84-85]

उल्लेखनीय है कि अभिव्यक्ति की स्वतंत्रता का अधिकार कुछ स्थितियों में नकारात्मक हो जाता है जिसमें किसी एक व्यक्ति के विचार किसी दूसरे व्यक्ति की भावनाओं को ठेस पहुंचाने का प्रयास करते हैं, अन्यथा किसी व्यक्ति या समूहों द्वारा किसी अन्य जाति, वर्ग, धर्म, समुदाय को अपनी सर्वोच्चता दिखाने हेतु दूसरे को अपमानित करते हैं। ऐसी स्थिति में यह अधिकार समस्या उत्पन्न करता है और व्यापक रूप से द्वेष भाषण (hate speech) का रूप ले लेता है। ऐसी घटनाएं अभिव्यक्ति की स्वतंत्रता का अधिकार, उनकी सीमाओं, कमियों व अपवादों को दर्शाती हैं। यदि अभिव्यक्ति की स्वतंत्रता से किसी दूसरे व्यक्ति को प्रत्यक्ष रूप से हानि पहुंचती है तो इसे उदारवादी परिप्रेक्ष्य से उचित नहीं कहा जा सकता। इसका एक कारण यह है कि उदारवादी लोकतंत्र का मूल उद्देश्य नागरिकों को सुरक्षा और बचाव प्रदान करना है जबकि द्वेष व रोष से उत्पन्न स्थिति उस मार्ग में बाधक है। [स्मिट्स : 2009, 160] उदारवादी राजनीतिक दर्शन के अंतर्गत राजनीति और नैतिकता के एक अनूठे संयोजन का उल्लेख किया जाता है जिसके अंतर्गत यह स्पष्ट किया जाता है कि किसी भी राजनीतिक अधिकार, उत्तरदायित्व, नियमों के अंतर्गत नैतिकता का बोध होना अनिवार्य है। अर्थात् अभिव्यक्ति की स्वतंत्रता के अंतर्गत नैतिक मूल्यों का भी पालन किया जाना चाहिए जिससे नागरिकों की निजता, गरिमा और सम्मान की सुरक्षा संभव है।

यूरोपीय पुनर्जागरण के काल में "अभिव्यक्ति और भाषण की स्वतंत्रता" का विचार उभरकर सामने आया। 18वीं सदी के अंत में अभिव्यक्ति की स्वतंत्रता के विचार में विस्तार हुआ और वर्जिनिया बिल ऑफ राइट्स, 1776 के 12वें भाग में इसे विधिक रूप प्रदान किया गया और यह घोषणा की गई कि प्रेस की स्वतंत्रता उदारवाद का प्रमुख स्तंभ है और इसे तानाशाही सरकार के द्वारा सीमित नहीं किया जा सकता। 1948 में संयुक्त राष्ट्र जिनेवा सम्मेलन "सूचना की स्वतंत्रता" विषय पर आयोजित किया गया, जिसमें 54 देशों ने भाग लिया। इसने संयुक्त राष्ट्र में संशोधनों की एक लंबी श्रृंखला पारित की तथा संयुक्त राष्ट्र की आम सभा के द्वारा सूचना के अधिकार को मौलिक मानव अधिकार घोषित किया गया। अनुच्छेद 19 में मानव अधिकारों की सार्वभौमिक घोषणा (Universal Declaration of Human Rights) के अंतर्गत यह व्यक्त किया गया कि, सभी व्यक्तियों को भाव और अभिव्यक्ति की स्वतंत्रता प्रदान की जाएगी, जिसमें बिना किसी बाधा के अपने विचार रखने की स्वतंत्रता प्रदान की गई। इसके अतिरिक्त सूचना प्रदान करने, सूचना प्राप्त करने, जिसमें बिना बाधा के अपने विचार रखने की स्वतंत्रता भी प्रदान की गई। साथ ही सूचना प्राप्त करने और विचारों को मीडिया के द्वारा सूचना एवं जानकारी का आयात-निर्यात करने का भी अधिकार दिया गया। यह उद्घोषणा लोकतंत्र और जन-आधारित थी और स्वतंत्रता के मूल्यों को विस्तारित करने में अहम थी। [चैप्टर-2 (अ) : 17-18]

अभिव्यक्ति और भाषण की स्वतंत्रता : जॉन स्टुअर्ट मिल

(Views of John Stuart Mill on Freedom of Expression and Speech)

ब्रिटिश दार्शनिक जॉन स्टुअर्ट मिल अभिव्यक्ति की स्वतंत्रता के प्रमुख समर्थक हैं। मिल ने अपनी कृति *ऑन लिबर्टी* में स्पष्ट किया है कि किसी भी व्यक्ति के विचारों पर प्रतिबंध नहीं लगाया जाना चाहिए। सभी व्यक्तियों को समान रूप से अपने विचारों और भावों को अभिव्यक्त करने की स्वतंत्रता दी जानी चाहिए। [कानवन : 1-2]

जे. एस. मिल तर्क देते हैं कि अपने भावों को व्यक्त करने की स्वतंत्रता मुक्त और स्वायत्त व्यक्ति के लिए अनिवार्य है। मिल के अनुसार, यह आविष्कार और सत्य की स्वीकृति के मार्ग को प्रशस्त मार्ग में महत्त्वपूर्ण भूमिका का निर्वहन करता है। [स्मिट्स : 2009, 159-160] मिल ने भावी ज्ञान के मार्ग में सत्य की खोज और आविष्कार के लाभ बताए हैं। मिल तर्क देते हैं कि यदि मत गलत भी हो तो भी उसकी कमी को तर्क सहित खंडित किया जा सकता है और भली प्रकार समझा जा सकता है। अधिकांशतः मत ना तो पूर्ण रूप से सत्य होते हैं और ना ही पूर्ण रूप से असत्य ही होते हैं। [चैप्टर-3 : 62-64] अतः आवश्यकता है कि स्वतंत्रता के विचार का निरीक्षण और परीक्षण किया जाए। मिल के अनुसार, सत्य की खोज एक स्वतंत्र और मुक्त विमर्श के द्वारा ही संभव है। यदि पारंपरिक विचारों के विरुद्ध जाने की संभावना ना होती तो सत्य की खोज संभव नहीं होती। वैज्ञानिक प्रगति और शैक्षणिक विकास के लिए अभिव्यक्ति और भाषण की स्वतंत्रता अति आवश्यक है।

जे. एस. मिल ने अपनी कृति *ऑन लिबर्टी* में अभिव्यक्ति की स्वतंत्रता को सुरक्षित करने हेतु कई कारणों की व्याख्या की है। जिनमें से एक कारण यह है कि अभिव्यक्ति की स्वतंत्रता सभी व्यक्तियों के लिए समान रूप से अति महत्त्वपूर्ण है। इसमें अपनी भावनाओं और मूल्यों को अभिव्यक्त करने की स्वतंत्रता शामिल है और अन्य व्यक्तियों की भावनाओं, विचारों और मूल्यों को सार्वजनिक रूप से जानने की स्वतंत्रता सम्मिलित है। मिल के अनुसार, अभिव्यक्ति और भाषण की स्वतंत्रता मनुष्य को व्यक्तिगत रूप से विचारों, चिंतन, भावनाओं और स्थिति संबंधित विषयों पर सम्मान व स्वतंत्रता प्रदान करती है जिससे व्यक्ति ना केवल अपने भाव प्रकट करता है बल्कि वह अपने विचार व्यक्त करने के साथ ही अन्य व्यक्तियों के विचार ग्रहण करता है और उसे स्थानांतरित भी करता है। इससे व्यक्ति दूसरे व्यक्ति के विचारों से भी अवगत होते हैं। इससे ना केवल समाज बल्कि वहां की लोकतांत्रिक संस्कृति का भी विकास होता है और जीवन के निर्णय व चयन सभी व्यक्तियों तक प्रसारित होते हैं। [चैप्टर-3 : 64]

जे. एस. मिल *ऑन लिबर्टी* में अभिव्यक्ति की स्वतंत्रता पर राज्य के प्रतिबंध से उत्पन्न खतरों से अवगत कराते हैं।, वे तर्क देते हैं राज्य के लगाए प्रतिबंध और नियंत्रण ना केवल लोक विचार को नियंत्रित करते हैं बल्कि उन विचारों के विकास की दिशा भी अवरुद्ध करते हैं। जे. एस. मिल के अनुसार, यदि कोई सरकार संचार का दमन करती है तो वह इसके द्वारा उन लोक विचारों का भी दमन करती है जो पूर्णतया व अल्प रूप से सत्य हो। भाषण और अभिव्यक्ति की स्वतंत्रता को शासन का समर्थन मिलना आवश्यक है जो सहभागिता में वृद्धि करे और अभिव्यक्ति भाषण के मार्ग को प्रशस्त करे। [हेनरी : 20]

जॉन लॉक ने भी भाषण और अभिव्यक्ति की स्वतंत्रता को अधिक महत्त्व दिया और इसे मनुष्य का मूल अधिकार माना जिसके द्वारा व्यक्ति सत्य की खोज करता है। राजनीतिक चिंतक जॉन रॉल्स ने भी राजनीतिक स्वतंत्रताओं की बात की है, जिसके अंतर्गत मतदान करने, अभिव्यक्ति व संस्था बनाने की स्वतंत्रता, अंतःकरण की स्वतंत्रता और जबरन गिरफ्तारी के विरुद्ध स्वतंत्रता इत्यादि सम्मिलित है। रॉल्स इन्हें मूल स्वतंत्रता कहते हैं और यह मूल स्वतंत्रता सभी व्यक्तियों को समान रूप से प्राप्त हैं। [अध्याय-3 : 64]

समकालीन विचारकों में रोनाल्ड ड्वोर्किन अभिव्यक्ति की स्वतंत्रता के विचार के पक्षधर हैं। उन्होंने स्वतंत्र अभिव्यक्ति के महत्त्व के लिए तीन कारण प्रस्तुत किए। प्रथम, हम संस्कृति पर सामूहिक नियंत्रण को स्वीकार नहीं कर सकते, उदाहरण के लिए हमें यह अधिकार प्राप्त होना चाहिए कि हम लोगों को बता सकें कि उन्हें क्या नहीं सुनना है। दूसरी समस्या लोकतांत्रिक पारदर्शिता की है, जहाँ स्वतंत्र प्रेस का यह कर्तव्य और उत्तरदायित्व है कि सरकार व अन्य शक्तिशाली समूहों की जवाबदेयता बनाए रखे। तीसरा विषय लोकतांत्रिक निष्पक्षता का है। यदि हम अपेक्षा करते हैं कि बहुमत की इच्छा हेतु जनता लोकतांत्रिक प्रक्रिया और कानूनों को स्वीकार करे तो यह आवश्यक है कि लोगों को मात्र मतदान का ही नहीं, बल्कि बोलने के अधिकार की स्वतंत्रता भी प्रदान की जाए जिससे कि उन्हें जो सही ना लगे तो उसको अस्वीकार भी कर सकें। अपना शासक चुनने और उसकी आलोचना करने का अधिकार नागरिकों को समान रूप से प्राप्त होना चाहिए। [सरकार : 84-85]

भारतीय संविधान : भाषण और अभिव्यक्ति की स्वतंत्रता का अधिकार

(The Constitution of India : Right to Freedom of Speech and Expression)

भारत का संविधान अपने नागरिकों को विभिन्न प्रकार के मौलिक अधिकार प्रदान करता है। इन प्रमुख अधिकारों में एक प्रमुख अधिकार – अनुच्छेद 19 में वर्णित स्वतंत्रता का अधिकार है – जिसके अंतर्गत नागरिकों को भाषण और अभिव्यक्ति की स्वतंत्रता का अधिकार, निशस्त्र शांतिपूर्ण रूप से एकत्र होने का अधिकार, संगठन व संघ बनाने की स्वतंत्रता, भारतीय भू-भाग में कहीं भी स्वतंत्र रूप से घूमने की आज़ादी, भारतीय भू-भाग में कहीं भी बसने की स्वतंत्रता, कोई भी व्यवसाय, व्यापार व उद्योग स्थापित व उसे संचालित करने की स्वतंत्रता, प्रेस की स्वतंत्रता का अधिकार को अंतर्निहित किया गया है। भाषण और अभिव्यक्ति की स्वतंत्रता भारत में संविधानिक रूप से सुरक्षित की गई है किंतु यह सीमित है तथा इस पर कुछ सीमाएं भी निश्चित की गई हैं।

मीडिया और भाषण एवं अभिव्यक्ति की स्वतंत्रता का अधिकार

(Right to Freedom of Speech and Expression and Media)

मीडिया किसी भी लोकतांत्रिक देश में केंद्रीय स्तंभ के रूप में कार्यरत होती है। सार्वजनिक जगत में इसकी भूमिका और योगदान उदारवादी मूल्यों के विकास में सहायक है। सूचना के प्रचार-प्रसार, नागरिकों तक जानकारी पहुंचाने, देश-विदेश के घटनाक्रमों से अवगत कराने, सरकार की नीतियों की जानकारी, सामाजिक जागरूकता लाने के क्षेत्र में भी मीडिया की भूमिका महत्त्वपूर्ण है। एक लोकतंत्र तभी सफल होता है जब उसके नागरिक सजग हों, आलोचनात्मक दृष्टिकोण तथा विभिन्न गतिविधियों की जानकारी रखते हों। [कार्ल्ससन : 2016, 20]

सूचना का अधिकार भी भाषण और अभिव्यक्ति की स्वतंत्रता के अधिकार का ही भाग है। अभिव्यक्ति की स्वतंत्रता का अधिकार चिंतन की स्वतंत्रता से घनिष्ठ रूप से जुड़ा हुआ है और यह व्यक्तिगत स्व-अभिव्यक्ति व स्वपूर्ति की पूर्व शर्त है। हालांकि व्यवस्था के द्वारा अभिव्यक्ति की स्वतंत्रता के अधिकार को सीमित किया जा सकता है तथा यह अधिकार पूर्णतावादी नहीं हो सकता। इलेक्ट्रॉनिक मीडिया पर सरकार का एकाधिकार नहीं है।

भाषण और अभिव्यक्ति की स्वतंत्रता : तार्किक सीमाएँ और प्रासंगिकता

(Freedom of Speech and Expression : Rational limitations and its Relevance)

विचार और अभिव्यक्ति की स्वतंत्रता एक अधिकार के साथ ही यह उत्तरदायित्वों का भी निर्माण करती है। अभिव्यक्ति के अधिकार की सीमाएं स्थिर नहीं होती, बल्कि यह सांस्कृतिक व सामाजिक संदर्भ के अनुरूप निर्धारित होती हैं। इसके विधिक, नैतिक और मूल्यपरक आयाम भी होते हैं। [कार्ल्ससन : 2016, 20] स्वतंत्रता कब स्वच्छंदता के रूप में परिवर्तित हो जाए और अधिकारों का दुरुपयोग होने लगे इसका निर्धारण किया जाना आवश्यक है। ऐसा भी देखा गया है कि निजी हित और आर्थिक लाभ हेतु भी कई अवसरों पर अभिव्यक्ति की स्वतंत्रता के अधिकार का दुरुपयोग किया जाता है। विभिन्न अवसरों पर राजनीतिक रैलियों में भी देखा गया है कि विभिन्न राजनेताओं द्वारा भी कई बार शब्दों की मर्यादा पार की जाती है। इसके अतिरिक्त, इस अधिकार का दुरुपयोग करते हुए निजी टिप्पणी की जाती है, चरित्र पर दोषारोपण भी किया जाता है, अपशब्दों का प्रयोग किया जाता है जो विचार और अभिव्यक्ति की स्वतंत्रता के दुरुपयोग को उजागर करते हैं। अतः इसकी प्रकृति कैसी हो व इस पर किस सीमा तक प्रतिबंध लगाया जाए यह एक अत्यंत महत्त्वपूर्ण प्रश्न है। क्या बोलना है? कितना बोलना है? कहाँ बोलना है? किसके विरुद्ध बोलना है? यह सभी प्रश्न महत्त्वपूर्ण हैं। विचार, अभिव्यक्ति और भाषण की स्वतंत्रता के अधिकार के विषय में महत्त्वपूर्ण है कि इसका स्वरूप किस प्रकार का होगा? यह लिखित है अथवा मौखिक, यह किसी अन्य व्यक्ति के अधिकारों का हनन तो नहीं कर रहा, अथवा किसी की गरिमा को ठेस तो नहीं पहुंचा रहा, शांति व्यवस्था को हानि ना पहुंचाए, नैतिकता का पतन ना करता हो, अपराध को जन्म ना देता हो। यद्यपि अधिकारों के प्रयोग के साथ ही कर्तव्यों, दायित्वों व नैतिकता को ध्यान में रखते हुए ही इस अधिकार का प्रयोग किया जाना चाहिए।

हालांकि भाषण और अभिव्यक्ति की स्वतंत्रता के अधिकार पर कुछ प्रतिबंध लगाए जाते हैं और नियंत्रण के विरोध में विभिन्न तर्क प्रस्तुत किए जाते हैं कि यह व्यक्ति की स्वतंत्रता

को प्रतिबंधित करते हैं व अभिव्यक्ति को व्यक्तिगत व सामुदायिक रूप से नियंत्रित कर देते हैं जो अभिव्यक्ति के सकारात्मक परिणामों के मार्ग में बाधा उत्पन्न करते हैं।

द्वेष भाषण और अभिव्यक्ति और भाषण की स्वतंत्रता
(Hate Speech and Freedom of Expression and Speech)

कई बार स्वतंत्र अभिव्यक्ति से समस्या उत्पन्न होती है। द्वेष अथवा घृणित भाषण की कोई सार्वभौमिक स्वीकृत परिभाषा नहीं है। इसे सामान्य शब्दों में, उस अभिव्यक्ति के रूप में समझा जा सकता है – जो किसी अन्य व्यक्ति अथवा समूह की विशिष्ट रूप से उसकी नृजातीयता, धार्मिक भावना, लैंगिक निजता, भाषा, राष्ट्रीय पहचान के विरुद्ध विचारों पर आधारित वह अभिव्यक्ति जो हिंसा, द्वेष अथवा किसी भी प्रकार के भेदभाव को बढ़ावा दे और समाज में अशांति अथवा अव्यवस्था का वातावरण उत्पन्न करे। [फ्रीडम ऑफ एक्सप्रेशन : 7] इसके अतिरिक्त, यह कई बार राष्ट्रीय-अंतर्राष्ट्रीय स्तर पर समस्याएं भी उत्पन्न करते हैं जो द्वेष भाषण व द्वेष अभिव्यक्ति के रूप में विवाद बढ़ाते हैं। [स्मिट्स : 2009, 152-153]

मीडिया द्वारा भी अपने निजी स्वार्थ और चैनल के आर्थिक लाभ हेतु कई बार सूचनाओं को गलत तरीके से प्रस्तुत किया जाता हैं जिससे आम जनता तक सत्य पहुंच नहीं पाता और वह सत्य से अनभिज्ञ रहती है। वर्तमान में मीडिया विभिन्न सूचनाओं, दुर्घटनाओं, आपदाओं जैसे संवेदनशील विषयों को कई बार गैर-संवेदनशील रूप से प्रस्तुत करते हैं जो कहीं-न-कहीं प्रेस की स्वतंत्रता के अधिकार का दुरुपयोग है। कई बार यह भय और तनाव का वातावरण भी उत्पन्न कर देते हैं और कई बार ऐसी सूचनाओं का प्रचार-प्रसार करते हैं जो समाज में हिंसा व द्वेष की भावना का भी संचार करते हैं। हालांकि यह लोकतंत्र का चतुर्थ स्तंभ है किंतु वर्तमान में यह एक विवादास्पद स्तंभ बन गया है। राजनीतिक रैलियों, चुनावों, राजनीतिज्ञों का प्रचार करना मीडिया के बाज़ारीकरण के स्वरूप को उजागर करता है। विभिन्न चैनलों के मध्य निरंतर प्रतिस्पर्धा लगी रहती है कि वह दूसरे चैनल से आगे बढ़ें जो कहीं-ना-कहीं इस बात का सूचक है कि यह अपने दायित्वों को भूलकर निजी आर्थिक लाभ पर अधिक ध्यान केंद्रित करता है।

अतः यह कहा जा सकता है कि अभिव्यक्ति की स्वतंत्रता पर नैतिक सीमाएं होती हैं जो अधिकारों के साथ ही कर्तव्यों व मूल्यों की भावना से भी समावेशित होती हैं। अभिव्यक्ति की स्वतंत्रता पर प्रमुख प्रतिबंध की सीमा यह है कि यह इस स्वतंत्रता के अधिकार के उपयोग से किसी अन्य व्यक्ति की भावनाओं को आघात ना पहुंचे व यह किसी को अपमानित करने की दृष्टि से ना किया जाए। यह स्वतंत्रता महिला, पुरुष, बच्चे, बुजुर्ग इत्यादि सभी को समान रूप से ही प्राप्त होती है तथा यह उदारवादी लोकतंत्र का महत्त्वपूर्ण लक्षण है। यद्यपि सभी विचार सत्य, सही या वस्तुनिष्ठ हों, यह आवश्यक नहीं है और साथ ही यह भी आवश्यक नहीं कि सभी विचार सभी को समान रूप से प्रभावित भी करें यह भी संभव नहीं है। प्रत्येक व्यक्ति दूसरे व्यक्ति से भाव एवं विचारों में पूर्णतया भिन्न होता है और सभी के अभिव्यक्ति का माध्यम समान हो, अथवा न्यायप्रिय हो यह भी हमेशा आवश्यक नही। [मस्सरो : 1991, 211]

निष्कर्ष (Conclusion)

भाषण और अभिव्यक्ति की स्वतंत्रता लोकतंत्र का जीवंत धागा है जो लोकतंत्र में व्यक्तियों की सामूहिक इच्छा और व्यक्ति के व्यक्तिगत चरित्र निर्माण में सहायक बनता है। किसी भी सरकारी व्यवस्था में भाषण व विचार अभिव्यक्ति की स्वतंत्रता के लिए सर्वाधिक महत्त्वपूर्ण है नागरिक स्वतंत्रता। विचार व अभिव्यक्ति की स्वतंत्रता - विचारों के आदान-प्रदान, अपनी समस्याओं और आवश्यकताओं को सार्वजनिक पटल पर रखने में सहायक है तथा सरकार की नीतियों की आलोचना व कमियों को उजागर करने का अहम माध्यम है। सरकार के जन कल्याणकारी कार्यक्रमों/नीतियों की सराहना करने हेतु भी यह अधिकार महत्त्वपूर्ण है। यदि व्यक्ति को निजी व सार्वजनिक स्तर पर विचारों को अभिव्यक्त करने की स्वतंत्रता प्राप्त हो तो वह एक सुदृढ़-सशक्त लोकतांत्रिक व्यवस्था के विकास में सहायक सिद्ध होता है। लोकतंत्र की सफलता के लिए आवश्यक है कि स्वतंत्र विचार-विमर्श के अवसर प्रदान किए जाएं। [सरकार : 70]

भाषण और अभिव्यक्ति की स्वतंत्रता एक मौलिक अधिकार के रूप में है जिसे अंतर्राष्ट्रीय स्तर पर भी उदारवादी लोकतांत्रिक देशों द्वारा अपनाया गया है। इसकी महत्ता इसी बात से स्पष्ट होती है कि इस स्वतंत्रता के बिना अन्य स्वतंत्रताओं का अस्तित्व में बने रहना कठिन है। यह सामान्य कानून के रूप में व्याप्त है। सरकारी और राजनीतिक विषयों को संचार के माध्यम से समाविष्ट करता है। [फ्रीडम ऑफ एक्सप्रेशन : 2015, 21] भूमंडलीकरण और डिजिटलीकरण ने नागरिकों और अर्थव्यवस्था के समायोजन, भौगोलिक क्षेत्र विस्तार और विश्व को पुनः संयोजित करने का कार्य किया है। [कार्ल्ससन : 2016, 11] यह अधिकार ना केवल व्यक्तिगत विकास में सहायक है बल्कि शासन और शासक के मध्य भी संचार के माध्यम की भूमिका का निर्वहन करता है। अभिव्यक्ति की आज़ादी से व्यक्ति अपने राजनीतिक विचारों, सरकार के कृत्यों, प्रशासनिक विषयों को उजागर कर सकता है। इससे आम जनता में जागरूकता उत्पन्न होती है और जानकारी प्राप्त होती है। आधुनिक युग में विभिन्न संचार माध्यमों के द्वारा अभिव्यक्ति की स्वतंत्रता के अधिकार का उपभोग किया जाता है।

भाषण और अभिव्यक्ति की स्वतंत्रता का अधिकार मौलिक मानव अधिकार भी है जो अन्य अधिकारों के प्रयोग और उन्हें सुरक्षित करने की दिशा में महत्त्वपूर्ण भूमिका का निर्वहन करता है। लोकतांत्रिक समाजों में विचारों को व्यक्त करने और सूचना के संचरण में इस अधिकार का महत्त्वपूर्ण स्थान है। नागरिकता और बहुलवाद की अवधारणाएँ विचारों की स्वतंत्र अभिव्यक्ति व राजनीतिक विचारों के विरोध के मध्य स्थापित स्वतंत्र प्रतिस्पर्धा के बिना संभव नहीं है। भाषण और अभिव्यक्ति की स्वतंत्रता व इनकी स्वीकृति लोकतंत्र में सहिष्णुता के मूल्य प्रदान करते हैं।

एक लोकतांत्रिक व्यवस्था में इस अधिकार की प्रासंगिकता तब सामने आती है जब इसे तटस्थ रूप से देखते हैं, किंतु समस्या तब उत्पन्न होती है जब इस पर लगी सीमाओं और प्रतिबंधों का उल्लेख किया जाता है जिसके अंतर्गत नैतिक और राजनीतिक दायित्व सम्मिलित होते हैं। यद्यपि किसी भी समूह के लिए अभिव्यक्ति की स्वतंत्रता उनकी उत्तरजीविता के लिए आवश्यक है। किंतु यह भी सत्य है कि इसमें तथ्यों को गलत तरीके से पेश करने, दूसरों

को नुकसान पहुंचाने से रोकने संबंधी कुछ प्रतिबंध भी अवश्य लगे हुए हैं। जे. एस. मिल ने स्वतंत्र अभिव्यक्ति को "विचारों के मुक्त बाज़ार" में प्रमुख स्थान प्रदान किया है जिसके अंतर्गत सत्य की खोज और समझ को सामने लेकर आता है।

लोकतांत्रिक मूल्यों के विकास में अभिव्यक्ति एवं भाषण की स्वतंत्रता का अधिकार महत्त्वपूर्ण है जो लोकतांत्रिक मूल्यों को भी सुदृढ़ता प्रदान करता है। यह सरकार के अंतर्गत आम जन भागीदारी को बढ़ाने का भी माध्यम है। वर्तमान जगत में प्रिंट मीडिया, इलेक्ट्रॉनिक मीडिया, प्रेस, इंटरनेट के माध्यम सकारात्मक और नकारात्मक दोनों ही प्रकार से राजनीति एवं समाज को प्रभावित करते हैं। वर्तमान में आवश्यकता है कि एक सशक्त जन सहभागिता का निर्माण किया जाए और नैतिक मूल्यों का ध्यान रखते हुए अभिव्यक्ति की स्वतंत्रता के अधिकार का प्रयोग लोकतांत्रिक मूल्यों के विकास में किया जाए।

भाषण और अभिव्यक्ति की स्वतंत्रता का अधिकार ना केवल भारत बल्कि अंतर्राष्ट्रीय स्तर पर अति महत्त्वपूर्ण है। अत: निरंतर यह प्रयास किया जाता है कि इस अधिकार को अधिक से अधिक सुदृढ़ किया जाए। यद्यपि इस अधिकार के साथ ही व्यक्ति की नैतिक जिम्मेदारी भी है कि वह इसका दुरुपयोग ना करे और अपने दायित्वों और कर्तव्यों को ध्यान में रखते हुए राजनीति एवं सामाजिक जन-सहभागिता का विकास करे। वर्तमान में आवश्यकता है कि मीडिया निजी लाभ से ऊपर उठकर सामाजिक जगत में सत्य को उजागर करे और आर्थिक प्रतिस्पर्धा के स्थान पर अपने नैतिक लोकतांत्रिक दायित्वों को पूर्ण करे और लोकतंत्र के चतुर्थ स्तंभ की भूमिका का निर्वहन करे। यद्यपि अभिव्यक्ति और भाषण की स्वतंत्रता का अधिकार वर्तमान जगत की आवश्यकता बन गया है तथा समय-समय विभिन्न घटनाएं इस बात को सिद्ध करती हैं कि यदि इस पर प्रतिबंध लगा दिया जाए तो राज्य का स्वरूप निरंकुश तानाशाही हो जाएगा जो आम जनता के हित में नहीं होगा। यह वर्तमान जगत एवं भावी पीढ़ी के लिए अति आवश्यक एवं अनिवार्य अधिकार है। यह ना केवल व्यक्ति को आलोचना का अधिकार प्रदान करता है बल्कि यह संस्थाओं एवं व्यवस्थाओं में जन-भागीदारी में सकारात्मक सुधार के मार्ग को प्रशस्त करता है।

अभ्यास प्रश्न (Practice Questions)

1. अधिकार क्या हैं? अधिकारों के संदर्भ में अभिव्यक्ति और भाषण की स्वतंत्रता के अधिकार के महत्त्व एवं प्रासंगिकता का उल्लेख कीजिए।
2. समकालीन उदारवादी लोकतांत्रिक मूल्यों में जॉन स्टुअर्ट मिल की स्वतंत्रता के अधिकार की अवधारणा की आलोचनात्मक व्याख्या कीजिए।
3. द्वेष भाषण से आप क्या समझते हैं? अभिव्यक्ति की स्वतंत्रता पर तार्किक प्रतिबंध किस सीमा तक अनिवार्य हैं?
4. भारतीय संदर्भ में लोकतांत्रिक मूल्यों के विकास में अभिव्यक्ति की स्वतंत्रता के अधिकार की भूमिका का वर्णन कीजिए।

संदर्भ सूची (References)

अस्लीन, जेड., (2015), *फ्रीडम ऑफ एक्सप्रेशन, डेमोक्रेसी एंड चलेंजेस*, पृष्ठ 1-8. http://anayasa.gov.tr/en/inlinepages/press/NewsAndEvents/detail/pdf/fulltext.pdf. Accessed on: 08.03.2019

एड्सटोर्म, मारिया.एंडू टी. केन्योन एंड ईवा-मारिया स्वेंसन (स.) (2016), *ब्लरिंग द लाइन्स : मार्केट-ड्रिवेन एंड डेमोक्रेसी-ड्रिवेन फ्रीडम ऑफ एक्सप्रेशन*, स्वीडनः नोर्डिकॉम।

कार्ल्ससन, यू., (2016), *फ्रीडम ऑफ एक्सप्रेशन एंड मीडिया इन ट्रांजिशन स्टडीज एंड रिफ्लेकशनस इन द डिजिटल एज*, नोर्डिकॉम, स्वीडन।

कानवन, एफ., जे. एस. मिल, (2014), *ऑन फ्रीडम ऑफ एक्सप्रेशन*, मॉडर्न ऐज, पृष्ठ 362-369. https://isi.org/wp-content/uploads/2014/10/canavan.pdf?x66229. Accessed on: 08.03.2019

चैप्टर-2 (अ), कांसेप्ट, मीनिंग एंड स्कोप ऑफ फ्रीडम ऑफ स्पीच एंड एक्सप्रेशन http://shodhganga.inflibnet.ac.in/bitstream/10603/102441/9/09chapter-2.pdf 8.3.2019

चैप्टर-2 (ब), फ्रीडम ऑफ स्पीच एंड एक्सप्रेशन अंडर इंडियन कांस्टीट्यूशन विद स्पेशल रेफेरेंस टु मीडिया https://shodhganga.inflibnet.ac.in/bitstream/10603/36776/11/11_chepter%202.pdf Accessed on: 08.03.2019.

चैप्टर-3, राइट टू फ्रीडम ऑफ स्पीच एंड एक्सप्रेशन http://shodhganga.inflibnet.ac.in/bitstream/10603/203650/9/09_chapter3.pdf Accessed on: 08.03.2019.

टोनी, एम. एम., (1991), "इक्वलिटी एंड फ्रीडम ऑफ एक्सप्रेशनः द हेट स्पीच डाइलेमा", *विलियम एंड मैरी लॉ रिव्यू*, वोल्यूम 32, इश्यू 2, फ्री स्पीच एंड रिलीजियस, रेसियल एंड सेक्सुअल हर्रास्स्मेंट, फरवरी, पृष्ठ. 211-265.

गाइडेंस.लीगल फ्रेमवर्क, (2015), "फ्रीडम ऑफ एक्सप्रेशन", इक्वालिटी एंड ह्यूमन राइट्स कमीशन https://www.equalityhumanrights.com/sites/default/files/20150318_foe_legal_framework_guidance_revised_final.pdf Accessed on: 08.03.2019.

एडिटोरियल, (2015), "फ्रीडम ऑफ स्पीच एंड एक्सप्रेशनइज ए राइट : द सुप्रीम कोर्ट्स रूलिंग स्ट्राईकिंग डाउन सेक्शन 66। वेंचर्स टू प्रोवाईड ए लार्जर प्रोटेक्शन टू फ्री स्पीच", *इकनोमिक एंड पॉलिटिकल वीकली*, वोल्यूम 50, न. 13, मार्च 28, 2015.

मेंडेल, टी., (2010), रेस्ट्रिक्टींग फ्रीडम ऑफ एक्सप्रेशनः स्टैंडड्र्स एंड प्रिंसिपल्स,सेंटर फॉर लॉ एंडडेमोक्रेसी http://www.law-democracy.org/wp-content/uploads/2010/07/10.03.Paper-on-Restrictions-on-FOE.pdf Accessed on: 12.07.2020.

रजा, एस. ए., (2016), "फ्रीडम ऑफ स्पीच एंड एक्सप्रेशन ऐज ए फंडामेंटल राइट इन इंडिया एंड द टेस्ट ऑफ कांसटीट्यूशनल रेगुलेशन : द कांसटीट्यूशनल पर्सपेक्टिव", *इंडियन बार रिव्यू*, वोल्यूम XLIII, न. 2, पृष्ठ. 1-22.

रिडडीहौ,जी., बेवर्ली ए. एंड जॉन ट्रेविस, (2008), "फ्रीडम ऑफ एक्सप्रेशन", अमेरिकन एसोसिएशन फॉर द एडवांसमेंट ऑफ साइंस, *साइंस न्यू सीरीज़*, वोल्यूम 319, न. 5871 (मार्च. 28).

समरी, चैप्टर 2 ऑफ जे.एस. मिल *ऑन लिबर्टी*, मिल, जे.एस., ऑन द लिबर्टी ऑफ थॉट एंड डिस्कशन, पृष्ठ. 1-3 http://pitt.edu/~jdg83/teaching/pdfs/7%20Mill%20-%20On%20Liberty.pdf. Accessed on: 08.03.2019.

सरकार, एस., (2009), राइट टू फ्री स्पीच इन ए सेंसरड डेमोक्रेसी, https://www.law.du.edu/documents/sports-and-entertainment-law-ournal/issues/07/right.pdf, Accessed on: 08.03.2019.

स्मिट्स, के., (2009), "शुड ओफ्फेंसिवे स्पीच बी रेगुलेटेड", अपलाइंग पॉलिटिकल थ्योरी : इश्यूज+डिबेटस, पेल्ग्रेव मैकमिलन : न्यूयॉर्क, पृष्ठ 152-170.

वैलेंटाइन, पी. (2013), "फ्रीडम ऑफ एक्सप्रेशन, हेट स्पीच एंड सेंसरशिप", वीसीयू, अप्रैल 6, पृष्ठ 1-4 https://klinechair.missouri.edu/docs/freedom_of_expression.pdf. Accessed on: 08.03.2019.

इकाई 2

अध्याय 4

समानता
Equality

स्मिता अग्रवाल, निशांत कुमार

प्रस्तावना (Introduction)

मनुष्यों के बीच कई प्रकार के अंतर होते हैं। यह अंतर प्राकृतिक भी हो सकते है एवं सामाजिक भी। उदाहरण के तौर पर शरीर की बनावट जैसे लंबाई, गोलाई एवं शारीरिक रंगरूप पर आधारित भिन्नता को प्राकृतिक असमानता का, और जाति पर आधारित अंतर को सामाजिक असमानता का प्रतीक माना जा सकता है। यह भेदभाव इतने जटिल होते हैं कि इससे लोग अपनी क्षमताओं का पूरी तरह प्रयोग नहीं कर पाते। समानता इस बुनियाद पर आधारित है कि मनुष्यों में चाहे शारीरिक, अनुवांशिक और मानसिक क्षमताओं में जितने भी अंतर हों, पर बुनियादी रूप से सब समान हैं। खासतौर पर जब बात समान गरिमा की आती है। यह एक विशेषता है जो हमें दूसरे मनुष्यों से जोड़ती है। इसकी मदद से हम असमान संबंधों और असमान सामाजिक व्यवस्था के खिलाफ अपने संघर्षों को प्रारंभ कर सकते हैं। इस आदर्श ने सामाजिक, आर्थिक और राजनीतिक संरचनाओं को भी प्रभावित किया है। इसलिए समानता एक राजनीतिक संकल्पना के रूप में उभरी है जहाँ राज्यों, समुदायों और इनसे जुड़े लोग आपस में विवेचना कर समाज में असमानता के निवारण का प्रयास करते हैं।

समानता का विचार मानकीय राजनीतिक सिद्धांत का केंद्र इसलिए भी है क्योंकि यह स्पष्टता से साबित नहीं किया जा सकता कि दो व्यक्ति समान हैं, और न ही कोई एक मात्र तरीका है जिसके द्वारा व्यक्तियों के बीच के संबंध को समानता से परिभाषित किया जा सकता है। इसका प्रमुख कारण यह है कि समानता की कई संकल्पनाएँ हैं, और इसे अनेक प्रकार से परिभाषित किया गया है। समानता के मुख्यधारा का विषय होने के बावजूद राजनीतिक संस्थान अपने लक्ष्यों के आधार पर निर्धारित करते हैं कि समानता के किस पहलू पर ज़ोर दिया जाए। यह चुनाव अन्य राजनीतिक संकल्पनाओं जैसे स्वतंत्रता, न्याय, अधिकार इत्यादि को ध्यान में रखकर और उनके साथ समानता के संबंधों को जोड़कर किया जाता है।

समानता की अवधारणा का विकास
(Development of the Concept of Equality)

प्राचीन काल से विभिन्न दार्शनिकों ने समानता की अवधारणा पर अपने विचार रखे हैं। साथ ही समयानुसार इस अवधारणा में कई प्रकार के बदलाव भी आए। इसलिए यह आवश्यक है कि इस धारणा को समझने के लिए व्याख्यात्मक प्रणाली का प्रयोग किया जाए। यह इसलिए भी आवश्यक है क्योंकि किसी भी विचार अथवा सिद्धांत का महत्त्व विषय एवं संदर्भ आधारित होता है और हर विचार एवं उससे संबंधित जानकारी हमारे समय के लिए कितनी मूल्यवान है यह तभी पता लगाया जा सकता है अगर हम उसे एक विमर्श के रूप में समझने का प्रयास करें। समानता के विषय पर जिन राजनीतिक चिंतकों के विचार सबसे प्रभावशाली रहे हैं वो हैं- अरस्तू, थॉमस हॉब्स, रूसो और कार्ल मार्क्स।

अरस्तू और प्राचीन यूनान में समानता की समझ
(Aristotle and the Idea of Equality in Ancient Greece)

अरस्तू ने अपनी पुस्तक *एथेनियन कंस्टीट्यूशन* में समतावादी संस्थानों का वर्णन किया है। यह यूनान में नगर-राज्य के अभिशासन के बारे में हमें जानकारी प्रदान करती है। इसमें एथेंस में जो शासन प्रणाली थी एवं जिस तरह उसका विकास हुआ उस विषय पर विस्तारपूर्वक चर्चा की गई है। इस पुस्तक में अरस्तू "इसोनोमिया" का उल्लेख करते हैं जो एथेंस की व्यवस्था का मुख्य बिंदु थी। "इसोनोमिया" राजनीतिक समानता को परिभाषित करती है। यूनान में इसका अर्थ था कि हर नागरिक को राज्य की राजनीति को दिशा देने और राजनीतिक पदों पर चयनित होने के लिए समान अवसर प्राप्त थे। हालांकि समानता के संदर्भ में अरस्तू के विचारों में काफी द्वंद्व नजर आता है। *पॉलिटिक्स* नामक अपनी पुस्तक में वह कहते हैं कि सभी नागरिकों को समान अधिकार प्राप्त होने चाहिए, वहीं दूसरी ओर, नागरिक कौन होंगे इस पर वह स्पष्ट हैं कि किसी भी विदेशी, महिला और दास को नागरिक नहीं माना जा सकता। अरस्तू के अनुसार, नागरिक का मुख्य दायित्व राज्य के कार्यों में सहयोग करना और उसकी कार्यप्रणाली में भाग लेना होता है। अरस्तू के अनुसार, जिन्हें वह नागरिक होने के योग्य नहीं मानते, वे मानसिक रूप से परिपक्व नहीं होते इसीलिए राज्य की व्यवस्था एवं नीति निर्धारण के क्षेत्र में अपनी सहभागिता करने में असमर्थ होते हैं।

साथ ही, अरस्तू समानता के विचार को न्याय के साथ भी जोड़कर देखते थे। समानता का विचार, उनके वितरणात्मक न्याय के विचार में नज़र आता है। उनका यह मानना है कि न्याय इस बात पर निर्भर करता है कि समान व्यक्तियों के साथ समानता का एवं असमान व्यक्तियों के साथ असमानता का व्यवहार किया गया हो। किंतु उनके लेख में कहीं पर भी प्राकृतिक असमानता को दूर करने की बात नहीं दिखाई देती। वह इस बात पर ज़ोर देते हैं कि प्रकृति लोगों को शासन और शासित की श्रेणी में बांटती है। उनका विश्वास है कि कुछ लोग शासन करने के लिए तो कुछ शासित होने के लिए ही जन्म लेते हैं और इसका चयन प्रकृति स्वयं कर के भेजती है। इसी कारण कुछ लोग गुणी एवं सभ्य परिवार में जन्म लेते

हैं और वह तार्किक, विमर्शी और सत्तावादी क्षमताएं रखते हैं और नागरिक बनने योग्य होते हैं, जबकि कुछ लोग दास परिवारों में जन्म लेते है और वह सिर्फ इन नागरिकों की सेवा के योग्य होते हैं। उनका मानना था कि यह समाज का दायित्व है कि जो जिस योग्य हो उसे उसी प्रकार के कार्य दिए जाएं। विदित है कि इसी आधार पर अरस्तू यूनानी समाज की दास प्रथा को भी उचित मानते हैं और उसकी पैरवी भी करते हैं।

थॉमस हॉब्स और प्राकृतिक समानता

(Thomes Hobbes and Natural Equality)

हॉब्स संभवतः पहले ऐसे आधुनिक विचारक थे जिन्होंने प्राकृतिक समानता के विचार पर विस्तार से विवेचना की। यह चर्चा मुख्यतः उनकी पुस्तक *लेवियाथन* में पेश की गई है। हॉब्स समानता को शक्ति के साथ संबंधित करके देखते हैं। उनका मानना था कि प्राकृतिक अवस्था में शारीरिक एवं मानसिक क्षमता को अगर जोड़कर देखा जाए तो सभी व्यक्तियों में समान क्षमता थी। *लेवियाथन* में हॉब्स सुसंस्कृति की पूर्वावस्था की बात करते हुए कहते हैं कि इस अवस्था में निरंतर युद्ध की स्थिति होती है क्योंकि हर व्यक्ति अपनी शक्ति को बढ़ाते हुए दूसरों पर दबदबा बनाने का प्रयास करता है। परंतु सभी के समान रूप से शक्तिशाली होने के कारण एक ऐसी व्यवस्था उत्पन्न हो जाती है जिससे परस्पर भय का वातावरण बन जाता है क्योंकि किसी को यह नहीं पता होता कि प्राकृतिक अवस्था में युद्ध जैसी स्थिति में कौन किस पर हावी रहेगा और कौन इस युद्ध में मारा जाएगा। इसी परस्पर भय और जिजीविषा की समानता सभी को "सामाजिक अनुबंध" के लिए तैयार करती है। सामाजिक अनुबंध की बात करते हुए वह बताते हैं कि सभी लोग समान रूप से इस अनुबंध का हिस्सा बनते हैं और यह समान भाव से सब पर लागू भी होता है। इस प्रक्रिया से जिस स्वयंभू का उदय हुआ उसके लिए सभी समान रूप से अपने अधिकारों और स्वतंत्रताओं को समर्पित करने और स्वयंभू के आदेश मानने की शपथ लेते हैं जो कि नई व्यवस्था की नींव बनती है। इस तरह हॉब्स शक्ति के समानता और आत्मरक्षा की समान इच्छा को राज्य के निर्माण की मुख्य वजह मानते हैं।

सामाजिकता और असमानता की तुलना पर रूसो के विचार

(Rousseau's Ideas Comparing Sociability and Equality)

1755 में प्रकाशित अपनी पुस्तक *ए डिस्कोर्स अपॉन द ओरिजिन् एंड फाउंडेशन ऑफ द इनइक्वालिटी अमंग मैन* में रूसो समाज में व्याप्त असमानता की उत्पति और इसके आयामों की चर्चा करते हैं। यह एक ऐतिहासिक वर्णन है जो कि मनुष्यों गें पाई जाने वाली असमानता को दर्शाता है। रूसो का मानना था कि प्राकृतिक असमानता मुख्यतः मनुष्यों के बीच शारीरिक अंतरों पर आश्रित होती है और इसका नागरिक समाज में व्याप्त असमानता से कुछ खास संबंध नहीं होता। रूसो नागरिक समाज में परेशानियों की मुख्य वजह नैतिक असमानता को मानते थे जो कि "धन, पद, शक्ति, एवं व्यक्तिगत योग्यता" में अंतर पर आधारित थी। उनका यह

दृढ़ मत था कि इन असमानताओं की शुरूआत नागरिक समाज की उत्पत्ति से ही जुड़ी है। इस पुस्तक में रूसो बताते हैं कि प्राकृतिक अवस्था में मनुष्य दूसरे जीवों की तरह ही एक जीव था, बस उसमें दया और आत्म सुरक्षा के गुण थे जो उन्हें जानवरों से अलग बनाते थे। उस समय मनुष्य की ज़रूरतें भी कम थी और वह खुश रहते थे। समय के साथ जब मनुष्य दूसरे मनुष्यों से मिला तो सामूहिकता का विकास हुआ और प्रारंभिक रूप से सामाजिकता ने भी जन्म लिया। धीरे-धीरे मनुष्य ऐसी अवस्था में पहुंच गए जहाँ एक-दूसरे के संपर्क में आने से भाषा का निर्माण हुआ और भाषा के साथ तर्क और विवेक में भी वृद्धि हुई। साथ ही साथ कुछ नकारात्मक प्रेरक सिद्धांतों का विकास हुआ जिससे एक तुलनात्मक स्थिति पैदा हो गई जहाँ एक मनुष्य अपनी तुलना दूसरे मनुष्य से करने लगा। इस अवस्था में लोग अपनी पहचान दूसरों के विचारों के आधार पर करने लगे जिसे रूसो "एमोर प्रोपर" की संज्ञा देते हैं। इस अवस्था में दया की भावना समाप्त होती नजर आती है और मनुष्य अपनी खुशी बढ़ाने के लिए दूसरों पर अपना प्रभुत्व स्थापित करने का प्रयास करता हैं। इसी प्रक्रिया में परिवार और बाद में निजी संपत्ति की अवधारणा का विकास होता है।

उत्पादन प्रक्रिया वर्चस्व का एक रूप बनती है और इसे बढ़ाने के लिए श्रम का विभाजन किया जाता है। इससे वर्गों की स्थापना होती है जहाँ संपन्न एवं दूसरों के श्रम पर जीने वाले लोगों को यह मौका मिलता है कि वह गरीबों का शोषण कर सकें। यह स्थिति गरीबों के मन में असंतोष का भाव उत्पन्न करती है। अमीर न ही अपना प्रभुत्व छोड़ सकते, न ही अपनी संपत्ति। जब गरीब अपने अस्तित्व की रक्षा के लिए शोषण के विरुद्ध विद्रोह करते हैं तो उन्हें संतुष्टि दिलाने के लिए राजनीतिक समाज का निर्माण किया जाता है। यह विचार प्रसारित किया जाता है कि इस समाज का उद्देश्य गरीबों को दमन से मुक्ति दिलाना, महत्त्वाकांक्षी लोगों पर नियंत्रण रखना और नागरिकों की संपत्ति की रक्षा करना है। इसके लिए कानून का निर्माण होता है और रूसो मानते हैं कि राजनीतिक समाज में नियमों के निर्धारण के साथ ही सामाजिक असमानता को स्थायित्व मिल जाता है। इस प्रक्रिया के पहले चरण में संपत्ति के अधिकार और कानून व्यवस्था की स्थापना हुई। इससे अमीर और गरीब के दर्जे को सुनिश्चित किया गया। दूसरे चरण में मजिस्ट्रेट (दंडाधिकारी) की स्थापना हुई जिससे कानून के राज के नाम पर किसी भी विरोध और क्रांति की संभावनाओं को खत्म कर दिया गया। अंतिम चरण में मालिक और दास के अस्तित्व का कानूनी रूप सुनिश्चित कर दिया गया। यह नई व्यवस्था लोगों को जंजीरों में डाल देती है क्योंकि इससे समानता हासिल नहीं होती बल्कि अमीरों को गरीबों का दमन करने के लिए वैधता मिल जाती है।

कार्ल मार्क्स एवं समानता की मार्क्सवादी समझ
(Karl Marx and Marxian Understanding of Equality)

मार्क्स अपने विचार में समानता की उदारवादी विचारधारा की समीक्षा करते हैं। उनके विचार मुख्य रूप से *कैपिटल, इकॉनोमिक एंड फिलोसोफिकल मनुस्क्रिप्टस* जैसी उनकी कृतियों में देखे जा सकते हैं। उनका प्रथम उद्देश्य था आर्थिक समानता को स्थापित करना। साथ ही देखा जाए तो वह रूसो के विचारों को भी आगे बढ़ा रहे थे। मार्क्स ने बताया कि समाज

हमेशा से मुख्यत: दो वर्गों में विभाजित रहा है जिसमें से एक वर्ग संसाधनों पर पूर्ण नियंत्रण रखता है और दूसरा वर्ग इस वजह से शोषित होता है। पूँजीवाद में बुर्जुआ वर्ग शोषक एवं सर्वहारा (प्रोलेतेरियत) वर्ग शोषित होता है। मार्क्स ने द *जर्मन आइडियोलॉजी* में यह स्पष्ट करने की कोशिश की है कि किसी ऐतिहासिक दौर में कुछ निश्चित अवधारणाओं के संदर्भ में विचारात्मक अंधापन कायम हो जाता है। समाज, शासक वर्ग की स्वयं की विचारधारा को ही अपनाता है। मार्क्स ने कहा कि निजी संपत्ति ही समाज मे वर्गों की स्थापना करती है। जिनके पास निजी संपत्ति है वो चाहते हैं कि उनकी संपत्ति सुरक्षित रहे इसलिए वे वैधता प्रस्तुत करने की कोशिश करते हैं। निजी संपत्ति की उत्पत्ति श्रम के विभाजन के साथ-साथ श्रम के शोषण से भी होती है। बड़े ही तर्कपूर्ण तरीके से मजदूरों को भुगतान की जाने वाली मजदूरी (जो कि श्रम के अनुपात में सदैव कम होती है) को वैधता दे दी जाती है। इसी तरह से समाज में असमानता की उत्पत्ति होती है। मार्क्स कहते हैं कि श्रम का शोषण एक युग में इतना बढ़ जाएगा कि इसके फलस्वरूप क्रांति आएगी और एक काल्पनिक वर्ग विहीन समाज की स्थापना होगी जिसे मार्क्स कम्युनिज्म (साम्यवाद) कहते हैं। वह कहते हैं कि जब वर्ग में बंटे हुए समाज होते हैं तो निश्चित तौर पर निजी संपत्ति के आधिपत्य वाला वर्ग दूसरे वर्ग का शोषण करता है। वह हिंसा के साथ-साथ एक ऐसी वैध विचारधारा प्रस्तुत करने में सक्षम होता है जो कि श्रमिक वर्ग ठुकरा नहीं पाता है क्योंकि निजी संपत्ति वाला वर्ग ही हर युग में शासक वर्ग भी होता है।

मार्क्स के अनुसार, मानवीय मुक्ति का सवाल आर्थिक असमानताओं के अंत होने से जुड़ा है। यह तभी संभव हो पाएगा जब उत्पादन के साधनों के मालिक कुछ व्यक्ति ना होकर सभी समान रूप से हों और उनके अनुसार ऐसा साम्यवादी व्यवस्था में ही संभव हो सकता है, जिसका निर्माण सर्वहारा क्रांति के पश्चात् किया जाएगा। उनका मानना था कि साम्यवादी समाज के आगमन से अभाव और आर्थिक हितों का टकराव खत्म हो जाएगा और यह अवस्था आर्थिक समानता लाएगी और आगे चल कर राजनीतिक एवं सामाजिक समानता के लिए मार्ग प्रशस्त करेगी।

अलेक्सी डे टॉक्विल के विचारों में लोकतंत्र और समानता के संबंध

(Alex D Tocqueville Views on Relationship between Equalityand Democracy)

टॉक्विल के अनुसार, समानता एक ऐसा आदर्श है जो दासता और अधीनता से छुटकारा चाहने वाले लोगों को अपनी ओर आकर्षित करती है। वह आधुनिक इतिहास और स्वतंत्रता को जोड़ते हुए लोकतंत्र की आवश्यकता पर ज़ोर देते हैं। यह इसलिए भी अनिवार्य हो जाता है क्योंकि उनका मानना है कि लोकतंत्र की बुनियाद समानता पर टिकी है जो स्वतंत्रता का अनुभव कराने की कोशिश करती है। वह सामाजिक समानता की प्रशंसा करते हुए कहते हैं कि इसे मनुष्य हर समय महसूस करता है किंतु साथ ही उनका यह भी मानना है कि अत्यधिक समानता का उत्साह आवेग, उन्माद और अव्यवस्था की स्थिति उत्पन्न कर सकता है। इसलिए जहाँ एक तरफ वह समानता को लोकतंत्र का एक आवश्यक स्तंभ मानते थे वहीं दूसरी ओर, वह यह भी मानते थे कि पूर्ण समानता की

चाहत लोकतंत्र में हलचल पैदा कर सकती है। टॉक्विल समानता और स्वतंत्रता के बीच संतुलन की पैरवी करते हैं।

समानता की आवश्यकता क्यों? (Why Do We Need Equality?)

समानता के सिद्धांतों का मुख्य उद्देश्य समाज में व्याप्त असमानता का समाधान ढूंढना है। यह असमानताएँ प्राकृतिक, सामाजिक, आर्थिक इत्यादि रूपों में होती हैं। यह असमानताएँ व्यक्तियों की क्षमताओं के पूर्ण विकास में बाधक होती हैं। इसीलिए असमानता से जुड़े हर पहलू पर ध्यान देना आवश्यक है। उदहारण के तौर पर यदि हम समानता को सिर्फ समान आय से जोड़ कर देखेंगे तो भी गलत है क्योंकि आय का वितरण हमेशा कार्य के अनुरूप किया जाता है। पहली बात तो यह कि क्या असमान कार्य के लिए समान वेतन उचित है? दूसरी बात यह है कि क्या एक समान आय से सबको बराबर की खुशी मिलती है? मान लीजिए किसी को महँगी वस्तुओं का शौक है और कोई साधारण जिंदगी से खुश है, तो क्या एक समान आय दोनों ही व्यक्तियों को असंतुष्ट नहीं कर देगी? मगर फिर क्या यह सही होगा की महंगे शौक रखने वाले को ज्यादा वेतन दिया जाए? क्या यह असमानता की निशानी नहीं है? इन सब विवाद में उसकी जगह कहाँ होगी जो जुआ खेलने का शौक रखता है और इसमें अपना सारा धन बर्बाद कर देता है? तो क्या उसकी आर्थिक मदद करनी चाहिए? कोई अगर विकलांग है या कोई बीमारी से जूझ रहा है तो क्या उसकी बराबरी जुआरी के साथ की जा सकती है? यह उदाहरण इस तरफ इशारा करते हैं कि समानता से जुड़े मुद्दे ना केवल अत्यंत गंभीर हैं बल्कि साथ-ही-साथ इसको वास्तविकता में उतारने के लिए नीति निर्धारण करना और भी ज्यादा जटिल कार्य है। इस प्रकार से हमें इस बात पर सहमत होना चाहिए कि समानता का लक्ष्य पूरी तरह से समानता नहीं है उसमें और भी पैमाने हैं जो समानता की तरफ हमें आकर्षित करते हैं, और उन पर विचार करते हुए ही हम असमानता उन्मूलन की ओर अग्रसर हो सकते हैं।

समानता की अवधारणा कुछ मूल्यों के स्तंभों पर आधारित है और इन मूल्यों की स्थापना ही उसका लक्ष्य हो सकता है। पहला, निष्पक्षता को कायम रखना समानता की ज़रूरत है। यह हमें हर व्यक्ति के प्रति समान व्यवहार की एकरूपता की ओर लेकर जाता है। यह किसी की सामाजिक, आर्थिक, राजनीतिक असमानताओं से प्रभावित नहीं होता। जैसे कि किसी प्रतियोगिता में जब दो व्यक्ति समान प्रतिभा दिखाते हैं तो उनको उसके समान अंक मिलते हैं। न्यायधीशों से निष्पक्षता की उम्मीद की जाती है और माना जाता है कि इस फैसले में दोनों व्यक्तियों का प्रदर्शन ही अंकों का आधार होगा।

समानता का दूसरा स्तंभ है आत्म-सम्मान। समानता वह मूल्य है जो कि व्यक्तियों के अलग-अलग पदों पर आसीन होने के बावजूद उनमें यह एहसास नहीं होने दे कि दूसरों की तुलना में उनकी स्थिति खराब है अर्थात् किसी व्यक्ति के आत्म सम्मान को ठेस नहीं पहुंचनी चाहिए। इसमें कोई शक नहीं कि सभी को एक स्तर पर कार्यरत नहीं किया जा सकता। मगर इस अंतर से किसी व्यक्ति को नीचे दिखाना और उसे महसूस करना की वह किसी रूप में कमतर है यह कहीं से भी उचित नहीं और समानता के खिलाफ है।

तीसरा स्तंभ है दूसरों के प्रति मानवीय कर्तव्यों का पालन। समानता तभी संभव है जब हर व्यक्ति अन्य व्यक्तियों के प्रति इस मूलभूत कर्तव्य का निर्वाह करे कि उनको किसी रूप में अपमानित नहीं किया जाएगा और सभी के प्रति आदर का भाव रखा जाएगा। यह आदर किसी के सामाजिक, आर्थिक या राजनीतिक पदवी से प्रभावित नहीं हो सकता और यह मानवीय मूल्यों पर आधारित होता है जिसमें इंसान के रूप में सभी को समान माना जाता है।

समानता का चौथा स्तंभ भाईचारा है। भाईचारे का भाव समानता के रास्ते में आई रूकावट, जो परिस्थितियों से प्रभावित होती है, उसे मिटाने में मदद करता है। उदहारण के तौर पर ऐसी परिस्थितियां जिन पर हमारा नियंत्रण नहीं होता जैसे धर्म, जाति, लिंग, रंग इन पर आधारित जो भिन्नता है उसे कम करने में मदद करता है।

समानता के ये चारों लक्ष्य एक-दूसरे के पूरक हैं। वितरणात्मक न्याय के दृष्टिकोण के आधार पर समानता के लिए निष्पक्षता होना ज़रूरी है। आत्मसमान के दृष्टिकोण से समानता की तरफदारी करने वाले हैसियत की समानता के पक्ष में दलील पेश करते हैं और मानते हैं कि समाज में ज्यादा नैतिक असमानताएँ नहीं होनी चाहिए। समान इज्जत के हक के लिए सभी को समान अवसर मिलना चाहिए। इसी तरह से बंधुत्व सामाजिक एकता को बढ़ावा देता है। [मिलर : 1996] समानता एक नैतिक संकल्पना है जिसकी हमें आवश्यकता है। साथ ही यह भी वास्तविकता है कि समानता पूरी तरह से हर क्षेत्र में स्थापित नही हो सकती। समानता को बेहतर ढंग से स्थापित करने के लिए कई बार असमानता को भी अपनाना पड़ता है। यह स्थिति इसलिए आती है क्योंकि समानता को न्याय की दृष्टि से भी मापा जाता है। तात्पर्य यह है कि न्याय को भी समानता की आवश्यकता है। इनमें विरोध नहीं है और देखा जाए तो यह दोनों एक-दूसरे के पूरक हैं। इसलिए न्याय की दृष्टि से कुछ असमानताएँ भी सही प्रतीत होती हैं परंतु कितनी असमानता उचित है यह प्रश्न हमें एक नए विवाद की ओर ले जाता है। इसे गैर-समतावादी प्राथमिकता (Non-egalitarian Priority) भी कहा जाता है। इस विचार में समानता के सामने प्राथमिकता या प्रचुरता खड़े नजर आते हैं। इस विवाद की शुरुआत इस मान्यता से होती है कि समानता न्याय को कमज़ोर बनाती है और न्याय बिना समानता के ही पूर्ण है। इसमें रॉबर्ट नोजिक जैसे नवउदारवादी चिंतक प्रमुख हैं जो कहते हैं कि जहाँ न्याय के सिद्धांत के प्रतिरूप (pattern principle of justice) मौजूद हैं वहां समानता की ज़रूरत ही नहीं होती। [नोजिक: 1974]

यह इस बात पर आधारित है कि न्याय को आखिरकार संबंधपरक और तुलनात्मक दृष्टिकोण से देखने की आवश्यकता क्यों है? उनके अनुसार, अच्छी जिंदगी अपने में पूर्ण है। उसमें कोई तुलना की ज़रूरत नहीं है। [राज : 1986)] न्याय इस बात पर आधारित है कि हर मनुष्य को अच्छी जिंदगी मिली है कि नहीं, न कि उनकी जिदंगी दूसरों के मुकाबले कैसी है? [फ्रैंकफर्ट, 1997 : 6] गैर-समतावादियों के लिए प्रमुख बात यह है कि किस प्रकार से समाज में सबसे निम्न स्तर पर रहने वाले की स्थिति को सुधारा जाए। यह विचार मानवीय गुणों से प्रभावित है। यह इस बात पर ज़ोर नहीं देता कि सबसे ऊंचे तबके और सबसे निम्न स्तर वालों में कितना अंतर है। उनका परम उद्देश्य है कि किस प्रकार सबसे

निम्न स्तर वाले लोगों को पर्याप्त मात्रा (sufficiency) पर लाया जाए। फिर इससे कोई मतलब नहीं होगा कि अमीर और गरीब में कितना अंतर है। फ्रैंकफर्ट के अनुसार, 'अगर सबके पास पर्याप्त मात्रा में संसाधन हैं तो इससे कोई नैतिक फर्क नहीं पड़ना चाहिए कि संसाधनों के वितरण में कितनी असमानता है।' [फ्रैंकफर्ट, 1997: 21] वहीं दूसरी ओर, परफित (1997) प्राथमिकतावादी सिद्धांत (priority theory) पर ज़ोर देते हैं। इस सिद्धांत के अनुसार, समाज के सबसे कमज़ोर वर्ग की मदद करना ज़रूरी है और इससे फर्क नहीं पड़ता कि हम उनकी कितनी मदद कर पा रहे हैं और उनकी जिंदगी औरों के मुकाबले कितनी बेहतर हो रही है। प्राथमिकतावादी और समतावादी में अंतर तो होता है, मगर दोनों एक-दूसरे के काफी करीब भी हैं। अगर प्राथमिकतावादी रास्ते चला जाए तो यह संभव है कि कभी समाज में समानता स्थापित हो जाए क्योंकि उनका पूरा फोकस कमज़ोर वर्ग की मदद और उनका जीवन बेहतर करने पर होता है। वहीं गैर-समतावादी कितनी भी तुलनात्मक स्थिति को नकारे, पर जब संसधानों की मात्रा सीमित हो तो यह सोचना आवश्यक हो जाता है कि आखिर इन संसाधनों का बंटवारा कैसे होना चाहिए। इसके लिए यह बात भी ज़रूरी है कि हर मनुष्य को समान अवसर मिलना चाहिए ताकि वह अपनी जिंदगी को बेहतर और खुशहाल बना सके।

वितरणात्मक समानता किन बातों पर आधारित होनी चाहिए?
(What is the Basis of Distributive Equality)

समानता के सिद्धंतों को हमेशा मापने की कोशिश की जाती है ताकि उसका मूल्य और स्पष्ट रूप से उभर कर आ सके। एक बात तो तय है कि समानता का वितरण से गहरा संबंध है। इसलिए इस बात पर ज़ोर दिया जाता है कि समानता को मापने का मापदंड क्या होना चाहिए? हालांकि इस वाद-विवाद का कोई नतीजा नहीं आ पाया है, पर विद्वानों ने समानता को मापने के लिए कई पैमानों की वकालत की है जैसे: कल्याण, संसाधन, सुयोग और कैपेबिलिटी या सामर्थ्य। इसके अलावा, समानता की और भी वैकल्पिक संकल्पना है जो वितरण समानता से जुड़ी नहीं है। प्रत्येक के विचार की हम आगे चर्चा करेंगे।

कल्याण की समानता (Welfare Equality)

वितरण समानता को कल्याण की समानता के साथ जोड़ा जाता है। इसको दो तरीके से समझा जा सकता है। पहला क्लासिकल उपयोगितावादी चिंतकों के द्वारा बताया गया, जिसके अनुसार किसी व्यक्ति के सुख को मापने के लिए उसकी खुशी मापनी ज़रूरी है। उनकी जिंदगी में कितना आंनद है या कष्ट है इसे उनकी इच्छा या वरीयता के साथ जोड़ कर देखा जाता है। माना जाता है कि जिसकी जितनी इच्छाओं की पूर्ति हुई है वह उतना खुश है। परंतु जो विद्वान कल्याण की समानता की बात करते हैं वह समान संसाधन की बात नहीं करते। वह इस बात पर ध्यान देते हैं कि उस संसाधन से किस को कितनी खुशी मिल रहीं है। उदाहरण के तौर पर एक मनुष्य को महंगी गाड़ी का शौक है और दूसरी ओर, एक मनुष्य है जो एक साधारण जीवन में खुश रहता है तो प्रशन उठता है कि कल्याण की समानता के अनुसार क्या महंगे

शौक की पूर्ति करना सही रहेगा? इसी हिसाब से क्या जिस मनुष्य को जुआ खेलने में आनंद आता है उसकी आर्थिक सहायता राज्य को करनी चाहिए? क्या कल्याण की समानता बनाने के लिए राज्य को हर तरह की वरीयता का बराबर ध्यान रखना चाहिए? उपरोक्त उदाहरण यह बात ज़रूर स्पष्ट करते हैं कि उदारवादी दृष्टिकोण कल्याण की समानता, निष्पक्षता, आत्म-सम्मान या बंधुत्व के लक्ष्यों को बढ़ावा नहीं देता है।

संसाधन की समानता (Resource Equality)

संसाधन की समानता के दृष्टिकोण को रोनाल्ड ड्वोर्किन जैसे विचारकों से जोड़ा जाता है। ड्वोर्किन कहते हैं कि जब एक वितरण योजना द्वारा लोगों को समान मानते हुए संसाधनों का वितरण या स्थानांतरण करते हैं तो आगे चलकर संसाधनों का स्थानांतरण लोगों के बीच बंटवारे के हिस्सों को ज्यादा समान बनाएगा। [ड्वोर्किन, 1981 : 186] लेकिन यह वितरण प्रणाली कुछ मूल्यों पर आधारित है। पहला, महत्त्वाकांक्षाओं के प्रति संवेदनशीलता, और दूसरा, नीलामी बीमा योजना। उदाहरण के तौर पर ड्वोर्किन बताते हैं कि मान लीजिए एक समुद्री जहाज़ में सफर करते हुए कुछ समान प्रतिभा वाले लोग एक सुनसान टापू पर पहुंच जाते हैं। उनके पास निकलने का कोई रास्ता नहीं है। इसलिए जीवन यापन के लिए टापू पर मौजूद संसाधन सभी में बराबर हिस्से में बांट दिया जाता है किंतु यह बराबरी नीलामी प्रक्रिया से पूरी होती है क्योंकि सबकी अपनी-अपनी पंसद है। इसके लिए सबको 100 क्लैमशेल्स (एक तरह की मुद्रा) दी जाती है। नीलामी के समय लोग अपनी वरीयताओं को ध्यान में रखते हुए संसाधन चुनते हैं और बोली लगाते हैं। उदाहरण के तौर पर किसी को खेती का शौक है तो वह अपना क्लैमशेल्स जमीन खरीदने में लगा देता है। वहीं दूसरी ओर, किसी को समुद्र किनारे अपना समय गुजारने को शौक है तो वह अपना पैसा उस चीज पर खर्च कर देता है। तो इस प्रकार सबने अपनी महत्त्वकांक्षा के अनुसार अपना पैसा लगा दिया। इस प्रक्रिया ने ईर्ष्या परीक्षा को भी पार किया क्योंकि नीलामी के बाद कोई व्यक्ति अपनी वस्तु दूसरे की वस्तु से बदलना नहीं चाहता क्योंकि वह संतुष्ट है और अगर ऐसा नहीं है तो, ड्वोर्किन के अनुसार, वस्तुओं का समान बंटवारा नहीं माना जा सकता है। यह वर्णन संसाधन-समतावादी संकल्पना के विकल्प की आवश्यकता को पूरी करता है। किंतु वास्तविक जिंदगी में ऐसा नहीं हो पाता। क्योंकि सबको एकसमान परिस्थितियां उपलब्ध नहीं होती है। जैसे कि समाज में कुछ ऐसे लोग भी होंगे जिनकी विशेष आवश्यकताएं होंगी जैसे वृद्ध, दिव्यांग और अन्य। ऐसे में उनकी ज़रूरत भी आम लोगों के मुकाबले में अलग और ज्यादा होती है। ऐसे में 100 क्लैमशेल्स इन विशेष परिस्थिति वाले लोगों के लिए कम पड़ेंगे। साथ ही वह अपनी इच्छानुसार उन क्लैमशेल्स को खर्च नहीं कर पाएंगे क्योंकि उनके हिस्से का ज्यादा भाग उनकी विशेष परिस्थिति और ज़रूरतों पर खर्च करने हेतु रखा जाएगा। ऐसे में यह असमानता की स्थिति उत्पन्न करता है। इस असमानता को दूर करने के लिए एक तरीका यह हो सकता है कि नीलामी प्रक्रिया शुरू होने से पहले संसाधनों का सामान्य समूह बनाया जाए ताकि प्राकृतिक दुर्घटनाग्रस्त स्थिति वाले लोगों को मुआवज़ा दिया जा सके। एक ऐसी वितरण प्रणाली बनानी होगी जो कि क्षमता-संवेदनशील और महत्त्वाकांक्षा-संवेदनशील दोनों हो। ड्वोर्किन का मानना है कि वितरण की योजना में लोगों की किस्मत उनके विकल्पों के

साथ-ही-साथ उनकी परिस्थितियों से भी तय होती है। नीलामी प्रक्रिया लोगों के विकल्पों के चुनाव के बारे में बताती है, और मुआवज़ा देना खराब किस्मत या प्राकृतिक आपदा से सुरक्षा के लिए बीमा योजना की सुविधा है। किंतु यह बात इतनी सरल नहीं है। प्राकृतिक आपदाओं की मुआवज़े से भरपाई नही कीं जा सकती है। कुछ आपदाओं की भरपाई तो संभव है कि की जा सकें पर सभी आपदाओं की भरपाई करना संभव नही हैं। साथ ही, मुआवजे से समानता हासिल नहीं हो सकती है। एक संतुलन खोजने की ज़रूरत है जो प्राकृतिक आपदाओं और लोगों की नैतिक जिम्मेदारी के बीच संतुलन बना सके। वास्तविक दुनिया में सरकार द्वारा प्रगतिशील टैक्स लगाना, बीमा योजना के बराबर है, जहाँ संसाधनों की समानता को स्थापित करने की कोशिश की जाती है।

कैपेबिलिटी (सामर्थ्य) की समानता (Capability of Equality)

कैपेबिलिटी या सामर्थ्य की समानता के बारे में अर्थशास्त्री अमर्त्य सेन और मार्था नस्सबौम ने विचार पेश किए हैं। इस सिद्धांत के अनुसार, संसाधन या कल्याण की समानता पर ज़ोर न देकर मनुष्य की कैपेबिलिटी पर ध्यान देना चाहिए। कैपेबिलिटी वास्तविक आज़ादी से जुड़ी है जिसे लोग अपने जीवन को बेहतर बनाने के लिए उपयोग करते हैं। साक्षरता, स्वास्थ्य, आत्म-सम्मान, राजनीतिक रूप से सक्रिय रहना इत्यादि मनुष्य के सामर्थ्य से जुड़े हैं क्योंकि यह लोगों के जीवनयापन हेतु सार्थक है और इनकी मदद से वह अपने जीवन में सार्थक सुधार भी कर सकते हैं। संसाधन एक जरिया मात्र है उन वस्तुओं को प्राप्त करने के लिए जो हमें खुशी प्रदान करते हैं पर कैपेबिलिटी आपको वास्तविक आज़ादी का एहसास दिलाती है। यह इसलिए महत्त्वपूर्ण विकल्प है क्योंकि ये मनुष्य की वास्तविक सामाजिक स्थिति से जुड़ी है न कि काल्पनिक स्थिति से। सेन बताते है कि कैपेबिलिटी किसी भी कार्य को करने की क्षमता को दर्शाता है। जैसे साक्षरता एक कैपेबिलिटी है और पढ़ाई एक कार्य है। साथ ही सेन कैपेबिलिटी की विविधता पर भी चर्चा करते हैं। उदाहरण के तौर पर एशिया और अफ्रीका के ग्रामीण परिवारों में पुरुषों और महिलाओं की मुत्यु-दर में अंतर का उल्लेख करते हुए वे कहते हैं कि भारत में लिंग अनुपात में भारी अंतर इस कारण नहीं है कि यह प्राकृतिक है। सिर्फ आंकड़ों से यह पता नहीं चल सकता कि यह एक सामाजिक व्यवस्था की देन है, जहाँ महिला और पुरुष को असमानता की नज़रों से देखा जाता है। यह सामाजिक भेदभाव जो एक ओर महिलाओं को पैदा ही नहीं होने देता वहीं दूसरी ओर, समाज में रह रही महिलाओं की आज़ादी पर भी छाप छोड़ता है जिसके कारण उनकी कैपेबिलिटी में भी असमानता आती है। जैसे बचपन से ही लड़का और लड़की में जो अंतर रखा जाता है, जिसमें सामाजिक तौर पर लड़की को पराया माना जाता है और उनको घर के कार्यों के ही लायक समझा जाता है। इसके कारण उन्हें पढ़ाया नहीं जाता, न ही उनके स्वास्थ्य का ख्याल रखा जाता है, यह व्यवस्था और मानसिकता लड़कियों की मूल आज़ादी पर भी रोक लगाती है। सेन कहते हैं कि हम सब में आंतरिक विविधता तो है किंतु बाहरी स्थिति भी अलग-अलग होती है (जैसे पर्यावरण, उम्र, लिंग, इत्यादि)। यदि ये दोनों आपस में मिल जाए तो बहुत गहरी असमानता पैदा होती है। सेन इस बात पर ज़ोर देते हैं कि समुचित विश्लेषण करते

समय मनुष्यों के बीच पाई जाने वाली विविधता के तथ्यों को भी ध्यान में रखा जाना चाहिए। वह कहते हैं कि अपनी आंतरिक विशेषताओं, मसलन उम्र, जेंडर, इत्यादि के आधार पर हम सब में बहुत-सी विविधता पाई जाती है। आंतरिक विशेषता कुछ विपरीत बाहरी कारकों की उपस्थिति में और अधिक खतरनाक बन जाती है जो सामाजिक असमानता को और बढ़ाती है। इसलिए सेन का मानना है कि एक समाज के रूप में हमें और नीति निर्धारण करते समय राज्य को इन विषयों पर गंभीरता से सोचना चाहिए और ऐसे समाज की संरचना की तरफ अग्रसर होना चाहिए जहाँ सभी को अपने जीवन को बेहतर बनाने हेतु समान अवसर प्राप्त हो और साथ-ही साथ उसकी पूर्ति के लिए उनके सामर्थ्य को भी विकसित किया जाए।

समानता और कर्तव्य (Equality and Duty)

समानता और कर्तव्य का गहरा संबंध है। कोहन का यह मानना है कि अगर कुछ लोग दूसरों के मुकाबले असमान हैं तो इस असमानता का अंत करने का प्रयास होना चाहिए, विशेषकर तब जब यह असमानता प्राकृतिक हो और इसका कारण और जिम्मेदारी उनकी नहीं, जिनके ऊपर इस असमानता का बोझ पड़ता है। [कोहन, 1989 : 916] प्राकृतिक असमानता की छाया आम जिंदगी में नहीं पड़नी चाहिए जिससे कि सामाजिक या अन्य असमानता पैदा हो सकती है। कर्तव्य, समानता और असमानता के बीच केंद्रबिंदु है। सामाजिक वस्तुओं का बंटवारा अगर असमान है तो वह तभी उचित है यदि वह किसी के स्वयं के कारण हो और उनके ऊपर किसी तरह की ज़ोर-जबरदस्ती नहीं की गई हो और ना ही यह प्राकृतिक असमानता के कारण हो। जैसे अगर कोई जुआ खेलता है और हार जाता है तो उससे आई दिक्कतें और असमानता की जिम्मेदारी समाज या राज्य की नहीं मानी जा सकती और साथ ही ऐसी असमानता को दूर करने के लिए समाज या राज्य उत्तरदायी नहीं माने जा सकते। समानता इस बात पर टिकी हुई है कि दो व्यक्ति जिनकी बराबर की क्षमता है और अगर वह एक जैसे कार्य करते हैं तो दोनों को एकसमान परिणाम हासिल हो। साथ ही, अगर यह सामाजिक और आर्थिक असमानता का कारण प्राकृतिक है या ऐसे लक्षण हैं जिन पर किसी व्यक्ति का कोई नियंत्रण नहीं होता, तो समाज और राज्य दोनों की यह नैतिक जिममेदारी बनती है कि इस असमानता के कारण उत्पन्न होने वाले नुकसान से उन व्यक्तियों की रक्षा की जाए। उदाहरण के तौर पर अगर किसी व्यक्ति को लाइलाज बीमारी हो जैसे कैंसर, तो राज्य अगर ऐसे लोगों के लिए मुफ़्त इलाज की व्यवस्था करता है तो यह सही माना जा सकता है।

जटिल समानता (Complex Equality)

माइकल वाल्जर ने अपनी पुस्तक *स्फेयर्स ऑफ जस्टिस: अ डिफेंस ऑफ प्लूरलिज्म एंड इक्वॉलिटी* (1983) में जटिल समानता के विचार को पेश किया है। उनके अनुसार, समानता की किसी एक विशेषता पर ध्यान नहीं देना चाहिए, इसका कारण यह है कि समानता की बहुत अधिक संकल्पनाएं हैं। इसके लिए सिर्फ समतावादी विवरण व्यवस्था पर ध्यान नहीं देना चाहिए। वाल्जर के अनुसार, सेवाओं व वस्तुओं के गुणों पर ध्यान देना चाहिए। यह इसलिए क्योंकि इन वस्तुओं की कल्पना और निर्माण हर परिस्थिति में बदलते हैं। अलग-अलग समाज में इनका अलग-अलग अर्थ और मूल्य होता है। वाल्जर कहते हैं कि

बुनियादी वस्तुओं का कोई एकमात्र समूह नहीं होता है जिसकी सार्वभौमिक रूप से कल्पना की जा सके और जिसको समान मूल्य मान लिया जाए। इसलिए वह रॉल्स द्वारा सुनिश्चित किए गए प्राथमिक वस्तुओं के एक समूह को सभी लोगों के बीच निष्पक्ष रूप से वितरण किए जाने पर आशंका जाहिर करते हैं क्योंकि रॉल्स न्याय का सार्वभौमिकतावादी विवरण पेश करते हैं जोकि इस बात इस पर आधारित है कि न्याय की इस संकल्पना को समय और स्थान से परे हर जगह व हर समय में लागू किया जा सकता है।

वाल्जर, रॉल्स के विचार पर प्रश्न उठाते हैं तथा यह मानते हैं कि वस्तुओं की कल्पना और उनका अर्थ हर समाज में बदलता है। उदाहरण के तौर पर कुछ समाजों में माना जाता है कि बच्चों की परवरिश का दायित्व परिवार पर है जबकि कुछ समाजों में यह आशा की जाती है कि राज्य भी इस जिम्मेदारी को उठाने में सहयोग करे। न्यायपूर्ण प्रक्रिया तभी स्थापित होगी जब वस्तु का वितरण एक प्रक्रिया से न होकर उसके अर्थ और संकल्पना के अनुसार होगा। अर्थशास्त्रियों का यह मानना सही हो सकता है कि बाज़ार में लोगों के व्यवहार में एक निश्चित स्तर की तार्किकता और संग्रहण करने की प्रवृत्ति होती है लेकिन इस बात को सभी सामाजिक क्षेत्रों के बारे में सच नहीं माना जा सकता। उदाहरण के तौर पर माता-पिता को प्यार करने वाला, भरोसा करने वाला निस्वार्थ होना चाहिए, नागरिक निष्पक्ष-और सामूहिक शुभ के दृष्टिकोण से प्रेरित होने चाहिए, साथ ही समाज के एक दायरे के भीतर की वस्तुओं को दूसरे दायरे के भीतर की वस्तुओं से प्रेरित नहीं होना चाहिए, परंतु ऐसा नहीं होता है। आर्थिक जीवन की असमानताएँ, राजनीतिक और सामाजिक जीवन की असमानताओं पर भी प्रभाव अवश्य डालती है। हर दायरे के भीतर असमानता हो सकती है जो कि गलत नहीं है। जैसे आर्थिक क्षेत्र में सभी को एकसमान वेतन नहीं दिया जा सकता। ज्यादा मेहनत करने वाले को ज्यादा वेतन मिलता है और आलसी को नुकसान भुगतान पड़ता है। इससे फायदा होता है परंतु यह भी ध्यान देने कि आवश्यकता है कि इसका प्रभाव अन्य क्षेत्रों पर नहीं पड़ना चाहिए नहीं तो यह तानाशाही को जन्म देगा। यह ऐसी स्थिति होगी जिसमें कुछ श्रेणी के लोगों का कुछ वस्तुओं पर एकाधिपत्य होगा जिससे असमानता बढ़ेगी। समानता के लिए ज़रूरी है कि वितरण की कसौटियों में विविधता हो और इसे सामाजिक वस्तुओं की विविधता को प्रदर्शित करना चाहिए।

जटिल समानता 'इस तरह के संबंधों को स्थापित करती है जिसमें प्रभुत्व असंभव हो जाता है।' औपचारिक शब्दों में, जटिल समानता का यह अर्थ है कि किसी नागरिक की एक सामाजिक दायरे में स्थिति या एक सामाजिक वस्तु के संदर्भ में उसकी स्थिति किसी दूसरी सामाजिक वस्तु में कटौती नहीं करे। [वाल्जर, 1983 : 19] जटिल समानता आपस में टकराने वाले दृष्टिकोणों से अलग है क्योंकि यह वस्तुओं के सामाजिक अर्थ और न्याय के दायरों की बहुलता पर केंद्रित है।

सकारात्मक कार्यवाही और समानता (Affirmative Action and Equality)

सकारात्मक कार्यवाही समाज में फैली असमानता को दूर करने का एक तरीका है। निष्पक्षता और न्याय में गहरा संबंध होता है, परंतु क्या निष्पक्षता से समानता को बढ़ावा मिलता है?

उदाहरण के तौर पर, मीरा और राधा दोनों एक परीक्षा देती हैं। मीरा के अंक राधा से अच्छे आते हैं और उसे कॉलेज में दाखिला मिलने की आशा है। मेरिट लिस्ट अगर सिर्फ अंकों आधार पर तैयार होगी, तो मीरा का दाखिला निश्चित है। वहीं जब हम दोनों की सामाजिक परिस्थिति देखेंगे तो राधा ने काफी सामाजिक वंचनाओं का सामना करते हुए ज्ञान अर्जन किया था। निष्पक्ष तरीके से तो मीरा का दाखिला होना चाहिए पर क्या हम राधा को ऐसे ही छोड़ दें? नैतिक सहजविधि से यदि गहनता से विचार करेंगे तो राधा के लिए कुछ सकारात्मक कार्यवाही होनी चाहिए ताकि उसकी सामाजिक परिस्थिति उसके जीवन के बाकी पहलुओं पर असर न छोड़े। ऐसा इसलिए होना चाहिए क्योंकि हो सकता है अगर राधा को मीरा के बराबर सामाजिक, आर्थिक और शैक्षणिक संसाधन दिए गए होते तो शायद वह भी अच्छे अंक ला सकती थी। दाखिला न होने से उसकी आगे की पढ़ाई छूट सकती है, जिससे आगे उसके अच्छे नौकरी पाने की क्षमता कम हो जाएगी और वह अपनी परिस्थिति में सुधार नहीं ला पाएगी। वहीं अगर सकारात्मक कार्यवाही से उसे पढ़ने का मौका दिया जाए तो वह ना केवल अपना भविष्य सुधार सकती है, बल्कि देश के विकास में सहयोग भी कर सकती है। सकारात्मक कार्यवाही की परिभाषा देखी जाए तो उन सब समूहों के लिए है जिन्हें सामाजिक भेदभाव का सामना करना पड़ता है, यह उनको समानता दिलाने का एक रास्ता बनती है। इसका मकसद है कुछ खास समूह जो ऐतिहासिक या प्राकृतिक कारणों से अन्याय के शिकार रहे हैं उनको मुआवजा दिया जा सके ताकि वह अन्य के साथ अपनी स्थिति को समान बना सकें। सकारात्मक कार्यवाही के तहत राज्य कुछ विशिष्ट समूहों के लिए वरीयता नीति (preferential policy) बनाता है। यह नीति समाज में फैली संरचनात्मक असमानता को दूर करने का एक तरीका है। सकारात्मक कार्यवाही इस बात पर ज़ोर देती है कि सभी समूहों और लोगों के साथ निष्पक्ष व्यवहार होना चाहिए जिसके लिए समाज के संसाधनों का अल्पकालिक रूप से पुनर्वितरण (redistribution) किया जाना चाहिए।

सकारात्मक कार्यवाही की शुरूआत अमेरिका में मुख्यत: अश्वेत लोगों एवं महिलाओं को मुख्यधारा से जोड़ने के लिए हुई थी। थॉमस नेगल (1973) और जूडिथ जाविर्स थामॅसन (1975) ने नौकरी और पढ़ाई में महिला और अफ्रीकी अमेरिकियों के लिए सकारात्मक कार्यवाही की इसलिए वकालत की ताकि सदियों से हो रहे उनके बहिष्कार पर कुछ अंकुश लग सके। वे सकारात्मक कार्यवाही इसलिए भी चाहते थे ताकि बहिष्कृत वर्गों को भी सामाजिक संसाधनों में हिस्सेदारी मिल सके जिससे न्याय की संकल्पना को भी बढ़ावा मिलेगा। वह साथ ही इस बात पर ज़ोर देते हैं कि आर्थिक उपलब्धि, जो योग्यता से जुड़ी है, वह अपने आप में पूर्ण नहीं है। सकारात्मक कार्यवाही न्याय और योग्यता सिद्धांत के पक्ष में है। जो लोग इसका विरोध करते हैं वह कहते हैं कि इसका लाभ कुछ व्यक्तियों को जाता है जो कि पहले ही सक्षम हैं न कि वंचित समूहों के उन लोगों को जो सच में ज़रूरतमंद हैं। [साइमन, 1974 : 315,319] कुछ विद्वानों का यह भी मानना है कि इससे समानता के नियमों का हनन होता है क्योंकि यह बाकी समूहों के, जो इस व्यवस्था से बाहर हैं, उनके साथ भेदभाव होता है। [ग्रॉस : 1978] यह भी आरोप लगाया जाता है कि सकारात्मक कार्यवाही योग्यता को परे रख नस्लवाद को बढ़ावा देती है। [बेनेट एंड ईस्टलैंड : 1979] यह नतीजे

और उसपर आधारित वितरण और देनदारी के बीच संबंध को पूरी तरह नजरअंदाज करती है। [ग्रॉस, 1978 : 125] एंडरसन जैसे लोग सकारात्मक कार्यवाही का समर्थन इसलिए करते हैं क्योंकि उनका मानना है कि यह व्यक्ति को केवल मुआवज़ा ही नहीं देती बल्कि उन सब संस्थानों को कमज़ोर बनाती है जो दूसरों के साथ भेदभाव करते हैं। यह व्यवस्था राज्य की तरफ से वस्तुओं और अवसर के वितरण को उनके लिए सुनिश्चित करती हैं जिन्हें समान अवसर नहीं मिला, जो अक्सर सामाजिक भेदभाव जैसे धर्म, नस्ल, जाति, लिंग, आय इत्यादि के भेद के शिकार होते हैं। समान अवसर का विचार दो लक्ष्यों पर आधारित होता है। एक ओर, यह सभी को बिना भेदभाव के समान अवसर देता है ताकि सभी अपना लक्ष्य हासिल कर सकें। दूसरी ओर, यह सुनिश्चित करता है कि प्रत्येक मनुष्य की क्षमताओं के पूर्ण विकास के लिए आवश्यक परिस्थितियां औपचारिक रूप से हर किसी को मिले सके।

भारत में सकारात्मक कार्यवाही (Affirmative Action in India)

भारत में सकारात्मक कार्यवाही मुख्यत: जाति आधारित आरक्षण (reservation) के रूप में है। साथ ही कुछ श्रेणियों में महिलाओं को भी इसका लाभ मिला है। हालांकि अन्य पिछड़ा वर्ग (OBCs) और सवर्णों में आर्थिक रूप से कमज़ोर वर्गों के लिए इसका आधार आर्थिक रखा गया है। स्वतंत्रता के बाद, जब संविधान की रचना हो रही थी तब बी. आर. अंबेडकर ने दलितों के लिए राजनीति, रोज़गार और शिक्षा में आरक्षण की मांग की थी। ऐसा इसलिए क्योंकि भारत में फैली जाति प्रथा की व्यवस्था कुछ जातियों को बराबरी का मौका नहीं देती थी। कहने का तात्पर्य यह है कि जाति व्यवस्था जिस तरह से एक शोषक अनुक्रम पर आधारित थी वह इन दलित जातियों के साथ ऐतिहासिक रूप से भेदभाव और शोषण करती थी। जाति के कारण जो सामाजिक असमानता उत्पन्न हुई उसके निवारण के रूप में आरक्षण को एक रास्ता माना गया, जो इन शोषित वर्ग के लोगों को भी व्यवस्था में हिस्सेदारी और प्रतिनिधित्व के समान अवसर प्रदान करे। अंबेडकर का मानना था कि चाहे आज़ादी के बाद भारत में सभी को राजनीतिक समानता मिल जाए, किंतु जब तक सामाजिक और आर्थिक असमानता है, राजनीतिक समानता अर्थहीन है। वह एक ऐसे समाज की स्थापना करना चाहते थे जहाँ स्वतंत्रता, समानता और भाईचारा समाज की नींव बने। जाति प्रथा ऐसे समाज की कल्पना में एक बाधक थी क्योंकि यह एक प्रकार की दास प्रथा है, जहाँ कुछ जातियों के लोगों को जबरदस्ती दूसरी जातियों के गुलाम के रूप में देखा और व्यवहार किया जाता है। यही कारण है कि उन्होंने इस असमानता को दूर करने के लिए सकारात्मक कार्यवाही का सहारा लिया था विशेष तौर पर दलितों के लिए। कई अन्य संविधान सभा सदस्य भी इसके पक्ष में थे; जैसे श्री.पी. कक्कन (P Kakkan) श्री.टी.वी. मुनीस्वामी पिल्लई, श्री.टी. चेन्नया (T. Chennaiah) इत्यादि। इनका मानना था कि अन्य उच्च जातियों के मुकाबले अगर दलितों के लिए आरक्षण की नीति नहीं होगी और योग्यता में कुछ छूट नही होगी तो वह कभी भी अन्य उच्च जातियों के साथ मुकाबला नहीं कर पाएगे। वहीं दूसरी ओर, यह नीति अल्पसंख्यक वर्ग और महिलाओं के लिए लागू करने से मना कर दिया गया।

भारत में जातिगत सकारात्मक कार्यवाही का पलड़ा इसलिए भारी था क्योंकि सभी प्रकार के आंकड़े यह दर्शा रहे थे कि अंतर-जाति स्तर पर संसाधनों और प्रतिनिधित्व में काफी विषमताएं थी जिसका मुख्य कारण जातिगत सामाजिक भेदभाव था। यह आर्थिक असमानता को भी बखूबी प्रदर्शित करता है जैसे निम्न जाति के लोगों का सरकारी दफ्तरों में प्रतिनिधित्व बहुत ही कम था। उनका उच्च शैक्षिक संस्थानों में भी प्रतिनिधित्व बहुत दयनीय था। यह असमानता सदियों से चली आ रही ऊंच-नीच की भावना के कारण है जिसकी भरपाई अब पूरी करनी ज़रूरी थी।

हालांकि यह भी सच है कि काफी समय बीत जाने के बाद भी यह नीति पूरी तरह लागू नहीं हो पाई है। अश्विनी देशपांडे ने अपने शोध में दिखाया कि 2004 में सरकारी नौकरी करने वाले अनुसूचित जाति के लोगों की संख्या मात्र 7 प्रतिशत थी जो कि अपने न्यूनतम स्तर से कम थी (2013)। यहां तक की 1990 में इसकी संख्या और कम थी। इसका एक मात्र कारण आरक्षण के प्रति विरोध को माना गया है। विरोध इस बात पर है कि आखिरकार कब तक ऐतिहासिक गलतियों की भरपाई वर्तमान करेगा कभी तो इस पर रोक लगे। [2013 : 271] अगर उच्च शिक्षा संस्थानों की बात करें तो 2004 में अनुसूचित जातियों के पुरुषों का प्रतिनिधित्व सिर्फ 10 प्रतिशत और 4 प्रतिशत अनुसूचित जातियों की महिलाओं का था। [2013 : 272] राजनीति में आरक्षण देखें तो 2004 के लोक सभा चुनाव के परिणाम यह दिखाते हैं कि दलित आज भी सिर्फ आरक्षित सीटों से ही विजयी होते हैं और उसके अतिरिक्त एक भी सीट नहीं जीत पाते। यदि आरक्षण नहीं होता तो शायद उनका प्रतिनिधित्व इन सीटों में भी नहीं होता। (2013 : 272)

भारतीय राजनीति में सकारात्मक कार्यवाही के नीति क्षेत्र को और अधिक वृहद करते हुए इसको अन्य पिछड़ी जातियों के लिए भी 1990 में लागू किया गया, जिसको 2007 में उच्च शिक्षा संस्थानों में भी लागू किया गया। साथ ही इसको लागू करते समय इसका लाभ अधिकांश और ज़रूरतमंद को पहुंचाने के लिए क्रीमी लेयर का प्रावधान भी लगाया गया जोकि एक निश्चित आय सीमा तक के लोगों को ही इस नीति का फायदा पहुंचाने का रास्ता था। यह व्यवस्था इसलिए की गई थी क्योंकि अलग-अलग कमीशन के अध्यन में ये पाया गया था कि अनुसूचित जाति और जनजाति के अलावा भी अन्य जातियां थी जो सामाजिक और आर्थिक स्तर पर बहुत पिछड़ी थी और उन्हें भी आरक्षण के तहत व्यवस्था में प्रतिनिधित्व देने की ज़रूरत थी। साथ ही चूंकि, इन जातियों को आरक्षण व व्यवस्था में सम्मिलित करने का आधार ही आर्थिक था इसलिए यह माना गया कि क्रीमी लेयर के अंतर्गत आरक्षण का लाभ सबसे ज़रूरतमंद वर्ग ही ले सकें। यह व्यवस्था इस बात को बढ़ावा देने के लिए की गई कि सकारात्मक कार्यवाही का लाभ सभी ज़रूरतमंदों तक पहुंचे न कि वह पिछड़े वर्गों के भीतर भी असमानता को बढ़ावा देती रहे। हाल ही में केंद्र सरकार ने 10 प्रतिशत का आरक्षण सवर्णों में भी आर्थिक पिछड़े वर्गों के लिए दिया है ताकि आर्थिक रूप से कमज़ोर वर्गों को भी मुख्यधारा से जोड़कर उन्हें भी प्रतिनिधित्व का व्यापक मौका मिल सके।

सकारात्मक कार्यवाही के बहुत से आलोचक भी हैं। वह मानते हैं कि इन नीतियों को लागू करने से विपरीत भेदभाव शुरू होता है और समाज में पीछे के दरवाज़े से जातिवादी

व्यवस्था को स्थापित करने का मौका भी मिलता है। साथ ही, वे आरक्षण नीति को योग्यता और समानता के मूल्यों के खिलाफ मानते हैं। यह तर्क इस मानसिकता पर आधारित है कि बाजार में सब बराबर हैं, जो जितना अच्छा प्रदर्शन करे उसे उतना ही ज्यादा फल मिलना चाहिए। किंतु यह तर्क इस बात पर पर्दा डाल देता है कि योग्यता सामाजिक वस्तु है जो कि सामाजिक संस्थाएं देती है। जब समाज में असमानता है तो हम यह कैसे मान लें कि किसी को नौकरी देने के लिए योग्यता ही नैतिक रूप से सही मापक है? मीरा और राधा वाला उदाहरण इस बात की पुष्टि करता है कि योग्यता को आधार माना जाएगा तो असमानता को बढ़ावा मिलेगा और यह न्यायसांगत भी नहीं है। हालांकि यह भी सच है कि भारत में अब सकारात्मक कार्यवाही का इतना राजनीतिकरण हो गया है कि इसका नैतिक महत्त्व पूरी तरह से कमज़ोर हो गया है। इसके कारण इतने वर्षों से चली आ रही सामाजिक न्याय की लड़ाई फीकी पड़ गई है। उदाहरण के लिए, गुजरात में पटेल जाति की आरक्षण की मांग जो कि एक जमींदार वर्ग की जाति है और जिनका सामाजिक और राजनीतिक क्षेत्रों में भी दबदबा है आरक्षण के मूल उद्देश्यों के खिलाफ प्रतीत होता है। इसी तरह महाराष्ट्र में मराठा समुदाय और हरियाणा एवं राजस्थान में गुर्जर समुदाय के आरक्षण की मांग को लेकर किए गए आंदोलनों को भी सही नहीं माना जा सकता। यह सभी वाद-विवाद के मुद्दे हैं मगर राज्य को इन विषयों पर निर्णय करने से पहले व्यापक अध्ययन करने की आवश्यकता है। साथ ही यह भी मानना गलत होगा कि सकारात्मक कार्यवाही से सभी जातियां एवं वर्ग समान हो गए हैं। आज भी हर रोज़ अखबारों में दलितों के प्रति हो रही हिंसा की घटना की खबर देखी जा सकती हैं और सरकारी आंकड़े भी इनके प्रति हो रही हिंसा को दर्शाते हैं जो कि इस बात का प्रमाण है कि इनको अभी भी समानता नहीं मिल पाई है। यह कई मायनों में यह साबित करता है कि आरक्षण से लाभ तो मिले हैं मगर यह समानता स्थापित करने के राह में एक सहायक मात्र है। यह आवश्यक तो है मगर इसे समानता हासिल करने के लिए पर्याप्त माध्यम समझना एक भूल होगी। आरक्षण के साथ-ही-साथ सरकारों को कोशिश करनी होगी कि व्यवस्था ज्यादा व्यापक और समावेशी बने ताकि इनका फायदा समाज के सबसे ज़रूरतमंदों को मिल सके। सकारात्मक कार्यवाही का मूल सिद्धांत सामाजिक स्तर पर समानता स्थापित करने का एक माध्यम है, परंतु अगर इसका गलत इस्तेमाल होगा तो यह असमानता को और प्रबलता से बढ़ावा देकर समाज में विभेद भी पैदा कर सकता है।

निष्कर्ष (Conclusion)

समानता का विषय राजनीतिक चिंतन के क्षेत्र में एक मुख्य विषय है। व्यक्तियों के बीच असमानता प्रत्येक समाज की विशेषता है जो कि प्राकृतिक व सामाजिक दोनों रूपों में मौजूद है तथा जिसे समानता द्वारा ही समाप्त किया जा सकता है। समानता की धारणा को अमूर्त स्तर पर नहीं बल्कि किसी विशेष संदर्भ में तथा केवल सापेक्षित दृष्टिकोण से ही समझा जा सकता है। सामान्य शब्दों में, समानता दो या दो से अधिक व्यक्तियों या समूहों के बीच उनके जीवन के कुछ पहलुओं से संबंधित है। समानता एक बहुल संकल्पना वाली धारणा है क्योंकि इसे न्याय, संपत्ति, स्वतंत्रता, आदि से कहीं-न-कहीं जोड़ कर देखा जाता है। अरस्तू

के लेख में समानता को न्याय से जोड़ कर देखा गया, वहीं मार्क्स समानता को संपत्ति के विभाजन से जोड़ कर देखते हैं। समानता मानव के संपूर्ण विकास के लिए आवश्यक है। जहाँ एक ओर इस बात पर सर्वस्वीकृति है, वहीं दूसरी ओर, इस बात पर विवाद है कि समानता किन बातों पर आधारित हो और इसके लिए कैसे प्रयास किया जाए? जहाँ कुछ विचारक कल्याण और संसाधनों की समानता के पक्षधर हैं वहीं कुछ विचारक सामर्थ्य की अवधारणा के समर्थक हैं। समानता की अवधारणा इसलिए भी जटिल है क्योंकि यह न्याय आदि मूल्यों से अभिन्नता से जुड़ी है। स्वतंत्रता व समानता में जहाँ कुछ जानकार टकराव देखते हैं वहीं कुछ अन्य इन्हें एक-दूसरे के पूरक मानते हैं। समानता को यदि विशेषाधिकारों का अभाव माना जाए तो इस प्रकार समानता की स्थापना के लिए राज्य के हस्तक्षेप तथा किसी व्यक्ति व वर्ग की स्वतंत्रता को सीमित करने की आवश्यकता है। दूसरी ओर, सभी वर्गों, विशेषकर निम्न वर्ग, की स्वतंत्रता सुनिश्चित करके ही समानता को पूर्ण रूप से स्थापित किया जा सकता है। परंतु यह पुनः समाज में असमानता को जन्म दे सकता है अर्थात् सबल द्वारा निर्बल तथा अमीर द्वारा गरीब का शोषण पुनः प्रारंभ हो सकता है। वर्तमान कल्याणकारी राज्यों में इस समस्या के समाधान के लिए स्वतंत्रता को सीमित कर अर्थात् स्वतंत्रता के सकारात्मक रूप को स्थापित कर समानता लाने का प्रयास किया जाता है। इसके अतिरिक्त, कल्याणकारी राज्य में न्यायपूर्ण समाज की स्थापना तथा सर्वजन के विकास को सुनिश्चित करने के लिए सकारात्मक कार्यवाही को समानता स्थापित करना का माध्यम माना जाता है, जिसके तहत निचले पायदान पर स्थित या ऐतिहासिक रूप से हाशिए पर धकेले गए वर्गों को सुविधा प्रदान कर उनके उत्थान का प्रयास किया जाता है। इस प्रकार समानता की अवधारणा को बहुपरिप्रेक्ष्य द्वारा भी समझा जा सकता हैं। साथ ही, वर्तमान राजनीतिक पटल पर उभरती "पहचान की राजनीति" ने समानता की अवधारणा को व्यक्तिगत के स्थान पर समूह आधारित किया है। इस प्रकार इसकी संकल्पना के और अधिक विकास की आवयश्कता है ताकि इसे लोक कल्याण के लिए व्यवहारिक बनाया जा सके।

अभ्यास प्रश्न (Practice Questions)

1. समानता की अवधारणा के विकास पर एक संक्षिप्त निबंध लिखिए।
2. असमानता पर रूसो के क्या विचार हैं? समझाएं।
3. समानता के विचार पर हाल के कुछ प्रमुख विमर्शों की व्याख्या कीजिए।
4. सकारात्मक कार्यवाही की नीति समानता के सिद्धांत का उल्लंघन करती है। विवेचना कीजिए।

संदर्भ सूची (References)

एंडरसन, एलिजाबेथ एस. (2002),"इंटीग्रेशन, अफ्फर्मेटिव एक्शन एंड स्ट्रिक्ट स्क्रूटिनी", *न्यूयॉर्क यूनिवर्सिटी लॉ रिव्यू* 77. 1195-1271.

________(2004),"रेसियल इंटीग्रेशन एज ए कम्पेल्लिंग इंटरेस्ट", *कंस्टीटूशनल कमेंट्री* 21, 15-40.

________(2010), द *इम्पेरेटिव ऑफ इंटीग्रेशन*, प्रिंसटन न्यू जर्सीः प्रिंसटन यूनिवर्सिटी प्रेस।

एरिस्टोटल. (1984), *पॉलिटिक्स* (ट्रांसलेटेड) केरेंस लार्ड, शिकागोः द यूनिवर्सिटी ऑफ शिकागो प्रेस।

ईस्टलैंड, टैरी, (1996), *एंडिंग अफेर्मेटिव एक्शन : द केस फॉर कलरब्लाइंड जस्टिस*, न्यूयॉर्क: बेसिक बुक्स प्रेस।

ग्रॉस, बैरी आर., (1978), *डिस्क्रिमिनेशन इन रिवर्स : इज टर्न अबाउट फेयर प्ले?*, न्यूयॉर्क: न्यूयॉर्क यूनिवर्सिटी प्रेस।

देशपांडे, आश्विनी, (2013), "सोशल जस्टिस थ्रू अफ्फर्मेटिव एक्शन इन इंडिया: एन असेसमेंट", जेनेटविक्स-लिम एंड रोबर्ट पॉलिन (संपा), कैपिटिलिज्म अन ट्रायल: एक्सप्लोरेशन्स इन द ट्रेडिशन ऑफ थॉमस वीसकोफ।

नॉर्थम्प्टन, एम. ए: एडवर्ड एल्गार पब्लिशिंग, 266-285।

ड्वोर्किन, रोनाल्ड, (1977), *टेकिंग राईटस सीरियसली*, कैम्ब्रिज: हार्वर्ड यूनिवर्सिटी प्रेस।

टॉक्विल, ए. डी., (1969), *द डेमोक्रेसी इन अमेरिका*, न्यूयॉर्क: हार्पर एंड कॉलिन।

थामॅसन, जे. जे., (1975), "प्रेफेरेंशीयल हायरिंग", *फिलोसोफी एंड पब्लिक अफेयर्स*, 2. 3648-3684.

मार्क्स, कार्ल, (1978), द *मार्क्स एंजेलस रीडर* (सं.) रानर्ट सी. टकर. न्यूयॉर्क: डब्लयू डब्लयू एंड कंपनी।

पेरफीत डेरेक, (1997), "इक्वलिटी एंड प्रायोरिटी" रेश्योए, सोशल रिसर्च, 10. 202-221.

फ्रैंकफर्ट, हैरी, (1997), "इक्वलिटी एंड रसपेक्ट", सोशल रिसर्च, 64. 3- 15.

नेगल, थॉमस, (1973), "इक्वल ट्रीटमेंट एंड कम्पेन्सेटरी जस्टिस", *फिलोसोफी एंड पब्लिक अफेयर्स*, 2. 348-363.

रॉल्स, जॉन, (1978), *ए थ्योरी ऑफ जस्टिस*, कैम्ब्रिज: हार्वर्ड यूनिवर्सिटी प्रेस।

रूसो, जे. जे., (1964), द *फर्स्ट एंड सेकेंड डिस्कोर्सेज*, न्यूयॉर्क: सेंट मार्टिंस प्रेस।

साइमन, रोबर्ट एल., (1974), "प्रेफेरेंशीयल हायरिंग : अ रिप्लाई टू जूडिथ जाविर्स थामॅसन", *फिलोसोफी एंड पब्लिक अफेयर्स*, 3. 312-320।

सेन, अमर्त्य, (1993), *इनइक्वलिटी रीएग्जामिंड*, ऑक्सफोर्ड : ऑक्सफोर्ड यूनिवर्सिटी प्रेस।

वाल्जर, माइकल, (1983), द *स्फेरस ऑफ जस्टिस: ए डिफेंस ऑफ प्लुरलिज्म एंड इक्वॉलिटी*, न्यूयॉर्क : बेसिक बुक्स प्रेस।

बेनेट, विलियम जे. एंड टेरी ईस्टलैंड, (1979), *काउंटिंग बाय रेस : इक्वॉलिटी फ्रॉम द फाउंडिंग फादर टू बक्के एंड वेबर*, न्यूयार्क: बेसिक बुक्स प्रेस।

हॉब्स, थॉमस, (1968), *लेवियाथन*, लंदन: पेंग्विन बुक्स।

अध्याय 5

समतावाद
Egalitarianism

पवन कुमार

प्रस्तावना (Introduction)

यह अध्याय समतावाद की अवधारणा पर आधारित है। समतावाद एक बहुत ही विवादास्पद विचार है। इसकी मूल परिभाषा एवं इस मूल्य को प्राप्त करने की प्रक्रिया पर भी काफी विवाद है। इस विचारधारा में यह समझना आवश्यक है कि हम किस संदर्भ में समानता लाने की बात कर रहे हैं, किसके लिए हम समानता लाने की बात कर रहे हैं, और सबसे महत्त्वपूर्ण कि क्या समानता प्राप्त करने के लिए दूसरे मूल्यों का बलिदान करना उचित है? इस अध्याय में हम ऐसे ही कुछ विवादों की चर्चा करेंगे।

समतावाद एक विचार के रूप में (Egalitarianism as an Idea)

यह समझना आवश्यक है कि समानता सरकार में और यहां तक कि रोज़मर्रा की जिंदगी में भी एक महत्त्वपूर्ण अंतर्निहित भूमिका निभाती है। एक सुपर मार्केट में हम कोई सामान खरीदने जाते हैं तो हमें पता होता है कि किसी वस्तु पर सभी के लिए समान मूल्य अंकित किया जाता है और किसी दूसरे से अधिक भुगतान करने के लिए कहे जाने पर हम विद्रोह करते हैं। इसी प्रकार, आधुनिक राज्य की कुछ महत्त्वपूर्ण विशेषताएं, जैसे- स्वतंत्रता, स्पष्ट रूप से विज्ञापित किए बिना समानता के किसी रूप पर आधारित होती है। एक समतावादी राज्य की धारणा को सही ठहराने के लिए समानता के प्रति यह निहित और स्पष्ट प्रतिबद्धताएं पर्याप्त हैं। लेकिन इससे भी महत्त्वपूर्ण बात यह है कि वे बहुत सारे विरोधाभासों और भ्रमों की ओर ले जाते हैं जिनमें समानता ही समानता के खिलाफ होती है। समानता का अमूर्त विचार संभवतः मानव निर्माणों की सबसे बहुमुखी रचना है। बेशक, यह गणित और तर्क का एक अनिवार्य घटक है। यह वह सिद्धांत है जिसके द्वारा विभाजन और वितरण प्रक्रियाओं को आगे बढ़ना चाहिए, जैसे समान वस्तुओं को एकसाथ रखकर वितरण या विभाजन करना। शाब्दिक सत्य की धारणा के लिए यह तार्किक रूप से आवश्यक है, क्योंकि यह एक अभिकथन और उसके उद्देश्य के प्रासंगिक पहलुओं के बीच एक समीकरण है।

समतावाद को हम एक छोटे से उदाहरण के साथ समझने की कोशिश करते हैं। मान लीजिए हमारे पास एक केक है, जिसके समान टुकड़े कर के हमें सभी में बांटना है। अब इस प्रक्रिया को पूरा करने का एक सामान्य तरीका यह हो सकता है कि इस केक के उतने समान टुकड़े किए जाएं जितने लोगों में इसे बांटना है। परंतु इस प्रक्रिया को पूरा करने के कुछ और तरीके हो सकते हैं और उन सभी तरीकों में परिणाम यही आएगा की सभी को समान केक के टुकड़े मिले।

- केक को बराबर हिस्सों में काटा जाता है और उस पार्टी में पेश किया जाता है, जहाँ जिसने पार्टी का आयोजन किया है उसने सिर्फ दस लोगों को आमंत्रित किया है। यहां यह समझने की आवश्यकता है कि इन बराबर केक के टुकड़ों का उन लोगों के लिए क्या मतलब होगा जिन्हें इस पार्टी में बुलाया ही नहीं गया। यहां हम देखते हैं कि केक काटने से पहले ही एक बुनियादी असमानता उत्पन्न कर दी गई है।
- मान लीजिए पार्टी में मेहमान अलग-अलग जाति और अलग-अलग वर्ग के हैं। दस में से तीन पिछड़ी जाति के हैं। या उनमें से चार अंग्रेजी बोलते हैं, बाकी हिंदी बोलते हैं। लोगों के बीच केक को समान रूप से बांटना एक बात होगी; जाति या वर्ग द्वारा गठित समूहों के बीच इन्हें समान रूप से विभाजित करना एक और बात होगी। यह पूछना एक बात होगी कि क्या आयोजक ने गगन को उसी तरह सुना जैसे उसने मगन को सुना? और यह पूछना दूसरी बात होगी कि क्या आयोजक ने पिछड़ी जाति की बात उसी तरह सुनी जैसे उसने ऊंची जाति की सुनी?
- इस वितरण प्रक्रिया को इस प्रकार भी पूरा किया जा सकता है कि आयोजक इस केक का आधा हिस्सा अपने पास रख लेता है और बचे हुए आधे हिस्से से वह केक के बराबर टुकड़े कर के मेहमानों में बाँट देता है।
- इस वितरण प्रक्रिया में यह भी संभव है कि उस पार्टी में केवल केक ही खाने में हो, उस केक को बराबर हिस्सों में सभी में बांटा जाए। पर इस बार मेहमानों में कुछ ऐसे मेहमान हैं जिन्हें केक बहुत पसंद है और कुछ ऐसे हैं जिन्हें केक बिलकुल पसंद नहीं। यहां हम यह देखते हैं कि सभी के लिए उस केक के बराबर टुकड़े का मूल्य एकसमान नहीं है। जिसे केक बहुत ज्यादा पसंद है उसके लिए केक के टुकड़े का महत्त्व बहुत ज्यादा है और जिसे केक बिलकुल पसंद नहीं उसके लिए उस टुकड़े का मूल्य बिलकुल नहीं है। अतः यहां समान टुकड़ों का असमान मूल्य है।
- एक और परिस्थिति ऐसी हो सकती है कि केक इतना छोटा हो कि उसके दस बराबर टुकड़े नहीं हो सकते। इस स्थिति में समानता लाने के लिए या तो सभी को समान चम्मच देना पड़ेगा न कि समान केक का टुकड़ा और फिर मेहमानों को उनके भाग्य पर छोड़ देना पड़ेगा कि वो अपने लिए कितना टुकड़ा ले पाते हैं। इसके अलावा यह भी तरीका है कि एक लॉटरी द्वारा एक-एक करके कुछ नाम निकले जाएं और इसी अनुसार लोग अपना हिस्सा ले लें।

इन सभी उदाहरणों द्वारा इस बात को समझना आवश्यक है कि समानता के विभिन्न पहलू हो सकते हैं और इसे विभिन्न प्रक्रियाओं द्वारा पूर्ण किया जा सकता है। परंतु यह समतावादी

प्रक्रियाएं किसी प्रकार की असमानता भी उत्पन्न कर सकती है। यह प्रत्यक्ष रूप से राज्य की कार्यप्रणाली में नज़र आता है। राज्य इन प्रक्रियाओं में से किस प्रक्रिया का चयन करे, यह एक जटिल समस्या के रूप में उसके सामने आता है क्योंकि यह एक प्रकार से उसकी वैधता को भी निर्धारित करता है। एक समतावादी राज्य के लिए उपर्युक्त सभी परिस्थितियां महत्त्वपूर्ण हैं।

समानता स्पष्ट रूप से एक संबंधपरक विचार है। एक एजेंट को दूसरों से अलग करके उन्हें समान रूप में स्थापित करना औचित्यहीन है। केक-काटने वाले रूपक में, आयोजक एक वर्ग को अपनी अतिथि सूची के अनुरूप परिभाषित करता है, और इसमें सबसे पहली आपत्ति यह है कि वह बराबरी के व्यापक वर्ग को शामिल करने में विफल रहा है। एक प्रश्न शुरू से ही उन सरकारों को परेशान करता रहा है, जिन्होंने अपने नागरिकों के बीच समानता स्थापित करने की मांग की है। समानता का 19वीं सदी का दृष्टिकोण, जो मूल रूप से राजनीतिक समानता से जुड़ा था, इस मुद्दे के बारे में एक सरल विचार देता है। मताधिकार और नागरिक स्वतंत्रता मुख्य रूप से संपत्ति के आधार पर (गोरे) ईसाई पुरुषों तक ही सीमित थी। फिर, लगभग हर जगह पश्चिम में, और यहां तक कि रूस में भी, समानता के इस संकीर्ण विचार को असंतुष्टों, जातीय अल्पसंख्यकों, महिलाओं और संपत्तिहीनों को शामिल करने के लिए विस्तारित किया गया था। इस प्रकार यह मान लेना स्वाभाविक लगता है कि समानताएँ सरकारों के पूर्ण अधिकार क्षेत्र के अनुरूप होनी चाहिए-न ज्यादा न कम।

ऐतिहासिक परिप्रेक्ष्य में समतावाद

(Egalitarianism in Historical Perspective)

अगर हम इतिहास में जाते हैं तो सबसे पहला समतावादी राजनीतिक ढांचा यूनानियों द्वारा तैयार किया गया था। यूनानियों के लिए, प्रत्येक नागरिक की समानता का विचार प्राकृतिक नहीं बल्कि राजनीतिक था, जो नगर-राज्य (पोलिस) के अंदर असमान व्यक्तियों को समानता प्रदान करता था। परंतु इस राजनीतिक ढांचे में भी दासों और महिलाओं को समानता प्राप्त नहीं थी। इस समतावादी ढांचे का मूल आधार तार्किकता था।

समतावाद, जिसकी यूनानी दर्शन में पहली अस्थायी अभिव्यक्ति थी, आधुनिक काल के आगमन के साथ एक दार्शनिक दृष्टिकोण के रूप में और अधिक महत्त्वपूर्ण हो गया। इसका विकास प्राकृतिक कानून और प्राकृतिक अधिकार के सिद्धांत के विकास के साथ हुआ। 17वीं सदी तक, विद्वान और दार्शनिक समाज के मध्यकालीन विचारों को चुनौती देने लगे थे, जिसे ईश्वर द्वारा स्थापित माना गया था। वास्तव में, सामाजिक अनुबंध सिद्धांतकारों जैसे हॉब्स, लॉक और रूसो के लिए वैध सरकारी सत्ता प्राकृतिक बराबरी के स्वैच्छिक अनुबंध से प्राप्त होती है। मनुष्यों के बीच महत्त्वपूर्ण अंतर प्राकृतिक नहीं हैं; इसका कारण सामाजिक और संदर्भ आधारित है। उदाहरण के लिए, रूसो यह तर्क देते हैं कि प्रकृति ने सभी पुरुषों को असीमित क्षमता के साथ समान रूप से बनाया है। यह समाज है जो इस क्षमता को विकृत करता है। इस समतावादी पुनरुत्थान की पराकाष्ठा अमेरिकी और फ्रांसीसी क्रांतियां थीं। आधुनिक समतावादियों के लिए, प्राकृतिक या नैतिक समानता पहले से निर्धारित हैं; केवल असमानता के पुष्टिकरण की आवश्यकता है।

समानता का विचार समतावाद के केंद्रीय आदर्श के रूप में देखा जा सकता है। समानता के विचार को एक समाज में लोगों के बीच वितरण के प्रश्न के रूप में समझा जा सकता है। समानता का विचार निहित रूप से इतना विवादस्पद है कि इसके अर्थ के ऊपर एक सार्वभौमिक सहमति की अपेक्षा करना उचित नहीं। इसलिए समतावाद एक ऐसा सिद्धांत है जो समानता के मूल्य को सिद्ध करने का प्रयास करता है और इसके साथ-साथ इसकी वैचारिक सीमाओं को विनियमित करने का भी प्रयास करता है। संक्षेप में समतावाद, समानता के विचार में विश्वास रखता है। समतावादियों के लिए, न्याय तभी स्थापित होता है जब सभी को समान या लगभग समान मात्रा में कल्याण, आय, संसाधन, धन, अवसर प्रदान किए जाते हैं।

अधिक समानता की आकांक्षा समकालीन समाजों में व्यापक हो गई है। सरकारों से कार्य करने की अपेक्षा, समुदाय में आय और धन का उचित वितरण अब केवल समाजवादियों द्वारा नहीं किया जाता है, बल्कि यह अब एक आम दृष्टिकोण बन गया है। मौजूदा असमानताओं को व्यापक रूप से कम किया जाना चाहिए। यह केवल सैद्धांतिक रूप से नहीं बल्कि यह व्यवहारिक रूप से भी स्वीकार किया जाता है। कुछ ऐसे लोग भी हैं जो इसका सैद्धांतिक रूप में समर्थन नहीं करते परंतु व्यवहार में इसे स्वीकार करते हैं। समानता अपने आप में अंतर्निहित रूप से न्याय के साथ जुड़ी हुई प्रतीत होती है, और कोई भी व्यक्ति व्यवहार में अन्याय के साथ खड़ा होना नहीं चाहेगा। समानता की मांग कई क्षेत्रों में की जाती है।

समानता की प्रारंभिक मूल समझ निष्पक्षता और न्याय के साथ जुड़ी हुई है। यह समझ "समान के साथ समान व्यवहार" पर आधारित है। समान परिस्थिति में दो व्यक्तियों के साथ असमान रूप से व्यवहार करना अन्यायपूर्ण समझा जाता है। जाति, पंथ, रंग या लिंग के आधार पर भेदभाव के खिलाफ जितने आंदोलन होते रहे हैं वह समानता के इसी सिद्धांत पर आधारित हैं। परंतु इसका तात्पर्य यह नहीं है कि एक समानता हर क्षेत्र और हर परिस्थिति में अनिवार्य है। कभी-कभी एक क्षेत्र में समानता और किसी अन्य क्षेत्र में असमानता उचित हो सकती है। उदाहरण के लिए, श्रमिकों को एकसमान वेतन देना समानता है, परंतु उनमें से अधिक परिश्रमी या कुशल व्यक्ति दूसरों से अधिक कमाएं तो यह अनुचित नहीं समझा जाता। अनुचित यह होगा कि पुरुषों को एक उच्च दर का भुगतान किया जाए और महिलाओं को उसी काम के लिए कम दर पर भुगतान किया जाए।

समानता के विचार का कोई भी विश्लेषण यूनानी काल से शुरू होना चाहिए। उनके नगर-राज्य जिन मुद्दों का सामना करते थे, वह बुनियादी मुद्दे आज भी हमारी चिंता का कारण बनते हैं। यूनानी लोकतंत्र ने नागरिकता की समानता हासिल की और तभी से यह एक आदर्श और प्रेरणा बनी रही। परंतु यह समानता सीमित रूप से प्राप्त हुई। यूनानियों ने विभिन्न प्रकार के व्यक्तियों के बीच स्पष्ट रूप से अंतर किया, और उन्होंने इस भेदभाव को उचित समझा। इस असमानता का उन्होंने न्याय के नाम पर समर्थन किया, जो हमें अरस्तू के द्वारा दास प्रथा को न्यायसंगत दिखाने में नज़र आता है । परंतु उन्होंने आर्थिक असमानता में राज्य के अंदर व्यवधान उत्पन्न करने का एक स्थायी स्रोत भी देखा, और इसलिए असमानता की सीमा को सीमित करने के लिए कुछ प्रस्ताव किए गए। इस असमानता के विपरीत यह धारणा भी फैल रही थी कि व्यक्तियों की समानता उनके मानव होने से अलग है। यूनानियों को

मानवता के आधार पर व्यक्तिगतता पर उनके बल और उन कौशलों के बारे में उनकी धारणा द्वारा समानता से अवगत कराया गया जो बाकी सृष्टि से मनुष्यों को अलग करती हैं। उनके द्वारा साझा किए गए विशिष्ट लक्षणों की इस स्वीकृति में एक समतावादी सिद्धांत शामिल था, जो आने वाली सदियों के विचार को प्रभावित करने वाला था। रोमन न्यायविदों ने एक विश्वासमत पारित किया कि सभी लोगों के अधिकारों के साथ समान रूप से व्यवहार उनकी मानवता के आधार पर किया जाना चाहिए।

'समानता कोई अवधारणा नहीं है। यह ऐसा कुछ नहीं है जिसके लिए हमें प्रयास करना चाहिए। यह एक आवश्यकता है। समानता गुरुत्वाकर्षण की तरह है। हमें इस धरती पर पुरुषों और महिलाओं के रूप में खड़े होने की आवश्यकता है, और जो कुप्रथा हर संस्कृति में है वह मानवीय स्थिति का सही हिस्सा नहीं है। यह संतुलन से बाहर का जीवन है, और यह असंतुलन हर उस महिला और पुरुष की आत्मा से कुछ चूस रहा है, जिसने इसका सामना किया है। हमें समानता चाहिए।'

परंतु इसका तात्पर्य यह नहीं था कि असमानता पूर्ण रूप से विलुप्त हो गई थी। असमानता दूसरे आधारों पर नजर आती है। जहाँ असमानता मानव क्षमता का अंतर नहीं है, बल्कि समाज में निर्धारित क्रम को बनाए रखने की आवश्यकता है। समाज के विभिन्न वर्गों को एक शरीर के अंगों के रूप में या प्राधिकार की संरचना के स्तर के रूप में देखा जाता है।

यूनानी लोग जीवन शैली और उनके साथ चलने वाले विभिन्न व्यक्तित्व के बीच अंतर के बारे में अच्छी तरह से अवगत थे। लोगों के साथ किस प्रकार का व्यवहार किया जाना चाहिए, इसमें तुलनीय असमानताएँ थीं। आत्मीयता और रिश्तेदारी के आधार पर पदानुक्रम व्यवस्था को आम स्वीकृति प्राप्त थी। फिर भी महत्त्वपूर्ण रूप में एथेंस के नागरिकों के बीच अधिकारों की समानता देखी गई थी। यह सच है, वे एक प्रतिबंधित वर्ग थे। केवल वही पुरुष नागरिक थे जिनके पास कुछ योग्यताएं थीं। उनके अलावा महिलाएं, किसान, मजदूर, और दास नागरिकता के दायरे से बाहर थे। प्लेटो और अरस्तू दोनों के लिए समानता एक प्रमुख मुद्दा था। वे कई मायनों में भिन्न भी थे, प्लेटो एक दूरदर्शी दार्शनिक थे और लोकतंत्र के घोर आलोचक और अरस्तू चीजों के बारे में वैज्ञानिक रूप से सोचने वाले शोधकर्ता थे, जिनके विचार मानव संस्थानों पर विवेकपूर्ण और व्यावहारिक थे। लेकिन समानता के बारे में उनका जो कहना था, उसमें प्लेटो और अरस्तू काफी हद तक सहमत थे।

उनके दृष्टिकोण के अनुसार, प्रत्येक व्यक्ति एक विशेष एवं विशिष्ट गुण के साथ पैदा होता है। इन विशेष गुणों के साथ उनके पास एक निश्चित प्रकार के कार्य को करने की योग्यता होती है। शिक्षा का जीवन में विशेष महत्त्व है, परंतु यह केवल जन्म के समय प्रत्यारोपित अभिरुचि को हीं विकसित कर सकता है। अरस्तू ने यह तर्क दिया कि यदि ऐसे शरीर वाले व्यक्ति होते जो शारीरिक रूप से देवताओं से श्रेष्ठ होते, तो सभी इस बात से सहमत होते कि शेष मानवता उनके दास होने के योग्य है। ऐसा इसलिए है क्योंकि यह प्रकृति के लक्ष्य का हिस्सा है कि मुक्त पुरुषों के शरीर को गुलामों के शरीर से अलग बनाया जाए।

प्राकृतिक कानून और समतावाद (Natural Law and Egalitarianism)

प्राकृतिक कानून के सिद्धांत की शुरुआत यूनानियों के इस मत से होती है कि सभी वस्तुएं अपने अस्तित्व के नियमों के अनुसार व्यवहार करती हैं। सजीव या निर्जीव हर जीव और वस्तु अपना कार्य करती है, या अपने भीतर निहित एक प्राकृतिक नियम के अनुसार विकसित होती है। प्राकृतिक कानून को ब्रह्मांड के एक जीवंत सिद्धांत और आत्मा के रूप में देखा जा सकता था। लेकिन इससे भी अधिक यह मनुष्य के लिए एक मार्गदर्शक के रूप में सामने आया था। जबकि मनुष्य के अलावा अन्य सभी वस्तुओं और प्राणियों में यह उनकी जागरूकता या भागीदारी के बिना संचालित होता था, मनुष्य इसे कम-से-कम आंशिक रूप से समझने में सक्षम था। वह ऐसा इसलिए कर सका क्योंकि वह अद्वितीय रूप से, तार्किक था। इससे उन्हें आत्म-निर्देशन की क्षमता मिली। तार्किकता द्वारा सामने लाए गए प्राकृतिक कानून के दृष्टिकोण ने मनुष्य की समानता में दो तरह से विश्वास पैदा किया। सबसे पहले, मनुष्य की विशिष्ट पहचान है कि उसे तर्क-बुद्धि प्रदान की गई है। इसने उसे सभी जानवरों से अलग कर दिया; लेकिन इसमें सभी पुरुष, पुरुष होने के नाते, एक जैसे थे, और समान थे। परिभाषा के अनुसार, एक आदमी होना इतना संपन्न होना था कि कम या ज्यादा, बेहतर या बदतर का कोई सवाल ही नहीं उठता। दूसरा, बुद्धि के उपयोग ने मनुष्य को अच्छाई के ज्ञान के माध्यम से आत्म-निर्देशन की और चुनाव करने की क्षमता प्रदान की। प्रत्येक व्यक्ति तर्क के मार्गदर्शन में अपने स्वयं के आचरण को निर्देशित करने की स्वतंत्रता का अनुभव करता है। लेकिन वही तार्किकता उसे बताती है कि उसे दूसरों को समान स्वतंत्रता की अनुमति देनी चाहिए। उसे दूसरों की इच्छाओं को अपने अधीन नहीं करना चाहिए, या इस तरह से कार्य नहीं करने चाहिए कि उन्हें उस दायरे से वंचित कर दिया जाए जो वह अपने लिए दावा करता है। पद का कोई विशेषाधिकार नहीं हो सकता। पुरुषों को एक-दूसरे के साथ समान व्यवहार करना चाहिए।

प्राकृतिक कानून में विश्वास के संभावित प्रभाव गंभीर थे। उन्होंने पदानुक्रम को समाप्त कर दिया। लेकिन उन्हें तब तक महसूस नहीं किया जा सका, जब तक कि पुरुषों ने समाज की नींव पर सवाल उठाना शुरू नहीं किया और अधिकार के आधार को उजागर नहीं किया।

रूसो और समतावाद (Rousseau and Egalitarianism)

रूसो को एक कट्टरपंथी समतावादी के रूप में भी देखा जा सकता है। वह निस्संदेह मौजूदा असमानताओं से परेशान थे, खासकर जब उन्होंने इसे फ्रांस में देखा। उनके पास एक मूल और दिलचस्प सिद्धांत था कि पुरुषों के बीच असमानता कैसे अस्तित्व में आई; उन्होंने यह भी निर्धारित किया कि वे समानता और स्वतंत्रता के बीच क्या संबंध मानते हैं।

'मैं पुरुषों के बीच असमानता की दो प्रजातियों की कल्पना करता हूँ; एक जिसे मैं प्राकृतिक, या शारीरिक असमानता कहता हूँ, क्योंकि यह प्रकृति द्वारा स्थापित है, और इसमें उम्र, स्वास्थ्य, शारीरिक शक्ति, और मन या आत्मा के गुणों का अंतर शामिल है; दूसरे को नैतिक, या राजनीतिक असमानता कहा जा सकता है, क्योंकि यह एक प्रकार के प्रचलन पर निर्भर करता है, और मानव जाति की आम सहमति से स्थापित, या कम-से-कम अधिकृत

है। असमानता की इस प्रजाति में विभिन्न विशेषाधिकार शामिल हैं, जिनका कुछ पुरुष आनंद लेते हैं, जैसे कि अमीर, अधिक सम्मानित, अधिक शक्तिशाली और यहां तक कि उनसे आज्ञाकारिता की मांग करना'।

स्वतंत्रता के एक निश्चित विचार के समर्थक के रूप में, रूसो ने विशिष्ट प्रकार की समानता के पक्ष में लिखा। रूसो ने तर्क दिया कि प्राकृतिक अवस्था में समानता प्रबल होती है; लेकिन उन्होंने यह भी कहा कि नागरिक समाज में ऐसी समानता की अपेक्षा करना भी गलत होगा। रूसो मुख्य रूप से मानव दुख के दार्शनिक थे। उनकी पूरी योजना यह दिखाने की थी कि कैसे मानव जाति ने अपने लिए एक सामाजिक जेल का निर्माण किया है। इस उद्यम के दौरान रूसो ने समतावादी विचारों का एक वास्तविक विश्वकोश तैयार किया, जो इसके दायरे और इसे सूचित करने वाले व्यक्तिगत जुनून दोनों में अद्वितीय था। असमानता की स्थिति में रूसो की अंतर्दृष्टि का स्थायी स्रोत व्यक्तिगत अनुभव था। अपने निजी जीवन को एक सार्वजनिक दस्तावेज़ में बदलने का उनका निर्णय इस विश्वास पर आधारित था कि उनका अपना अस्तित्व राजनीतिक रूप से महत्त्वपूर्ण था। वह अकेले ही समाज के हर वर्ग में बिना किसी से जुड़े हुए रहते थे। उन्होंने एक ही दिन में राजकुमारों के साथ भी भोजन किया था और किसानों के साथ भी भोजन किया था। हालांकि वे एक गणतंत्र के नागरिक के रूप में जन्मे, पर अपना जीवन एक शरणार्थी के रूप में समाप्त कर रहे थे।

रूसो का प्राकृतिक असमानता और "नैतिक और कानूनी समानता" से क्या तात्पर्य था? स्पष्ट है कि वह यह नहीं मानते थे कि पुरुषों को समान या एक जैसा बनाया गया है। मनुष्य जन्म के समय और जीवन भर एक-दूसरे से भिन्न होते हैं। हालांकि, उनकी प्राकृतिक पूर्व-सामाजिक स्थिति में, जब वे अलग-थलग और पूरी तरह से स्वतंत्र होते हैं, तो पुरुषों की प्रतिभा खुद को प्रकट नहीं करती है और न ही उनका कोई खास महत्त्व था। केवल जब पुरुष एकत्र होते हैं और उनकी बुद्धि विकसित होती है तो प्राकृतिक बंदोबस्त में अंतर महत्त्वपूर्ण हो जाता है। तब प्रतिस्पर्धा अहंकार की जगह ले लेती है, और नव अधिग्रहीत कौशल और ज़रूरतें श्रम विभाजन, पारस्परिक निर्भरता और संपत्ति के संचय को उत्पन्न करती हैं। असमानता अब समाज, संपत्ति, कानून और सरकार के संस्थान का एक स्थापित मूल्य बन गई । जो इन सभी को जोड़े रखती है, वह अहंकार नहीं है, जो पूरी तरह से स्वस्थ वृत्ति है, बल्कि घमंड है, जो दूसरों की आंखों में चमकने की इच्छा है।

समतावादः सामाजिक और राजनीतिक अर्थ
(Egalitarianism : Social and Political Meaning)

समतावादी विचारधारा सामाजिक और राजनीतिक क्षेत्र में विवादास्पद है। मानवीय समानता कई कारणों से महत्त्वपूर्ण हो सकती है। "समतावादी" का तात्पर्य यह नहीं कि सभी के लिए समान परिस्थितियों में सभी मामलों में यह वांछनीय है या सभी मामलों में समान रूप से व्यवहार किया जाना चाहिए। एक समतावादी वह है जो मानता है कि सभी व्यक्तियों के साथ समान व्यवहार किया जाना चाहिए क्योंकि उन सभी की नैतिक स्थिति और बुनियादी मूल्य समान हैं। समतावादी विचारधारा समानता को औपचारिक रूप से हर क्षेत्र में लागू करने की बात करती है। समतावादी

विचारधारा सभी व्यक्तियों को समान लाभ, समान उपचार, या किसी भी क्षेत्र में समान व्यवहार करने पर बल देती है। समतावादी विचारधाराओं की अंतर्निहित धारणा यह है कि सभी मनुष्य अपने आंतरिक मूल्य या नैतिक स्थिति के मामले में समान हैं। विवाद उन प्राणियों के वर्ग को निर्दिष्ट करने के प्रयासों के इर्द-गिर्द घूमता है, जिन पर समतावादी मानदंड लागू होते हैं। कुछ लोग केवल मनुष्यों को ही समानता का अधिकारी मानते हैं क्योंकि वह समान नैतिक स्थिति में हैं। समतावाद एक दार्शनिक सिद्धांत है जो इस दावे पर टिका है कि मनुष्य के पास कुछ मौलिक मूल्य हैं और इसलिए सभी को समान माना जाना चाहिए। परंतु जिस प्रकार सभी मनुष्य नैतिक रूप से समान हैं उसी प्रकार वह कई पैमानों पर असमान भी हैं और यह एक तथ्य आधारित सत्य है। इसमें कोई विवाद नहीं कि मनुष्य आर्थिक एवं सामाजिक रूप से भिन्न होते हैं, उनकी क्षमताएं भिन्न होती हैं, उनमें अलग-अलग प्रतिभाएं होती हैं। तो जहाँ एक ओर यह सत्य है कि व्यक्ति नैतिक रूप से समान होता है, वहीं दूसरी ओर, यह भी सत्य है कि वह कई क्षेत्र में असमान भी है। अतः समतावादी विचारधारा के लिए सर्वप्रथम इस विरोधाभासी परिस्थिति को सौहार्दपूर्ण तरीके से सुलझाना अनिवार्य है।

समतावाद सहायक या गैर-सहायक हो सकता है। लोगों की स्थिति या उनके साथ व्यवहार करने के तरीके के कुछ पहलू के विनिर्देश को देखते हुए, जो समान होना चाहिए। कोई यह मान सकता है कि मामलों की स्थिति जिसमें कहा गया समानता प्राप्त होती है, या तो एक अंत या एक साधन के रूप में नैतिक रूप से मूल्यवान है। सहायक समतावादी समानता को कुछ स्वतंत्र रूप से निर्दिष्ट लक्ष्य के साधन के रूप में महत्त्व देते हैं; गैर-वाद्य (non-instrumental) समतावादी समानता को एक अंत के रूप में, या कुछ अंत के आंशिक रूप में महत्त्व देते हैं। उदाहरण के लिए, कोई व्यक्ति जो मानता है कि लोगों के एक समूह में समानता का रखरखाव उनके बीच एकजुटता और समुदाय के संबंधों को बढ़ावा देता है, और इस कारण से वांछनीय है, एक सहायक समतावादी के रूप में अर्हता प्राप्त करता है। कोई व्यक्ति जो मानता है कि किसी प्रकार की समानता न्याय का एक घटक है, और नैतिक रूप से इस तरह की आवश्यकता है, एक गैर-वाद्य समतावादी होगा।

निष्कर्ष (Conlusion)

आंतरिक समतावादी समानता को अपने आप में एक अच्छाई के रूप में देखते हैं। शुद्ध समतावादी के रूप में, वे पूरी तरह से समानता से संबंधित हैं, उनमें से अधिकांश सामाजिक परिस्थितियों की समानता के साथ हैं, जिसके अनुसार यह आंतरिक रूप से बुरा है अगर कुछ लोग अपनी खुद की गलती के बिना दूसरों की तुलना में बदतर हैं। लेकिन यह सच है कि लोग हमेशा असमानता को एक नैतिक बुराई नहीं मानते। आंतरिक समतावादी समानता को तब भी वांछनीय मानते हैं, जब समानता किसी भी प्रभावित पक्ष के लिए किसी काम की नहीं होगी, जैसे कि समानता सभी का शोषण करके भी उत्पन्न की जा सकती है। लेकिन किसी चीज़ का आंतरिक मूल्य तभी हो सकता है जब वह कम-से-कम एक व्यक्ति के लिए अच्छा हो, जब वह किसी-न-किसी तरह से एक जीवन को बेहतर बनाता हो। कभी-कभी असमानता को केवल उन लोगों को वंचित करके समाप्त किया जा सकता है जो अपने

संसाधनों से बेहतर हैं, उन्हें हर किसी के समान गरीब बना दिया जाता है। यह आंतरिक अवधारणा के अनुसार एक स्वीकार्य दृष्टिकोण होना चाहिए। लेकिन क्या यह नैतिक रूप से उचित होगा, अगर अंधे और दृष्टिहीन व्यक्तियों के समूह में, दृष्टि वाले लोगों को अंधा कर दिया गया क्योंकि अंधे को दृष्टि नहीं दी जा सकती थी? यह नैतिक रूप से उचित नहीं होगा। क्योंकि सभी गरीबों को अमीर नहीं बनाया जा सकता इसलिए सभी अमीरों को गरीब बनाकर असमानता को खत्म करना कोई अच्छा परिणाम नहीं ला सकता। इस तरह सभी को समान स्तर पर लाने वाली आपत्तियां निश्चित रूप से तभी मान्य होंगी, जब वास्तव में कोई बेहतर और समान रूप से समतावादी विकल्प उपलब्ध नहीं हो, लेकिन लगभग हमेशा ऐसे विकल्प होते हैं। जैसे जो लोग देख सकते हैं उन्हें नेत्रहीनों की आर्थिक या अन्य रूप से मदद करनी चाहिए। जब कोई विकल्प न हो, तो ऐसी आपत्तियों से बचने के लिए आंतरिक समतावाद कठोर नहीं हो सकता, बल्कि बहुलवादी होना चाहिए। बहुलवादी समतावादियों का एकमात्र लक्ष्य समानता नहीं है; वे अन्य मूल्यों और सिद्धांतों को भी स्वीकार करते हैं, सर्वोपरि कल्याण के सिद्धांत को, जिसके अनुसार यह तब बेहतर होता है जब लोग बेहतर कर रहे होते हैं। इसके अलावा, बहुलतावादी समतावाद इतना उदारवादी होना चाहिए कि समानता और कल्याण के बीच संघर्ष के मामले में हमेशा समानता की जीत न हो। इसके बजाय, उन्हें सभी के लिए जीवन की उच्च गुणवत्ता के लिए समानता की कमियों को स्वीकार करना चाहिए। वर्तमान में, कई समतावादी यह मानने के लिए तैयार हैं कि जीवन परिस्थितियों की समानता के अर्थ में समानता का अपने आप में कोई मूल्य नहीं है, लेकिन न्याय की उदार अवधारणाओं के ढांचे में, इसका अर्थ अन्य आदर्शों की खोज में उभरता है जैसे मानव क्षमताओं और मानव व्यक्तित्व का पूर्ण विकास, मनुष्य की पीड़ा कम करना, वर्चस्व का अंत करना आदि। इस प्रकार समतावाद किसी अन्य मूल्य या किसी अन्य लक्ष्य को प्राप्त करने के लिए प्रयोग हो रहा है। समानता की आकांक्षा अन्य नैतिक आधारों में भी निहित है, क्योंकि कुछ असमानताएँ अन्यायपूर्ण होती हैं। न्याय समानता पर आधारित है।

अभ्यास प्रश्न (Practice Questions)

1. समतावाद से आप क्या समझते हैं? किन्हीं दो उदाहरणों के साथ समझाइए।
2. समतावाद क्या है? असमानताओं को दूर करने के लिए अलग-अलग दृष्टिकोण पर चर्चा कीजिए।
3. असमानता और समतावाद में क्या संबंध है? समझाइए।
4. समतावाद पर रूसो के विचारों पर चर्चा कीजिए?

संदर्भ सूची (References)

डगलस रे, "समतावादी राज्य: विरोधाभासी आदर्शों की एक प्रणाली पर नोट्स", देदलुस, Vol. 108, No. 4, 1979, pp. 37-54.

इजया बर्लिन, "समानता", *प्रोसीडिंग्स ऑफ द एरिस्टोटेलियन सोसाइटी*, Vol. 56 (1), 1956, 301-326.

हेनरी फेल्प्स ब्राउन (1998), *इगैलीटेरियनिस्म एंड जनरेशन ऑफ इनइक्वालिटी*, क्लेरेंडन : ऑक्सफोर्ड।

इआन कार्टर, "रेस्पेक्ट एंड द बेसिस ऑफ इक्वॉलिटी", *एथिक्स*, 121(3), pp. 538-571.

अध्याय 6

सकारात्मक कार्यवाही
Affirmative Action

भावना शर्मा

प्रस्तावना (Introduction)

सकारात्मक कार्यवाही राज्य-संबंध एक ऐसा प्रावधान है जिसके द्वारा, सरकार पिछड़े नागरिकों को प्राप्त अवसरों में वृद्धि करने का प्रयास करती है। इसे लोगों के विशेष समूह के प्रति वैमनस्य को समाप्त करने की प्रक्रिया के रूप में भी देखा जा सकता है। इन प्रावधानों का उद्देश्य उन वंचित-समूहों को विशेष अवसर प्रदान करने से है, जिन्हें समाज द्वारा नजरंदाज किया जाता है। ये विशेष रूप से रोजगार व शिक्षा के अवसर प्रदान करने पर केंद्रित रहती है। ये मूल रूप से राज्य की विशेष समूहों के प्रति अनुकूलता की नीति को दर्शाती है। यद्यपि कुछ वर्गों को विशेष मान देने की सारी नीतियां सकारात्मक कार्यवाही नहीं होती। सकारात्मक कार्यवाही का तर्क हर जगह भिन्न होता है । ये मूल रूप से समाज के विभिन्न समूहों के बीच की संरचनात्मक असमानताओं को रेखांकित करती है।

सकारात्मक परिप्रेक्ष्य के अंतर्गत देखा जाए तो सकारात्मक कार्यवाही पिछड़े वर्गों के प्रति उचित व्यवहार को सूचित करती है और दुर्लभ संसाधनों का अस्थायी रूप से पुनर्वितरण कर अनुचित असमानताओं का समाधान करने का प्रयास करती है। प्राथमिकता नीति (preferential treatment) को यद्यपि अक्सर सकारात्मक कार्यवाही के स्थान पर प्रयोग में लाया जाता है परंतु इस शब्द का अर्थ विस्तृत है जिसमें न्यायोचितता का विमर्श, राजनीतिक व्यवस्था या क्षेत्र विशेष में विभिन्न समूहों का अधिकार स्थापित करना आदि महत्त्वपूर्ण हैं। प्राथमिकता के सिद्धांत के विपरीत सकारात्मक कार्यवाही को पिछड़े अथवा कम प्रतिनिधित्व वाले समूहों के लिए रोजगार व शैक्षणिक अवसरों के विस्तार हेतु किए गए विधिवत प्रयासों के रूप में परिभाषित किया जा सकता है। एक नीति के तौर पर इसका प्रयोजन पिछड़े समूहों को मुख्यधारा में लाना है जिन्हें इससे पूर्व नागरिकता में पूर्ण भूमिका के निर्वहन से वंचित रखा गया था। इस उद्देश्य की प्राप्ति होते ही इसका लक्ष्य पूरा हो जाएगा। [आचार्य : 2008, 301-302]

सकारात्मक कार्यवाही और भेदभाव
(Affirmative Action and Discrimination)

सकारात्मक कार्यवाही की आवश्यकता का सर्वप्रथम आधार – समाज में पृथकता और भेदभाव रूपी सख्त विभाजनों व द्वेष को समाप्त करना जिनका प्रचलन है। अतएव आगे बढ़ने से पूर्व हमारे लिए भेदभाव और सकारात्मक कार्यवाही के बीच के संबंध का अध्ययन करना आवश्यक हो जाता है।

भेदभाव रूपी कलंक उस समाज का अभिन्न अंग रहा है जहाँ सकारात्मक कार्यवाही की पहल की गई है। अतार्किक रूप से कुछ वर्गों को कमजोर होने का आभास कराना व उन्हें इस तरह श्रेणीबद्ध करना जिससे वे मुख्यधारा में शामिल न हो पाए, भेदभाव कहलाता है। इसी की विवेचना करते हुए वोउटर वैन्देनहोल लिखते हैं "भेदभाव की कोई सर्वसम्मत परिभाषा नहीं है" और वास्तव में प्रमुख मानवाधिकार दस्तावेज़ भेदभाव को परिभाषित करने में असफल रहे हैं और इसके स्थान पर वे केवल उन आयामों की एक अंतहीन सूची प्रदान करते हैं जिसके आधार पर भेदभाव को समाप्त करने की ज़रूरत है। अतएव नागरिक व राजनीतिक अधिकारों पर "अंतर्राष्ट्रीय सहमति" में घोषित किया गया है 'कानून किसी भी प्रकार के भेदभाव का निषेध करता है सभी व्यक्तियों को नस्ल, रंग, लिंग, भाषा, धर्म, राजनीतिक या अन्य , राष्ट्रीय या सामाजिक उत्पत्ति, संपत्ति ,जन्म या अन्य स्थिति, किसी भी तरह के आधार पर भेदभाव के खिलाफ समान और प्रभावी सुरक्षा को सुनिश्चित करेगा'। [ऑल्टमैन : एस.ई.पी. 2011]

इसके अलावा, उपयुक्त समूह सामाजिक रूप से विशिष्ट होने चाहिए जैसा कि लिप्पेर्ट रासमुस्सेन कहते हैं अर्थात् 'ये ऐसे समूह होने चाहिए जो बड़े स्तर पर सामाजिक परिप्रेक्ष्यों के सामाजिक संवाद की संरचना के लिए महत्त्वपूर्ण हों अर्थात् नस्ल, धर्म व लिंग आधारित समूह आधुनिक समाज में भेदभाव के संभावित आधार हो सकते हैं। लोगों के विरुद्ध भेदभाव उनके एक विशेष समुदाय की सदस्यता के कारण हो सकता है, पर ये भी आवश्यक है कि यह भेदभावपूर्ण व्यवहार उन लोगों के लिए प्रतिकूलता या नुकसान का कारण बने जिनके विरुद्ध ये भेदभाव किया जा रहा है, किसी सामाजिक समूह से तुलना भेदभाव की प्रमुख विशेषता है। भेदभाव का प्रमुख आधार पृथक व्यवहार है, जैसे श्वेत व अश्वेत छात्रों को पृथक करने से उत्पन्न खतरे, जो केवल पृथकता के मनोवैज्ञानिक व शैक्षणिक प्रभावों तक ही सीमित नहीं है। [ऑल्टमैन : एस.ई.पी. 2011]

टॉम बेयूचौम्प ने विशेष रूप से इस बात को रेखांकित किया है कि भेदभाव निश्चित रूप से लगभग अदृश्य रूप से समाज के कई क्षेत्रों में व्याप्त है जो और प्रखर रूप से कदम उठाने की मांग करता है। उनकी इस बात को सशक्त सांख्यिकी के उदाहरण के माध्यम से सिद्ध किया जा सकता है जो व्यापक भेदभाव की स्थिति को दर्शाता है। रियल एस्टेट के मकानों के लिए कर्ज़ के खारिज होने की दरें, मकान की बिक्री और घर को गिरवी रखने में उधार की दरें श्वेत व अल्पसंख्यकों के लिए भिन्न हैं। यहां तक कि रोज़गार के क्षेत्र में भी ऐसा ही प्रचलन देखने को मिलता है। [बेयूचौम्प, *जर्नल ऑफ एथिक्स* : 143–158]

सकारात्मक कार्यवाही की नीतियों पर नैतिक पक्ष की आवश्यकता क्यों है?
(Why Do We Need a Normative Stand on Affirmative Action)

सकारात्मक कार्यवाही की नीति सीधे तौर पर राज्य की सक्रिय भूमिका से जुड़ी हुई है जिसके द्वारा वे लाभार्थी और वंचित के बीच के अंतर को पाटने का काम करती है। जब भी कोई संस्था जो सभी के अनुमोदन से स्थापित हुई हो, किसी विशेष समूह के लिए कुछ करने का प्रयास करती है, तो निश्चित तौर पर विरोध को जन्म देती है। सकारात्मक कार्यवाही की नीति को कई बार ऐसे व्यवहार का सामना करना पड़ता है, तब इसे नैतिकता के गहरे स्तर पर झांकने की आवश्यकता होती है। यहां सैद्धांतिक विचार हमें इस विषय पर नैतिक पक्ष रखने में सहायता करते हैं। डेनियल एम.सी. डर्मोट साफ कहते हैं कि सैद्धांतिक विचार का कार्य नैतिकता की आवश्कताओं को बेहतर तरीके से समझना है। जब किसी प्रकार की संस्थागत व्यवस्था या राज्य की कार्यवाही होती है जो थोड़ी विवादस्पद हो, और हम ये जानने के इच्छुक हो कि नैतिकता इस विषय पर क्या कहती है तो सैद्धांतिक विचार हमारे काम आते हैं। [डर्मोट : 2008, 11-18] हमें यहां पर सामाजिक-राजनीतिक व वर्तमान परिस्थिति को ध्यान में रखना आवश्यक है, उस विशेष नैतिक विषय को समझने के लिए। सकारात्मक कार्यवाही ने कई बार ऐसी गंभीर स्थितियां पैदा की हैं। राजनीतिक स्तर पर और इसे वैचारिक दृष्टिकोण से देखना भी अपने आप में उचित है। नस्लीय विचारों में सशक्त नैतिक मूल्य अवस्थित होते हैं जिन्हें अनदेखा किया जाता है।

नाओमी जैक [2011 : भूमिका 11] के अनुसार, विचार व मूल्यों के रूप में नैतिकता की सबसे बड़ी समस्या ये है कि विभिन्न नैतिकताएं बहुत आसानी से इन नैतिकताओं को जन्म देने वाले समूहों के बीच संघर्ष में परिवर्तित हो जाती हैं, जैसा कि प्राथमिकता की नीति के हिमायती और आलोचकों के बीच के निरंतर संघर्ष में देखा जा सकता है। पेशेवरों की भाषा भावनात्मकता को बेअसर कर सकती है, लेकिन ये भी, नैतिक निर्णय की कीमत पर संभव है। नैतिक निर्णय किसी मान्यता प्राप्त सामान्य नैतिक प्रणाली की अनुपस्थिति में एक जोखिम भरा कदम है, क्योंकि ये कई बार केवल विचार हो सकते है जो नए संघर्षों को बढ़ावा दे सकते हैं। भेदभाव को बढ़ावा देने वाली नैतिकता और उसकी प्रतिलोम नैतिकता विरोधी आयामों का प्रतिनिधित्व करती है। जनता लगातार यह दर्शाती है कि उसकी नैतिकता किसी भावात्मक प्रणाली से नहीं अपितु परंपरा, धर्म और परिवार से आती है।

जहाँ तक मानक समीक्षा की बात है, इस विषय से जुड़े विचारकों का मत है कि नैतिक प्रणालियों और उनके उपयोग से उपजे मतभेदों को तर्क व उचित विमर्श द्वारा सुलझाया जा सकता है । जैक के अनुसार, आरंभ, आधारों की असंगतता को स्वीकार कर के, अथवा नैतिक शब्दावली के अर्थ का विश्लेषण करके और मानव समानता व मूल्य के मौलिक सिद्धांतों में विदित नैतिकता के प्रतिकूल प्रथाओं का खंडन द्वारा किया जा सकता है । वो आगे नस्लीय मुद्दों के मानक पहलुओं पर अमेरिका के संदर्भ में टिपण्णी करती हैं कि समकालीन अमेरिकी समाज में नस्लीय मुद्दों पर निर्णय सुनाना मुश्किल है। लोगों में कुछेक सशक्त मामलों में जातीय समीकरण देखने को मिलते हैं। परंतु यहां कोई सामान्य जातीय व्यवस्था के होने का

साक्ष्य नहीं मिलता। [जैक : 2011, 12–13] नैतिकता एक तुलनात्मक अवधारणा है और बदलते समय के साथ इसे अनुकूलित करने की आवश्यकता है। उदाहरण के लिए, भेदभाव एक अनैतिक कार्य है, लेकिन एक सकारात्मक कार्यवाही नीति में ये सकारात्मक दृष्टि से किया जाता है क्योंकि अतीत के अन्याय के प्रभावों को दूर करने के लिए यह आवश्यक है।

समानता और सकारात्मक कार्यवाही (Equality and Affirmative Action)

समानता वो केंद्रीय बिंदु है जो सामाजिक और आर्थिक व्यवस्था को बनाए रखता है और केवल तानाशाही और निरंकुश शासन ही इसके अपवाद होते हैं। समानता एक गुण है जो इस तथ्य का प्रतिपादन करता है कि हर व्यक्ति मानवीय मूल्य में समान है। समानता राजनीतिक विज्ञान के केंद्रीय बिंदुओं में से एक है विशेषकर राजनीतिक सिद्धांत में, अधिकतर विचारकों का राजनीतिक सिद्धांत इसी पर केंद्रित रहता है कि उनके द्वारा समानता की किस प्रकार व्याख्या की जाती है और किस प्रकार वे अपने विमर्श और व्याख्या को इस विचार में लेकर आते हैं। ये एक आदर्श है जिसकी मर्यादा और सम्मान होता है और जो कई ऐतिहासिक आंदोलनों के पीछे की ताकत रही है जैसे कि फ्रांसिसी क्रांति जहाँ क्रांतिकारियों ने समता, स्वतंत्रता और बंधुत्व का नारा दिया। सामंतवादी वर्ग से लड़ने के लिए समय के साथ जब मानव का उद्‌भव व विकास हुआ और धीरे-धीरे उसने संपत्ति अर्जित की तो अधिक-से-अधिक प्राप्ति के कारणवश व्यक्तियों के बीच गहरी खाई पैदा हुई। फलस्वरूप अब व्यक्तियों की समानता को धन की असमानता के परिप्रेक्ष्य में देखने की ज़रूरत है। हम सबको समान सम्मान भाव से नहीं देख सकते चाहे वो हमारे निकटतम रिश्तेदार हों या हमारे साथ के लोग, बहुत अधिक समानता के कारण कभी -कभी प्रगतिशील समाज की एक अतार्किक छवि बनती है।

मिचेल रोसेनफेल्ड इस पर ज़ोर देते हुए कहते हैं 'इसके (समानता) अलावा यद्यपि भिन्न मूल्य जैसे स्वतंत्रता और राज्य की निष्पक्षता ने उदारवादी सिद्धांतों में बहुत बड़ी भूमिका का निर्वहन किया है व प्राकृतिक अनुक्रमिकता के विचार को ठुकराकर इस बात पर ज़ोर दिया कि हर व्यक्ति बुनियादी रूप से समान है। [रोसेनफेल्ड : 1991, 20]

समानता वह मूल्य है जिसे नैतिक स्तर पर समझने की आवश्यकता है, क्योंकि व्यक्तियों को उनकी गरिमा और सम्मान के संदर्भ में एकसमान देखे जाने की आवश्यकता है। रोसेनफेल्ड गुटमैन के विचारों पर ज़ोर देते हुए कहते हैं कि समानता का विचार व्यक्तिवाद के आधुनिक विचार का आधार है व सभी लोगों की मानवीय गरिमा का समान रूप से सम्मान निजता कि रक्षा व आत्मा-विकास के अवसर के साथ व्यक्तिगत स्वायत्तता के लिए महत्त्वपूर्ण है। [रोसेनफेल्ड : 1991, 20] विशुद्ध रूप से भौतिक स्वरूप व मानसिक क्षमताओं में समानता का विचार अतार्किक है, परंतु सामान्य अवस्थाओं में समानता व श्रेष्ठता की प्राप्ति हेतु अवसर की समानता का लक्ष्य प्राप्त किया जा सकता है।

जब हम समाज की बात करते हैं तो ये विभिन्न अनुक्रमिक स्थितियों से गठित होता है जिनमें से सभी अनियमित और निरंकुश नहीं है बल्कि कुछ पद राज्य व समाज के प्रबंधकों

को बनाए रखने में सहायक है। तो हम समानता किस प्रकार लाएं, और इस संदर्भ में समानता को संवेदनशील व तार्किक लचीलेपन से संभालने की आवश्यकता है। हमें इस बात को भी ध्यान में रखने की आवश्यकता है कि हम किस प्रकार कि समानता लाने का प्रयास कर रहे हैं, क्योंकि व्यक्तियों की पूर्ण स्वतंत्रता प्राप्त करना संभव नहीं है क्योंकि वे अपनी शारीरिक और मानसिक क्षमताओं में भिन्न होते हैं अतएव आर्थिक सकारात्मक कार्यवाही की नीतियों में आर्थिक व सामाजिक अंतरों को लक्षित किया जाता है। एक व्यक्ति का उद्‌भव बिंदु उसकी सामाजिक स्थिति को प्रमुख रूप से प्रभावित करता है और साथ ही इस बात से भी कि वो राज्य द्वारा प्रदत्त संसाधनों का किस बखूबी से इस्तेमाल करता है। जब एक अच्छी पृष्ठभूमि से आए व्यक्ति को ऐतिहासिक रूप से वंचित तबके के व्यक्ति से प्रतिस्पर्धा करने को कहा जाता है तो पृष्ठभूमि का प्रभाव और फलस्वरूप उसके परिणाम में निश्चय ही अंतर आएगा और जो दूसरे व्यक्ति के लिए नकारात्मक प्रभाव लेकर आएगा। अक्सर इन पहलुओं को नजरंदाज कर दिया जाता है और बड़े प्रश्न पर ध्यान केंद्रित किया जाता है जैसे भारत में व्यवसायिक क्षेत्र कुछ संपन्न वर्गों के अधीन क्यों है और इसमें तुलनात्मक रूप से पिछड़े वर्गों का कोई प्रतिनिधत्व नहीं है। कोई भी हमारे समाज के इन कठोर परंतु अनजाने सत्यों को जानने की ज़रूरत नहीं समझता, परंतु राजनीतिक सिद्धांत के छात्र होने के नाते हमें इस सत्य को चुनौती देने की आवश्यकता है और इससे सकारात्मक कार्यवाही और समानता को जोड़ने की आवश्यकता महसूस होती है।

सकारात्मक कार्यवाही राज्य द्वारा उठाए गए वे कदम हैं जिनसे समाज की अवांछनीय असमानताओं को हटाया जा सकता है। औपचारिक समानता संविधान और मौलिक अधिकारों द्वारा समानता के अधिकार के साथ प्रदान की जाती है, परंतु यही काफी नहीं है कि औपचारिक समानता को उपलब्ध कराया जाए। परंतु समाज में गहरी जड़ें फैला चुकी असमानताओं को निरस्त करना भी आवश्यक है, और इन्हीं असमानताओं का सामना करने हेतु सकारात्मक कार्यवाही की नीतियों का जन्म होता है, और ये नीतियां एक प्रयास हैं अतीत की उन असमानताओं को चुनौती देने का जो आधारहीन और अतार्किक मापदंडों पर आधारित हैं जैसे भारतीय जातीय व्यवस्था। सकारात्मक कार्यवाही कई रूप ले सकती है जैसे वंचित समाज के विशेष वर्गों को प्राथमिकता देना, आर्थिक रूप से कमज़ोर वर्गों के छात्रों के लिए छात्रवृत्ति या उचित आधारिक संरचना की व्यवस्था करना। सकारात्मक कार्यवाही की नीतियों ने विशेष रूप से राजनीतिक स्वरूप ग्रहण कर लिया जो इसके निश्चल सामाजिक उद्देश्य के उलट है जिसके लिए इसका सृजन हुआ था। सकारात्मक कार्यवाही का संख्यात्मक कार्यवाही का संख्यात्मक स्वरूप कोटा के रूप में जाना जाता है और यह वंचित वर्ग को उचित अवसर प्रदान करने का लक्ष्य रखती है, परंतु यह आंकड़ों का आयाम इन नीतियों की गंभीरता को दुर्बल करता है।

इन दिनों ये विषय इतने गुटों में क्यों बंटा है इस बात की बेहतर समझ के लिए हमें ये समझने कि आवश्यकता है कि कोटा क्या होता है? मिचेल रोसेनफेल्ड [1991 : 45] के अनुसार, कोटा और लक्ष्य दोनों ही विभिन्न समूहों के सदस्यों के विशेष नौकरियों अथवा शैक्षणिक कार्यक्रमों में खास अनुपात से जुड़े हुए हैं। लक्ष्य निर्धारित करना भविष्य की

उपलब्धियों के लिए लक्ष्य बनाना है। सकारात्मक कार्यवाही के संदर्भ में इसे कुछ इस प्रकार भी समझा जा सकता है – किसी कार्य क्षेत्र या विश्वविद्यालय में श्वेत-अश्वेत का विशिष्ट अनुपात अथवा महिला-पुरुष का अनुपात निश्चित करना। एक लक्ष्य लचीला या कड़ा भी हो सकता है। इसके अलावा इसके पूर्ण रूप से सामने आने में कम या ज्यादा समय लग सकता है। यह सीमित भी है और असीमित भी, परंतु इसके प्राप्ति के साधन में या तो केवल अवसरों की समानता के प्रति औपचारिक संलग्नता ही आवश्यक है या कभी ये इतने विस्तृत हो सकते हैं कि इससे विशिष्ट व्यवहार की अनंत संभावनाएं खड़ी हो जाए। कोटे द्वारा नौकरियों या विश्वविद्यालय में स्थान की व्यवस्था की जाती है। कोटे के लिए वितरण हेतु रखी गई वस्तुओं के अनुपातों के ज्ञान की आवश्यकता है, जिसे नौकरियों व शैक्षणिक योग्यताओं के अलावा किन्हीं आधारों पर वितरित किया जा रहा हो। कोटे में वस्तुओं के विभाजन के निश्चित प्रतिशत की ज़रूरत होती है जिसे किसी विशेष समूह के सदस्यों पर लागू किया जाता है। [रोसेनफेल्ड : 1991, 45] प्रमुखतया राजनीति द्वारा कोटा का निर्धारण होता है जिसके कारण कई चिंतकों को लगता है कि सकारात्मक कार्यवाही की नीतियां न्यायसंगत नहीं हैं, कोटे के आंकड़े राजनीतिक एजेंडे के अनुसार बदलते रहते हैं या फिर अपने लक्ष्यों और महत्त्वाकांक्षाओं को बढ़ावा देने के लिए संवेदनशील और नाजुक मुद्दों को भड़काकर और विभिन्न समूहों के बीच इन नीतियों के प्रति नकारात्मक छवि पैदा करके तनाव उत्पन्न करने के कारण भी और प्राथमिकता की नीतियां संकुचित हितों की प्राप्ति में इतनी उद्विग्न हो जाती है कि सकारात्मक कार्यवाही की निर्मलता को ही भंग कर देती है।

अवसर की समानता और सकारात्मक कार्यवाही
(Equality of Opportunity and Affirmative Action)

अवसर की समानता का अभिप्राय है ऐसी स्थितियों का निर्माण जो निश्चित फल की प्राप्ति हेतु अनुकूल हो। सकारात्मक कार्यवाही द्वारा समान अवसर प्रदान करना अर्थात् वे लोग जो अकारण ही वंचित हैं, को अवसर प्रदान किए जाए ताकि वे स्थिति को अपने अनुकूल बना सकें।

पॉल गोमबर्ग [2007 : 2] के अनुसार, समान अवसरों का इतिहास 19वीं सदी के अंत से देखा जा सकता है। "समान अवसर" व "अवसर की समानता" जैसे शब्द सामने आने लगे थे। इसकी पहली अभिव्यक्ति अर्थशास्त्र के एक जर्नल में देखी गई थी और तत्पश्चात् 20वीं सदी के आरंभ में इसे फेबियन समाजवादियों द्वारा महिलाओं के लिए अवसरों की समानता की मांग में प्रयोग में लाया गया। बाद में संयुक्त राज्य में नागरिक अधिकार अधिनियम के अंतर्गत 1964 में संघीय स्तर पर समान अवसर की रोजगार समिति का गठन हुआ। ऐतिहासिक रूप से समान अवसर की मांग ने भेदभाव का विरोध किया जो महिलाओं, प्रवासियों व नस्लीय अथवा धार्मिक अल्पसंख्यक समूह के लिए अवसरों को सीमित कर रहा है। ये मांग विशेष रूप से रोजगार में भेदभाव अथवा नस्लीय विभाजन या लैंगिक रूढ़ियों को बढ़ावा देने के विरुद्ध की गई थी। बाद में, 18वी सदी के अंत तक समान अवसर का आदर्श उभरने लगा था। इम्मनुएल कांट ने अभिजातीय विशेषाधिकारों

का विरोध किया व नागरिक प्रशासकीय सेवाओं की वकालत की, जो व्यक्तिगत गुणों पर आधारित हो। इन आदर्शों को फ्रांसिसी क्रांति व नेपोलियन के काल में ख्याति मिली जहाँ "कुशल के लिए अवसर खुले है" का नारा दिया गया" जिसने अभिजातीय विशेषाधिकारों का खंडन किया, परंतु अन्य लाभों व वंचनाओं को यथावत रखा विशेषकर लिंग के संदर्भ में। [गोमबर्ग : 2007, 2-4]

अवसर की समानता समय के साथ बदली है और इसका चरित्र गतिशील है। सकारात्मक कार्यवाही के संदर्भ में वंचित वर्गों की जागरूकता व प्रखरता उन्हें अवसर की समानता से वंचित रखने के पीछे का कारण जानने के योग्य बनाती है और उन्हें एक सशक्त तर्क की ओर अग्रसर करती है कि क्यों अवसर की समानता सकारात्मक कार्यवाही को सार्थक करती है। सभी व्यक्तियों को जीवन में एक जैसी शुरूआत नहीं मिलती, कोई निर्धन परिवार में जन्म ले सकता है और दूसरा धनी परिवार में, और इसका आशय धनी व्यक्ति की भर्त्सना करना नहीं है, परंतु निश्चय ही निर्धन व्यक्ति को सहायता की आवश्यकता होती है। गोल्डमैन ये समझाने के लिए कि क्या प्रतिलोम भेदभाव न्यायसंगत है या नहीं अपने विचार में सामाजिक अनुबंध के नैतिक ढांचे पर टिके रहते हैं। [गोल्डमैन : 1979, 170-171] इस बात को समझाने के लिए कि अवसर की समानता सकारात्मक कार्यवाही की नीतियों का प्रमुख कारण क्यों है, ये समझाने के लिए कि क्या प्रतिलोम भेदभाव न्यायसंगत है या नहीं अवसर की समानता तब एक महत्त्वपूर्ण समाजिक विचार बन जाती है, जब लाभ के विभाजन में असमानताओं को उचित ठहराया जाता है, जो अधिकतर बिलकुल स्पष्ट दिखलाई पड़ता है कि यदि हिस्सेदारी असमान हो तो उनकी प्राप्ति के अवसर सीमित या अनियमित रूप से निश्चित नहीं हो सकते अथवा सबसे खराब स्थिति में, समान अवसर की अपील विभाजन की अवांछनीय असमानताओं को हटाने के लिए की जाती है। तब मुक्त व समान प्रतिस्पर्धा का मिथक सामाजिक डार्विनवाद के परिणामों की स्वीकृति का आधार बन जाता है।

ये असमानताएँ न सिर्फ काफी बड़ी हैं, अपितु एक पीढ़ी से दूसरी पीढ़ी तक चलती आ रही हैं। ये विश्वास कि इन अनियंत्रित व्यवस्था से बच कर निकल आए ये लोग सबसे सक्षम हैं (भले ही इसका परिणाम नैतिक है)। कभी-कभी या लगभग हर समय ये असमानताएँ उन्हें स्वयं को सार्थकता देने का आधार प्रदान करती हैं और जब इन्हें स्वीकृति मिल जाती है तो ये अधिक न्यायसंगत होगा यदि एक बड़े हिस्से की प्राप्ति के अवसर को अनियमित रूप से विभाजित न किया जाए। [गोल्डमैन : 1979, 170-179] इन अवसरों को अनेक माध्यमों से खोल दिया जाता है, जहाँ पद या अन्य वस्तुएं केवल प्रदर्शन या संभावित प्रदर्शन पर वितरित होती हैं जिसका निर्धारण कुछ सामाजिक रूप से उपयोगी गैर-अनियमित मापदंडों पर आधारित है। इसका अर्थ है कि ये विभाजन नस्ल, लिंग, राष्ट्रीय उद्भव या सामाजिक ओहदे या पृष्ठभूमि के अनुसार विभाजित नहीं होते। जैसे नौकरियों को केवल व्यक्ति की योग्यता, पात्रता आदि आधारों पर औपचारिक रूप से सबके लिए खोला जाएगा। इन प्रावधानों को लागू करना तब तक नैतिक रूप से अपर्याप्त है जब तक कि लोगों को इन योग्यताओं की प्राप्ति या अपनी संभावित कलाओं के विकास हेतु समान अवसर न मिले। [गोल्डमैन : 1979, 170-179]

विभिन्न परिस्थितियों में कई प्रतिभाशाली और स्वाभाविक रूप से प्रखर व्यक्ति बाहरी प्रेरणा की कमी के कारण स्वयं के लिए कोई स्थान नहीं बना पाते। यहां ये आवश्यक हो जाता है कि पर्याप्त अवसर उपलब्ध कराए जाएं, जिससे कि सभी को अपने गुणों पर मंथन करने का अवसर मिले। यहां, अवसर की समानता का अर्थ है कि अपनी प्राकृतिक क्षमता को पूरा करने के साधन प्रदान करना । यहां सामाजिक व्यवस्था सामाजिक कारकों से उपजी आरंभिक दुर्बलता से उभरने की जिम्मेदारी वहन करती है, जैसे माता-पिता की कम आय या उनका निचला सामाजिक दर्जा। सभी आर्थिक और सामाजिक वर्गों के व्यक्ति उस कौशल को प्राप्त करने में सक्षम होने चाहिए, जिसके लिए वे स्वाभाविक रूप से कुशल हैं।, इस प्रकार नौकरियों या सामाजिक रूप से वांछनीय पदों के संबंध में, अवसर की समानता की आवश्यकता होती है, ताकि सामाजिक रूप से संशोधक दुर्बलता में सुधार की मांग की जा सके। अवसर की समानता का आयाम उन लोगों पर भी लागू होता है जो अन्यथा प्रतिनिधित्व पाने में असमर्थ होते हैं, और यह सकारात्मक कार्यवाही को सार्थकता प्रदान करता है। [गोल्डमैन : 1997, 170-179]

अवसर की समानता की समतुल्यता के लिए, कुछ और कदम उठाए जा सकते हैं क्योंकि अवसर की समानता की पूर्ति संसाधन आवंटन द्वारा होनी चाहिए। उदाहरण के लिए, शिक्षा के मामले में, संसाधनों को गैर-आनुपातिक और विशिष्ट रूप से स्कूलों को आवंटित करना होगा ताकि उनकी बुनियादी आवश्यकताओं के अभाव को भरा जा सके। [गोल्डमैन : 1 997, 170-179] समान अवसर के अधिकार का विस्तार कहाँ तक फैला हो, गोल्डमैन सामाजिक अनुबंध की धारणा के नियमों का अनुपालन करते हुए कहती है कि 'जहाँ तक अवसर की समानता के संबंधित क्षेत्र का संबंध है, इसका अधिकार क्षेत्र सार्वभौमिक उपयोगिता द्वारा निर्धारित सीमाओं के अनुरूप होना चाहिए और जन्मजात गुण, वस्तु, लाभ और संसाधनों या पदों को आवंटित करते समय उन्हें ध्यान में रखा जाना चाहिए। जब असमानता को सार्थकता मिलने लगे तो नैतिक आवश्यकता है अवसर की समानता को उचित मूल्य देना।' सकारात्मक कार्यवाही की नीतियां अवसर की समानता के पहलू से अधिकतम समर्थन प्राप्त करती हैं, जो उनके औचित्य के प्रामाणिक आधार को पोषित करती हैं जबकि व्यावहारिक रूप से अवसरों की समानता व्यक्तिपरक वास्तविकता को अनदेखा कर सकती है, परंतु इसका मूल तत्त्व इसे मानवतावादी आधार प्रदान कर इसे और अधिक स्पष्ट कर देता है।

रिचर्ड अर्नेसन औपचारिक समानता और मौलिक अवसरों की समानता के बीच अंतर स्पष्ट करते हैं। जैसा कि पहले बताया गया है ओहदे और लाभ के पद जो आर्थिक क्रियाओं की स्वतंत्रता पर निर्भर करते हैं सभी आवेदकों के लिए खुले होने चाहिए। औपचारिक अवसर की समानता का आदर्श मूलक आयाम आर्थिक क्रियाओं व संस्थाओं के श्रेणी विशेषाधिकारों व प्रतिबंधों एवं प्रतिस्पर्धी बाज़ारी अर्थव्यवस्था के विकास की स्वतंत्रता से जुड़ा हुआ है। "प्रतिभाओं के लिए खुले करिअर" का नारा एक ऐसे विश्व के सृजन की महत्त्वाकांक्षा प्रकट करता है जहाँ सरकारी पद सबसे अधिक योग्य हो जाते हैं और आर्थिक अवसरों को किसी के द्वारा भी अधिकृत किया जा सकता है बिना इसकी परवाह किए हुए कि

उनके माता-पिता ऊंचे कुल के हैं या नहीं अथवा शासक के करीबी हैं या नहीं। [अर्नेसन : "अवसर की समानता" द *स्टैनफोर्ड इनसाइक्लोपीडिया ऑफ फिलॉसफी*, 2008 ईडीएन]

अनुकूल परिस्थितियों के कारण कुछ व्यक्तियों को प्राप्त विशेष लाभ को सीमित करने के विचार को आगे बढ़ाते हुए हम जॉन रॉल्स के आदर्श तक पहुंचते हैं जो "उपयुक्त अवसर" की समानता की बात करते हैं, जिसकी समाज में पूर्ति की जाए। इस विचार के अनुरूप ऐसा समाज जहाँ पर समान योग्यता एवं महत्त्वाकांक्षाओं वाले व्यक्तियों को समान अवसर प्राप्त हो तत्पश्चात इस बात का निर्धारण हो सके कि कौन व्यक्ति अपनी योग्यता के अनुरूप उच्च पद एवं प्रतिफल प्राप्ति के योग्य है। [अर्नेसन : "अवसर की समानता" द *स्टैनफोर्ड इनसाइक्लोपीडिया ऑफ फिलॉसॉफी* 2008 संस्करण]

अर्नेसन कहते हैं कि अवसर की समानता के भिन्न -भिन्न सिद्धांत इस कार्य की जटिलता को दर्शाते हैं कि "सकारात्मक कार्यवाही" के कार्यक्रम की व्याख्या कर सके, विशेषकर उन समाजों में जिनका इतिहास जाति अनुक्रमिकता, व व्यवस्थित भेदभाव से परिपूर्ण हो, जहाँ जनसंख्या के कुछ विशेष समूहों को सामाजिक सहयोग के प्रतिफल की प्राप्ति से परे कर दिया जाता है। अर्नेसन आगे कहते हैं कि मान लें संयुक्त राज्य अमेरिका में श्वेतों को बेहतर सामाजिक ओहदा प्राप्त है, जिसे कानून व सामाजिक परंपरा द्वारा मान्यता प्राप्त है, जो उस समय से जारी है जब अश्वेतों को दास बनाकर लाया गया था। अब श्वेतों के पास सामान्य रूप से अधिक धन व अधिक शिक्षा है अश्वेतों के मुकाबले। अब मान लें यदि अवसर की समानता की औपचारिक घोषणा की जाए जिसे कानून की वरीयता और जनता का नैतिक समर्थन मिले। फिर भी, समाज के ऊंचे स्तर के पद श्वेतों के हिस्से आएंगे। इस परिप्रेक्ष्य में, अश्वेतों के अवसरों की वृद्धि हेतु कई कदम उठाए जा सकते हैं। उन्हें विशेष शैक्षणिक संसाधन प्रदान किए जाए। इस विचार को बक्के के निष्कर्ष में भी स्थान मिला है, कुछ समय के लिए अनुक्रमिकता को तोड़ना आवश्यक है जहाँ श्वेतों को अधिकतर सामाजिक विशिष्टताएं प्राप्त हैं, वहां सामाजिक प्रबंध अथवा कानून द्वारा कोटा लगाना आवश्यक है। इस कोटे की ज़रूरत है कि रोजगार के निर्णयों में अश्वेतों को वरीयता दी जाए जब तक कि श्वेत व अश्वेतों का उच्च पदों पर अधिकार उनकी जनसंख्या के अनुपात में हो न जाए। इस तरह की सकारात्मक कार्यवाही को इस आधार पर सही ठहराया जा सकता है कि एक ऐसी दुनिया में जहाँ भेदभाव भरा पड़ा है, कोटे की व्यवस्था कई बार अवसरों की समानता को बेहतर तरीके से सामने लाती है। कोटा का प्रभाव उस विपरीत प्रभाव को निस्तेज करने का काम करता है जो निरंतर होते आ रहे भेदभाव के कारण पैदा हुए हैं। इसके अलावा, ऐसे कार्यक्रम अवसरों की समानता के संदर्भ में कुछ विशिष्ट अर्जित करने की ज़रूरत से भी अपनी सार्थकता सिद्ध कर सकते हैं। सकारात्मक कार्यवाही को उस साधन के रूप में देखा जा सकता है जो दीर्घ काल में उचित अवसर की समानता के स्तर में वृद्धि कर सकती है। [अर्नेसन : "अवसर की समानता", द *स्टैनफोर्ड इनसाइक्लोपीडिया ऑफ फिलॉसॉफी* 2008 संस्करण]

अवसर की समानता एक बेहद कारगर विचार है क्योंकि ये कई बार व्यक्तियों के बीच के अंतर को बढ़ाने का प्रयास करता है। यद्यपि सही अर्थों में अवसर की समानता का विचार

एक आदर्श स्थिति जान पड़ती है। परंतु उसकी प्राप्ति हेतु समान आधार तैयार करना एक विशिष्ट विचार है। अमेरिका में अवसर की समानता हेतु सकारात्मक कार्यवाही के विचार की स्वीकृति का आधार वो स्वरूप है जो समाज भेदभाव के शिकार लोगों की दशा को सुधारने हेतु विशेष कार्यक्रम चलाती है। ये कदम अंततः संसाधनों और अवसरों की समानता के मिलाप का प्रयास करते हैं। भारतीय संविधान के 16वें अनुच्छेद में ये निहित है, जहाँ अनुच्छेद 16(1) अवसरों की समानता का पक्ष रखता है वहीं अनुच्छेद 16(4) पिछड़े वर्ग के नागरिकों को नौकरियों में आरक्षण प्रदान करता है। पिछड़े वर्गों के लिए आरक्षण अंततः वंचित वर्गों के लिए अवसरों की समानता का सृजन करती है। अवसरों की समानता के विचार के बचाव में न्याय के अन्य सिद्धांतों के साथ देखा जाना आवश्यक है, जिससे एक पूर्णतया नैतिक व सशक्त लक्ष्य की प्राप्ति की जा सके। [अर्नेसन : "अवसर की समानता" द *स्टैनफोर्ड इनसाइक्लोपीडिया ऑफ फिलॉसॉफी* 2008 संस्करण]

न्याय और सकारात्मक कार्यवाही (Justice and Affirmative Action)

न्याय की विचारधारा सकारात्मक कार्यवाही की नीतियों का आधार है, जिसे अमल में लाना ज़रूरी है, ताकि प्रतिनिधत्व से वंचित और ऐतिहासिक रूप से उपेक्षित समाज को उनका हक मिल सके। सामाजिक न्याय सकारात्मक कार्यवाही की नीतियों की प्रथम भूमिका है। न्याय के मूल सिद्धांत के लिए लोगों की विशेष आवश्यकताओं को ध्यान में रखना आवश्यक है। सकारात्मक कार्यवाही की नीतियां वो साधन हैं जिससे समाज में सामाजिक न्याय को सुनिश्चित किया जा सकता है। इसका तात्पर्य वस्तु व सेवाओं के उचित वितरण से है, चाहे वो देशों के बीच हो या समाज के लोगों के बीच। गहरी असमानताओं के लिए राज्य को तुरंत कदम उठाने व यथोचित हस्तक्षेप करने की आवश्यकता होती है और सकारात्मक कार्यवाही की नीतियां इसी को अभिव्यक्त करती हैं।

अंततः एक देश के भीतर सामाजिक न्याय कुछ विशेष क्षेत्रों में समानता की मांग करता है व अवसर की समानता जैसा कि पहले ही समझाया जा चुका है इसी की व्याख्या करती है। जॉन रॉल्स न्याय पर सबसे प्रमुख विचारकों में से एक हैं। रॉल्स कभी सीधे तौर पर सकारात्मक कार्यवाही की चर्चा नहीं करते हैं परंतु उनके सिद्धांत स्वयं ही उसे आवश्यक बना देते हैं। 'यदि हम भुलावे के सागर में और गहरे चले जाए तो प्रतीत होगा कि कानूनों व नीतियों की निष्पक्षता काफी है और ऐसी ही चलती रहेगी, और समाज के सबसे वंचित वर्ग बिलकुल भी उपेक्षित नहीं होंगे और सकारात्मक कार्यवाही को और वैधता मिलती है।' [नागेल : 2003, 82]

निष्कर्ष (Conclusion)

सकारात्मक कार्यवाही के सिद्धांतों का प्रतिपादन करते हुए हमें अतिरेक से बचना चाहिए क्योंकि अधिकारों से संबंधित नैतिक दुविधाएं यहां पर दिखाई दे सकती हैं। जहाँ इसके लाभार्थी इस तर्क को आगे करेंगे कि उन्हें अवसरों के लाभ उठाने के अधिकारों से वंचित

किया गया, वहीं गैर-प्रतिनिधि अपना पक्ष रखेंगे कि किस प्रकार सकारात्मक कार्यवाही एक भेदभावपूर्ण साधन हैं। अतएव इनकी आवश्यकताओं के दोनों अतिरेक बिंदुओं के बीच संतुलन बनाना आवश्यक है जिसके लिए व्यक्तियों के द्वारा नैतिक चिंतन की आवश्यकता है।

एक पहलू जो इन सभी पहलों व गतिविधियों का सहायक बिंदु है, वो है न्याय की प्रबलता के अनुमोदन की आवश्यकता। हम सकारात्मक कार्रवाई की नीतियों का अंत नहीं कर सकते, तो अगला प्रश्न जो उठता है वो ये है कि हम इसके स्वरूप को कैसे नियंत्रित करें। ये कहना कि राज्य व्यक्तिगत अधिकारों का एकमात्र संरक्षक है, सत्य है इसमें कोई संदेह नहीं, परंतु इसे भी उचित परिप्रेक्ष्य में देखने की आवश्यकता है। भारतीय परिप्रेक्ष्य में भी राज्य के लिए निर्देशों को गैर प्रवर्तनीय भाग के तहत रखा गया है ताकि राज्य दुविधा की स्थिति में न रहे। इससे ये बात सामने आती है कि केवल ये कह देना कि राज्य को उचित तरीके से संसाधनों और अवसरों का सृजन करना चाहिए वास्तविकता से भागने जैसा है। संसाधनों का पुनर्वितरण इस तरह से किया जाना चाहिए कि असमान वितरण प्रणाली की समस्या को सुलझाया जा सके। एक राष्ट्र जिसमें कई राज्य सम्मिलित हैं प्राकृतिक संसाधनों के वितरण, कृषि के तरीकों की प्रकृति व प्रक्रिया व शिक्षा की उपलब्धता व अन्य कारकों को लेकर काफी विविधताएं पाई जाती है। जो इन अवसरों के लाभार्थी हैं उन्हें ये संसाधन व साधन उपलब्ध करने व पुनर्वितरण की प्रक्रिया की समझ विकसित करने की आवश्यकता है। सिद्धांत व व्यावहारिक रूप से पुनर्वितरण की प्रक्रिया को सुधारने की आवश्यकता है। सूचना व तथ्यों को संगठित करने के विभिन्न तरीकों मसलन सर्वेक्षण रिपोर्ट व साक्षात्कार से कार्य योजना व कार्यवाही की दिशा का निर्धारण किया जा सकता है, जिससे उचित तरीके से पुनर्वितरण किया जा सके। क्षेत्र विशेष के विश्लेषण से हम ये जान पाएंगे कि किन संसाधनों को उपलब्ध कराने की आवश्यकता है और कैसे इसकी कमियों को उचित तरह से सुधारा जाए। पुनर्वितरण की प्रक्रिया इस प्रक्रिया को लागू करने के तरीके की सूक्ष्म निगरानी की मांग करती है। नौकरशाही में व्याप्त भ्रष्टाचार को दबाकर व नुकसानदायक सांठ-गांठ को हटाकर इसकी कमियों को सुधारा जाना चाहिए। अंततः एक पढ़े- लिखे व सक्रिय नागरिक समूह की आवश्यकता है जो प्रशासन को सदैव योजना की पूर्ति हेतु गतिमान रखे जिससे एक समतुल्य व समतावादी समाज का सृजन हो सके।

अभ्यास प्रश्न (Practice Questions)

1. सकारात्मक कार्रवाई की अवधारणा आप क्या समझते हैं?
2 अवसर की समानता से आप क्या समझते हैं। क्या आरक्षण, "अवसर की समानता" को सीमित करता है? कारण बताइए ।
3. सकारात्मक कार्यवाही समाज में "समानता" को कैसे बढ़ावा देती है? उपयुक्त उदाहरणों के साथ समझाइए।
4. भेदभाव क्या है? सकारात्मक कार्रवाई इसे दूर करने में कैसे सहायक है। विवेचना कीजिए।

संदर्भ सूची (References)

आचार्य, अशोक (2008), "अफर्मटिव एक्शन", इन राजीव भार्गव एंड अशोक आचार्य (संपा.) *पॉलिटिकल थ्योरी : एन इंट्रोडक्शन*, पीयर्सन लोंगमेन, डॉर्लिंग किंडरस्ले, इंडिया।

गोल्डमैन. एलन एच.(1979), *जस्टिस एंड रिवर्स डिस्क्रिमिनेशन*, प्रिंसटन यूनिवर्सिटी प्रेस; प्रिंसटन, न्यू जर्सी।

अल्तमान, एंड्रो, (2011), डिस्क्रिमिनेशन, द *स्टैनफोर्ड इनसाइक्लोपीडिया ऑफ फिलोसोफी*, http://plato.stanford.edu/archives/spr1011/enlries/discrimination डी.ओ.ए. 27.6.2012

अर्नेसन, रिचर्ड, (2008), "इक्वॉलिटी ऑफ ऑपोरचुनिटी", द *स्टैनफोर्ड इनसाइक्लोपीडिया ऑफ फिलोसोफी* http://plato.stanford.edu/archives/fall2008/entries/equal-opportunity/

डी.ओ.ए. 20.10.2012 बोचाम्प, टॉम एल. (1998), " इन डिफेंस ऑफ अफ्फर्मेटिव एक्शन", स्प्रिंगर, द *जर्नल ऑफ एथिक्स*, वॉल्यूम 2, न. 2. पेज. 143-158.

डर्मोट, डेनियल एम. सी., (2008), "एनालिटिकल पॉलिटिकल फिलोसोफी", इन डेविड लियोपोल्ड एंड मार्क स्टेयर्स (संपा.) *पॉलिटिकल थ्योरी: मेथड्स एंड अप्रोचेस*, ऑक्सफोर्ड यूनिवर्सिटी प्रेस, पेज 11- 18, यूनाइटेड स्टेट्स ऑफ अमेरिका।

गोम्बर्ग, पॉल, (2007), *हाउ टू मेक ऑपोर्चुनिटी इक्वल : रेस एंड कंट्रिब्यूटिव जस्टिस*, ब्लैकवेल पब्लिशिंग : यूनाइटेड स्टेट्स ऑफ अमेरिका।

नागेल, थॉमस, (1991), *इक्वलिटी एंड पार्शयेलिटी*, न्यूयॉर्क : ऑक्सफोर्ड यूनिवर्सिटी प्रेस।

रेसेनफेल्ड, मिचेल, (1991), *अफ्फर्मेटिव एक्शन एंड जस्टिस*, न्यू हैवन एंड लंदन, येल यूनिवर्सिटी प्रेस।

जैक, नाओमी, (2011), द *एथिक्स एंड मॉरेल्स ऑफ रेस : इक्वाल्टी आफ्टर द हिस्ट्री ऑफ फिलोसोफी*, यूनाइटेड स्टेट्स ऑफ अमेरिका : रोमन एंड लिटलेफील्ड पब्लिशर्स।

इकाई 3

अध्याय 7

न्याय
Justice

कुँवर प्रांजल कुमार

प्रस्तावना (Introduction)

राजनीतिक सिद्धांत तथा दर्शन में किसी भी विचार को आदर्श सामान्यत: तभी माना जा सकता है, जब वह महत्त्वपूर्ण रूप से दो मानदंड पूरा करते हो; एक वह विचार समूह से संबंधित हो तथा दूसरा, मानवीय आचरण से संबंधित हो। स्वतंत्रता, समानता, न्याय एक राजनीतिक आदर्श के रूप में मानवीय आचरण से सार्वजनिक पक्ष को निर्देशित करता है। राजनीतिक सिद्धांत तथा दर्शन में मूल्य तथा मानवीय अवधारणा की परिस्थिति तथा उसकी समान रूप से स्वीकार्यता को लेकर विश्लेषण होता रहा है। बी. क्रिक ने अपनी पुस्तक *पॉलिटिकल थ्योरी एंड प्रैक्टिस* में यह महत्त्वपूर्ण रूप से अंकित किया है कि राजनीतिक सिद्धांत की कोशिश आम राजनीतिक जीवन में उदित रुखों और कार्यों की व्याख्या करना तथा उनके विशेष संबंधों का सामान्यीकरण करना है, जिसका संबंध विचारों और परिस्थितियों से हो। इस क्रम में राजनीतिक सिद्धांतों के बीच के टकरावों को समझना और उनके निवारण के लिए ऐसी साझी स्वीकृति का निर्माण करना ज़रूरी है जिसका संबंध परिस्थिति विशेष में समान हो। [क्रिक : 1973] यदि क्रिक के इस विचार के आधार पर न्याय की अवधारणा को राजनीतिक सिद्धांत तथा दर्शन के रूप में आदर्श माना जाए तो न्याय भी परिस्थिति विशेष में समानता तथा सामान्यीकरण की प्रक्रिया से ही जुड़ा हुआ है।

उपरोक्त आधारों पर प्रस्तुत इस अध्याय को मौलिक रूप से तीन भागों में बांटा गया है। प्रथम भाग में, राजनीतिक सिद्धांत में न्याय की अवधारणा के मुख्य विमर्शों को लेकर चर्चा है? इस अवधारणा की पृष्ठभूमि का मार्ग किस प्रकार प्रशस्त किया जा सकता है? इसी क्रम में न्याय को किस हद तक नैतिक मूल्यों की सूची में रखा जा सकता है? किस रूप में न्याय की संकल्पना, कानूनी पक्ष से अलग है? इन बिंदुओं पर विस्तृत प्रकाश डालने का प्रयास किया गया है। दूसरे भाग में, समकालीन राजनीतिक सिद्धांत में न्याय की अवधारणा के नए आयाम (फर्रेल्ली 2004) पर विचार किया जाएगा। विश्लेषण के लिए जॉन रॉल्स की पुस्तक *ए थ्योरी ऑफ जस्टिस* (1971) को मूल आधार बनाया

गया है। अंत में रॉल्स के न्याय की अवधारणा पर होने वाली आलोचनात्मक प्रतिक्रिया का विश्लेषण किया जाएगा।

न्याय की अवधारणा (Concept of Justice)

प्लेटो के चिंतन में न्याय को सद्‌गुण युक्त जीवन और श्रेष्ठ शासन की स्थापना के उद्देश्य के रूप में स्वीकार किया गया है। अर्नेस्ट बार्कर के अनुसार, प्लेटो जिस सवाल का जवाब खोजने में लगे हुए थे, उसका संबंध आदर्श राज्य के लिए बेहतरीन न्याय, तथा व्यक्ति को शुभ के अवसर प्रदान किए जाने की संकल्पना से जुड़ा हुआ है। साथ ही यह प्रश्न सदगुण तथा श्रेष्ठ शासन के प्रश्न से भी जुड़ा हुआ था। [बार्कर : 1906] प्लेटो के लिए न्याय, व्यक्ति के न्याय से मिलता है। प्लेटो *रिपब्लिक* में कहते हैं कि राज्य में न्याय व्यक्ति के न्याय से मिलता है। प्लेटो ने न्याय दर्शन को न्याय प्रशासन और प्रजा के बीच इस प्रकार उचित ठहराया है कि शासन प्रजा से बेहतर दिखे। जिसका उद्देश्य यह है कि राज्य की पराकाष्ठा न्याय संबंधी सिद्धांत से संचालित हो, जहाँ न्याय वह सूत्र है जो समाज को बांधने का कार्य भी करता है और समाज के ताने-बाने को संतुलित भी करता है। प्लेटो द्वारा न्याय की इस अवस्था में प्रत्येक व्यक्ति अपनी स्वाभाविक योग्यता और प्रशिक्षण के अनुसार अपना कार्य करता है, जिससे राज्य तथा उसके सदस्यों का समान रूप से हित साधा जा सके। यहां हित साधन का तात्पर्य यह है व्यक्ति के साथ उनकी योग्यता और शिक्षा के अनुसार ही व्यवहार किया जाए। [सेबाइन 1982 : 52-53] जिसकी आलोचना के रूप में कार्ल पॉपर, प्लेटो के न्याय सिद्धांत को मिथक के दुरुपयोग की संज्ञा देते हुए, इसके परिणाम में एक कठोर वर्ग -विभेद की गुंजाइश की ओर इशारा करते हैं, जिसे शिक्षा और मूल्यों के आधार पर उचित ठहराने का काम किया जाता है। [पॉपर : 1945 पृष्ठ संख्या 92-95]

अरस्तू के लिए न्याय एक प्रमुख नैतिक सद्‌गुण है। अरस्तू वितरणवादी न्याय का समर्थक है, जहाँ न्याय का सर्वाधिक महत्त्व कानून से लिया गया है। इसी क्रम में अरस्तू का मानना है कि राज्य की जिम्मेदारी न्याय की गारंटी प्रदान करना है जिसका वृहत वर्णन उनकी पुस्तक द *पॉलिटिक्स* में किया गया है। इसमें वितरणवादी न्याय को राजनीतिक प्रक्रिया में धन और गुण के आधार पर प्रत्येक की हिस्सेदारी से जोड़ा गया है। इस सिद्धांत का उद्देश्य राजनीतिक अवसरों को बराबर कर देना है। अरस्तू ने न्याय पर दो विभिन्न दृष्टिकोण से विचार किया है। एक दृष्टिकोण मनुष्य के कर्म पर आधारित है और दूसरा दृष्टिकोण मनुष्य की मनोवृत्ति पर आधारित है। पहले दृष्टिकोण में किसी राय/मशविरे को न्यायपूर्ण तथा अन्यायपूर्ण बताया जाता है। वहीं दूसरे दृष्टिकोण में मनुष्य को न्यायी तथा अन्यायी बताया जाता है। पहला दृष्टिकोण कर्मपरख (conscientious) है, दूसरा कर्तापरख है। [अरस्तू; 1985, पृ. 4-6] अरस्तू ने विशेष रूप से दो प्रकार के न्याय की चर्चा अपनी पुस्तक *पॉलिटिक्स एंड एथिक्स* में की है। प्रथम रूप से पूर्ण न्याय, का तात्पर्य न्याय की ऐसी अवधारणा से है जिसमें व्यक्ति आपस में मिलजुल कर अपना जीवन स्वतंत्रता, समानता तथा आत्मनिर्भरता के साथ बिताता है क्योंकि अरस्तू यह मान कर चलते हैं कि न्याय का सिद्धांत समाज के अस्तित्व के लिए आवश्यक है। दूसरा विशिष्ट न्याय जिसके दो उपभाग हैं -प्रथम वितरणनात्मक न्याय तथा दूसरा सुधारात्मक न्याय।

वितरणानात्मक न्याय का अभिप्राय सम्मान तथा धन संपदा के वितरण तथा समान लोगों के साथ समान व्यवहार की संकल्पना से है। इसके लिए आवश्यक रूप से देखा जाना चाहिए कि नागरिकों[1] को किस आधार पर समान और असमान माना जा रहा है। इसी क्रम में अरस्तू के वितरणात्मक न्याय की संकल्पना में यह अंकित किया गया है कि वितरण अंकगणितीय अनुपात से नहीं होना चाहिए, बल्कि रेखागणितीय अनुपात से होना चाहिए। इसका अर्थ यह है कि वितरण का आधार समानता पर नहीं बल्कि योग्यता के आधार पर होना चाहिए। यहां यह प्रश्न महत्त्वपूर्ण हो जाता है कि योग्यता को कैसे निर्धारित किया जाए? इस पक्ष पर अरस्तू का मानना है कि भिन्न-भिन्न संविधानों के अंतर्गत योग्यता के भिन्न-भिन्न आधार स्वीकार किए जाते हैं; जैसे गुटतंत्र के अंतर्गत योग्यता का स्तर व्यक्ति की अपनी धन संपदा के आधार पर निर्धारित किया जाता है, जबकि अभिजाततंत्र के अंतर्गत इसे सद्‌गुण के पैमाने पर मापा जाता है। आदर्श राज्य में भी वितरण न्याय के उद्देश्य को ही योग्यता का मापदंड माना जाएगा। जो व्यक्ति जितना संपन्न होगा, उसे उतना ही ऊंचा पद और उसके साथ-साथ पुरस्कार से भी सम्मानित किया जाएगा। क्योंकि सद्‌गुणी मनुष्य सांसारिक पद, प्रतिष्ठा और धर्म संप्रदाय को गौण मानते हुए, मानव जीवन के ध्येय को सबसे ऊंचा स्थान देते हैं।

दूसरी तरफ, सुधारात्मक न्याय की अवधारणा का सीधा संबंध परस्पर लेनदेन को नियमित करने और अपराध का दंड निर्धारित करने से है। इस न्याय का सबंध न्यायपालिका के अधिकार क्षेत्र से है। इसमें न्यायपालिका को ध्यान रखना होगा कि व्यक्तियों के परस्पर लेन-देन में दोनों पक्षों का पलड़ा बराबर रहे। अपराध के मामले में सुधारात्मक न्याय की मांग यह होगी कि जिस भी पक्ष को हानि पहुंची हो, उसकी संपूर्ण क्षतिपूर्ति कर दी जाए। दूसरे शब्दों में, सुधारात्मक न्याय का उद्देश्य व्यक्तियों के परस्पर व्यवहार में संतुलन स्थापित करना या बिगड़े हुए संतुलन को फिर से स्थापित करना है। यहां अरस्तू अपने न्याय की पद्धति में भी परिवर्तन करते हुए इसे अंकगणितीय अनुपात में प्रस्तुत करता है। इस अंकगणितीय अनुपात का अर्थ है कि इस मामले में किसी व्यक्ति की योग्यता-अयोग्यता, सामाजिक स्थिति के आधार पर कोई भेदभाव नहीं किया जाएगा। बल्कि सबको समान मानते हुए केवल व्यक्ति के कार्य पर विचार किया जाएगा।

इन सैद्धांतिक विश्लेषण में एक अंतर साफ करते हुए देखना होगा कि प्लेटो और अरस्तू के लिए सामान्य मानक के आधार पर न्याय को एक नैतिक सिद्धांत के रूप में माना जा सकता है। जहाँ प्लेटो न्याय को सद्‌गुण युक्त जीवन के आधार पर देखते हैं, वहीं अरस्तू न्याय को सद्‌गुण नैतिकता से जोड़ता है। कथन यह है कि न्याय नैतिक सिद्धांत हो सकता है, लेकिन न्याय और नैतिकता समान नहीं है या एक ही विचार नहीं है। नैतिकता में कई ऐसे मूल्य स्वीकार किए जा सकते हैं जिसका न्याय के आदर्श से कोई सीधा संबंध नहीं हो। जैसे किसी वस्तु का वितरण नैतिक हो यह आवश्यक हो सकता है किंतु वह न्यायपूर्ण हो इसकी संभावनाओं पर विश्लेषण की आवश्यकता है। इस आधार पर रॉल्स ने अपने न्याय के सिद्धांत में नैतिकता तथा न्याय के साथ-साथ निष्पक्षता पर भी विचार प्रस्तुत किया है, जो समकालीन राजनीतिक दर्शन का मानकीय आधार भी है (अध्याय के अगले भाग में इन बिंदुओं पर विस्तारपूर्वक चर्चा की गई है)।

रॉल्स का न्याय का सिद्धांत (Rawls's Theory of Justice)

रॉल्स के न्याय के सिद्धांत में निष्पक्षता (fairness) का महत्त्वपूर्ण स्थान है। यह प्रश्न विचारणीय है कि निष्पक्षता के रूप में रॉल्स न्याय को किस प्रकार स्थापित करते हैं? रॉल्स न्याय के सिद्धांत के लिए नैतिक सिद्धांतों का आधार लेते हैं। इस नैतिकता का स्रोत कांट के विचारों से जुड़ा हुआ है। इस नैतिकता के सिद्धांत के उदेश्य के लिए लॉक, रूसो तथा कांट में पाए जाने वाले सामाजिक समझौते को आधार बनाते है।[2] [रॉल्स : 1971.11] जिसके तीन मौलिक संदर्भ है।

1. सबसे पहला, निष्पक्षता के विचार पर आधारित है, जो रॉल्स के न्याय सिद्धांत की व्युत्पत्ति भी है। यहीं उन्होंने न्याय के आधार पर समाज आधारित रचना के लिए आवश्यक संरचनाओं की पहचान भी की है। इस बिंदु के तहत न्याय की निष्पक्ष मांगों को पूरा करने के लिए उपयुक्त कानून बनाने तथा इन्हें लागू करने का विवरण भी प्रस्तुत करते हैं जिसका आधार फुलर की पुस्तक *मोरेलिटि ऑफ लॉ* से लिया गया है। [रॉल्स : 1971 : पृ. 235]

2. दूसरा संदर्भ, दर्शन के मननात्मक आधार से जुड़ा हुआ है जो न्याय के औचित्य के प्रति विभिन्न व्यक्तियों के व्यक्तिगत आकलन का आधार निश्चित करता है।

3. तीसरा, रॉल्स के सहमति के विचार से भी जुड़ा हुआ है। यह न्याय के परिप्रेक्ष्य में हमारी सहमति और असहमतियों के जटिल संयोग से संबंधित है, जिस पर सामाजिक व्यवस्था का स्थायित्व भी निर्भर करता है। [रोनाल्ड डार्किन, थॉमस नगेल और रॉबर्ट नोजिक, पोगे तथा जोसेफ राज़ : 1999]

यद्यपि प्रस्तुत अध्याय का संबंध रॉल्स के न्याय सिद्धांत के प्रथम आयाम से है। जिसका सीधा संबंध निष्पक्षता से है। इस निष्पक्षता की अवधारणा के लिए रॉल्स "मूल अवस्था" (original position) का प्रयोग करते हैं। मूल अवस्था को परिभाषित करते हुए रॉल्स यह मानते हैं कि मूल–अवस्था वो प्रारंभिक यथास्थिति है जो स्वयं ही सुनिश्चित करती है कि निष्पक्षता का आधार सहमति[3] पर आधारित होना चाहिए। इसी तथ्य के आधार पर न्याय को नैतिकता का आधार दिया गया है। मूल स्थिति ऐसी ही मान्यताओं एवं मानदंडों को स्वीकार करती है। इस स्थिति में यह भी देखना होगा कि किसी व्यक्ति विशेष के हितों या इच्छाओं या व्यक्ति के शुभ की अवधारणा न्याय को प्रभावित न कर सके। उदाहरणस्वरूप, कोई भी व्यक्ति चाहे वह प्रधानमंत्री या राष्ट्रपति के घर पर पैदा हुआ हो या शेयर बाज़ार में एकदम उछाल से बना धनी व्यक्ति, न्याय के सिद्धांतों को प्रभावित नहीं कर सकता। इसी प्रकार ऐसे ज्ञान को भी नजरअंदाज करना होगा, जिसका न्याय के सिद्धांत की खोज में कोई महत्त्व नहीं है। जैसे कोई धनी व्यक्ति टैक्स के सिद्धांत को विभेदीकृत मान सकता है और गरीब व्यक्ति इसके बिल्कुल विपरीत सोच रखेगा। ऐसी स्थिति के लिए मूल अवस्था में एक "अज्ञान का पर्दा" (veil of ignorance) की अवधारणा को भी रखा गया है, जो न्याय के सिद्धांत को चुनने का भी आधार प्रदान करती है । लेकिन रॉल्स ने यह महत्त्वपूर्ण रूप से शामिल किया है कि इस चुनने की प्रक्रिया का परिणाम स्वाभाविक रूप से अलग होगा जो सामाजिक परिस्थितियों (circumstances) की बदलती प्रकृति पर निर्भर करेगा। [रॉल्स : 1971, पृष्ठ संख्या 12]

इस उदाहरण का मूल आशय यह है कि रॉल्स के लिए न्याय की निष्पक्षता समाज की मूल संरचना की प्राथमिक उम्मीद है जिसका प्रभाव व्यक्ति के प्रत्येक क्रियाकलाप पर पड़ता है। हालांकि रॉल्स के न्याय सिद्धांत की संभावना तथा निष्पक्षता के आयाम को सेन ने आगे बढ़ाया है (जिसकी चर्चा आगे की जाएगी)।

विशेष पूर्वताक्रम (Lexical Priority)

रॉल्स अपने न्याय के सिद्धांत को विशेषक्रम के माध्यम से सामाजिक वस्तुओं में समान हिस्से के विचार से जुड़ते हैं। इसमें उन्होंने एक महत्त्वपूर्ण तथ्य शामिल किया है कि सभी तरह की असमानता को हटाकर लोगों को समान मानते हुए व्यवहार नहीं किया जा सकता। हमें उन असमानताओं को हटाना होगा जिससे किसी को नुकसान होता हो या यदि कुछ निश्चित तरह की असमानताओं से वंचित रूप से महत्त्वपूर्ण प्रतिभा तथा ऊर्जा को बढ़ावा मिलता है। इस बात को तय करने के लिए ऐसी व्यवस्था की ज़रूरत है, जो यह स्पष्ट करे कि इस सिद्धांत में अलग-अलग कारकों के बीच हमें किसे प्रथम रूप से प्राथमिकता देनी चाहिए। इस समस्या के समाधान के लिए विशेषक्रम का प्रतिपादन करते हैं, जो उनके न्याय के सिद्धांत का बुनियादी आधार भी है।

प्रथम प्राथमिक सिद्धांत : प्रत्येक व्यक्ति को अपनी सर्वाधिक व्यापक बुनियादी स्वतंत्रता का ऐसा समान अधिकार प्राप्त होना चाहिए जो दूसरों की वैसी ही स्वतंत्रता के अनुरूप हो या उसके साथ निभाया जा सके।

दूसरा प्राथमिक सिद्धांत : सामाजिक और आर्थिक विषमताएं इस प्रकार व्यवस्थित की जाएं कि

1. प्रथम रूप से हीनतम स्थिति वाले को अधिकतम लाभ हो और
2. ये विषमताएं उन पदों और स्थितियों के साथ जुड़ी हों, जो अवसर की उचित समानता की शर्तों पर सबके लिए सुलभ हों।

रॉल्स के विशेष पूर्वताक्रम नियम के अनुसार, प्रथम सिद्धांत को हमेशा दूसरे सिद्धांत के ऊपर वरीयता दी जाएगी। और दूसरे सिद्धांत के अंतर्गत सिद्धांत (i) को (ii) पर प्राथमिकता मिलेगी।

उल्लेखनीय है कि रॉल्स स्वतंत्रता के सामान्य सिद्धांत को नहीं स्वीकारते जिसका अभिप्राय यह है कि हर प्रकार की स्वतंत्रता को प्रभुत्वशाली प्राथमिकता दी जानी चाहिए। इसकी जगह वह उन स्वतंत्रताओं को प्राथमिकता देते हैं साथ ही उसे न्याय के सिद्धांत में विशेष सुरक्षा भी प्रदान करते हैं जो बुनियादी स्वतंत्रता से जुड़ा हुआ है। बुनियादी स्वतंत्रता का आशय उदारवादी लोकतंत्र में मान्यता प्राप्त मानक नागरिक और राजनीतिक अधिकारों से है- जिसमें स्वतंत्र विचार रखने, संगठन बनाने तथा उचित प्रक्रिया के आधार शामिल हैं।

रॉल्स भेदमूलक सिद्धांत पर पहुंचने के लिए बुनियादी संरचनाओं को व्यवस्थित करने का आग्रह करते हैं। वह मानते हैं कि बुनियादी संरचना को इस तरह व्यवस्थित किया जाए जो अनिश्चितताओं में सबसे कम भाग्यशाली व्यक्तियों के हितों को आगे बढ़ाएं। इसलिए यदि हम एक ऐसी सामाजिक व्यवस्था बनाने की कामना रखें, जिसमें प्राकृतिक गुणों के वितरण में अपने मनमाने स्थान या समाज में अपने शुरुआती स्थिति से किसी को लाभ या

हानि ना हो। साथ ही हमें किसी के मुआवजे के रूप में कोई लाभ देना या लेना न पड़े तो हम भेदमूलक सिद्धांत पर पहुंचते हैं। [रॉल्स : 1971 : 102]

रॉल्स के न्याय की निष्पक्षता के प्रश्न पर सैम्युल फ्रीडमैन तथा एरिन केल्ली अपनी पुस्तक द *कैंब्रिज कंपेनियन टू रॉल्स* (The Cambridge Companion to Rawls) में निष्पक्षता के प्रतिपादन में रॉल्स के एक "काल्पनिक सामाजिक सहमति" के तर्क को अहम मानते हैं। पहले रॉल्स प्रथम नियम 'समाज की मूल संरचना करने वाली संस्थाओं की न्यायनिष्ठता का निर्णय करते हैं। यहां व्यक्तियों और उनके कार्यों का महत्त्व वहीं तक सीमित रह जाता है, जहाँ तक वह न्यायनिष्ठ संस्थाओं की व्यवस्थाओं का पालन कर रहे हों, इन संस्थाओं के निरूपण और सामाजिक व्यवस्था से इनकी समष्टि का व्यक्तियों के चरित्र, आकांक्षाओं, योजनाओं तथा उनके भविष्य की संभावनाओं पर प्रभाव पड़ता है। यहां यह भी प्रश्न आता है कि इस न्यायनिष्ठता से व्यक्ति का लक्ष्य क्या है? हमारे संपूर्ण व्यक्तित्व पर संस्थाओं के गहन प्रभाव को देख कर ही रॉल्स ने कहा है कि समाज की मूल संरचना ही न्याय का प्राथमिक सरोकार है। [फ्रीमैन : 2003.3-4]

इसके लिए रॉल्स ने विधि के शासन को खासा महत्त्व भी दिया है। रॉल्स यह महत्त्वपूर्ण रूप से अंकित करते हैं कि संवैधानिक प्रजातंत्र[4] की एक प्रमुख विशेषता विधि का शासन है जहाँ व्यक्तियों के अधिकार, विधि के शासन से सुरक्षा प्राप्त करते हैं। जब औपचारिक न्याय की अवधारणा को कानून व्यवस्था पर लागू किया जाता है, वह विधि के शासन का रूप धारण करती है। ये विधि का शासन ही स्वतंत्रता का रूप धारण करता है। [रॉल्स : 1971: 59] हालांकि रॉल्स के न्याय सिद्धांत की संभावना तथा निष्पक्षता के आयाम को अमर्त्य सेन ने आगे बढ़ाया है, साथ ही राज्य के न्याय के सिद्धांत में व्यापक कमियों को राजनीतिक सिद्धांत के बहुत से उपागमों के माध्यम से उनकी आलोचना भी प्रस्तुत की गई है।

रॉल्स का न्याय सिद्धांत : एक आलोचनात्मक अवलोकन

(Rawls's Theory of Justice : A Critical Overview)

इस भाग में मुख्यता दो उपभाग हैं, प्रथम उपभाग में रॉल्स के न्याय के सिद्धांत के बढ़ते हुए आयामों का विश्लेषण किया जाएगा जिसके मौलिक दो आधार होंगे। पहले में चर्चा विशेष रूप से सी.बी. मैक्फर्सन की पुस्तक *डेमोक्रेटिक थ्योरी: एसेज इन रिट्रीवल।* दूसरा अमर्त्य सेन की पुस्तक *आइडिया ऑफ जस्टिस* पर आधारित है। दूसरे भाग में, समुदायवादी, स्वतंत्रवादी (नोजिक), नारीवादी, मार्क्सवादी तथा वैश्विक न्याय के संदर्भ में पोगी द्वारा प्रस्तुत रॉल्स की आलोचना को शामिल किया जाएगा।

मैक्फर्सन, जॉन रॉल्स के न्याय के सिद्धांत को उदारवादी लोकतान्त्रिक पूँजीवादी कल्याणकारी राज्य के रूप में स्वीकार करते हैं। मैक्फर्सन यह मानते हैं कि रॉल्स न्याय के सार्वभौमिक विश्लेषण पेश करने के बजाए उदारवादी मूल्यों को तार्किकता का आधार देते हैं, क्योंकि वह स्वयं यह स्वीकार करते हैं। न्याय का सिद्धांत व्यक्ति की स्वतंत्रता तथा दूसरे की समानता पर आधारित है। इसी क्रम में रॉल्स जिस मूल स्थिति का विवरण पेश करते हैं, उसका आधार कोई अमूर्त व्यक्ति नहीं है, बल्कि वह मूल स्थिति में रहने वाला व्यक्ति तार्किक स्वहित

की चिंता करने वाला व्यक्तिवादी और स्वायत्त व्यक्ति है। यह वितरण रॉल्स को उदारवादी संकल्पनाओं से नजदीक से जोड़ता। [मैक्फर्सन : 1973]

यद्यपि अमर्त्य सेन रॉल्स के न्याय सिद्धांत में निष्पक्षता के सवाल पर प्राथमिक वस्तुएं, सामाजिक विषमता, भेदमूलक सिद्धांत तथा स्वतंत्रता को लेकर सात तर्क देते हैं जो रॉल्स के सिद्धांत को बहुत अहम बनाता है।

पहला तर्क न्याय की निष्पक्षता से संबंधित है जो रॉल्स के सिद्धांत का केंद्रीय आधार है। इसके संदर्भ में अमर्त्य सेन का मानना है कि निष्पक्षता का विषय हमें पूर्ववर्ती सिद्धांतकारों के विचारों से बहुत आगे ले जाता है। उदाहरण के रूप में, बेंथम के उपयोगितावादी सिद्धांत का न्यायिक आधार लिया जा सकता है। लेकिन सेन मूल अवस्था की परिकल्पना के आधार पर समदर्शिता की बात को इस कार्य के लिए पर्याप्त नहीं मानते हैं। अमर्त्य सेन, रॉल्स के द्वारा न्याय सिद्धांत के विकास में निष्पक्षता को सर्वोपरि मानने के लिए तैयार रहते हैं।

दूसरा तर्क व्यवहारिकता के आधार पर देते हैं। वह मानते हैं कि व्यावहारिक कारणों के आधार पर वस्तुपरकता विषयक रॉल्स के विचार की दुरगामिकता से संबंध रखता है। जिसमें यह तर्क है कि वस्तुपरकता की अवधारणा की सबसे पहली अनिवार्यता है कि सार्वजनिक विचार प्रक्रिया की रचना होनी चाहिए जो तर्कों और तथ्यों के आधार पर विचार; विमर्श एवं चिंतन के पश्चात निर्णय के लिए पर्याप्त हो।

तीसरा तर्क निष्पक्षता को न्याय से पहले स्थापित करने के अतिरिक्त रॉल्स ने एक अन्य महत्त्वपूर्ण योगदान दिया है। "अच्छाई की सूझ" तथा "न्याय की अनुभूति विषयक क्षमता" के संदर्भ में रॉल्स नैतिक शक्ति को स्पष्ट करते हैं जिसे सेन तर्क आधारित चयन सिद्धांत के रूप में देखते हैं और उसका प्रयोग न्याय के स्वरूप को गड़ने में करते हैं। [सेन : 75]

चौथा तर्क, रॉल्स ने स्वतंत्रता को संपूर्ण वरीयता का अतिवादी स्वरूप प्रदान कर दिया है, जो भिन्नता के नियम की रचना के लिए प्रयोग किया जाता है। जिसे प्राथमिक वस्तुओं की सूची में रखा गया है। वहीं सेन का मानना है कि साझी भूमिका में भी रॉल्स ने स्वतंत्रता को विशेष भूमिका दे रखी है। [सेन : 2010, पृ. 76]

पांचवें तर्क में सेन का मानना है कि रॉल्स ने अपने न्याय के सिद्धांत के दूसरे नियम के प्रथम भाग में निष्पक्षता पर आग्रह करते हुए सामाजिक विषमता से संबंधित साहित्य को बहुत ही समृद्धि प्रदान की है। इसके उदाहरण में, सेन बराक ओबामा का अमेरिका का राष्ट्रपति चुने जाने को सामाजिक विषमता से आगे बढ़ती निष्पक्षता के आधार के रूप में लेते हैं जो रंगभेद की गिरफ्त से बाहर है। [सेन : 2010, पृ. 76]

छठा तर्क स्वतंत्रता को विशिष्ट स्थान प्रदान करने से है जो सभी व्यक्तियों को समानतापूर्वक पदों और प्रशासनिक अधिकारों की खुली स्पर्धा में भाग लेने का अधिकार प्रदान करता है। यह सिद्धांत सामाजिक व्यवस्थाओं में समानता के महत्त्व का निरूपण इस प्रकार करता है, जिससे समाज के सर्वाधिक अभावग्रस्त सदस्य की स्थिति का सहज ही समावेश हो जाए। इसका प्रभाव सेन के अनुसार गरीबी निवारण सार्वजनिक विषय से संबंधित नीतियों पर विशेष रूप से पड़ा है। [सेन : 2010, 77]

सातवां तर्क रॉल्स के इस विचार से संबंधित है कि जो व्यक्ति को अपने जीवन को अपने ढंग से जी पाने का सही अवसर प्रदान करने की आवश्यकता को स्वीकार करता है। [पृ. 77]

समुदायवादी समीक्षा (Communitarian Review)

इस आलोचना का मूल आग्रह व्यक्तियों की स्वायत्ता और उनकी आनुवंशिक रूप से प्राप्त वरीयताओं में स्वतंत्रता से है। समुदायवादियों की आपत्ति किसी चीज के मूल्यांकन एवं श्रेणी क्रम निर्धारित करने की उनकी स्वतंत्र क्षमता से जुड़ी हुई है। इस आधार को निर्मित करने के अतिरिक्त उनकी अन्य गंभीर असहमति रॉल्स के न्याय के नियमों की सार्वभौमिकता से है। माइकल सैंडल का मानना है कि स्वायतत्ता के प्रश्न को रॉल्स नजरअंदाज करते हैं क्योंकि व्यक्तिवाद व्यक्तियों की रचना में समुदाय की भूमिका को स्वीकार नहीं करता है और ना ही यह मानता है कि व्यक्ति की अर्थपूर्ण अस्मिता पहचान की विषय-वस्तु है। यदि मानव अपने व्यक्तित्व के निर्माण के लिए समुदाय पर निर्भर है तो उसके चुनाव का निर्णय कर्तव्यों की समझ और उत्तरदायित्व साधारण तौर पर उस समुदाय की सामान्य आस्था एवं विश्वास के आसपास निर्मित होनी चाहिए। इसलिए लोगों के समूह द्वारा न्याय के किसी भी नियम का चुनाव सही या न्यायपूर्ण सिर्फ उसी समुदाय के लिए होना चाहिए जिससे यह लोग संबंधित हैं। इस आधार पर रॉल्स के न्याय के सिद्धांत की सार्वभौमिकता के विचार से स्वाभाविक न्यायपूर्ण होने के बारे में नहीं सोचा जा सकता।

माइकल वाल्जर का मानना है कि न्याय के नियम के लिए प्रत्येक क्षेत्र को अलग-अलग समझने की ज़रूरत है। इन क्षेत्रों का विभाजन व्यक्ति एवं समाज के सदस्यों के व्यवहार में समान रूप से दिखाई देता है। वाल्जर मानते हैं कि न्याय के नियमों के क्रियान्वयन का सबसे महत्त्वपूर्ण एवं स्पष्ट परिणाम समाज में विषमताओं का उन्मूलन या न्यूनीकरण से है। जटिल विषमताओं की संकल्पना की व्याख्या करते हुए वाल्जर का मानना है कि लोगों एवं समाज के विभिन्न पहलुओं से संबंधित विषमता के मुद्दे के विवेचन के लिए अलग-अलग अभियांत्रिकियों की आवश्यकता है। इसलिए न्याय का स्वभाविक तथा सार्वभौमिक नियम संभव नहीं है।

इन्हीं आधारों पर समुदायवादियों ने रॉल्स के न्याय सिद्धांत की सार्वभौमिकता के दावे को भटकती हुई खोज का पर्याय माना है। जिसके लिए वाल्जर यह तर्क देते हैं कि रॉल्स के न्याय में सुमदाय के बाहर का परिप्रेक्ष्य जैसी कोई विषयवस्तु नहीं है। हमारे इतिहास तथा संस्कृति से बाहर निकलने का कोई रास्ता नहीं है। वाल्जर का यह दावा है कि न्याय की ज़रूरतों को पहचानने का एकमात्र तरीका यह है कि हर विशिष्ट समुदाय सामाजिक वस्तुओं के मूल्यों को किस प्रकार समझता है? इसके लिए वाल्जर "सहभागी समझ" (shared understanding) पद का प्रयोग करते हैं जो समाज की बुनियादी विशेषता को बताने वाले व्यवहारों और संस्थानों में अभिव्यक्त होती है और सांस्कृतिक व्याख्या से जुड़ी हुई होती है। यह "जटिल समानता" (complex equality) की मांग करता है।

जटिल असमानता का अर्थ एक ऐसी व्यवस्था से है जो सभी वस्तुओं को बराबर करने की कोशिश नहीं करती बल्कि एक ऐसी व्यवस्था को सुनिश्चित करना चाहती है जो एक

क्षेत्र में व्याप्त असमानता दूसरे क्षेत्र में फैलने न दे। उदाहरण के तौर पर भारत को देखा जा सकता है। भारत का समाज जाति आधारित समाज है, यहां वाल्जर के सिद्धांत के अनुसार, न्याय का तात्पर्य अधिकारों और वस्तुओं में वास्तविक असीमित असमानता से है। [वाल्जर: 1983] दूसरी तरफ वाल्जर के अनुसार, न्याय का एक और क्षेत्र (sphere) बाजार में पैसे के लेन-देन से जुड़ा हुआ है। जिसके संदर्भ में वाल्जर का मानना है कि बाजार में उपलब्ध वस्तुओं और सेवाओं का वितरण पैसा अदा करने की लोगों की क्षमता के अनुसार होना चाहिए। इसी क्रम में एलेस्डयर मैकिंटायर का मानना है कि न्याय को सार्वभौमिक सद्गुण के रूप में स्वीकार नहीं किया जा सकता। न्याय समुदाय उत्पाद है, न्याय यदि सद्गुण है तो वह एक विशेष समुदाय का सद्गुण है। इसलिए न्याय के नियम को समुदाय के प्रति संवेदनशील होना चाहिए।

रॉबर्ट नोजिक (Robert Nozick)

रॉबर्ट नोजिक की पुस्तक *अनार्की, स्टेट एंड यूटोपिया* (1974) (Anarchy, State and Utopia) का एक बड़ा हिस्सा जॉन रॉल्स के सिद्धांतों का खंडन करता है। विशेष रूप से, नोजिक, रॉल्स के न्याय के सिद्धांत के वितरणात्मक न्याय की संकल्पना पर प्रश्न उठाते हैं। नोजिक, यह मानते हैं कि व्यक्ति "मौलिक व्यक्तिगत अधिकारों" के साथ पैदा होते हैं। ये व्यक्तिगत अधिकार सर्वोपरि हैं और नैतिक संतुलन हासिल करने के लिए किसी प्रणाली की आवश्यकता नहीं है।

नोजिक ने 18वीं सदी के दार्शनिक इमैनुअल कांट के "व्यक्तिगत अनुल्लंघनीयता" (individual inviolability) के सिद्धांत को अपनाया है। वह दावा करते हैं कि दूसरों के अधिकार हमारी कार्रवाई पर अवरोध निर्धारित करते हैं। प्रत्येक व्यक्ति के पास "आत्म-स्वामित्व" (self-ownership) का आधार है, जिसका उपयोग व्यक्ति का संसाधनों के रूप में या कुछ को प्राप्त करने के साधन के रूप में नहीं किया जाना जाना चाहिए और रॉल्स का प्रस्ताव खासकर "भेदमूलक सिद्धांत" इन्हीं कारणों से नोजिक की आलोचना का केंद्र बनता है।

नोजिक के अनुसार, ऐसा व्यवहार करना अनुचित है कि लोग मात्र साधन हों या एक व्यक्ति को दूसरे के लिए बलिदान कर दिया जाए है। नोजिक के कथन का मूल भाव यह है कि व्यक्ति अपने-आप में साध्य है। उनकी अनुमति के बिना दूसरों के साध्यों को हासिल करने के लिए उनका उपयोग या उनका बलिदान नहीं दिया जा सकता है। [नोजिक 1974: 36-1].

वैश्विक न्याय और पोगे की आलोचना
(Global Justice and Poggis's Critics)

रॉल्स की पुस्तक *अ थ्योरी ऑफ जस्टिस* में निहित सिद्धांत मूल रूप से सार्वभौमिक होने का दावा पेश करती है। किंतु वैश्विक व्यवस्था से यह सिद्धांत किस प्रकार जुड़े हुए हैं? इस प्रश्न की व्याख्या इस पुस्तक में अनुपस्थित है। दूसरी ओर, न्याय के सिद्धांत के बहुतेरे उदाहरण

रॉल्स अमेरिकी समाज से ही लेते हैं जो उसके सार्वभौमिक होने पर प्रश्न चिन्ह लगाता है। इस संदर्भ में पोगे ने यह माना है कि रॉल्स वैश्विक न्याय में भेदमूलक सिद्धांत को नकारते हैं, जिसके पीछे का तर्क यह है कि – किसी व्यक्ति को औद्योगीकरण या जन्म-दर के मामले पर फैसले की कीमत के आधार को स्वीकार नहीं किया जा सकता।[5] लेकिन वे यह नहीं बताते हैं कि इसी मामले पर भेदमूलक सिद्धांत को खारिज क्यों नहीं किया जा सकता? यदि आमतौर पर यह मान भी लिया जाए कि कीमत और लागत का बोझ उठाने के बावजूद हमारी घरेलू आर्थिक व्यवस्था के लिए भेदमूलक सिद्धांत सबसे तार्किक है तो यह प्रश्न सामने आता है कि वैश्विक आर्थिक व्यवस्था के संदर्भ में इसे सबसे तार्किक क्यों न माना जाए? रॉल्स इसका कोई उत्तर नहीं देते हैं। [पोगे : 2008, पृ. 111]

यद्यपि रॉल्स अपनी पुस्तक *अ थ्योरी ऑफ जस्टिस* में इस बात का विवेचन करते हैं कि एक मध्यवर्ती आकार वाली मानव जनसंख्या जिसकी परिकल्पना एक स्वनियंत्रित तथा एक बंद व्यवस्था के रूप में की जाती है। [रॉल्स : 1971, 401] खुद को किस प्रकार संस्थात्मक रूप से संगठित करती है। पोगे यह मानते हैं कि रॉल्स के न्यायिक सिद्धांत की जाँच-पड़ताल न्याय की आवश्यकता के रूप में भेदमूलक सिद्धांत की ओर ले जाती है। यह सिद्धांत अमेरिका के लिए फिट बैठता है। [पोगे : 2008, पृ. 112]

दूसरी ओर, पोगे इसे वैश्विक रूप से लागू करने के बारे में बताते हैं जिसे कुछ खास मर्यादित[6] (Decent society) व गैर-उदारवादी समाजों में संयोजित किया जा सकता है। यह एक आश्चर्यजनक सुझाव है क्योंकि हमारी दुनिया में आमतौर पर गैर-उदारवादी समाज और उनकी जनसंख्या गरीबी की मार झेल रही है, वे ऐसे सुधारों में सहयोग करने के लिए काफी इच्छुक होते हैं। जिससे वैश्विक आर्थिक व्यवस्था आर्थिक को न्याय के उदारवादी मानकों के नजदीक लाया जाए। लेकिन वैश्विक न्याय के मानदंड का यदि गैर-उदारवादी समाज विरोध करता है या फिर उसके सहयोग का क्या आधार है? इस पर रॉल्स की पुस्तक कुछ नहीं कहती।

नारीवादी समीक्षा (Feminist Critique)

नारीवादी आलोचकों का मानना है कि रॉल्स के सिद्धांत परिवार की असमानता के सवाल पर खामोश है। दूसरे शब्दों में कहा जाए तो रॉल्स ने अपने न्याय के सिद्धांत में परिवार को स्थान नहीं दिया है। ओकिन का मानना है कि कोई भी न्याय सिद्धांत तब तक अधूरा है जब तक वह परिवार में असमानता को लेकर चुप है। जहाँ तक रॉल्स की मूल स्थिति का सवाल है उस पर ओकिन की आपत्ति यह है कि मूल स्थिति में रहने वाले लोगों को इस बात का ज्ञान भी नहीं होना चाहिए कि वह पुरुष है या महिला। रॉल्स के सिद्धांत द्वारा परिवार का भी मूल्यांकन किया जाना चाहिए क्योंकि परिवार समाज की बुनियादी संरचना है। जिसके लिए आवश्यक है कि परिवार के भीतर होने वाले अन्याय को भी न्याय के सिद्धांत के निर्माण का हिस्सा बनाया जा सके। [ओकिन: 1991]

मार्क्सवादी समीक्षा (Marxist Critique)

सामान्य रूप से मार्क्सवाद में न्याय की अवधारणा को समतावादी विचार से जोड़ा जाता है। उल्लेखनीय है कि मुख्यधारा के उदारवाद को तथा समान अवसर के पक्ष को वामपंथी विचारधारा की व्यवहारिकता से जोड़ा जाता है। सिद्धांत के तौर पर यह देखने की आवश्यकता है कि मार्क्सवादी न्याय में उदारवादी समतावादी न्याय के रॉल्सवादी संस्करण के लिए क्या स्थान है?–वह कौन सा परिप्रेक्ष्य है जो मार्क्सवाद के समतामूलक विचार को रॉल्सवादी न्याय की अवधारणा से अलग करता है? यहां रॉल्सवादी न्याय से अलग करने वाला सवाल समानता के विचार से ही जुड़ा हुआ है । इस बिंदु पर रॉल्स यह मानते हैं कि संसाधनों की समानता का यह स्वरूप हर व्यक्ति को उपलब्ध निजी संपत्ति की मात्रा को बराबर करने से होता है। जबकि मार्क्स का मानना है कि साम्यवादियों के सिद्धांत को एक वाक्यांश के रूप में संक्षेप में व्यक्त किया जाता है जिसका मुख्य नारा निजी संपत्ति का उन्मूलन है।

निष्कर्ष (Conclusion)

इस पूरी विवेचना से निष्कर्ष के तौर पर माना जा सकता है कि न्याय अपनी परिस्थिति तथा समाज की जटिलता के साथ परिवर्तनशील रहता है, इसकी कोई सार्वभौमिक परिभाषा नहीं हो सकती। उदाहरण के तौर पर देखा जाए तो प्लेटो ने न्याय को एक ऐसे सूत्र के रूप में परिभाषित किया जो समाज के ताने-बाने को बनाए रखे, जो शासन तथा प्रजा के संबंधों में शासन न्यायप्रियता के कारण प्रजा से बेहतर दिखे। जिससे राज्य और उसके सदस्यों का हित साधा जा सके। अरस्तू ने जीवन की स्वतंत्रता, आत्मनिर्भरता तथा समानता को बनाए रखने के लिए न्याय को समाज के आवश्यक तथ्य के रूप में परिभाषित किया है। जो कर्तापरख तथा कर्मपरख के आधार पर संचालित होता है। लेकिन समकालीन राजनीतिक दर्शन में न्याय व्यक्तियों के व्यक्तिगत आकलन का आधार निश्चित करता है जिसकी निर्माण प्रक्रिया व्यक्ति की सहमति तथा असहमति के विचार से भी जुड़ी हुई है। यह एक जटिल संयोग से संबंधित है, जिस पर सामाजिक व्यवस्था का स्थायित्व और संरचना निर्भर करती है। इस संदर्भ में रॉल्स का न्याय सिद्धांत एक अहम प्रयास माना जा सकता है।

अभ्यास प्रश्न (Practice Questions)

1. न्याय से आप क्या समझते हैं? न्याय के विभिन्न आयामों की विवेचना कीजिए।
2. न्याय को परिभाषित करें। रॉल्स के न्याय सिद्धांत की आलोचनात्मक समीक्षा कीजिए।
3. निष्पक्ष और न्यायपूर्ण वितरण को युक्तिसंगत आधार पर सही ठहराया जा सकता है। रॉल्स ने इस तर्क को आगे बढ़ाने में "अज्ञानता के आवरण" के विचार का उपयोग किस प्रकार किया।

संदर्भ एवं टिप्पणियां (References and Notes)

1. नागरिकता की यह संकल्पना जिसे न्याय के आधार पर अरस्तू तैयार करता है, उसका संबंध सक्रिय नागरिकता से है। अरस्तू के अनुसार, नागरिक वही है, जो विधानमंडल के सदस्य की हैसियत से, न्याय तथा विधान के प्रशासन में भाग लेता हो, यह दोनों कार्य प्रभुसत्ता के अनिवार्य कार्य भी हैं, किमलिका, (2000), पृ. सं., 236-237.
2. इसके लिए रॉल्स लॉक की पुस्तक *सेकंड ट्रेअटीस ऑफ गवर्मेंट*, रूसो की *पुस्तक द सोशल कांट्रैक्ट* तथा कांट के नैतिकता के संकलनों के साथ-साथ द फाउंडेशन ऑफ द मेटाफिजिक्स ऑफ मॉरल्स के आधार पर समझौते की परंपरा को परिभाषित करते हैं, लेकिन रॉल्स, हॉब्स के सामाजिक समझौते को एक विशिष्ट समस्या में पाए जाने वाले सविंदा के आधार पर ही देखते हैं। इन समस्त विवरण के लिए देखे। जॉन रॉल्स की पुस्तक *अ थ्योरी ऑफ जस्टिस*, कैंब्रिज यूनिवर्सिटी प्रेस, पृ. 11.
3. सहमति का जुड़ाव रॉल्स के दर्शन और न्याय के सिद्धांत की मौलिकता से जुड़ा हुआ है जिसे विल किमलिका समकालीन राजनीतिक दर्शन का मूल्य भी मानते हैं, देखे: विल किमलिका.(2010), *कंटेम्पररी पॉलिटिकल फिलॉसफी*, नई दिल्ली : ऑक्सफोर्ड यूनिवर्सिटी प्रेस।
4. संवैधानिक लोकतंत्र का विचार रॉल्स के लिए महत्त्वपूर्ण स्थान रखता है जिसमें रॉल्स यह मानता है कि न्याय की निष्पक्षता को बनाए रखने के लिए संविधानिक लोकतंत्र एक आवश्यक पहलू है। [देखें रॉल्स, 1971, पृ. 243]
5. रॉल्स का यह विवरण *अ थ्योरी ऑफ जस्टिस* की पृष्ठभूमि के आधार पर उनकी दूसरी पुस्तक *द लॉ ऑफ पीपुल्स* में विस्तृत रूप से व्याख्यायित किया गया है, जहाँ स्वायत्ता के अपील के माध्यम से असमानता को सही साबित करने की रणनीति का उदाहरण दिया गया है। [देखें जॉन रॉल्स, द *लॉ ऑफ पीपल्स*, कैंब्रिज: हार्वर्ड यूनिवर्सिटी प्रेस, पृ.सं. 116-118]
6. मर्यादित समाज से रॉल्स की मंशा यह है कि उदारवादी समाज को गैर-उदारवादी समाज में सुव्यवस्थित व्यवस्था में पूर्ण और समान सदस्यता के रूप में पारंपरिक मान्यता देनी चाहिए।

ओकिन, सुसान (1991), *जस्टिस जेंडर एंड द फैमिली*, लंदन: बेसिक बुक्स।
किमलिका, विल, (2000), *कंटेम्पररी पॉलिटिकल फिलॉसफी*, नई दिल्ली: ऑक्सफोर्ड यूनिवर्सिटी प्रेस।
रॉल्स, जॉन, (1971), *न्याय का सिद्धांत*, नई दिल्ली: यूनिवर्सल लॉ पब्लिशिंग कंपनी।
रॉल्स, जॉन, (2001), द *लॉ ऑफ पीपल्स*, कैंब्रिज: हार्वर्ड यूनिवर्सिटी प्रेस।
फर्रेल्ली , कॉलिन, (2003), *एन इंट्रोडक्शन तो कंटेम्पररी पॉलिटिकल थ्योरी*, नई दिल्ली: सेज।
फ्रीडमैन, सैमुअल, (2003), द *कैंब्रिज कंपेनियन टू रॉल्स*, नई दिल्ली: कैंब्रिज यूनिवर्सिटी प्रेस।
मैक्फर्सन, (1947), डेमोक्रेटिक सिद्धांत : नई दिल्ली : ऑक्सफोर्ड यूनिवर्सिटी प्रेस।
सेन, अमर्त्य. (2010), द *आईडिया ऑफ जस्टिस*, नई दिल्ली: पेंगुइन।
पॉपर, कार्ल, (1945), *ओपन सोसायटी एंड इट्स एनेमिज*, नई दिल्ली: रटलेज।
वाल्जर, माइकल, (1983), *स्फीयर ऑफ जस्टिस: ए डिफेंस ऑफ प्लुरलिज़्म एंड इक्वालिटी*, अमेरिका: बेसिक बुक्स।

अध्याय 8

वैश्विक न्याय
Global Justice

पवन कुमार

प्रस्तावना (Introduction)

मान लीजिए आप अपने देश की सड़कों पर कहीं घूम रहे हैं और रास्ते में आपको एक सड़क दुर्घटना नज़र आती है जिसमें एक विदेशी व्यक्ति घायल सड़क पर पड़ा होता है, तो इस परिस्थिति में आप क्या करेंगे अथवा आपका क्या करना न्यायसंगत होगा? क्या आप उस समय यह सोचेंगे कि घायल व्यक्ति मेरे अपने देश का प्रतीत नहीं होता है। अतः मैं इसकी सहायता नहीं करूंगा/करूंगी? अथवा यह सोचेंगे कि चूंकि मेरा इस व्यक्ति के साथ कोई संबंध नहीं है, अतः मेरा इसके प्रति कोई दायित्व नहीं बनता? सामान्य तौर पर इस परिस्थिति में एक तार्किक एवं सभ्य व्यक्ति के लिए निर्णय लेना कठिन नहीं क्योंकि वैचारिक तौर पर इस बात से इनकार नहीं किया जा सकता कि ऐसी आपातकालीन स्थिति में हमें दूसरों की मदद के लिए सदैव तैयार रहना चाहिए।। पर यहां सवाल यह आता है कि इस निर्णय की न्यायसंगतता को सिद्ध करने के लिए हम किस तर्क का इस्तेमाल करते हैं? साधारण शब्दों में, यह प्रश्न कुछ इस तरह का है– हमें उस घायल विदेशी की मदद क्यों करनी चाहिए? इस प्रश्न का एक साधारण उत्तर है– मानवता के आधार पर। और यह आधार हमारे बीच एक ऐसा संबंध स्थापित करता है जो दूसरे सभी संबंधों से श्रेष्ठ है।। परंतु यहां पुनः प्रश्न यह उठता है कि क्या हम इस समझ को सार्वभौमिक बनाने के लिए तैयार हैं? "वैश्विक न्याय" की संकल्पना इसी वैचारिक एवं व्यावहारिक परिवर्तन का एक परिणाम है, जो हमारे दायित्व के विचार की समझ को वैश्विक स्तर पर ले जाता है।

न्याय के बारे में हम सभी की कुछ-न-कुछ समझ अवश्य होती है और ज्यादातर यह हमारे "सही" की समझ से जुड़ी होती है। अर्थात् जो हमें सही प्रतीत होता है सामान्यतः वही हमें न्यायपूर्ण भी लगता है। हमे आरंभ में ही इस बात को समझ लेना होगा कि न्याय लोगों को उनका हक देने के बारे में है न कि वो जो देने से उन्हें अच्छा प्रतीत हो या वो जो उन्हें नैतिक तौर पर मिलना चाहिए। यह समझ न्याय को कर्तव्य के साथ जोड़ती है– न्याय हमारे कर्तव्यों को पूरा करने के बारे में है। अर्थात् लोगों को उनका हक देने का तात्पर्य है

उन्हें वो देना जिनपर उनका अधिकार है। न्याय की यह परिभाषा उसे कर्तव्य के साथ जोड़ती है। अर्थात् न्याय का तात्पर्य है कि हम अपने कर्तव्यों का सही प्रकार से पालन करें। ऐसा संभव है कि कुछ काम नैतिक अनिवार्यता के दायरे में हों, परंतु यह आवश्यक नहीं कि वो न्याय की भी ज़रूरत हो। उदाहरण के तौर पर दान (चैरिटी) करना नैतिक रूप से उचित कार्य है और आमतौर पर हम ऐसा समझते भी हैं कि जिनको हम दान दे रहे हैं उनका हमारे ऊपर दावा भी बनता है और वो दावा न्याय का दावा है। परंतु यहां हमें यह समझना होगा कि न्याय और दान दोनों भिन्न हैं और एक का होना दूसरे के होने की संभावना को शून्य कर देता है। किसी अन्य देश के भूखे लोगों की मदद को लोग दान का नाम देते हैं जो वह मानवता के नाम पर करते हैं, परंतु कोई भी इसे न्याय के रूप में नहीं देखता। ऐसा करने का दुष्प्रभाव यह होता है कि इस कार्य की अनिवार्यता कम हो जाती है। किसी दूर देश के भूखों की मदद करना नैतिक रूप से सही है, परंतु ऐसा करना किसी का कर्तव्य नहीं जिसे पूरा करना अनिवार्य हो। इस तर्क का तात्पर्य यह नहीं कि जो लोग भूख से मर रहे हैं उनके दावे की अनिवार्यता में कोई कमी है, बल्कि इसका अर्थ यह है कि इन लोगों के दावे दान की मांग नहीं हैं बल्कि न्याय की मांग हैं और इस तर्क के द्वारा हम इन मांगों को अधिकार के दायरे में लाने में सक्षम होंगे। परंतु यहां पुनः यह प्रश्न उठता है कि राष्ट्रीय स्तर पर तो यह बिलकुल स्पष्ट है कि यह मांग हम राज्य से करेंगे, परंतु वैश्विक स्तर पर इस मांग को पूरा करने की जिम्मेदारी किसकी होगी? क्या न्याय की इस समझ को हम वैश्विक स्तर पर लागू कर सकते हैं? इस अध्याय में हम इसी प्रश्न के उत्तर को विभिन्न दृष्टिकोणों से समझने का प्रयास करेंगे और इसे प्रारंभ करने का जॉन रॉल्स से बेहतर माध्यम और कोई नहीं हो सकता।

जॉन रॉल्सः द लॉ ऑफ पीपल्स (John Rawls : The Law of Peoples)

वैश्विक न्याय की समकालीन समझ जॉन रॉल्स की पुस्तक द *लॉ ऑफ पीपल्स* (1999) से बहुत हद तक प्रभावित है। इस पुस्तक में रॉल्स ने अपने वैश्विक वितरणनात्मक न्याय के विचार को इसके विश्व बंधुत्ववादी सिद्धांत के समझ के विरोध में प्रस्तुत किया है। लॉ ऑफ पीपल्स से रॉल्स का तात्पर्य अधिकार और न्याय की एक ऐसी राजनीतिक संकल्पना से है जो अंतर्राष्ट्रीय कानून और व्यवहार के सिद्धांतों तथा मानकों पर लागू हो। रॉल्स का मुख्य उद्देश्य है कि किस प्रकार न्याय के उदारवादी विचारों से लॉ ऑफ पीपल्स विकसित किया जाए।

अपनी पुस्तक *अ थ्योरी ऑफ जस्टिस* (1971) में रॉल्स ने सामाजिक समझौते की प्रथा को आगे बढ़ाते हुए न्याय के ऐसे दो सिद्धांतों को बढ़ावा दिया है जो उदारवादी समाजों की बुनियादी संरचना (बेसिक स्ट्रक्चर) पर लागू हो। पहला सिद्धांत समान स्वतंत्रता का सिद्धांत है। रॉल्स का मानना था कि पहले सिद्धांत की पूर्ति के बाद भी अगर असमानताएँ समाज में रह जाएं (रॉल्स के अनुसार, सभी असमानताओं का अंत करना संभव नहीं) तो हमें न्याय के दूसरे सिद्धांत के दूसरे भाग को लागू करना चाहिए जो समान अवसर का सिद्धांत है (रॉल्स के न्याय के दूसरे सिद्धांत के दो भाग हैं)। परंतु इन दो सिद्धांतों को लागू करने के बाद भी कुछ असमानताएँ समाज में बच जाएंगी और इनसे निपटने के लिए रॉल्स अपने

अंतिम सिद्धांत का प्रयोग करता है जिसके अनुसार, समाज में केवल उन्हीं असमानताओं को रहने दिया जाएगा जो न्यूनतम लाभ प्राप्त व्यक्ति का अधिकतम लाभ करे या दूसरे शब्दों में, असमानताओं को कुछ इस प्रकार व्यवस्थित किया जाएगा जिससे न्यूनतम स्थिति के व्यक्ति को अधिकतम लाभ पहुंचे। इन सिद्धांतों का प्रयोग रॉल्स मुख्यत: राष्ट्र राज्य के स्तर पर करना चाहते थे। परंतु जब रॉल्स के इन सिद्धांतों की अंतर्राष्ट्रीय स्तर पर प्रासंगिकता पर सवाल उठे तो रॉल्स ने इसका उत्तर द *लॉ ऑफ पीपल्स* में दिया।

द *लॉ ऑफ पीपल्स* में रॉल्स ने अपने सामाजिक समझौते के सिद्धांत को वैश्विक स्तर पर लागू करने का प्रयास किया है। वह कुछ ऐसे सिद्धांतों को ले कर आते हैं जो उदारवादी तथा गैर–उदारवादी समाजों को मान्य हो। रॉल्स के अनुसार, वैश्विक स्तर पर न्याय की विषय वस्तु व्यक्तियों का समूह (पीपल्स) है न कि व्यक्ति। "पीपल्स" से रॉल्स का तात्पर्य व्यक्ति के ऐसे समूह से है जो किसी समान पहचान के द्वारा जुड़ा हो, जैसे संस्कृति, प्रथा, इतिहास आदि। रॉल्स कुछ ऐसे कानूनों को वैश्विक स्तर पर लागू करना चाहता है जो सुव्यवस्थित लोगों को मान्य हों। रॉल्स का सुव्यवस्थित व्यक्ति समूह से तात्पर्य है उदारवादी तथा गैर–उदारवादी सभ्य व्यक्ति समूह। उनका मानना है कि एक सुव्यवस्थित गैर–उदारवादी समाज उदारवादी समाज के सिद्धांतों एवं कानूनों को मान लेगा। रॉल्स के अनुसार, एक सुव्यवस्थित समाज शांतिप्रिय तथा गैर-विस्तारवादी होता है और वह कुछ मूलभूत मानवाधिकारों का सम्मान करता है और यह आवश्यक नहीं कि एक उदारवादी समाज ही सुव्यवस्थित समाज के दायरे में आएगा। इस तर्क के द्वारा रॉल्स सहिष्णुता के सिद्धांत को अपने "लॉ ऑफ पीपल्स" में एक खास स्थान देते हैं।

रॉल्स कहते हैं हर समाज की अपनी एक संकल्पना होनी चाहिए कि वह दूसरे समाजों से कैसे संबंधित है तथा उनके साथ उसे कैसा व्यवहार करना चाहिए। वह उनके साथ इसी दुनिया में रहता है और इसी कारण उसे कुछ ऐसे आदर्शों और सिद्धांतों का निर्माण करना चाहिए जिससे उसे इन दूसरे व्यक्ति समूहों के संदर्भ में नीतियां बनाने का मार्गदर्शन मिले। [रॉल्स : 1993, 38]

रॉल्स के अनुसार, वैश्विक स्तर पर न्याय स्थापना के मार्ग में आने वाली कई समस्याओं में से *लॉ ऑफ पीपल्स* एक समस्या है। यहां हमें यह समझना होगा कि रॉल्स कभी भी अपने सिद्धांत की सार्वभौमिकता का दावा नहीं करते, बल्कि वह तर्क देते हैं कि न्याय की उनकी राजनीतिक संकल्पना का दायरा सीमित है और यह वैश्विक स्तर पर उत्पन्न सभी प्रश्नों का उत्तर देने में सक्षम नहीं है।

वह कहते हैं : राजनीतिक न्याय का विचार सार्वभौमिक नहीं है, और हमें इससे यह उम्मीद भी नहीं रखनी चाहिए। इस न्याय के सिद्धांत को वैश्विक स्तर पर लागू करने में "लॉ ऑफ पीपल्स" (व्यक्ति समूहों का कानून) विभिन्न समस्याओं में से एक है। इसके साथ, इस सिद्धांत को आने वाली पीढ़ियों तक पहुंचाना भी एक समस्या है, जिसके अंदर न्यायपूर्ण बचत की समस्या निहित है। इसके अलावा, एक और समस्या यह है कि जो लोग सामान्य व्यक्ति की परिभाषा में नहीं आते हैं, उनके संदर्भ में न्याय की पूर्ति कैसे होगी जो कि स्वास्थ्य सुविधा के संदर्भ में न्याय को परिभाषित करता है। और अंत में पशुओं और प्रकृति

की अन्य रचनाओं के प्रति हमारे दायित्व की समस्या। वैसे तो हम इन सभी समस्याओं का हल ढूंढ़ना चाहेंगे परंतु मुझे शक है कि राजनीतिक न्याय की इस संकल्पना के द्वारा हम यह कर पाएंगे। [रॉल्स : 1993, 38]

रॉल्स सर्वप्रथम अपने न्याय के सिद्धांत के दो भागों में अंतर करता है। *पहला भाग*, घरेलू संस्थाओं पर लागू होगा और *दूसरा भाग*, राजनीतिक समाजों पर जो व्यक्ति समूहों के बीच राजनीतिक संबंधों को संचालित करेंगे। एक बार जब घरेलू स्तर पर न्याय का सिद्धांत स्थापित हो जाएगा तब हम मूल स्थिति (Original position) को अगले स्तर पर ले जा सकते हैं। पहले की तरह इस अगले चरण में भी प्रतिनिधि होंगे, परंतु ये प्रतिनिधि व्यक्ति समूहों के प्रतिनिधि होंगे। [रॉल्स : 1993, 40-41] अतः रॉल्स दो "मूल स्थितियों" (Original position) का प्रयोग करता है जिसमें पहले चरण में राष्ट्रीय स्तर पर न्याय की स्थापना पर बल दिया गया है और दूसरे चरण में अंतर्राष्ट्रीय स्तर पर। दूसरे चरण में न्याय का सिद्धांत व्यक्ति समूह के प्रतिनिधियों द्वारा बनाया जाएगा जो अंतर्राष्ट्रीय संदर्भ के अनुकूल एक अज्ञानता के परदे (Veil of ignorance) के पीछे होंगे जहाँ वह न तो अपने क्षेत्र सीमा से अवगत हैं और न ही इस बात से अवगत हैं कि वो कितने शक्तिशाली हैं।

अंतर्राष्ट्रीय स्तर पर रॉल्स निम्नलिखित आठ सिद्धांतों पर बल देता है–

1. व्यक्ति समूह (पीपल्स) स्वतंत्र हैं और अन्य व्यक्ति समूहों को उनकी स्वतंत्रता का आदर करना चाहिए।
2. व्यक्ति समूहसंधियों और उपक्रमों का पालन करें।
3. सभी व्यक्ति समूह आपस में समान हैं और जिस समझौते के द्वारा ये आपस में जुड़े हुए हैं वो उसके भागीदार हैं।
4. व्यक्ति समूहों को अहस्तक्षेप के कर्तव्य का अनुसरण करना होगा।
5. व्यक्ति समूहों के पास आत्मरक्षा का अधिकार होगा, परंतु उनके पास आत्मरक्षा के अलावा किसी अन्य कारणवश युद्ध करने का अधिकार नहीं होगा।
6. व्यक्ति समूहों को मानव अधिकारों का सम्मान करना होगा।
7. व्यक्ति समूहों को युद्ध के संदर्भ में कुछ प्रतिबंधों का अनुसरण करना होगा।
8. व्यक्ति समूहों का प्रतिकूल परिस्थिति में रहने वाले अन्य व्यक्ति समूहों के प्रति सहायता का दायित्व होगा। [रॉल्स : 1999, 37]

रॉल्स का मानना था कि अंतर्राष्ट्रीय स्तर पर इन आठ सिद्धांतों को लागू करने से हम एक न्यायपूर्ण अंतर्राष्ट्रीय व्यवस्था का निर्माण कर सकते हैं। अपने अंतिम सिद्धांत में सहायता के कर्तव्य की चर्चा करके रॉल्स ने अपने भेद के सिद्धांत को अंतर्राष्ट्रीय स्तर पर भी जीवित रखा है। उनका मानना था कि समूहों की स्वतंत्रता एवं स्वायतता को बनाए रखने के लिए सक्षम संस्थाओं की आवश्यकता होती है, परतु कुछ समाज ऐसे हो सकते हैं जो ऐसी संस्थाओं को उत्पन्न करने में सक्षम ही न हों। अतः ऐसे समाजों के प्रति दूसरे समाजों का सहायता का कर्तव्य तब तक बनता है जब तक वो आत्मनिर्भर न हो जाएं। इस प्रकार रॉल्स किसी सार्वभौमिक सिद्धांत को प्रत्येक परिस्थिति पर समान रूप से लागू करने के बजाय एक संरचनावादी दृष्टिकोण का प्रयोग करते हुए यह समझाते हैं कि उनके द्वारा उल्लेखित न्याय

के सिद्धांत हर परिस्थिति में काम नहीं करेंगे। ये सिद्धांत एक उपयुक्त प्रक्रिया द्वारा निर्मित होंगे जो किसी विशेष संदर्भ को ध्यान में रखते हुए बनाए जाएंगे। अतः एक संरचनावादी दृष्टिकोण समाज तथा व्यक्ति समूहों के विभिन्न तत्त्वों के विशेष गुणों एवं उद्देश्यों को ध्यान में रखते हुए न्याय के सिद्धांत का निर्माण करता है। [रॉल्स : 1999]

विश्ववाद और वैश्विक न्याय
(Internationalism and Global Justice)

वैश्विक न्याय को समझने का एक और महत्त्वपूर्ण दृष्टिकोण हमें विश्ववाद द्वारा मिलता है। विश्ववाद को हम सरलता से थॉमस पोगे के शब्दों में समझ सकते हैं जिनके अनुसार, प्रत्येक व्यक्ति का एक वैश्विक नैतिक अस्तित्व होता है। विश्ववाद वैश्विक न्याय को व्यक्ति के संदर्भ में समझता है न कि व्यक्ति समूह के संदर्भ में। यह एक ऐसा दृष्टिकोण है जो हर व्यक्ति को विश्व नागरिक के रूप में समझता है जिनके दायित्व पर राष्ट्रीय सीमा का बंधन नहीं। इसके अलावा, विश्ववाद हमें मानव जीवन को गंभीरता से लेने के लिए प्रेरित करता है। इसके अनुसार, न्याय की मांग प्रत्येक मनुष्य के प्रति हमारे दायित्व से निकलती है और इस दायित्व का कारण केवल यह है कि हम मनुष्य हैं। उनका मानना है कि हर व्यक्ति का जीवन समान रूप से मूल्यवान है और हर व्यक्ति दूसरे व्यक्ति के हितों का ख्याल क्यों और कैसे रखेगा? इसका उत्तर अंतर्राष्ट्रीय सीमा के द्वारा निर्धारित नहीं किया जाना चाहिए। विश्ववाद विचारक मुख्य तौर पर रॉल्स की आलोचना इसी आधार पर करते हैं कि वो व्यक्ति को केंद्र में रखकर अपने न्याय की संकल्पना नहीं करते। अतः रॉल्स का समतावाद व्यक्तिगत नैतिकता पर मान्य नहीं। विश्ववाद विचारकों का मानना है कि किसी भी कृत्य की न्यायिकता की जांच उस व्यक्ति के ऊपर हुए प्रभाव के द्वारा करनी चाहिए। उनके अनुसार, रॉल्स इस बात पर ध्यान नहीं देते कि जो समाज प्रतिकूल परिस्थितियों से गुजर रहे हैं उनकी इस स्थिति का कारण वैश्विक है। थॉमस पोगे इस मत को स्वीकारते हुए बताते हैं कि वैश्विक गरीबी का मुख्य कारण विभिन्न देशों की केवल आंतरिक परिस्थिति नहीं बल्कि विकसित देशों द्वारा खड़ा किया गया वैश्विक ढांचा है। अतः पोगे के अनुसार, वैश्विक गरीबी का जिम्मेदार विकसित देश तथा उसके नागरिक हैं और इसलिए इसे दूर करने का भार भी उन्हीं पर होना चाहिए। पोगे कहते हैं कि हम इस बात को तो मान लेते हैं कि विश्व में गरीबी एक बहुत ही अहम् और जटिल समस्या है परंतु हम इस बात को मानने को तैयार नहीं होते कि इस समस्या के जिम्मेदार हम खुद हैं। [पोगे : 2005] विश्ववाद को अस्वीकार करने का तात्पर्य है कि हम समानता के सिद्धांत को अस्वीकार कर रहे हैं।

वैश्विक न्याय की समस्याएं : समतावाद और प्रभुसत्ता
(Problems of Global Justice : Egalitarianism and Sovereignty)

न्याय की किसी भी संकल्पना में समानता की अवधारणा केंद्र में होती है। परंतु यहां हमें यह सोचने की आवश्यकता है कि क्या न्याय के लिए समानता का होना अनिवार्य है? क्या

सभी असमानताएँ अन्यायपूर्ण होती हैं? कुछ विचारकों का मानना है कि चूंकि वैश्विक न्याय सामाजिक न्याय का ही एक विस्तृत रूप है, वैश्विक स्तर पर वही समानता का सिद्धांत लागू हो सकता है जो सामाजिक न्याय के संदर्भ में मान्य होता है। परंतु कुछ अन्य विचारक इस तर्क को नकारते हुए बताते हैं कि वैश्विक न्याय की संकल्पना समानता के आधार पर नहीं की जा सकती। आमतौर पर हम एक न्यायसंगत विश्व की संकल्पना समानता के आधार पर ही करते हैं परंतु उस असमानता को हम मूल तौर पर गलत नहीं मानते बल्कि उसके द्वारा उत्पन्न दुष्प्रभावों के कारण उसे गलत मानते हैं। अत: हमें अपना ध्यान विश्व स्तर पर समानता लाने से हटाकर वैश्विक मुद्दों पर केंद्रित करना चाहिए, क्योंकि वैश्विक स्तर पर असमानता दूर करना एक कल्पना मात्र है। डेविड मिलर यह तर्क देते हैं कि विश्व में विभिन्न प्रकार की विविधताओं के कारण यह संभव नहीं कि समानता की एक सार्वभौमिक समझ सभी को समान रूप से मान्य हो। एक बहुल विश्व में हर समाज अपने अनुसार समानता को परिभाषित करेगा और इसकी समझ विभिन्न समाजों में अलग-अलग प्रकार से बनाई जाएगी। [मिलर : 2004] इस प्रकार उनका मानना है कि समानता के आधार पर वैश्विक न्याय को परिभाषित करना उपयुक्त नहीं। यहां यह समझना आवश्यक है कि मिलर द्वारा वैश्विक न्याय के संदर्भ में समानता की आलोचना का तात्पर्य यह है कि असमानता अपने आप में गलत नहीं बल्कि उससे उत्पन्न दुष्प्रभाव उसे गलत बनाते हैं और यह दुष्प्रभाव न्याय स्थापना में बाधक सिद्ध होते हैं। [Ibid.]

वहीं दूसरी ओर, कुछ विचारकों का मानना है कि वैश्विक वितरणात्मक समानता अनिवार्य है। [कमिंगा : 2003] उनका मानना है कि अंतर्राष्ट्रीय परिप्रेक्ष्य को हमें वैश्विक समाज के रूप में देखना चाहिए जो आतंरिक परिप्रेक्ष्य से भिन्न नहीं बल्कि उसका ही एक प्राकृतिक विस्तार है। वैश्विक स्तर पर समानता को अस्वीकार करने का मुख्य तर्क वैश्विक "मूलभूत ढांचे" (basic structure) का अभाव है जो कि वितरणात्मक समानता तथा वितरणात्मक न्याय के लिए महत्त्वपूर्ण है। परंतु विश्ववादी उदारवाद का यह मानना है कि वैश्विक संदर्भ में ऐसे मूलभूत ढांचे विभिन्न स्तरों पर कार्यरत हैं और यह लोगों के जीवन को संचालित तथा प्रभावित करने में भी सक्षम हैं। उदाहरण के तौर पर जी-8, अंतर्राष्ट्रीय वित्तीय संस्थाएं, अंतर्राष्ट्रीय व्यापार संस्था (WTO) आदि कुछ ऐसी संस्थाएं हैं जो लोगों के जीवन को वैश्विक स्तर पर प्रभावित करती हैं। आज व्यापार से राजनीति तक हर क्षेत्र इतना विस्तृत हो गया है कि व्यक्ति के चाहते या न चाहते हुए भी यह उसके जीवन को पूर्ण रूप से संचालित कर रहा है। अत: विश्ववादी विचारक रॉल्स के इस तर्क को नकारते हैं कि वैश्विक स्तर पर मूलभूत ढांचे की संकल्पना करना संभव नहीं और हमें वितरणात्मक न्याय को राष्ट्र-राज्य के मूलभूत ढांचे के रूप में ही समझना चाहिए। उपयुक्त उदाहरण हमें यह विश्वास दिलाते हैं कि वैश्विक न्याय कोई भ्रम नहीं बल्कि वास्तविकता है क्योंकि वैश्विक समाज तथा वैश्विक मूलभूत ढांचे भी वास्तविकता हैं।

थॉमस नेगल वैश्विक न्याय के संदर्भ में कुछ सैद्धांतिक तथा मानकीय प्रश्नों को उठाते हैं जो कि विश्व शासन (global governance) की वैधता के लिए महत्त्वपूर्ण हैं। उनके यह प्रश्न न्याय और संस्थाओं के बीच संबंध से जुड़े हैं। वह घरेलू राजनीति पर ध्यान आकर्षित

करते हुए बताते हैं कि वहां राष्ट्र-राज्य की उपस्थिति के कारण राजनीतिक वैधता तथा न्याय स्थापना सरल है। परंतु वैश्विक राजनीति को राष्ट्र-राज्य का लाभ प्राप्त नहीं है, जिसके परिणामस्वरूप वैश्विक स्तर पर राजनीतिक वैधता और न्याय की संकल्पना तर्कसंगत नहीं लगती। न्याय और संस्थाओं के बीच इसी संबंध को समझाने हेतु नेगल न्याय और प्रभुसत्ता के बीच संबंध को हमारे समक्ष प्रस्तुत करते हैं। वह बताते हैं कि इस संबंध का उचित व औचित्यपूर्ण आकलन थॉमस हॉब्स ने बहुत विस्तृत रूप से किया है। हॉब्स का मानना था कि वैसे तो हम न्याय के वास्तविक सिद्धांत केवल नैतिक तर्कों द्वारा स्थापित कर सकते हैं परंतु उसका वास्तविक रूप से उपयोग एक प्रभुसत्ताधारी राज्य के अंदर ही कर सकते हैं। उनका यह तर्क है कि वास्तविक रूप में न्याय की स्थापना के लिए प्रभुसत्ता आवश्यक है। व्यक्ति न्यायपूर्ण तरीके से तभी काम करेंगे जब उन्हें यह आश्वासन हो कि वह एक न्यायसंगत व्यवस्था के भागीदार हैं। और यह आश्वासन उन्हें कानून के द्वारा ही मिल सकता है जो एक केंद्रीय शासन के द्वारा संचालित हो। हॉब्स के अनुसार, किसी प्रभुसत्ताधारी शक्ति के अभाव में व्यक्ति पुनः प्राकृतिक अवस्था में चले जाएंगे जहाँ न्याय की अवधारणा का कोई महत्त्व नहीं होगा। वह बताते हैं कि व्यक्ति शांति एवं न्याय की इच्छा रखता है परंतु उसे यह भी समझना होगा कि इन दोनों की प्राप्ति वह स्वयं नहीं कर सकता।

यहां यह ध्यान देना अनिवार्य है कि हॉब्स की अवधारणा के अनुसार, व्यक्ति आत्म-हित की सुरक्षा हेतु न्याय स्थापना करने के लिए प्रेरित होगा। परंतु क्या न्याय की अवधारणा केवल आत्म-हित से जुड़ी है? नेगल बताते हैं कि न्याय की संकल्पना आमतौर पर नैतिक उद्देश्यों से निर्मित होती है जिसे केवल आत्म-हित से जोड़कर नहीं समझा जा सकता। गरीबी, भुखमरी, भीषण असमानता जैसे तथ्य इस बात की पुष्टि करते हैं कि न्याय की मांग आत्म-हित से कहीं ऊपर है। इन आपदाओं पर विजय प्राप्त करने हेतु हम चाहे न्याय की किसी भी संकल्पना का सहारा लें, इसमें कोई संदेह नहीं कि यह मानवता के दृष्टिकोण से अस्वीकार्य परिस्थिति है जिससे उस परिस्थिति में रहने वाले लोगों को बाहर निकालना अनिवार्य है। नेगल का मानना है कि ऐसी विकट परिस्थिति में रहने वाले लोगों के प्रति, जो कुपोषण और भुखमरी के शिकार हैं और जो आसानी से रोकी जाने वाले बीमारियों से मर रहे हैं, कम-से-कम हमारा एक न्यूनतम दायित्व तो बनता है और यह दायित्व मानवता के आधार पर है। परंतु यह हमारे समक्ष एक गंभीर समस्या प्रस्तुत करता है कि इस विकट परिस्थिति से वैश्विक प्रभुसत्ता के अभाव में कैसे निपटा जाए।

वैश्विक न्याय की समकालीन प्रासंगिकता
(Contemporary Relevance of Global Justice)

वैश्विक न्याय की प्रासंगिकता के सवाल पर विवाद उसके उद्देश्यों को लेकर नहीं, बल्कि मुख्यतः इस बात पर है कि किसी विश्व प्रभुसत्ताधारी के अभाव में वैश्विक न्याय की संकल्पना करना कैसे संभव है। परंतु यहां यह समझने की आवश्यकता है कि वैश्विक न्याय केवल एक संस्थात्मक व्यवस्था नहीं बल्कि एक विचार भी है। समकालीन वैश्विक व्यवस्था में जहाँ विश्व नई चुनौतियों से लड़ रहा है, वैश्विक न्याय की संकल्पना और भी प्रासंगिक

दिखाई पड़ती है। गरीबी, भुखमरी, असमानता, पर्यावरण, प्रवास जैसी समस्याएं सिर्फ किसी एक देश अथवा देश समूह की स्थिति नहीं बताती बल्कि एक असमान वैश्विक संबंध को भी उजागर करती हैं। यह समस्याएं इस तथ्य को भी उजागर करती हैं कि विश्व के किसी एक कोने में किया गया कार्य विश्व के दूसरे कोने पर भी प्रभाव डाल सकता है। उदाहरण के तौर पर, औद्योगीकरण की होड़ में किया गया प्रदूषण न सिर्फ उस देश को बल्कि पूरे विश्व को प्रभावित करता है। अत: ऐसी परिस्थिति में विश्व स्तर पर न्याय की मांग अनिवार्य बन जाती है। इसके अलावा, अगर नैतिक आधार पर भी विचार करें तो वैश्विक न्याय की संकल्पना समकालीन विश्व में और भी दृढ़ हो जाती है। न्याय की मांग पहचान संबंधित नहीं बल्कि मानवता के आधार पर होनी चाहिए। न्याय की दोहरी नीति अपनाना किसी भी प्रकार से नैतिक नहीं हो सकता। राष्ट्रीय स्तर पर न्याय की मांग को अधिकार के रूप में समझना और वैश्विक स्तर पर इसे दान या परोपकार के रूप में समझना उचित नहीं। मानवता एवं मानव अधिकार एक सार्वभौमिक न्याय की संकल्पना की मांग करते हैं। वैश्विक न्याय समकालीन विश्व में मानव अधिकार की रक्षा के लिए एक अनिवार्य संकल्पना है।

निष्कर्ष (Conlusion)

हमने देखा कि वैश्विक न्याय की संकल्पना अत्यंत महत्त्वपूर्ण परंतु जटिल भी है। वैश्विक न्याय की संकल्पना पर सवाल सैद्धांतिक तौर पर नहीं बल्कि व्यावहारिक तौर पर उठाए जाते हैं। रॉल्स न्याय की संकल्पना का विस्तार करते हुए उसे अंतर्राष्ट्रीय स्तर पर लागू करने का प्रयास करते हैं। परंतु वह यह भी मानते हैं कि विश्व की समस्याओं का कारण व हल दोनों घरेलू संस्थाओं में निहित है। वहीं दूसरी ओर, विश्ववादी विचारक रॉल्स की आलोचना करते हुए यह बताते हैं कि वैश्विक असमानताओं तथा वैश्विक गरीबी का कारण विकसित देशों द्वारा अपनाया गया विकास का मॉडल है न कि उनके देश की आंतरिक परिस्थिति। इस अध्याय में हमने यह भी समझने का प्रयास किया कि किस प्रकार विश्व समतावाद और प्रभुसत्ता वैश्विक न्याय के मार्ग में समस्या उत्पन्न करते हैं। परंतु इन समस्याओं के बावजूद वैश्विक न्याय आज के संदर्भ में एक अत्यंत महत्त्वपूर्ण संकल्पना है जो हमें संसार में हीनतम स्थिति में रहने वाले अन्य मनुष्यों के प्रति दायित्वों को हमारे समक्ष लाता है। आज हम एक ऐसे विश्व में रहते हैं जहाँ किसी एक भाग में हो रहे कार्य किसी दूसरे भाग में रहने वाले मनुष्यों को प्रभावित करते हैं और ऐसी परिस्थिति में न्याय की पारंपरिक घरेलू संकल्पना के द्वारा हम विश्व स्तर पर न्याय की स्थापना नहीं कर सकते। प्रवास, वातावरण, गरीबी, आदि कुछ ऐसे मुद्दे हैं जिनको वैश्विक न्याय की संकल्पना के द्वारा आसानी से समझा जा सकता है और इनके दुष्प्रभावों को रोका जा सकता है।

अभ्यास प्रश्न (Practice Questions)

1. आप न्याय और संप्रभुता के बीच संबंध को कैसे देखते हैं? समझाइए।
2. द लॉ ऑफ पीपल्स में जॉन रॉल्स के विचारों पर चर्चा कीजिए। क्या आपको उनकी "न्याय की राजनीतिक अवधारणा" विश्वसनीय लगती है? समझाइए।

3. क्या आपको लगता है कि राज्यों में कार्यरत लोकतांत्रिक जवाबदेही की अवधारणाओं और मॉडलों को वैश्विक संदर्भ में लागू किया जा सकता है? समझाइए।
4. क्या आपको लगता है कि वैश्विक स्तर पर न्याय की अवधारणा में विश्वबंधुत्व (कॉस्मोपॉलिटेनिस्म) महत्त्वपूर्ण है? चर्चा कीजिए।

संदर्भ सूची (References)

जॉन रॉल्स, "द लॉ ऑफ पीपल्स", *क्रिटिकल इन्क्वायरी*, 20, 1993.

थॉमस नेगल, "द प्रॉब्लम ऑफ ग्लोबल जस्टिस", *फिलोसोफी एंड पब्लिक अफेयर्स*, Vol. 33, No 2, 2005, pp 113-147.

मन्नो, कमिंगा, (2003), *ऑन ग्लोबल जस्टिस*, सीडीएस रिसर्च रिपोर्ट सीरीज़।

थॉमस पोगे, (2005), "वर्ल्ड पावर्टी एंड ह्यूमन राइट्स", *एथिक्स एंड इंटरनेशनल अफेयर्स*, Vol. 19, No 1, 2005.

डेविड मिलर, (2005), "अगेंस्ट ग्लोबल इगलिटेरिअनिस्म", द *जर्नल ऑफ एथिक्स*, 2005.

अध्याय 9

राजनीतिक बाध्यता
Political Obligation

शबाना आज़मी

प्रस्तावना (Introduction)

समाज में एक मनुष्य का जीवन कई प्रकार के संबंधों पर आधारित होता है। इन संबंधों का ताना-बाना एक मनुष्य से दूसरे मनुष्य के बीच, मनुष्यों और समाज, राज्य और कई और संस्थानों के बीच होता है। सरल शब्दों में, मनुष्य जिस वातावरण में अपना जीवन व्यतीत करते हैं, मनुष्य और उस वातावरण के बीच संबंध बनता है। मानवीय समाज में जहाँ ये संबंध जीवन में कई बाधाएं हटाने में सहायक होते हैं, वहीं इनका निर्वाह करने के लिए मनुष्यों को कई प्रतिबंधों, जो कि नियम और कानूनों, का रूप लेते हैं, को स्वीकार करना पड़ता है। यह परिस्थिति मानव का मानवीय समूह के साथ संबंध दर्शाती है। लेकिन प्रतिबंधों को मानने के लिए यह तर्क सर्वसम्मत नहीं है। हम सदैव एक व्यक्ति के रूप में यह सोचते हैं कि इस प्रकार के प्रतिबंध व्यक्तियों पर क्यों लगाए जाएं? हम क्यों किसी की (सत्ता) आज्ञा का पालन करते हैं? यह सवाल न केवल हमारे मन में उजागर होता है बल्कि बहुत से राजनीतिक दार्शनिकों ने इस पर कई सवाल उठाए हैं। राजनीतिक बाध्यता के सिद्धांतों में, व्यक्तियों के परिप्रेक्ष्य से, यह प्रश्न पूछा जाता है कि व्यक्ति की बाध्यता किसके प्रति हो (उसकी व्यक्तिगत चेतना या नैतिकता से, उसके परिवार से या फिर किन्हीं अन्य सामाजिक संस्थानों से जैसे कि धार्मिक संस्थान या फिर राज्य से। इसलिए राजनीतिक बाध्यता को विभिन्न राजनीतिक चिंतक अपने विभिन्न मतों से व्याख्यायित करते हैं। यहां प्रश्न यह भी उठता है कि व्यक्ति किसके प्रति बाध्य है– कानून, राजनीतिक सत्ता या नागरिक समाज? राजनीतिक बाध्यता मूल रूप से राजनीतिक दार्शनिकों और सामान्य नागरिकों में एक मुख्य समस्या के रूप में प्रतिबिंबित होती है। यदि एक समस्या के रूप में हम राजनीतिक बाध्यता को देखें तो प्राचीन समय से समकालीन समय तक इस विषय को लेकर एक संशय सा बना हुआ है। जिससे इस विषय पर अभी तक किसी तरह की कोई आम सहमति नहीं बन पाई है। इसलिए राजनीतिक बाध्यता की अवधारणा की समझ बहुत व्यापक और जटिल प्रतीत होती है। यह अपने आप में बहुत-सी संकल्पनाओं को आत्मसात करते हुए चलती है। इसकी सामान्यता और अस्पष्टता को देखते

हुए थॉमस मैक्फर्सन का मानना है कि राजनीतिक बाध्यता की संकल्पना को राजनीतिक दर्शन का विषय ही नहीं माना जाना चाहिए। यदि हम इस राजनीतिक बाध्यता की संकल्पना को हटा दें हमें यहां यह उचित महसूस हो सकता है क्योंकि यह एक इतनी सामान्य संकल्पना है जो किसी काम की नहीं है। [मैक्फर्सन : 1967, पृ. 68]

राजनीतिक बाध्यता की अवधारणा (Concept of Political Obligation)

राजनीतिक बाध्यता की अवधारणा ने बहुत से राजनीतिक चिंतकों और सिद्धांतकारियों के मन में बहुत से प्रश्नों को जन्म दिया है। यहां सबसे सीधा सा प्रश्न यह है कि हम कानून का पालन क्यों करें? यह अवधारणा बहुत-सी अन्य अवधारणाओं को अपने अंदर समेटे हुए है, जैसे कि राजनीतिक दायित्व, राज्य की वैधता, राजनीतिक सत्ता (सरकारों) की वैधता, सहमति (consent), स्वैच्छिक (voluntary) और अस्वैच्छिक (involuntary) बाध्यता। इस अवधारणा को स्पष्टता से परिभाषित करने के लिए यह आवश्यक है कि राजनीतिक बाध्यता की समस्या की प्रकृति की, इन सभी अवधारणाओं से संबंध स्पष्ट करते हुए, उचित तरह से जांच की जाए। आमतौर पर बहुत से राजनीतिक सिद्धांतों में यह देखा गया है कि राजनीतिक बाध्यता की संकल्पना को राज्य में रहने वाले नागरिकों की राज्य के प्रति एक निष्ठा से जोड़कर देखा जाता है। तथापि यह अवधारणा इतनी सरल नहीं है जितना इसे समझा गया है। राजनीतिक बाध्यता का अर्थ यह नहीं है जिसे सामान्य तौर पर नागरिकों की राज्य के प्रति सिर्फ निष्ठा मान लिया जाता है। बल्कि इसका अर्थ इससे परे जाकर इसकी समझ को जानने में हो सकता है। इसके अर्थ को और अधिक स्पष्टता से जानने के लिए राजनीतिक बाध्यता और राजनीतिक दायित्व के मध्य के अंतर को जानना चाहिए। इसके साथ ही कर्तव्यों को नैतिक आधार पर किए गए कार्यों से भिन्न समझना चाहिए।

राजनीतिक बाध्यता की संकल्पना को यदि विशिष्ट संदर्भ में रखकर देखें तो इसका अभिप्राय बाध्यता और कर्तव्यों को सामान्यत: एक सांचें में रखकर नहीं देखने से है। राजनीतिक बाध्यता एक नैतिक पक्ष को अपने में समेटे हुए होती है, जबकि राजनीतिक कर्तव्य में विधिक बल (legal force) के प्रयोग को प्राथमिकता दी जाती है। यहां कहीं-न-कहीं पर राजनीतिक बाध्यता की अवधारणा में स्वैच्छिक अनुपालन के भाव को देखा जाता है। वहीं दूसरी तरफ, राजनीतिक कर्तव्य में अस्वैच्छिक अनुपालन का भाव विद्यमान होता है। इससे विधिक और राजनीतिक बाध्यता का अंतर सामने निकल कर आता है। विधिक बाध्यता का तात्पर्य कानून के पालन से है। नागरिकों के द्वारा कानून के पालन में यदि कोई त्रुटि हो तो इस त्रुटि की एवज में उन्हें दंड का प्रावधान किया गया है। जबकि राजनीतिक बाध्यता में एक अच्छा नैतिक कारण नागरिकों और राज्य के मध्य संबंधों की पुष्टि करता है। उदाहरणत: यदि राजनीतिक प्रक्रिया में चुनावों में हमें अपने मतों द्वारा सहभागिता देनी पड़े तो यह कार्य कर्तव्य एवं कानून के दायरे में न आकर राजनीतिक बाध्यता के दायरे में आता है। एच. ए. एल. हार्ट ने बाध्यता को तीन मुख्य तत्वों के आधार पर परिभाषित किया है : 1. बाध्यता को स्वैच्छिक रूप से उत्पन्न किया जाता है। 2.बाध्यता का कुछ विशिष्ट/अभिजन व्यक्तियों के लिए होना (जिनके पास अधिकार है)। 3.बाध्यता से तात्पर्य यहां ऐसी क्रियाओं से है जो

कि बाध्य होने से उत्पन्न नहीं होती तथापि यह समझौता करने वाली पार्टियों के मध्य संबंधों से उत्पन्न होती है। [हार्ट : 1955]

राजनीतिक बाध्यता का सीधा संबंध राज्य की वैधता से है, जो कि नागरिकों को राज्य के द्वारा दिए गए दायित्वों का पालन करने के लिए बाध्य करता है। राज्य की वैधता का सिद्धांत अपने सबसे स्पष्ट रूप में मैक्स वेबर के राज्य को परिभाषित करने के प्रयास में दिखता है। मैक्स वेबर के अनुसार, राज्य एक ऐसा मानवीय समुदाय है जिसके पास अपने भौगोलिक क्षेत्र में किसी भी प्रकार के शारीरिक बल प्रयोग करने का एकाधिकार है [वेबर : पृष्ठ स. 310] हालांकि यह परिभाषा अपने आप में असंपूर्ण है। इस परिभाषा की समझ के परे कई और अवधारणाएँ हैं जो कि लोगों की राज्य के प्रति आज्ञा पालन की भावना को समझाने का प्रयास करती हैं। जैसे कि राज्य की कानून के आधार पर वैधता। कानून के आधार पर वैधता राज्य को स्वयं ही कुछ वैध मानकों (सकारात्मक मानक) का अनुसरण करने पर बल देती है; जैसे कि संवैधानिक नियमों का पालन करना। इसके चलते राज्य का कोई भी काम अवैधानिक रूप से नहीं किया जा सकता। लोग राज्य द्वारा बनाए गए कानूनों का पूर्ण रूप से पालन करें इसके लिए राज्य द्वारा बल का प्रयोग, और राज्य को मिली कानूनी वैधिकता जैसे व्यवस्थाएं ही पर्याप्त नहीं होती हैं, बल्कि राज्य को नैतिक वैधता के साधन की भी आवश्यकता होती है। राज्य के सभी कृत्य जिनमें राज्य ने बल का प्रयोग किया हो और कानूनों का भी उचित प्रकार से अनुसरण किया हो तभी सब लोगों को मान्य होते हैं, जब उन्हें किसी नैतिक आधार की कसौटी पर न्यायसंगत प्रमाणित किया जा सके।

ऐतिहासिक परिप्रेक्ष्य में राजनीतिक बाध्यता
(Political Obligation in Historical Perspective)

राजनीतिक बाध्यता का प्रश्न उतना ही पुराना है, जितना की राजनीतिक दर्शन का इतिहास। राजनीतिक बाध्यता के प्रश्न ने अपने अतीत से ही दार्शनिकों का ध्यान अपनी और आकर्षित किया है। यद्यपि राजनीतिक बाध्यता अपने अतीत से ही एक महत्त्वपूर्ण विषय रहा है, लेकिन आधुनिक सिद्धांतवादियों ने इसे एक अवधारणा के रूप में विवेचित किया है जो कि राजनीतिक बाध्यता के एक विलग अर्थ को विवेचित करती है। यदि हम सुकरात को केंद्र में रखकर देखें तो आधुनिक समय के अनुबंध सिद्धांतकारों और सहमति के सिद्धांतकारों के विचारों में सुकरात के चिंतन का प्रतिरूप दिखाई देता है। तथापि उनके संदर्भों और लक्ष्यों में भिन्नता देखने को मिलती है। उदाहरण के रूप में, प्लेटो ने अपनी *कृटो* (Crito) नामक पुस्तक में यह विवेचित किया है कि सुकरात को उस समय की अदालत ने देशद्रोही घोषित कर उन्हें मृत्युदंड दिया। जबकि उनके पास जेल से भागने के अवसर मौजूद थे। लेकिन सुकरात इन अवसरों के होते हुए भी वहां से बचकर भागते नहीं हैं। बल्कि राज्य द्वारा दिए गए दंड को स्वीकार करते हैं। क्योंकि सुकरात इस कार्य को राज्य के खिलाफ तथा इसे एक अन्याय के रूप में समझते थे। वह राज्य को व्यक्ति से ऊपर समझते थे, जिसमें उनका जन्म, पालन–पोषण और शिक्षण हुआ था। उस समय सुकरात एक ऐसी राजनीतिक व्यवस्था में थे, जो कि भागीदारी पर आधारित, अर्द्ध प्रत्यक्ष लोकतंत्र था (बहिष्करण, गुलामी, वर्ग

असमानताओं, और पितृसत्ता पर आश्रित था)। इस प्रकार प्लेटो का मानना था कि सुकरात किसी भी तरह से स्थापित सत्ता के प्रति सामान्य बाध्यता का वैधिक रूप नहीं दिखाना चाहते थे। [प्लेटो : 2007] तथापि वे राजनीतिक बाध्यता को शीलता और सदाचार के रूप में प्राथमिक चिंता का विषय बनाना चाहते थे।

मध्यकालीन युग में राजनीतिक बाध्यता को एक ऐसे विचार के साथ जोड़ा गया, जिसमें धार्मिक सत्ता को एक आध्यात्मिक मान्यता के रूप में स्थापित किया गया। जिसे एक सांसारिक, सामाजिक और राजनीतिक अभिव्यक्ति भी दी गई। लौकिक शक्तियों का अधिकार ईश्वरीय प्राधिकार द्वारा सुरक्षित किया गया, तथा 'शासकों को इस संसार में भगवान के दिव्य आदेश के हिस्से के रूप में देखा गया। उस समय राजनीतिक अधिकार के संदर्भ में सामान्य प्रश्न किसी की भी समझ से बाहर थे'। [पेटमैन : 1985, पृ. 100] एक सांसारिक शासक की अवज्ञा को पापी या अधर्मी प्रकृति का समझा जाता था, और उसे ईश्वर के आदेश की अवहेलना माना जाता था। राजनीतिक बाध्यता को अपने आधुनिक अर्थ में तभी व्यक्त किया जा सका जब इस विश्वास का अपने व्यापक, एकीकृत, और आध्यात्मिक रूप में पतन हुआ। नीत्शे ने इसे "भगवान की मौत" की संज्ञा दी।

आधुनिक चिंतकों ने राजनीतिक बाध्यता नामक शब्द को प्रत्यक्ष रूप में विवेचित नहीं किया है। लेकिन उन्होंने राजनीतिक बाध्यता की समस्या को सामाजिक और राजनीतिक कार्यों में एक केंद्रीय समस्या के रूप में समझा है। हॉब्स की पुस्तक *दी सीवे* में "नागरिक विज्ञान" की संकल्पना के पीछे जो एक लक्ष्य दिखाई देता है वह राज्यों के अधिकार और विषयों के कर्तव्यों के स्वरूप को बनाने से संबंधित है। जिससे एक आधुनिक राजनीतिक व्यवस्था की संरचना की जा सके। जैसा कि भीखू पारेख का मत है कि हॉब्स, जॉन लॉक, जेरेमी बेंथम, कांट, जे.एस. मिल, जेम्स मिल, हेगेल, यह सभी राजनीतिक सिद्धांत में एक प्रश्न के साथ सहमत थे कि हमें नागरिक अधिकारों का पालन क्यों करना चाहिए? [पारेख : 1993, पृ. 236] जो कि राजनीतिक बाध्यता को एक केंद्रीय समस्या के रूप में दर्शाती है। 20वीं सदी के उत्तरार्ध तक राजनीतिक बाध्यता की समस्या एक पृथक, संयोजित विमर्श के रूप में उभरी। जिसमें इस समस्या से जुड़ी मूल्यपरक चिंताएं, इस समस्या का प्रस्तुतीकरण और उसके समाधानों पर विचार करना शामिल था।

राजनीतिक बाध्यता के विमर्श में दो मतों के मध्य मतांतर देखने को मिलता है। एक राजनीतिक बाध्यता के समर्थक और दूसरे दार्शनिक अराजकतावादी। राजनीतिक बाध्यता के समर्थक सदा उन तरीकों का पक्ष लेते हैं जिनमें राजनीतिक विषय "वैध" राजनीतिक आदेशों और व्यवस्थाओं का पालन करते हैं। जबकि दार्शनिक अराजकतावादी राज्य के अवैधानिकता स्वरूप को व्यख्यायित करते हैं क्योंकि वे राज्य के शासन को एक बलपूर्वक व्यवस्था के रूप में देखते हैं। आधुनिक समय में राजनीतिक बाध्यता की अवधारणा का सिद्धांतीकरण हुआ। वह अपने आप में बहुलरूपी अर्थों में निकलकर सामने आया। इन सिद्धांतों को बहुलरूपी अर्थों में समझने के लिए तीन केंद्रीय अवधारणाएँ, जो कि राजनीतिक बाध्यता के आधार के रूप में समझी जाती हैं, के आसपास व्यवस्थित किया गया है – चेतना (rationality), पारस्परिकता (reciprocity) और तर्कसंगतता (reasonableness)।

चेतना का आधार राजनीतिक बाध्यता को स्वीकार करने के लिए स्वयं हित को महत्त्व देता है। इसमें अनुबंध का सिद्धांत प्रमुख रूप से देखने को मिलता है। जबकि पारस्परिकता का आधार शुद्ध/निष्पक्ष विनिमय (fair exchange) के विचारों पर बल देता है। इसमें कृतज्ञता (gratitude) और निष्पक्षता (fairness) का सिद्धांत देखा जाता है। वहीं तर्कसंगतता न्याय के विचार के लिए अपील करती है। इसमें प्रमुख सिद्धांत हैं– न्याय का वितरक (distributive justice) रूप, उपयोगितावादी (utilitarian) सिद्धांत, परिकल्पनावादी अनुबंध सिद्धांत (hypothetical contract theory)।

इस प्रकार राजनीतिक सिद्धांतकारियों ने अपने भिन्न प्रयासों में मुख्य रूप से राजनीतिक बाध्यता के सिद्धांत में सामाजिक अनुबंध, प्राकृतिक कर्तव्य, सहमति, निष्पक्षता, समूह सदस्यता, राजनीतिक अराजकता, कृतज्ञता का सिद्धांत तथा इन सभी सिद्धांतों के बहुलवादी संयोजन को शामिल किया। वास्तव में, इन सभी मतों के मध्य इस अभिमत को लेकर असहमति देखी जाती है कि इन सभी में से किस सिद्धांत को राजनीतिक बाध्यता को लागू करने के लिए प्राथमिकता दी जाए। हालांकि इन सभी सिद्धांतों के रचनाकार इस बात पर सहमत हैं कि प्राधिकार द्वारा दिए गए विधिक निर्देशों का पालन कुछ नैतिक दायित्व के आधार पर होना चाहिए।

सामाजिक अनुबंध का सिद्धांत (Theory of Social Contract)

सामाजिक अनुबंध का सिद्धांत अपने आप में उतना ही पुराना सिद्धांत है जितना कि प्लेटो को हम समझने का प्रयास करते हैं। यह सिद्धांत 17वीं सदी में अपने पूर्ण अर्थ के साथ प्रफुल्लित हो रहा था। मूलतः इस सिद्धांत पर रूसो, कांट तथा अन्य दार्शनिकों ने सामाजिक अनुबंध के सिद्धांत को विवेचित किया है। लेकिन इस सिद्धांत की प्रमाणिकता को हम हॉब्स की *लेवियाथन* (Levithan) और लॉक की *शासन पर दो निबंध* (two essays on state) में पारंपरिक अर्थों में देख सकते है। अनुबंध सिद्धांतकारी जनता और शासन के मध्य संबंधों को एक अनुबंध पर आधारित करके देखते हैं। इनका मानना है कि शासन और जनता के मध्य संबंध असमान न होकर समानता पर आधारित होता है। जबकि हॉब्स और लॉक दोनों शासन और जनता के मध्य हुए अनुबंध में किसी भी तरह के मतभेद होने की दशा में नागरिकों को यह अधिकार देते हैं कि वे राजनीतिक बाध्यता का पालन न करे। हॉब्स का सामाजिक अनुबंध का सिद्धांत ऐसे किसी भी व्यक्ति के लिए सत्ता का निर्माण करता है जिसमें उस सत्ता को बनाए रखने की काबलियत हो। हॉब्स अपने विचारों में एक ऐसी परिस्थिति की कल्पना करते हैं जिसमें सभी व्यक्ति काल्पनिक रूप में राज्य की प्रकृति में हों, जिसमें कोई सरकार या कानून न हो जो उन्हें निर्देशित करे, किंतु वहां प्राकृतिक कानून हो जिसमें सभी प्राकृतिक रूप से समान और स्वत्रंत होंगे। लेकिन इस प्राकृतिक राज्य में एक युद्ध की परिस्थिति बनी रहती है, क्योंकि मनुष्य शक्ति की कामना करता है जो उसे युद्ध की स्थिति में धकेलती है। जिसमें प्रत्येक मनुष्य एक-दूसरे से युद्ध कर रहा होता है। इस परिस्थिति से बाहर निकलने के लिए लोग एक समझौता करते हैं। जिसके अनुसार वे अपनी स्वतंत्रता को संप्रभु को सौंप देते है। इस संप्रभु के पास कानून बनाने और उन्हें क्रियान्वित करने की शक्ति होगी। इस सामाजिक समझौते को हॉब्स ने "संस्थानों द्वारा संप्रभुता" कहा है।

लॉक हॉब्स के सामाजिक समझौते के यथार्थवादी विचार से परे अपने उदारवादी विचार देते हुए बताते हैं कि राज्य में रहने वाले मनुष्य शांतिप्रिय और सहयोगी होते हैं। लेकिन प्राकृतिक अवस्था में कुछ दुविधाओं के चलते लोग दो स्तर/तरह के समझौते करते हैं। प्रथम: समझौते में नागरिक–समाज की स्थापना करते है और दूसरे समझौते में राज्य की स्थापना करते हैं। [लॉक : 1823] इस तरह लॉक का अभिमत लोगों को यह अधिकार देता है कि यदि राज्य द्वारा उचित तरह से कार्य नहीं किया जाए तो वे राज्य के विरुद्ध विद्रोह कर सकते हैं। इस विद्रोह के बाद व्यक्ति वापस प्राकृतिक अवस्था में न जाकर नागरिक समाज की व्यवस्था में चले जाते हैं। जिसका अभाव हम हॉब्स के सामाजिक समझौते में देख सकते हैं।

सहमति का सिद्धांत (Consent Theory)

राजनीतिक बाध्यता के औचित्य के सिद्धांत के रूप में सहमति का सिद्धांत व्यापक रूप से चर्चा में है। इस सिद्धांत को सामाजिक अनुबंध के सिद्धांत से प्राप्त किया गया है। सहमति सिद्धांत के सिद्धांतकारों का मानना है कि हमें कानूनों का पालन करना चाहिए क्योंकि इन कानूनों का निर्माण करने की सहमति हमने राज्य को एक समझौते के द्वारा दे दी थी। इन सिद्धांतवादियों का मानना है किं यदि दो लोगों या पार्टियों के मध्य समझौता होता है तो वह समझौता उनकी स्वैच्छिक इच्छा का प्रतिफल होता है। यह समझौता उन दोनों के मध्य आम सहमति से होता है जिसे मानने के लिए वे दोनों प्रतिबद्ध होते हैं। इसलिए यह सिद्धांत स्वैच्छिकता के पक्ष पर अधिक बल देता है।

इस सिद्धांत को 17वीं सदी के विचारकों थॉमस हॉब्स, जॉन लॉक और 18वीं सदी के दार्शनिक जीन जैक्स रूसो के विचारों के साथ जोड़कर देखा जाता है। सहमति के सिद्धांतों में दो अभिमतों को देखा जाता है। प्रथम में हम स्वयं ही कानूनों को मानने की सहमति देते/लेते हैं, जिसके परिणामस्वरूप कानूनों का पालन हमें स्वयं से बाध्य करता है। दूसरी ओर सहमति के सिद्धांत को वास्तविकता और आज की परिस्थिति में रखकर देखें तो सहमति का सिद्धांत एक विवादास्पद मुद्दा लगता है। क्योंकि अतीत में लोगों के मध्य हुए समझौते वर्तमान राज्य में सभी नागरिकों को मान्य नहीं होते हैं। आधुनिक सहमति सिद्धांतशास्त्री इन समस्याओं को दूर करने के लिए लॉक द्वारा प्रतिस्थापित व्यक्त और अव्यक्त सहमति के मध्य विभेद को अपनाते हैं। व्यक्त सहमति से तात्पर्य व्यक्तिगत व्यवहार – उच्चारण और लिखित अभिव्यक्ति – के द्वारा दी गई सहमति से होता है। अव्यक्त सहमति में हम अपनी अभिव्यक्ति नहीं कर पाते हैं। सहमति सिद्धांत में यह माना जाता है कि हम कानून का पालन सदैव अव्यक्त सहमति के द्वारा करते हैं। यह अव्यक्त सहमति किसी भौगौलिक परिक्षेत्र में निवास और चुनावों में मतदान करने में देखी जाती है। अव्यक्त सहमति में इस बात की पुष्टि करना कठिन है कि कानून का पालन किस तरह से करना है, तथा उसके अंतर्गत कौन से कार्यों को वैध माना जाए और किसे अवैध। उदाहरण के लिए, निवास स्थान और चुनावों में सहभागिता को ही आज्ञा का अनुपालन करने का मानक नहीं माना जाना चाहिए। क्योंकि प्रस्तुत कानून किसी एक व्यक्ति की आंतरिक सहमति का ही प्रतिफल नहीं माना जाता है, बल्कि यह बहुसंख्यक लोगों की सहमति का प्रतिफल माना जाता है, जिसे हम चुनावों में

जीत कर बनाई गई सरकार के द्वारा बनाए गए कानूनों का निर्माण करना और उन्हें राजनीतिक बाध्यता के तौर पर क्रियान्वित करना से देखा जा सकता है।

उपयोगितावादी सिद्धांत (Utilitarian Theory)

उपयोगितावादी दिव्य मूल्यों की धारणा को अस्वीकार करते हैं। वे राज्य भक्ति करने के किसी भी प्रयास को अस्वीकार करते हैं। जेरेमी बेंथम को उपयोगितावादी दार्शनिक मत का अग्रणी प्रतिपादक माना जाता है। उनका मानना था कि मानव व्यवहार को केवल दो स्वामी/तत्व नियंत्रित करते हैं : सुख एवं दुःख। [बेंथम : 1781] इस प्रकार बेंथम का ध्यान कृत्यों के परिणामों की ओर अधिक केंद्रित था, जिसमें परिणामों को देखकर अच्छे और बुरे कार्यों की पहचान की जा सकती थी। बेंथम के अनुसार, व्यक्ति को अच्छे कार्यों से सुख की और बुरे कार्यों से दुःख की अनुभूति होती है। बेंथम के विचारों में नैतिक मापदंडों का प्रस्ताव भी देखा जाता है, जिसके द्वारा व्यक्तियों के व्यवहार का औचित्य समझा जा सकता है। इस प्रकार उपयोगितावादियों का कहना है कि हर क्रिया का लक्ष्य मानव के सुख के परिमाप में वृद्धि करने से है और दुःख के परिमाप की मात्रा को कम करने से है।

उपयोगितावादी अपना ध्यान सुख और दुःख के समग्र संतुलन की ओर केंद्रित करते हैं तथा किस तरह से अधिकतम लोगों के दुखों को कम किया जा सके। उपयोगितावादी अधिकतम लोगों के सुखों को ध्यान में रखते हुए राजनीतिक दायित्व के संदर्भ में यह दृष्टिकोण रखते हैं कि सहमति की उपस्थिति या अभाव की परवाह किए बिना लोगों को कानून का पालन करना चाहिए। इसका कारण यह है कि कानून का पालन करने से राज्य का अस्तित्व बना रहता है, साथ ही यह अधिकतम लोगों को लाभ पहुंचाता है और सुख की प्राप्ति कराता है। इस प्रकार, उपयोगितावादी राजनीतिक बाध्यता के लिए ऐसे नैतिक सिद्धांतों की संकल्पना करते हैं, जिसमें सभी व्यक्तियों को अपने दायित्व का पालन इस प्रकार करना चाहिए, जिसका लाभ पूरे समाज को मिल सके। उपयोगितावादी दृष्टिकोण राजनीतिक बाध्यता के संबंध में एक व्यवहारिक औचित्यता का मत देता है। इसमें व्यक्ति राज्य के कानूनों का पालन तभी तक करेगा जब तक उसे सुखों की प्राप्ति होती है। बेंथम के अनुसार राज्य की व्यवस्था इस प्रकार की होनी चाहिए जिसमें अधिकतम लोगों के अधिकतम सुखों की पूर्ति होती हो। अर्थात् राज्य को अपनी कार्यशैली/कानूनों को उसकी उपयोगिता तक ही सीमित रखना चाहिए।

प्राकृतिक कर्तव्य का सिद्धांत (Natural Duty Theory)

प्राकृतिक कर्तव्यों से अभिप्राय उन कर्तव्यों से है, जिसमें व्यक्ति नैतिक अभिकर्ता होने के नाते राजनीतिक बाध्यता का अनुपालन करता है। इन कर्तव्यों का पालन करने के लिए लोगों को सामाजिक भूमिका की आवश्यकता नहीं होती है क्योंकि वे लोग तार्किक होते हैं। जिसके कारण यह कर्तव्य सार्वभौमिक माने जाते हैं। इस तरह का अभिमत जॉन रॉल्स की एक कृति *थ्योरी ऑफ जस्टिस* (Theory of justice) में देखने को मिलाता है। रॉल्स अपने न्याय के सिद्धांत में न्यायपूर्ण समाज की नींव रखना चाहते हैं। जिसके लिए वे अपने सिद्धांत में एक ऐसी काल्पनिक परिस्थिति की संरचना करते हैं, जिसे उन्होंने न्याय की वास्तविक

स्थिति कहा है। इस वास्तविक स्थिति में जो लोग होंगे वह एक ऐसी प्रतिबंधित स्थिति होगी जिसमें वे स्वयं की यथास्थिति (जैसे- आय, बौद्धिक क्षमताएं, धर्म, उम्र आदि) के बारे में नहीं जानते होंगे, जिसे रॉल्स ने "अज्ञान का पर्दा" कहा है। जिसमें व्यक्ति अपनी सामाजिक दशा को जानते हुए ऐसे नियमों और सिद्धांतों को लागू करने की बात ना करे जो सिर्फ कुछ लोगों के हितों तक ही सीमित हो। रॉल्स की इस परिस्थिति (वास्तविक स्थिति) में सभी व्यक्ति कुछ नैतिक सिद्धांतों और व्यवहारिक नियमों पर निर्णय लेने के लिए एकत्रित होते हैं, जो सभी परिस्थितियों में सभी पर एकसमान लागू होंगे। [रॉल्स : 1971]

रॉल्स द्वारा बताए गए नैतिक सिद्धांतों में से एक सिद्धांत प्राकृतिक कर्तव्य के रूप में देखा जा सकता है, जो सभी लोगों पर सभी परिस्थितियों में एकसमान रूप से लागू होता है। रॉल्स अपने न्यायपूर्ण सिद्धांत में बहुत से नैतिक कर्तव्यों की बात करते हैं। जिनमें किसी अन्य का अहित न करना और पारस्परिक सहायता करना शामिल है। लेकिन सबसे महत्त्वपूर्ण कर्तव्य के रूप में संस्थानों का समर्थन करना और उन्हें आगे की तरफ ले जाना है। इसके लिए न्यायपूर्ण राजनीतिक संस्थानों का अनुपालन करना चाहिए जिससे लोकव्यवस्था बनी रहेगी।

निष्पक्षता का सिद्धांत (Theory of Fairness)

निष्पक्षता का सिद्धांत भी अन्य सिद्धांतों की तरह राजनीतिक बाध्यता के संदर्भ में अधिक लोकप्रिय सिद्धांतों में से एक सिद्धांत माना जाता है। इस सिद्धांत को प्राकृतिक कर्तव्य सिद्धांत और सदस्यता सिद्धांत से जोड़कर देखा जाता है। निष्पक्षता के सिद्धांत में सबसे महत्त्वपूर्ण तत्त्व यह है कि लोगों को समान लाभों की प्राप्ति तभी होगी जब लोगों के मध्य समान भार को बांटा जाए। हार्ट का मानना है कि यदि हम लाभ स्वीकार करते हैं तो हमें उसके एवज में कुछ लाभ भी देना चाहिए। जो हमें कानूनों के पालन करने के लिए कर्तव्यों का दायित्व देता है। निष्पक्षता के सिद्धांतशास्त्रियों का ध्यान इस बात पर है कि लोगों को अपने वचनों का और समझौतों का पालन करना चाहिए। इनका मानना यह भी है कि लोगों की उम्मीदों की तिलांजलि न देते हुए सबको राजनीतिक समुदायों के लक्ष्यों की प्राप्ति के लिए संगठित प्रयास करने चाहिए। यद्यपि इस सिद्धांत में सहमति के सिद्धांत के कुछ तत्त्व भी देखने को मिलते हैं। लेकिन निष्पक्षता के सिद्धांत में समझौते की शुद्धता के स्थान पर निष्पक्षता को महत्त्व दिया गया है। उदाहरण के तौर पर, लोगों के द्वारा अपनी स्वतंत्रता का परित्याग समझौतों और कानूनों का पालन करने के लिए किया जाता है। ताकि इससे प्राप्त होने वाले लाभ की प्राप्ति सभी को हो सके। साथ ही वे यह अभिलाषा अपनी आने वाली पीढ़ियों से भी करते हैं, जिससे उनकी आगे आने वाली पीढ़ियों के लिए इन लाभों की प्राप्ति की सतत्ता बनी रहे। निष्पक्षता सिद्धांत शास्त्रियों का यह मानना है कि कानूनों की अवमानना करने से और कर्तव्यों के भार की निष्पक्षता न होने से एक न्यायोचित राजनीतिक समुदाय की परिकल्पना करना निराधार है।

कृतज्ञता का सिद्धांत (Theory of Gratitude)

कृतज्ञता का सिद्धांत आज के समय में भी राजनीतिक बाध्यता के सिद्धांत को स्पष्ट करने में प्राथमिक आधार के तौर पर लिया जाता है। यह सिद्धांत प्लेटो की कृति *कृटो* (critias) जितना ही प्राचीन माना जाता है। इसमें यह बताया गया है कि सुकरात ने न्यापालिका के द्वारा दिया गया मृत्युदंड इसलिए स्वीकार किया था क्योंकि वह राज्य के प्रति अपनी कृतज्ञता को दिखाना चाहते थे। आधुनिक संदर्भ में कृतज्ञता के सिद्धांत को ए.डी.एम.वाकर आगे बढ़ाते हैं। वाकर ने इस सिद्धांत को कुछ बिंदुओं में बताने का प्रयास किया है। जो इस प्रकार हैं- यदि किसी व्यक्ति को अन्य व्यक्ति द्वारा लाभ की प्राप्ति होती है, तो उस व्यक्ति को दूसरे व्यक्ति का आभार व्यक्त करने के लिए उसके हितों को अनदेखा नहीं करना चाहिए। प्रत्येक नागरिक को राज्य से लाभ की प्राप्ति होती है। प्रत्येक नागरिक की यह भी बाध्यता है कि वह राज्य के प्रति कृतज्ञता दिखाने के लिए ऐसा कोई भी कार्य ना करे जो राज्य के हित में ना हो। कानून के पालन की अवेहलना को राज्य के विरुद्ध माना जाएगा। प्रत्येक नागरिक की कृतज्ञता के आधार पर यह बाध्यता है कि वह कानून का पालन करे।

सदस्यता और संस्थानों का सिद्धांत
(Membership and Associative Theory)

सदस्यता और संस्थानों का सिद्धांत राजनीतिक बाध्यता के सिद्धांतों में एक नया प्रतिस्पर्धी है। इस सिद्धांत के विचारक यह तर्क देते हैं कि यदि व्यक्ति किसी समूह का सदस्य हो तो उसके लिए उस समुदायों या संस्था से संबंधित नियमों का अनुपालन करना अति-आवश्यक हो जाता है। उदाहारण के लिए, मनुष्य एक सामाजिक प्राणी होता है, जिसके कारण उसे उस समाज के नियमों, रीति-रिवाजों का अनुपालन इसलिए करना पड़ता है, क्योंकि वह उस समाज का एक अभिन्न अंग बन चुका होता है। इस परिस्थिति में व्यक्ति को अपने हितों या मूल्यों को दरकिनार करके संस्था और संगठन के मूल्यों को अधिक महत्त्वता देनी पड़ती है। इस सिद्धांत के विचारक यह मानते हैं कि किसी संस्थान की सदस्यता हमें हमारी सहमति के आधार पर मिले ऐसा आवश्यक नहीं है। जैसे पारिवारिक, धार्मिक, लैंगिक, जातिगत और राजनीतिक समुदायों की अस्वैच्छिक सदस्यता से है। जो कि हमें प्राकृतिक तौर पर मिलती है, जिसमें हमारी कोई सहमति नहीं जुड़ी होती है। इस प्रकार इस सिद्धांत में स्वैच्छिक बाध्यता की बात न करके अस्वैच्छिक बाध्यता पर बल दिया गया है। रोनाल्ड ड्वोर्किन का मानना है कि राजनीतिक संस्थान, जैसे कि परिवार, मित्रता और अन्य संस्थान आंतरिक निजता के साथ जुड़े होते हैं, वह स्वयं में ही बाध्यता के अनुपालन को अपने गर्भ में समाए होते हैं। [ड्वोर्किन, डैगर : 2000, पृ. 107] माइकल हार्डिमोन का विचार बहुत हद तक रोनाल्ड ड्वोर्किन के अभिमत से मिलता-जुलता है। जिसमें हार्डिमोन मानते हैं कि बाध्यता का संबंध हमारी उन भूमिकाओं से होता है जो हमें जन्मजात मिलती है। [हार्डिमोंन, डैगर : 2000, पृ. 107]

इस सिद्धांत को हम तीन मूल केंद्रीय बिंदुओं में रखकर देखते हैं । प्रथम, इसमें अस्वैच्छिक और स्वैच्छिक के मध्य विभेद को अस्वीकृत किया गया है। दूसरा, इसमें समान मंतव्यों की

बात पर बल दिया गया है। क्योंकि बहुत से लोग स्वयं को राजनीतिक समाज का एक सदस्य मानते हैं, और कानूनों का पालन करने को अपना कर्तव्य मानते हैं। तीसरा, इसमें लोगों में कानूनों के प्रति बाध्यता अपनी एक पहचान के प्रति समझ से आती है। ऐसी पहचान की समझ राजनीतिक समुदाय के सभी सदस्यों में सांझा होती है।

राजनीतिक अराजकता (Political Anarchy)

राजनीतिक अराजकतावादी सिद्धांतशास्त्रियों का मानना है कि कानूनों का पालन करने के लिए कोई भी व्यक्ति बाध्य नहीं है। वे इस मत को नकारते हैं कि कोई भी नागरिक अपनी राजनीतिक सदस्यता के चलते राजनीतिक बाध्यता के लिए प्रतिबद्ध होता है। राजनीतिक अराजकतावादियों का मानना है कि राज्य एक दैत्य संस्थान है। वे ऐसा इसलिए मानते हैं क्योंकि राज्य की प्रकृति इस प्रकार की होती है कि वह नागरिकों के हितों पर बल ना देकर उनके हितों को उपद्रवित करता है। ऐसा इसलिए है क्योंकि राज्य को हिंसा करने का एकाधिकार प्राप्त होता है। और केवल राज्य ही किसी व्यक्ति या संस्थान द्वारा किए गए हिंसात्मक कार्यों को अधिमान्यता देता है। जिसके कारण बड़े से बड़ी हिंसक गतिविधि लोगों के शांतिमय स्थिति पर प्रभाव डालती है। डेविड मिलर अभिमत देते हैं कि राज्य एक अत्यधिक शक्तिशाली और क्रूरतापूर्वक सजा देने वाला तथा अधिक शोषणकारी और शोषणकारियों का समर्थन करने वाला होता है। और खासकर युद्ध की परिस्थिति में राज्य द्वारा किए गए कार्य अहिंसक(सामान्य) नागरिकों के जीवन पर नकारात्मक प्रभाव डालते हैं।

अराजकता के सिद्धांत को दो प्रमुख श्रेणियों में रखकर देखा गया है जिसे हम प्राथमिक दार्शनिक अराजकता और अनुभवजन्य दार्शनिक अराजकता के रूप में देखते हैं। प्राथमिक दार्शनिक अराजकतावादियों का मानना है कि राज्य एक दैत्य है जो कि व्यक्तिगत मूल्यों के विपरीत जाकर अपने को रखते हैं । इस तरह के अराजकतावादियों पर कांट के विचारों का प्रभाव देखा जाता है। विलियम गोडविन, मैक्स स्ट्रनर, रॉबर्ट पाल वोल्फ आदि कुछ प्रमुख अराजकतावादी चिंतक हैं। दार्शनिक अराजकतावादी विचारकों का मानना है कि व्यक्तित्वता का संबंध किसी भी व्यक्ति की उस शक्ति से है जिसमें व्यक्ति को क्या करना चाहिए इसका निर्णय लेने का अधिकार उसका स्वयं का हो। इसका यह अर्थ है कि व्यक्ति की आज़ादी राज्य की सत्ता से अलग है। सत्ता से यहां तात्पर्य राज्य के उस अधिकार से है जिससे नागरिकों को राज्य द्वारा निर्मित कानूनों का पालन करना पड़ता है। अनुभवजन्य दार्शनिक अराजकतावादियों का अभिमत है कि राजनीतिक बाध्यता का कोई औचित्य नहीं होता है। लेकिन फिर भी अनुभवजन्य दार्शनिक अराजकतावादी अपने दृष्टिकोण में प्राथमिक दार्शनिक अराजकतावादियों से नरम है। इनका यह मानना कतई नहीं है कि राजनीतिक बाध्यता के औचित्य को परिभाषित नहीं किया जा सकता है। बल्कि इनका मत है कि इस राजनीतिक बाध्यता की अवधारणा को अभी तक कोई संतुष्टिपूर्ण तरीके से स्पष्ट नहीं कर पाया है।

राजनीतिक बाध्यता और राजनीतिक अवज्ञा
(Political Obligation and Political Disobedience)

कुछ विचारक राजनीतिक दायित्व के बारे में अलग दृष्टिकोण रखते हैं। वे मानते हैं कि कानून का पालन करना कोई सामान्य दायित्व नहीं है। यह चिंतक अपना ध्यान नागरिकों की उस समस्या पर केंद्रित करते हैं जो राज्य के अन्यायपूर्ण या अनैतिक कानून या नीति के कारण उत्पन्न होती है। यह समस्या न्यायशास्त्र और नागरिक के "कानून का पालन करने का दायित्व", या "कानून के प्रति निष्ठा" के राजनीतिक और कानूनी सिद्धांत पर एक प्रश्नचिन्ह अंकित करती है। कई राजनीति शास्त्रियों का मानना है कि कई अवसरों पर कानून उनके व्यावहारिक तर्क के लिए अपील नहीं करता है। उनका मानना है यदि किसी विशिष्ट कानून का पालन करने के कोई उचित कारण नहीं दिए गए हैं। और उस कानून का पालन करने के लिए जो भी कारण बताए या समझाए गए हैं वे अपर्याप्त हैं तो उसमे संशोधन की संभावना होनी चाहिए। यदि ऐसा नहीं हो पाता तब राजनीतिक अवज्ञा को एक रास्ते या समाधान के रूप में देखा जाता है। हालांकि सामान्य समय में लोग राजनीतिक अवज्ञा से बचते हैं। इसका सामान्य कारण एक आम धारणा का होना है, कि किसी भी नागरिक को राज्य के वैध और न्यायपूर्ण संस्थानों का समर्थन करना चाहिए। इसलिए किसी भी न्यायपूर्ण समाज में राजनीतिक अवज्ञा में शामिल नहीं होने का यह ठोस कारण माना जाता है। हालांकि, इसका अर्थ यह नहीं है, कि न्यायपूर्ण राज्य के कानून का भी पालन करना चाहिए, क्योंकि आज्ञाकारिता के कई कार्य राज्य या उसके अंगों के अस्तित्व या न्याय का समर्थन नहीं करते हैं, और अवज्ञा के कई कृत्य उन्हें कमज़ोर भी नहीं बनाते हैं। [राज : 1981]

इसलिए वर्तमान समय में राजनीतिक बाध्यता पर विमर्श में नागरिक अवज्ञा किन परिस्थितियों में न्यायसंगत और तर्कपूर्ण हो सकती है, इसका प्रतिबिंबन भी शामिल होता है। सविनय अवज्ञा का प्रस्ताव रखने वालों के पास इस तरह की कार्यवाही को सही ठहराने के लिए एक मजबूत पक्ष और तर्कपूर्णता होनी चाहिए। साथ में नागरिक अवज्ञा के किसी भी आंदोलन का विचार और क्रियान्वयन करते समय लोगों को सामान्य रूप से इसके परिणाम क्या होंगे इसका ज्ञान होना चाहिए। क्योंकि इस प्रकार का आंदोलन राज्य और उसके संस्थानों की वैधता पर असर करते हैं।

राजनीतिक बाध्यता को लेकर एक लंबे समय के लिए दार्शनिकों में आम सहमति दिखाई देती थी कि किसी भी कानून के अस्तित्व में होने के कारण से ही उसका पालन करना चाहिए। राजनीतिक बाध्यता के बंधन को केवल अधिक कठोर नैतिक दायित्व से ही तोड़ा जा सकता है। पिछले कई दशकों में प्रमुख दार्शनिकों की इस सहमति पर कई नए विमर्शों के द्वारा इसकी आलोचना की गई है, इन विमर्शों में साफ तौर रो प्रतिबिंबित होता है कि यह कानून का पालन करने के लिए कोई बुनियादी दायित्व नहीं पाते हैं। थोरो, महात्मा गांधी और मार्टिन लूथर किंग जैसे विचारकों ने न केवल नागरिक अवज्ञा की अवधारणा की रूपरेखा की संरचना की बल्कि गांधी और मार्टिन लूथर किंग ने अपने आंदोलनों में इसका सफल प्रयोग भी किया है। यह प्रयोग क्रांतिकारी थे और विश्व में लंबे समय तक अपना प्रभाव छोड़ने वाले थे।

समसामायिक विमर्श (Contemporary Discourse)

राजनीतिक बाध्यता के सिद्धांतों की बहुलता
(Pluralism of Political Obligation Theories)

राजनीतिक बाध्यता पर जो भी विचार-विमर्श किया गया है, वे सब अवधारणाएँ अपने आप में राजनीतिक बाध्यता पर मुख्य अवधारणाओं में से एक रहीं हैं। लेकिन जब हम राजनीतिक बाध्यता को एक बहुलपक्षीय परिदृश्य में रखकर देखने का प्रयास करते हैं तो इसके हमें विविध रूप देखने को मिलते हैं। इसलिए राजनीतिक बाध्यता पर जो भी विमर्श हाल में उभरा है उसमें बहुत से नए अभिमत और संदर्भ देखने को मिलते हैं। यह सभी अभिमत संकरीय है (hybrid/mixed)। इनमें एक से अधिक सिद्धांतों के तत्त्व मिश्रित रूप में देखने को मिलते हैं जैसे कि डोरोता मोक्रोसिंसका का नागरिक न्याय का सिद्धांत देखा जा सकता है। इसे उन्होंने अपनी कृति *रिथिंकिंग पॉलिटिकल ऑब्लिगेशन* (Rethinking Political Obligation) में स्पष्ट किया है। इनके सिद्धांत में प्राकृतिक कर्तव्य और सदस्यता के सिद्धांतों का रूप देखा जाता है। वहीं गिलबर्ट के सिद्धांत में सहमति और सदस्यता के सिद्धांतों की झलक देखने को मिलती है। गिलबर्ट अपने सिद्धांत में बहुलवादी परिक्षेत्र में रहने वाले लोगों के मध्य सांझी प्रतिबद्धता की बात करते हैं। [गिलबर्ट : 2006)] उदाहरण के लिए, यहां हम बहुलवादी समाज में रहने वाले लोगों के मध्य दो तरह के कर्तव्यों को देखते हैं। जिन्हें हम नैतिक कर्तव्य और राजनीतिक कर्तव्य के तौर पर पहचानते हैं। यहां पर नैतिक कर्तव्य में हम बहुत से नैतिक मूल्यों में से कुछ समान नैतिक मूल्यों को रखकर देखते हैं, जिसका अनुपालन सभी लोग सांझी नैतिकता के आधार पर करते हैं जो कि अपने आप में सहमति के सिद्धांत को दर्शाता है। दूसरी तरफ, राजनीतिक कर्तव्य से अभिप्राय उस कर्तव्य से है जिसमें विभिन्न तरह के अभिमत वाले लोगों के कुछ समान राजनीतिक कर्तव्य होते हैं। जिनका पालन वे उस राज्य के नागरिक होने के नाते निभाते हैं।

इस प्रकार बहुलवादी चिंतक जैसे क्लोसको, जोनाथन वोल्फस, डुडले नोवल्स आदि ने स्पष्ट किया है कि राजनीतिक बाध्यता को बहुलपक्षीय सैद्धांतिक दृष्टिकोण से ही समझा जा सकता है। राजनीतिक बाध्यता का कोई एक पक्षीय हल नहीं हो सकता है। इनका यह भी मानना है कि राजनीतिक समुदाय के प्रत्येक सदस्य का उसके बनाए गए कानून से एक जैसा संबंध नहीं होता है। यहां सामान्य बाध्यता का सिद्धांत लागू नहीं हो सकता है। वहीं प्रत्येक बाध्यता के पास भी एकसमान बल नहीं होता है, जिनमें से कुछ बाध्यताएं कमज़ोर मानी जाती हैं, और कुछ बाध्यताएं अप्रसिद्ध होती हैं, जबकि कुछ बहुत ही बलशाली होती हैं।

राजनीतिक बाध्यता की अवधारणा का आलोचनात्मक अध्ययन
(Critical Analysis of Concept of Political Obligation)

राजनीतिक बाध्यता के भिन्न सिद्धांतों में अलग मत देखने को मिलते हैं और इन सभी मतों की भिन्नता और किसी सामान्य सांझा समाधान पर न पहुंचना इनकी आलोचना का कारण भी बनी है। यदि हम उपयोगितावाद की बात करें तो इस सिद्धांत की आलोचना करते हुए

बहुत से आलोचक अपना यह अभिमत रखते हैं कि उपयोगितावादियों की राजनीतिक बाध्यता के बारे में समझ अपने आप में विरोधाभास धारण किए हुए है। उनके विचार में यदि किसी व्यक्ति का मार्गदर्शक सिद्धांत यह है कि उसे अपने सुख का दायरा व्यापक बनाना है, तो उस व्यक्ति पर किसी भी बाध्यता का प्रभाव ज्यादा नही पड़ेगा। व्यक्ति अपने हित के सामने किसी भी प्रकार की बाध्यता को कमज़ोर मानेगा। उदाहारण के लिए, यदि किसी व्यक्ति को अपना उधार चुकाने से अधिक सुख परोपकार करने से मिलता है, तो उपयोगितावाद के सिद्धांत के अनुसार, उसे परोपकार करना चाहिए। लेकिन ऐसा कार्य करने से जिन लोगों ने उस व्यक्ति को उधार दिया है इससे उनके दु:ख में वृद्धि होगी। इसलिए उपयोगितावादियों के विचारों को यदि वास्तविकता का रूप देने का प्रयास किया जाए तो सभी के सुखों का एक समग्र सामंजस्य बिठाना और उन्हें सामान्य राजनीतिक बाध्यता के लिए प्रेरित करना संभव नहीं हो पाएगा।

प्राकृतिक दायित्व के सिद्धांत में भी बहुत-सी त्रुटियां देखकर आलोचक यह मानते हैं कि प्राकृतिक दायित्व सिद्धांतशास्त्री इस सिद्धांत के द्वारा राजनीतिक बाध्यता की अवधारणा को उसके पूर्ण रूप में नहीं समझा पाए हैं। वे ये भी मानते हैं कि प्राकृतिक दायित्व का सिद्धांत एक सामान्य राजनीतिक बाध्यता की संकल्पना अपने अंदर समेटे हुए है। लेकिन यह सामान्य राजनीतिक बाध्यता किसके प्रति होगी यह इस सिद्धांत में अस्पष्ट है, इसलिए उनके अनुसार ये सिद्धांत राजनीतिक बाध्यता की अवधारणा को उसके विस्तृत रूप में समझाने में असमर्थ हैं। सिम्मोंस प्राकृतिक दायित्व के सिद्धांत की इस आलोचना से अपनी सहमति व्यक्त करते हैं। उनके अनुसार, इस सिद्धांत में एक ऐसी प्रतिबंधता प्रस्तावित की गई है जिसके अनुसार प्रत्येक नैतिक अभिकर्ता का दायित्व प्रत्येक अन्य नैतिक व्यक्ति के लिए होगा, जो कि सामान्य दिखने के प्रयास में बड़ा ही अस्पष्ट और बड़ा ही व्यापक सा नियम दिखाई देता है। कई चिंतक जैसे सिम्मोंस का मत है कि वास्तविक जीवन में इतनी सरलता नहीं होती तथा जीवन जटिलता से परिपूर्ण होता है। उदाहरण के लिए, सिम्मोंस कहते हैं कि, प्राकृतिक दायित्व के सिद्धांत में इस प्रकार कि प्रतिबंधता ऐसे संदर्भ का औचित्य नहीं दे पाती जिसमें लोगों की राजनीतिक बाध्यता उनके किसी विशेष राज्य का नागरिक होने से जुड़ी होती है। इसके चलते लोग अपना नैतिक दायित्व अपने ही राज्यों के प्रति और अपने ही लोगों के प्रति निभा पाते हैं, चाहे उन्हें उनका राज्य कितना ही नापसंद क्यों ना हो। जबकि दूसरे राज्यों के प्रति या उन राज्यों के न्यायसंगत संस्थानों के प्रति वे लोग अपना दायित्व नहीं मानते, चाहे वे राज्य कितना ही न्यायसंगत क्यों ना हो। [सिम्मोंस : 1976]

राजनीतिक बाध्यता के अन्य सिद्धांतों की तरह ही निष्पक्षता के सिद्धांत की भी आलोचना की गई है। रॉबर्ट नोजिक इसकी आलोचना करते हुए यह समझाने का प्रयास करते हैं कि किसी भी व्यक्ति को किसी भी कार्य करने के लिए बाध्य नहीं किया जा सकता यदि उनकी इच्छा न हो। नोजिक का मानना है कि व्यक्ति किस कार्य करने से लाभान्वित होंगे तथा उन्हें कौन-सा काम करना चाहिए इस बात का निर्णय स्वयं उन्हें ही लेने देना चाहिए। निष्पक्षता के आधार पर कोई भी कार्य किसी भी व्यक्ति से राजनीतिक बाध्यता का सहारा लेकर करवाना उसकी इच्छा के विरुद्ध और उसके अहित में माना जाएगा। [नोजिक : 1974]

सदस्यता सिद्धांत की समालोचना करते हुए आलोचकों का कहना है कि राजनीति और परिवार के बीच कोई भी सादृश्य स्थापित करना ना तो प्रेरक है और ना ही आकर्षक है। यह आलोचक ऐसा इसलिए कहते हैं क्योंकि उनका मानना है कि आधुनिक राजनीतिक समुदायों के सदस्यों के मध्य कोई भी ऐसे घनिष्ठ और अंतरंग संबंध नहीं होते जैसे परिवार में सदस्यों के एक-दूसरे के प्रति होते हैं। आलोचकों के अनुसार, ऐसा इसलिए भी है क्योंकि इस विचार में परिवार के भीतर पितृसतात्मकता के तत्त्व को राज्य व्यवस्था तक बढ़ाए जाने की संभावना सदैव बनी रहती है।

राजनीतिक बाध्यता के अन्य सभी सिद्धांतों की भी आलोचना की गई है और आलोचकों का ऐसा मानना है कि भिन्न सिद्धांतवादी राजनीतिक बाध्यता की संकल्पना को अपनी सुविधा अनुसार अपने विचारों की कसौटी पर केंद्रित करते हैं। जबकि उन्हें राजनीतिक बाध्यता की अवधारणा पर निष्पक्ष होते हुए ही उस पर अध्ययन केंद्रित करने की आवश्यकता है।

निष्कर्ष (Conclusion)

राजनीतिक बाध्यता के विचार-विमर्श में, इस अवधारणा की उत्त्पति से लेकर इसके वर्तमान तक, बहुत से सिद्धांतशास्त्रियों ने इस पर अपने-अपने अभिमत प्रस्तुत किए हैं । लेकिन सभी के विचारों में मतांतर देखने को मिलता है। ऐसा प्रतीत होता है कि हर विचारधारा राजनीतिक बाध्यता के संदर्भ में एक सटीक एवं एक अर्थपूर्ण अभिव्यक्ति प्रस्तुत करती है। लेकिन मतभिन्नताएं होने के कारण राजनीतिक बाध्यता की संकल्पना की एक सामान्य समझ बनाने में समस्या होती है तथापि इन मतभिन्नताओं के कारण इस अवधारणा का एक अस्पष्ट रूप दिखाई देता है। इसके साथ ही कुछ बहुलमतवादियों ने भी राजनीतिक बाध्यता के संदर्भ में राजनीतिक बाध्यता के एक से अधिक सिद्धांतों को मिश्रित करते हुए अपने मत दिए हैं, जो कि राजनीतिक बाध्यता को अधिक व्यापक रूप में समझने का एक प्रयास दिखाई देता है। लेकिन इस तरह की समझ भी पूर्ण एवं एक सामान्य रूप में राजनीतिक बाध्यता की संकल्पना की प्रस्तुति नहीं कर पाती है। इसलिए राजनीतिक बाध्यता को किसी एक सार्वभौमिक संदर्भ में देखने में ही मतभिन्नता दिखाई देती है। यहां यह प्रश्न उठता है कि क्या राजनीतिक बाध्यता के किसी ऐसे सर्वमान्य सामान्य सिद्धांत की अनुकल्पना की जा सकती है जो सभी विलग परिस्थितियों में समान रूप से कार्यान्वित हो सके और लोगों को अपने अनुरूप क्रिया करने पर बाध्य कर सके? इस तरह आज विभिन्न मतांतर देखने के बावजूद राजनीतिक बाध्यता का प्रश्न उतना ही नया प्रतीत होता है जितना कि वह अपनी उत्पति के समय था। क्योंकि लोगों की प्रत्येक स्थिति और राज्य की कार्यशैली में जो भिन्नता देखने को मिलती है उससे राजनीतिक बाध्यता का प्रश्न नैतिक और कानूनी तौर पर छिछला-सा दिखाई देता है।

अभ्यास प्रश्न (Practice Questions)

1. क्या राजनीतिक बाध्यता एक जटिल अवधारणा है? समझाएं।
2. राजनीतिक बाध्यता के विभिन्न सिद्धांत क्या हैं?
3. राजनीतिक अवज्ञा राजनीतिक बाध्यता का एक भाग है। क्या आप इस कथन से सहमत हैं?

4. राजनीतिक बाध्यता की अवधारणा को केवल एक सिद्धांत के बजाय सिद्धांतों में/की बहुलता द्वारा समझा जा सकता है। इस पर टिप्पणी कीजिए।

संदर्भ ग्रंथ (References)

मैक्फर्सन, थॉमस, (1967), *पॉलिटिकल ऑब्लिगेशन*, लंदन: रूटलेज।

हार्ट, एच.ए.एल, (1955), "आर देअर एनी ह्यूमन राइट्स", द *फिलॉसॉफिकल रिव्यू* वॉल्यूम, LXIV, नंबर 2, 175-91.

वेबर, मैक्स, (1994), द *प्रोफेशन एंड वोकेशन ऑफ पॉलिटिक्स।*

प्लेटो, (2012), "क्रिटो", सी वुड्स एंड आर पैक, ट्रांसलेटेड।

http://www.pitt.edu/~mthompso/readings/crito.pdf April 30th 2023

पेटमैन, केरोल, (1985), द *प्रॉब्लम ऑफ पॉलिटिकल ऑब्लिगेशन : ए क्रिटिकल अनालिसिस ऑफ लिबरल थ्योरी*, न्यूयॉर्क : जॉन विले एंड संस।

पारेख भीखू , (1993), "ए मिस्कॉन्सिवड डिस्कोर्से ऑन पॉलिटिकल ऑब्लिगेशन", *पॉलिटिकल स्टडीज़*, 41 (2): 236-251.

हॉब्स, थॉमस, (1651), *दी सीवे*, (ऑन द सिटीजन्स) http://www.public-library.uk/ebooks/27/57.pdf April 30th 2023

हॉब्स, थॉमस, (1660), *लेविआथन*, https://archive.org/details/deciveorcitizen00inhobb/mode/1up April 30th 2023

लॉक, जॉन,(1823), *टू ट्रिटीज ऑफ गवर्नमेंट*, https://www.yorku.ca/comninel/courses/3025pdf/Locke.pdf 30th April 2023

बेंथम, जेरमी, (1780), *एन इंट्रोडक्शन टू द प्रिंसिपल्स ऑफ मॉरल्स एंड लेजिस्लेशन*, https://www.earlymoderntexts.com/assets/pdfs/bentham1780.pdf 30th April 2023

रॉल्स, जॉन, (1971), *ए थ्योरी ऑफ जस्टिस*, कैंब्रिज मैसाचुसेट्स : हार्वर्ड यूनिवर्सिटी प्रेस।

डैगर, रिचर्ड के.,(2000), मेंबरशिप, "फेयरप्ले एंड पॉलिटिकल ऑब्लिगेशन", *पॉलिटिकल स्टडीज़*, वॉल्यूम 48, पृष्ठ संख्या 104-117.

राज, जोसेफ़ (1981), *अथॉरिटी एंड कन्सेंट*, https://scholarship.law.columbia.edu/cgi/viewcontent.cgi?article=1801&context=faculty_scholarship 30th April 2023

मार्ग्रेट गिलबर्ट, (2006), *ए थ्योरी ऑफ पॉलिटिकल ऑब्लिगेशन, मेंबरशिप, कमिटमेंट एंड द बांड्स ऑफ सोसाइटी*, ऑक्सफोर्ड : क्लेरेंडॉन प्रेस।

नोजिक रॉबर्ट,(1974), *अनार्की, स्टेट एंड यूटोपिया*, ऑक्सफोर्ड: बेसिल ब्लैकवेल।

नोवल्स डुडले, (2010), *पॉलिटिकल ऑब्लिगेशन : ए क्रिटिकल इंट्रोडक्शन*, यूएसए: रूटलेज।

माइकल पी. स्मिथ और केनेथ एल. डोय्च्इड् (1972), *पॉलिटिकल ऑब्लिगेशन एंड सिविल डिसोबिडिएंस रिडिंग्स*, न्यूयॉर्क: थॉमस वाई क्रॉमवेल।

ग्रीन टी.एच, (1999), *लेक्चर्स ऑन द प्रिंसिपल्स ऑफ पॉलिटिकल ऑब्लिगेशन*, किचनर, कनाडा: बेटोचे बुक्स।

वोल्फ जोनाथन, (1995), *प्लूरलिस्टिक मॉडल ऑफ पॉलिटिकल ऑब्लिगेशन*, फिलॉसोफिका, 56, भाग-2, पृष्ठ संख्या, 7-27.

डैगर, रिचर्ड के. (1977), "व्हाट इज पॉलिटिकल ऑब्लिगेशन?", द *अमेरिकन पॉलिटिकल साइंस रिव्यू*, वॉल्यूम 71, नंबर 1 (मार्च), पृष्ठ संख्या, 86-94.

सैमुएल शेफलेर, (2018), "मैम्बरशिप एंड पॉलिटिकल ऑब्लिगेशन", द *जर्नल ऑफ पॉलिटिकल फिलॉसोफी*: वॉल्यूम 26, नंबर 1, पृष्ठ संख्या, 3–23.

सिम्मोंस, ए. जॉन, (1976), "टैसिट कॉन्सेंट एंड पॉलिटिकल ऑब्लिगेशन", *फिलॉसोफी एंड पब्लिक अफेयर्स*, वॉल्यूम 5, नंबर 3 (स्प्रिंग), पृष्ठ संख्या, 274–291.

थॉमस फॉसन, (2014), "द ग्रामर ऑफ पॉलिटिकल ऑब्लिगेशन, पॉलिटिक्स", *फिलॉसोफी एंड इकॉनोमिक्स*, वॉल्यूम 13(3)215–236

डोरोता मोक्रोसिंस्का, (2013), "व्हाट इज पॉलिटिकल अबाउट पॉलिटिकल ऑब्लिगेशन? ए नेग्लेक्टेड लेसन फ्रॉम कॉन्सेंट थ्योरी", *क्रिटिकल रिव्यू ऑफ इंटरनेशनल सोशल एंड पॉलिटिकल फिलॉसोफी*, 16: 1, पृष्ठ संख्या, 88–108.

मैकिनॉन, कैटरीना, (2012), *इश्यूज इन पॉलिटिकल थ्योरी*, यूके: ऑक्सफोर्ड यूनिवर्सिटी प्रेस।

इकाई 4

अध्याय 10

अधिकार
Rights

तृप्ता शर्मा

प्रस्तावना (Introduction)

मानव समाज और राजनीति का संबंध अत्यंत घनिष्ठ और सूक्ष्म है। आरंभ से ही राजनीति का मुख्य उद्देश्य मानव जीवन को बेहतर बनाना माना जाता रहा है। प्लेटो से लेकर कार्ल मार्क्स और उसके बाद जॉन रॉल्स और अनेक राजनीतिक दार्शनिक इस विषय पर अपने विचारों को रखते आए हैं कि मानव समाज को सबसे बेहतर तरीके से कैसे चलाया जाए। विभिन्न चिंतकों ने अलग-अलग नजरिए से इस प्रश्न को विश्लेषित करने का प्रयत्न किया है। इसके लिए उन्होंने अलग-अलग राजनीतिक अवधारणाओं को अपने अध्ययन का केंद्र बनाया है। न्याय, स्वतंत्रता, समानता, शक्ति, इत्यादि ऐसी ही राजनीतिक अवधारणाएँ हैं। इन सभी अवधारणाओं के साथ-साथ "अधिकार" भी एक महत्त्वपूर्ण राजनीतिक अवधारणा है। अधिकार की अवधारणा की विशेषता यह है कि वह व्यक्ति को न केवल अन्य सभी अवधारणाओं से बल्कि राज्य के विस्तृत क्षितिज से भी जोड़ती है। अधिकार की भाषा मानव समाज के आरंभ से ही व्यक्ति की नैतिक, कानूनी और राजनीतिक शब्दावली को गढ़ने का काम करती है।

वर्तमान समय में अधिकार का विमर्श हमें बहुत सामान्य लग सकता है, लेकिन इतिहास में ऐसे समाज भी रहे हैं जहाँ "अधिकार" प्रत्येक व्यक्ति की दिन-प्रतिदिन की राजनीति का हिस्सा न होकर कुछ समुदायों या व्यक्तियों तक ही सीमित थे। ऐसे कुछ समाज या समाज के कुछ हिस्से आज भी हैं जहाँ वैयक्तिक अधिकारों की संकल्पना नहीं है अथवा अधिकारों के होने के बावजूद, आर्थिक-सामाजिक विषमताओं के कारण उन अधिकारों का प्रयोग कठिन है। उदाहरण के लिए, अमेरिका और इंग्लैंड जैसे पश्चिम के देशों द्वारा लोकतंत्र अपनाने के बावजूद महिलाओं को बराबरी का अधिकार प्राप्त करने के लिए संघर्ष करना पड़ा है, और जहाँ ये अधिकार हैं भी, वहां उनके स्वतंत्र प्रयोग की सुविधा महिलाओं को नहीं है। भारत जैसे समाज में लंबे समय तक निम्न जातियां अपने नागरिक अधिकारों का पूर्ण उपयोग नहीं कर पाई। यह स्थिति वर्तमान भारत के बहुत से हिस्सों में आज भी देखी जा

सकती है। अमेरिका और यूरोप के देशों में रंग भेद की समस्या आज भी काफी गहरे पैठी हुई है। विश्व के अधिकांश देशों में अल्पसंख्यक समुदायों को अपने वैधानिक और मानव अधिकारों के लिए संघर्ष करना पड़ रहा है। एलजीबीटीक्यू (LGBTQ) समुदाय भी अपने मूलभूत अधिकारों के लिए राज्य और समाज के सम्मुख निरंतर संघर्षरत है। इन सभी उदाहरणों से स्पष्ट है कि अधिकार की अवधारणा सार्वभौमिक होते हुए भी सभी समुदायों तक नहीं पहुंच पा रही है। हालांकि यह भी स्पष्ट है कि ऐसे सभी समुदाय सतत संघर्षों के माध्यम से अपने अधिकार संबंधी प्रश्नों को वर्तमान राजनीतिक विमर्श में लाने में सफल रहे हैं।

अधिकार का विचार (Idea of Rights)

सामान्यतया अधिकारों से तात्पर्य उन सुविधाओं अथवा पात्रता से होता है जो किसी व्यक्ति को उसके एक खास संदर्भ अथवा भूमिका में होने के कारण मिलती हैं। उदहारणार्थ नागरिक अधिकार, व्यक्ति को किसी राज्य के नागरिक की भूमिका में होने के कारण मिलते हैं। मानव अधिकार व्यक्ति को मानव होने के कारण दिए जाते हैं, विदेशी दूतों व दूतावासों को विशेष अधिकार दिए जाते हैं इत्यादि। दूसरे शब्दों में, अधिकार ऐसी सुविधाएं हैं जिन्हें राज्य का कानून, सामाजिक व्यवस्था अथवा अन्य कोई वैध शक्ति संरचना मान्यता देती है और अधिकारों के प्रयोग को सुनिश्चित करती है। जोएल फेनबर्ग के अनुसार, अधिकार व्यक्ति की पात्रता को रेखांकित करते हैं। कानूनी अधिकारों को कानून द्वारा मान्यता दी जाती है, नैतिक अधिकारों को नैतिक मूल्यों और नियमों द्वारा मान्यता दी जाती है। अधिकार व्यक्ति की प्रबल पात्रता की तरफ इशारा करते हैं, जो निस्संदेह उपहार, आज्ञा अथवा विशेषाधिकार से न केवल अलग होती हैं बल्कि उनसे बढ़कर महत्त्वपूर्ण होती है। [1980]।

अधिकार की महत्ता केवल इसीलिए नहीं है कि उसे संवैधानिक अथवा कानूनी मान्यता प्राप्त है या फिर उसे अनेक अंतर्राष्ट्रीय संधियों द्वारा सुनिश्चित किया गया है, वरन अधिकारों की महत्ता इसलिए है कि अधिकार की भाषा एक ऐसा माध्यम बन गया है जिसके द्वारा लोग अपने हितों को मान्यता दिलवाने का प्रयत्न करते हैं। [बैरी : 1989]

अधिकार : ऐतिहासिक मूल्यांकन
(Rights : Historical Evaluation)

अधिकारों का स्वरूप समय के साथ-साथ बदलता रहा है। किसी समय पर अधिकार एक सार्वभौमिक अवधारणा नहीं थी, बल्कि इनकी परिकल्पना भी बहुत सीमित थी। किंतु आज विभिन्न लोकतांत्रिक देशों के साथ-साथ संयुक्त राष्ट्र जैसी संस्थाओं ने अधिकार की अवधारणा को अत्यंत विस्तृत कर दिया है। अधिकार की लगातार बदलती परिकल्पना को समझने के लिए इस अवधारणा की ऐतिहासिक यात्रा को समझना आवश्यक है। अध्याय के अगले भाग में इसी आयाम की विवेचना का प्रयास किया गया है।

अधिकार की अवधारणा अनिवार्य रूप से एक आधुनिक अवधारणा है। अधिकार की संकल्पना किसी-न-किसी रूप में प्रत्येक समाज में रही है, किंतु व्यक्ति के तौर पर प्रत्येक

मनुष्य को कानूनी रूप से समान अधिकारों की प्राप्ति निस्संदेह एक आधुनिक अवधारणा है, जो यूरोप में आधुनिक काल में प्राकृतिक अधिकारों के सिद्धांत के साथ शुरू हुई। सामाजिक अनुबंध (social contract) के सभी चिंतकों ने व्यक्ति के अधिकारों और राज्य के साथ उनके संबंधों के पक्ष पर विशेष बल दिया है। थॉमस हॉब्स, जॉन लॉक, रूसो और बाद में रॉल्स जैसे विचारकों ने इसी तरीके से अपने सिद्धांतों को प्रतिपादित किया है।

थॉमस हॉब्स को आधुनिक राजनीतिक विचारों का जनक माना जाता है। प्राकृतिक अधिकारों की आधुनिक अवधारणा भी हॉब्स के चिंतन में देखी जा सकती है। हॉब्स की प्राकृतिक अवस्था (state of nature) की परिकल्पना प्रत्येक व्यक्ति के अबाध्य अधिकारों को मान्यता देती है क्योंकि वे अधिकार उसे प्रकृति से मिले हैं। हालांकि समाज के उचित संचालन के लिए हॉब्स इन सभी अधिकारों को एक सार्वभौम सत्ता द्वारा सीमित करने का विचार सामने रखते हैं। किंतु इससे हॉब्स के चिंतन में प्राकृतिक अधिकारों की अवधारणा को नजरंदाज नहीं किया जा सकता।

दूसरी ओर, जॉन लॉक भी प्राकृतिक अधिकारों की बात करते हैं। लेकिन हॉब्स के विपरीत लॉक इन अधिकारों को मानव समाज की नींव मानते हैं। उनके अनुसार, राज्य का गठन व्यक्ति के अधिकारों को सीमित करने के लिए नहीं बल्कि जीवन, स्वंतंत्रता और संपत्ति जैसे प्राकृतिक अधिकारों को सुनिश्चित करने के लिए हुआ है। प्राकृतिक अधिकार समाज निर्माण की एक पूर्वगामी (a priori) परिस्थिति शर्त है।

आधुनिक राजनीतिक विचार श्रृंखला में प्राकृतिक अधिकारों की अवधारणा का विशेष महत्त्व रहा है, किंतु उदारवाद के अन्य घटकों जैसे उपयोगितावाद तथा कल्याणकारी उदारवाद ने अबाध प्राकृतिक अधिकारों की संकल्पना की आलोचना की है। बेंथम जैसे उपयोगितावादी विचारकों ने प्राकृतिक अधिकारों की मान्यता को इस आधार पर खारिज किया है कि व्यक्ति के अधिकारों का आधार केवल समाज में उनकी उपयोगिता होना चाहिए। नैतिक रूप से मजबूत कानूनों की स्थापना भी तभी प्रभावी हो सकती है, जब उन कानूनों से अधिकतम लोगों का अधिकतम लाभ सुनिश्चित किया जा सके। उपयोगितावाद के अनुसार, अधिकारों की नैतिक व्याख्या, जो प्राकृतिक अधिकारों के संदर्भ में दी जाती है, का नीति निर्माण में कोई खास महत्त्व नहीं है। दरअसल प्राकृतिक अधिकारों का तर्क "प्रतिक्रियावादी" है और समाज सुधार में एक समस्या के रूप में ज्यादा दिखाई देता है। हालांकि 'बेंथम इस बात को ज़रूर मानेंगे कि प्राकृतिक अधिकार केवल उन अधिकारों का एक स्वरूप है जो कानूनी तौर पर व्यक्ति के पास होने चाहिए लेकिन इसके बावजूद इन अधिकारों की कसौटी समाज में उनकी उपयोगिता ही हो सकती है।' [बैरी 1989: 237]

वहीं दूसरी ओर, कल्याणकारी उदारवाद के प्रवर्तकों जैसे जे.एस.मिल ने अबाध प्राकृतिक अधिकारों पर अकुश की बात की है। उनका मानना है कि राज्य का कार्य केवल व्यक्ति के अधिकारों की रक्षा ही नहीं है बल्कि व्यक्तियों को उन अधिकारों के प्रयोग करने के योग्य बनाना और इस योग्यता के लिए उपयुक्त परिस्थितियों का निर्माण करना भी है। इस क्रम में ऐसा संभव है कि राज्य को कुछ वैयक्तिक अधिकारों पर अंकुश लगाना पड़े। अतः व्यक्ति के अधिकार प्राकृतिक होते हुए भी अबाध नहीं हो सकते। मिल के विचार में उपयोगितावाद

और उदारवादी अधिकारों के बीच संघर्ष साफ दिखाई देता है। मिल के अनुसार, न्याय व्यक्ति के अधिकारों के साथ जुड़ने वाली मुख्य अवधारणा है। न्याय केवल सही या गलत काम न करना नहीं है, बल्कि एक ऐसी चीज़ है जिसे पाने का व्यक्ति समाज के सम्मुख अपने लिए दावा कर सकता है। मिल ने कभी उपयोगिता के सिद्धांत से ध्यान नहीं हटाया, किंतु मिल के लिए उपयोगिता का अर्थ बेंथम के अर्थ से अलग है। मिल के लिए उपयोगिता और उस पर आधारित अधिकार वैयक्तिक न होकर संपूर्ण समाज के स्तर पर होने चाहिए। अतः मिल व्यक्ति के अधिकारों के विषय में नैतिकता और उपयोगिता में उस तरह का संघर्ष नहीं देखते जैसा क्लासिकल उपयोगितावादी देखते हैं। [लीफ: 2015]

समसामयिक समय में जॉन रॉल्स के विचार न्याय और अधिकारों की दृष्टि से अत्यंत महत्त्वपूर्ण हैं। रॉल्स के अनुसार, न्याय की सही अवधारणा वही है जहाँ व्यक्ति अपने आप में एक साध्य हो और व्यक्ति के पास "उत्तम जीवन" की कल्पना को पूर्ण करने के लिए आवश्यक साधन उपलब्ध हों। इसे ध्यान में रखते हुए रॉल्स अपने सिद्धांत में दो नियमों की बात करते हैं जिसके आधार पर कोई भी समाज न्याय की स्थापना कर सकता है। इनमें से पहला सिद्धांत ही व्यक्ति के लिए सर्वाधिक व सबके लिए समान स्वतंत्रता के अधिकार की बात करता है। इस अधिकार पर सहमत हुए बिना न्याय के दूसरे सिद्धांत पर नहीं जाया जा सकता जो कि सामाजिक और आर्थिक असमानताओं को इस तरह से व्यवस्थित करने की बात करता है जिसमें कम-से-कम हस्तक्षेप द्वारा उस समाज के सबसे निचले तबकों को सबसे अधिक लाभ पहुंचाया जा सके। रॉल्स के सिद्धांत की आलोचना वामपंथी और दक्षिणपंथी विचारकों ने की है। जहाँ वामपंथी विचारकों के अनुसार, रॉल्स ने समानता के सिद्धांत को बहुत कमज़ोर कर दिया है वहीं दक्षिणपंथी विचारकों का मत है कि इन सिद्धांतों द्वारा रॉल्स मुफ्तखोरी (free riders) जैसी स्थिति उत्पन्न कर रहे हैं, जहाँ बिना परिश्रम किए, कम प्रतिभाशाली लोग भी संसाधनों पर कुछ नियंत्रण कर पाएंगे। यह एक प्रकार से असमानता को बढ़ावा देना होगा और यह उन व्यक्तियों के लिए निरुत्साह उत्पन्न करने वाली स्थिति होगी जो अधिक परिश्रमी और प्रतिभावान हैं।

दूसरी ओर, नवउदारवादी चिंतक अधिकारों को नागरिक से भी ज्यादा उपभोक्ताओं के संदर्भ में परिभाषित करते हैं। रॉबर्ट नोजिक अपनी *एनार्की, स्टेट एंड यूटोपिया* में साध्य स्थिति (end state) न्याय सिद्धांतों के विरोध में अपना तर्क देते हुए कहते हैं कि इस प्रकार के सिद्धांत एक खास तरीके के संसाधन वितरण पर ज़ोर देते हैं जिससे प्राकृतिक न्याय के सिद्धांत का हनन होता है। नोजिक के अनुसार, प्रत्येक व्यक्ति के पास कुछ अधिकार होते हैं। इनमें से संपत्ति का अधिकार बुनियादी तथा पूर्ण अधिकार होता है। इसका तात्पर्य है कि सामाजिक हित या किसी और का हित इस अधिकार के हनन का आधार नहीं बन सकता। रॉल्स के सिद्धांतों के बरक्स नोजिक ने न्याय के तीन नियमों का प्रतिपादन किया जो व्यक्ति को संपत्ति का संपूर्ण अधिकार देते हैं। इन नियमों के अनुसार, पहला, व्यक्ति को उस संपत्ति से च्युत नहीं किया जा सकता जिस पर उसने सबसे पहले नियंत्रण किया हो और वो नियंत्रण किसी और के अधिकार की कीमत पर न हुआ हो। दूसरा, यदि संपत्ति कानूनी तरीके से हस्तांतरित हुई हो। इन दो स्थितियों के अलावा नोजिक ने तीसरे नियम के रूप में केवल इन्हीं दो नियमों की पुनरावृत्ति को ही कानूनी मान्यता देने की बात की है। [नोजिक: 1974]

मार्क्सवादियों ने भी प्राकृतिक अधिकारों की अवधारणा को यह कहते हुए नकारा है कि प्राकृतिक अधिकारों के लिए भी एक विशेष आर्थिक तथा सामाजिक संदर्भ की आवश्यकता होती है। कार्ल मार्क्स के अनुसार, प्राकृतिक अथवा नैसर्गिक अधिकार एक ऐसी विचारधारा से निकली हुई सोच है जो एक पूँजीवादी समाज में केवल एक प्रतिस्पर्धात्मक व्यक्ति का ही निर्माण कर सकती है। व्यक्ति के अधिकारों पर आधारित पूँजीवादी समाज कभी सच्ची स्वतंत्रता और समानता की स्थापना नहीं कर सकता। मार्क्स के अनुसार, साम्यवादी व्यवस्था में ही व्यक्ति अपने अधिकारों का सही उपयोग कर सकता है क्योंकि केवल उसी व्यवस्था में व्यक्ति निजी संपत्ति के संचयन के लिए प्रतिस्पर्धात्मक नहीं होगा। ऐसे में वह एक सच्ची समानता की स्थिति में समाज के संदर्भ में अपने अधिकारों का उपयोग करेगा। इन्हीं लक्ष्यों को दृष्टि में रखकर 1917 में रूस में नई क्रांति हुई जिसने राजसत्ता पर श्रमिकों एवं मजदूरों के अधिकार के सिद्धांत को मूर्त स्वरूप प्रदान किया। इस क्रांति ने एक साथ ही समस्त शोषक वर्ग को सदा के लिए सत्ता के अधिकार से च्युत कर दिया। इस क्रांति के पश्चात् संविधान द्वारा नागरिकों को वे अधिकार दिए गए जिन्हें इससे पूर्व मानव अधिकारों अथवा नागरिक अधिकारों की श्रेणी में नहीं रखा गया था। 1936 के संविधान के अनुसार, तत्कालीन सोवियत संघ में जनता को स्वतंत्रता, समता और बंधुता के अधिकारों के अतिरिक्त कार्य प्राप्त करने, कार्य करने के निश्चित और सीमित समय के साथ अवकाश का आनंद प्राप्त करने, बेकारी, वृद्धावस्था, रोग, अयोग्यता का भत्ता तथा बीमा की सुविधा प्राप्त करने, निःशुल्क एवं अनिवार्य प्रारंभिक तथा उच्च शिक्षा प्राप्त करने, ट्रेड यूनियन, सहकारिता संघ, युवक संगठन स्थापित करने, समस्त महिलाओं को सवेतन चौदह महीने का प्रसूति अवकाश प्राप्त करने और अपनी मांगों की पूर्ति के लिए आंदोलन करने के अधिकार प्रदान किए गए। समाजवादी देशों को छोड़कर ऐसे अधिकार अन्य देशों में नहीं मिल सके हैं।

यह स्पष्ट है कि प्रत्येक विचारधारा में व्यक्ति के अधिकारों का एक विशिष्ट महत्त्व है और सभी विचारधाराओं में व्यक्ति के अधिकारों को किसी-न-किसी रूप में मान्यता मिली है। इसके बावजूद बहुत सारे समुदाय ऐसे हैं जिनके पास या तो नागरिक अधिकार नहीं हैं या फिर उन अधिकारों के स्वतंत्र प्रयोग की आवश्यक शर्तें वो समाज या समुदाय पूरी नहीं कर पाते। एक ही राज्य के अंतर्गत बहुत से ऐसे समुदाय हैं जिन्हें अपने अधिकारों का स्वतंत्र प्रयोग करने में अनेक कठिनाइयों का सामना करना पड़ता है। इनमें महिलाएं, अल्पसंख्यक तथा प्रवासी समुदाय प्रमुख रूप से आते हैं। अध्याय का अगला भाग इन्हीं समुदायों के अधिकारों पर किए गए विमर्श पर दृष्टि डालने का प्रयास करेगा।

समसामयिक विमर्श (Contemporary Discourse)

अधिकारों का नारीवादी दृष्टिकोण (Feminist Perspective on Rights)

नारीवादी दृष्टिकोण आधुनिकता के आरंभ से ही नागरिक और सिविल अधिकारों में महिलाओं की बराबरी की हिस्सेदारी की वकालत करता रहा हैं। मेरी वोल्स्टोनक्राफ्ट ने अपनी पुस्तक *विंडीकेशन ऑफ द राइट्स ऑफ वूमेन* (Vindication of the Rights of

Women) में फ्रांसीसी क्रांति में स्थापित विचारों को महिलाओं तक पहुंचाने की पुरुषों की नीयत पर सवाल उठाया है। वे स्पष्ट कहती हैं कि स्वतंत्रता, समानता और बंधुत्व के नारे केवल सार्वजनिक क्षेत्र और पुरुषों तक ही सीमित होकर रह गए हैं। महिलाओं को इन नारों और फ्रांसिसी क्रांति का लाभ अभी तक नहीं मिल पाया है। जब तक महिलाओं को बराबरी के अधिकार नहीं मिल पाएंगे तब तक समाज में उनकी हैसियत दोयम दर्जे के नागरिक की ही रहेगी। इसलिए ज़रूरी है कि महिलाओं को भी शिक्षा, मतदान तथा चुनाव लड़ने का अधिकार दिया जाए। अमेरिका की "नेशनल वूमेन सफरेज असोसिएशन" की स्थापना करने वाली एलिजाबेथ केडी स्टेनन और सूजन बी एंथनी ने अपने साप्ताहिक पत्र का नारा दिया – 'पुरुष, उनके अधिकार और इससे अधिक कुछ नहीं; महिलाएं, उनके अधिकार और उससे कम कुछ नहीं'। [चैंबर्स : 2012, मेक्किनन में उद्धृत पृ. 241]

नारीवाद की दूसरी लहर (second wave) ने महिलाओं के अधिकारों की व्याख्या को और विस्तार दिया । इस दौरान न केवल महिलाओं के आर्थिक अधिकारों की बात की गई बल्कि महिलाओं को अपने शरीर और यौनिकता पर स्वायत्ता को भी मुख्य मुद्दा बनाया गया। एक स्तर पर यह बहस मार्क्सवादी विचारधारा से जाकर भी जुड़ती है जिसमें महिला को सर्वहारा वर्ग के स्थान पर रख कर देखा गया है जो पितृसत्ता रूपी सत्ता के विरोध में खड़ी है। हालांकि इस दृष्टिकोण से भी महिलाओं की सभी असमानताओं का समाधान नहीं हो पाया। अतः नारीवाद की तीसरी लहर (third wave) के प्रादुर्भाव ने महिलाओं के मुद्दे उठने के अपने फलक को और विस्तार दिया।

नारीवाद की तीसरी लहर पहचान के मुद्दों को लेकर सामने आती है, जहाँ पर सांस्कृतिक अधिकार और महिला आंदोलन के भीतर के अंतर्विरोधों को विमर्श का केंद्र बनाया गया है। इस विमर्श में महिला आंदोलन अंतरअनुभागियता (inersectionality), महिलावाद (womanism) (अश्वेत महिलाओं के रोज़मर्रा के अनुभवों पर आधारित एक सिद्धांत), पर्यावरण–नारीवाद (eco-feminisim) और परा–नारीवाद (trans-feminsim) जैसे मुद्दों पर प्रमुखता से विचार किया गया।

अधिकारों के संदर्भ में नारीवादी चिंतकों ने रॉल्स जैसे विद्वानों के मतों को भी पितृसत्तात्मक बता कर खारिज किया है। उदाहरणार्थ सूजन मोलर ओकिन ने *जस्टिस, जेंडर एंड फैमिली* (Justice, Gender and Family) में रॉल्स के सिद्धांत की नारीवादी दृष्टिकोण से आलोचना की है। ओकिन का तर्क है कि जो लोग "अज्ञान के पर्दे" (veil of ignorance) के पीछे, परिवार के मुखिया की तरह अनुबंध करेंगे वे पुरुष ही होंगे। इस प्रकार उस अनुबंध में महिलाओं के दृष्टिकोण से अधिकारों और संसाधनों का बंटवारा नहीं होगा। ओकिन की तरह ही बहुत से नारीवादी विश्लेषकों का मानना है कि ज्यादातर पुरुष दार्शनिक किसी भी मुद्दे पर महिलाओं के दृष्टिकोण को सही स्थान नहीं दे पाते। दरअसल पितृसत्ता की जड़ें इतनी गहरी हैं कि सार्वभौमिक अधिकारों का दावा करने वाले दार्शनिक भी जेंडर को अपने विश्लेषण में शामिल नहीं कर पाते।

अल्पसंख्यकों व शरणार्थियों के अधिकार
(Minorities' and Refugee's Rights)

एक लंबे समय तक अधिकारों को खास जनसंख्याओं या समुदायों तक सीमित रखा गया। प्राचीन काल से ही नागरिक अधिकारों का वितरण संपत्ति, जेंडर तथा नस्ल के आधार पर होता रहा है। हालांकि अब अधिकांश देशों में सार्वभौमिक मतदान के साथ-साथ अन्य नागरिक अधिकार भी सामान्य लोगों को राज्य द्वारा प्रदान किए गए हैं, किंतु अब भी नागरिक अधिकारों के क्षेत्र में कई बहसें ऐसी हैं जिसकी ओर अधिक ध्यान देने की आवश्यकता है। उदाहरणार्थ ऐसे लोगों के अधिकार जो किसी राज्य में अल्पमत में हैं या फिर अपने राज्य को छोड़ कर दूसरे राज्य में शरण लेना चाहते हैं। ऐसे व्यक्तियों के पास कुछ नागरिक अधिकार होते हुए भी बहुत सारे अधिकार नहीं होते जिसके द्वारा वे एक गरिमामय जीवन जी सकें। नागरिक अधिकारों को इस श्रेणी के सभी लोगों तक पहुंचाने के लिए आइरिस मेरियन यंग (1989) और विल किमलिका (2015) जैसे विद्वान भेदीकृत नागरिक अधिकारों (group differentiated citizenship rights and differentiated citizenship) की बात करते हैं (देखें अध्याय 13 इन मुद्दों की व्यापक चर्चा के लिए)

इन सभी परिप्रेक्ष्यों से देखने पर एक स्वाभाविक प्रश्न यह उठता है कि अधिकारों का आधार क्या है अथवा अधिकारों का आधार क्या होना चाहिए। अधिकारों की जिन श्रेणियों की बात ऊपर की गई है वही श्रेणियां दरअसल अधिकारों का आधार भी सुनिश्चित करती हैं। उदहारण के तौर पर बहुत से विचारक अधिकारों का आधार नैतिकता में रोपित करते हैं जबकि अन्य विचारकों के अनुसार अधिकारों का आधार प्राकृतिक कानून या राज्य निर्धारित कानूनों में होना चाहिए। अगले भाग में अधिकारों के आधार पर एक विस्तृत चर्चा की गई है।

अधिकारों का वर्गीकरण (Categorization of Rights)

एक व्यक्ति के अधिकार दूसरे व्यक्ति या संस्था पर विभिन्न प्रकार की बाध्यताएं निर्धारित करते हैं। इन बाध्यताओं के आधार पर अधिकारों को चार मुख्य श्रेणियों में बांटा जा सकता है। यह वर्गीकरण सर्वप्रथम वेस्ले होहफेल्ड नामक अमेरिकी न्यायधीश ने 1919 में किया था जिसे अभी तक भी अधिकारों का मूलभूत वर्गीकरण माना जाता है। [होहफेल्ड : 1919, मेक्किनन : 2012 में उद्धृत]

1. **स्वतंत्रता आधारित अधिकार :** इन अधिकारों के साथ कोई कर्तव्य जुड़ा नहीं होता। अर्थात् जिस व्यक्ति के पास स्वतंत्रता आधारित अधिकार हैं उसके पास इन अधिकारों के बरक्स कोई कर्तव्य नहीं है।

2. **दावों आधारित अधिकार :** ये अधिकारों की वह श्रेणी है जहाँ एक व्यक्ति के अधिकार आवश्यक रूप से दूसरे व्यक्ति के कर्तव्यों से जुड़े होते हैं। उदहारण के तौर पर किसी व्यक्ति के जीवन का अधिकार अन्य व्यक्तियों के किसी के प्राण ना लेने के कर्त्तव्य से संरक्षित होता है।

3. **शक्ति आधारित अधिकार :** यह श्रेणी अधिकार धारण करने वाले व्यक्ति को अपने या उन लोगों के अधिकार अथवा कर्तव्यों को बदल देने की स्वतंत्रता देती है जो उसके कार्य क्षेत्र में आते हैं। अनुबंध द्वारा निर्देशित संबंध इस श्रेणी में प्रमुख रूप से आते हैं।

4. **संरक्षण आधारित अधिकार :** इस श्रेणी के अंतर्गत आने वाले व्यक्तियों के अधिकारों में कोई परिवर्तन नहीं हो सकता।

इसके अलावा अधिकारों को सकारात्मक अथवा नकारात्मक अधिकारों में भी श्रेणीबद्ध किया जा सकता है। सकारात्मक अधिकार वो अधिकार हैं जिन्हें लागू करवाने के लिए राज्य या समाज को प्रयत्न करना पड़ता है। जबकि नकारात्मक अधिकार वो अधिकार हैं जिनमें राज्य हस्तक्षेप नहीं कर सकता। उदहारण के लिए, भारतीय संविधान में अधिकांश मूलभूत अधिकारों को नकारात्मक अधिकार माना जाता है जिसमें राज्य कोई हस्तक्षेप नहीं कर सकता।

बहुत से विचारक अधिकारों को परिणामवाद (consequentialist) या आचारण शास्त्रीय (deontological) जैसी श्रेणियों में भी बांटते हैं। पहली श्रेणी में वो अधिकार आते हैं जिन्हें किसी उद्देश्य के तहत उपलब्ध कराया जाता है, उदाहरणार्थ – रोज़गार का अधिकार। दूसरी श्रेणी के अधिकारों में उन अधिकारों को शामिल किया जाता है जो व्यक्ति को बिना उस अधिकार के परिणाम पर विचार किए दिए जाते हैं। उदाहरण के लिए, लोकतंत्र में अभिव्यक्ति की स्वतंत्रता बिना इस बात पर विचार किए दी जाती है कि इसका परिणाम क्या होगा (वही)। समसामयिक विचारकों में रोनाल्ड ड्वोर्किन ने अपनी पुस्तक *टेकिंग राईट्स सीरियसली* (Taking Rights Seriously) में यह तर्क दिया है कि अधिकार किसी भी नैतिक या कानूनी बाध्यता से निर्धारित नहीं होने चाहिए। यदि व्यक्ति के पास अधिकार हैं तो उस व्यक्ति को उन अधिकारों का प्रयोग करने की पूर्ण स्वतंत्रता होनी चाहिए, इस चिंता के बिना कि उन अधिकारों के प्रयोग का परिणाम क्या होगा। [1977]

अधिकारों की तीन पीढ़ियां (Three Generations of Rights)

समसामयिक समय में अधिकारों को तीन प्रमुख श्रेणियों अथवा पीढ़ियों में विभाजित किया जाता है।

प्रथम पीढ़ी : इस श्रेणी में अधिकांशतः नागरिक व राजनीतिक अधिकार आते हैं। ये अधिकार व्यक्ति को स्वतंत्रता प्रदान करते हैं और शासन की शक्तियों पर अंकुश लगाते हैं। अभिव्यक्ति का अधिकार, राज्य में कहीं भी बसने का अधिकार, धार्मिक स्वतंत्रता आधारित अधिकार आदि इस श्रेणी में आने वाले अधिकार हैं। मार्टिन गोल्डविन इन अधिकारों को चुनाव आधारित अधिकारों की संज्ञा देते हैं क्योंकि इस श्रेणी में आने वाले अधिकार विभिन्न स्वतंत्रताओं और चुनावों से संबंधित हैं। ये अधिकार उदारवादी विचारधारा का समर्थन करने वाले सबसे पहले व प्रमुख अधिकारों में शामिल हैं। ये सभी अधिकार अनिवार्य रूप से मौलिक अधिकार हैं जिन्हें व्यक्ति से छीना नहीं जा सकता।

द्वितीय पीढ़ी : मानव अधिकारों की दूसरी पीढ़ी का संबंध ज्यादातर सामाजिक व आर्थिक क्षेत्रों के अधिकारों से है। ये अधिकार एक गरिमामयी जीवन जीने के लिए आवश्यक संसाधनों पर अधिकार से संबंधित हैं जैसे– रोज़गार का अधिकार, शिक्षा, स्वच्छता इत्यादि

के अधिकार। सामान्य मान्यता यह है कि प्रथम पीढ़ी के अधिकारों के लिए राज्य के हस्तक्षेप पर अंकुश लगाया जाता है, जबकि दूसरी श्रेणी के अधिकारों के लिए राज्य की सक्रिय भूमिका आवश्यक है। स्टीफन होम्स तथा कास रॉबर्ट संसटेन जैसे विचारक इस तर्क से असहमति जताते हुए कहते हैं कि पहली पीढ़ी के अधिकारों को लागू करने के लिए भी लिए राज्य को कई स्तर पर हस्तक्षेप करना पड़ता है। उदहारण के तौर पर व्यक्ति के मतदान के अधिकार को सुनिश्चित करने के लिए राज्य को अत्यंत सक्रिय भूमिका निभानी पड़ती है। [लीफ: 2015)]

इसके अलावा, यदि पहली और दूसरी पीढ़ी के अधिकारों में राज्य के कानूनी नियंत्रण का अंतर है तब भी दूसरी पीढ़ी के अधिकारों को नागरिक अधिकार न मानना सही नहीं होगा। मार्शल, वोल्डमैन तथा संसटेन जैसे चिंतकों का मानना है कि कल्याणकारी अधिकारों की श्रेणी में आने वाले दूसरी पीढ़ी के अधिकार पहली पीढ़ी के अधिकारों का उपयोग करने के लिए आवश्यक हैं। इसलिए कानूनी सुरक्षा न होने के कारण पहली और दूसरी पीढ़ी के अधिकारों में अंतर करना सही नहीं है। बहुत से राज्यों ने अपने संविधान में आर्थिक अधिकारों को कानूनी सुरक्षा दी है जो इस बात का प्रमाण है कि सभी राज्य अधिकारों की दोनों पीढ़ियों के बीच तारतम्यता बनाए रखते हैं अथवा बनाए रखना चाहते हैं। [लीफ: 2015]

तृतीय पीढ़ी : इस पीढ़ी के ज्यादातर अधिकार सांस्कृतिक अधिकारों की श्रेणी में आते हैं। इनमें अल्पसंख्यकों तथा जनजातीय अथवा प्रवासी समुदायों को कुछ विशेष अधिकारों द्वारा सुरक्षा प्रदान की जाती है। हालांकि तृतीय पीढ़ी के अधिकारों को पहली व दूसरी पीढ़ी के अधिकारों का अगला चरण ही माना जाता है। फिर भी ये अधिकार अपनी प्रकृति के कारण सबसे अधिक विवादस्पद अधिकारों में माने जाते हैं। किमलिका जैसे विचारक इस बात पर ज़ोर देते हैं कि किसी भी उदारवादी व्यवस्था में व्यक्ति के अधिकारों की सुरक्षा के लिए सांस्कृतिक अधिकारों को मान्यता मिलना आवश्यक है। किमलिका तीन प्रकार के अधिकारों का वर्णन करते हैं 1. स्वशासन का अधिकार, 2. बहुसंजातीय (polyethnic) अधिकार तथा 3. विशेष प्रतिनिधित्व संबंधी अधिकार। किमलिका के अनुसार, अल्पसंख्यकों को सांस्कृतिक अधिकार देने से उनमें सुरक्षा की भावना आती है जिससे वो भी समाज में बराबर की भागीदारी महसूस करते हैं। इन अधिकारों के द्वारा उन्हें विश्वास दिलाया जा सकता है कि राज्य अल्पसंख्यकों के लिए संवेदनशील है और उन्हें सुरक्षा देने के लिए प्रतिबद्ध है ताकि उनका सहज विकास हो सके। विशेष अधिकारों के बावजूद यह श्रेणी किसी समुदाय को यह अधिकार नहीं देती कि वह सांस्कृतिक स्वायतत्ता के नाम पर अपने समुदाय के सदस्यों के मूलभूत नागरिक अधिकारों का हनन करे।

बहुत से विचारक इस धारणा को सही नहीं मानते कि उदारवादी विचारधारा से निकले अधिकार अल्पसंख्यकों की रक्षा के लिए पर्याप्त नहीं है। वॉलद्रोन (1984), किमलिका के तर्कों की आलोचना करते हुए कहते हैं कि किमलिका व्यक्ति की सांस्कृतिक सदस्यता को बहुत ज्यादा महत्त्व दे रहे हैं। उदारवादी विचारधारा से जुड़े व्यक्ति को अपनी संस्कृति का विश्लेषण करना सीखना चाहिए और उस विश्लेषण के आधार पर ही अपनी संस्कृति से नज़दीकी या दूरी बनाना भी सीखना चाहिए। कुकाथास का मानना है कि बहुसंख्यक व

अल्पसंख्यक समुदायों में अल्पसंख्यक समुदाय को विशेषाधिकार मिलने चाहिए लेकिन अल्पसंख्यक समुदायों के भीतर भी ऐसे वर्ग हैं जो संस्कृति के कारण किसी भेदभाव का शिकार होते हैं उनकी सुरक्षा की जिम्मेदारी भी राज्य की है।

राष्ट्रीय अल्पसंख्यकों और प्रवासी जनसंख्या को लेकर किमलिका और उनके विरोधियों के विवाद के बीच राजनीतिक सिद्धांत में दो और मत हैं। ब्रायन बैरी (2001) के मतानुसार, ऐसे बहुत से अधिकार हैं जो शोषण, अत्याचार इत्यादि से व्यक्ति की सुरक्षा करते हैं। ऐसे सभी अधिकार एक उदारवादी व्यवस्था में सभी लोगों के लिए उपलब्ध होने चाहिए चाहे कितनी भी सांस्कृतिक विविधता क्यों न हो। ऐसी व्यवस्था एक उदारवादी कानून की विशेषता होनी चाहिए। हालांकि बैरी सैद्धांतिक तौर पर इस बात को मानते हैं कि सांस्कृतिक विविधता बनाए रखने के लिए कुछ विशेष छूटों का प्रावधान किया जा सकता है, किंतु जिन आधारों पर इन छूटों को वैधता दी जानी चाहिए वे इतनी कठिन हैं कि ऐसी छूटों को लागू कर पाना कठिन है।

इसके विपरीत, चार्ल्स टेलर (1994) का मानना है कि समुदायवाद किसी भी संस्कृति को बनाए रखने के लिए महत्त्वपूर्ण है। इसलिए किसी संस्कृति को बनाए रखने के लिए यदि विशेष अधिकारों का प्रावधान करना पड़े तो राज्य को इसकी व्यवस्था करनी चाहिए।

तीसरी पीढ़ी के अधिकारों को लेकर कितनी ही बहस क्यों न हो, फिर भी इस बात से इनकार नहीं किया जा सकता कि ये सभी अधिकार व्यक्ति के मौलिक अधिकारों की श्रेणी में आते हैं। यही कारण है कि संयुक्त राष्ट्र द्वारा निर्धारित मानव अधिकारों में भी इन अधिकारों को स्थान प्राप्त है।

नागरिक अधिकार तथा राजनीतिक अधिकार

(Citizenship and Political Rights)

अधिकांश परिस्थितियों में नागरिक अधिकार व्यक्ति के राज्य के विरुद्ध उपयोग करने वाले अधिकार होते हैं। धार्मिक स्वतंत्रता, अभिव्यक्ति की स्वतंत्रता, कानून के समक्ष समानता का अधिकार इत्यादि नागरिक अधिकारों की श्रेणी में आने वाले अधिकार हैं। इन अधिकारों का होना सामान्यतः एक उदारवादी राज्य की ओर इशारा करता है। ये सभी ऐसे अधिकार हैं जिनका व्यक्ति के पास होना ये सुनिश्चित करता है कि वह राज्य के स्वतंत्र व समान नागरिक हैं।

नागरिक अधिकारों को राजनीतिक अधिकारों से अलग श्रेणी में रखा जाए या फिर उन्हें एक साथ रख कर देखा जाए, यह बहस अकादमिक क्षेत्र की एक महत्त्वपूर्ण बहस रही है। बहुत से विचारकों के अनुसार, राजनीतिक अधिकार नागरिक अधिकारों से भिन्न अधिकार होते हैं। ये अधिकार व्यक्ति की राजनीतिक व्यवस्था में भागीदारी सुनिश्चित करने वाले अधिकार होते हैं। उदाहरण के तौर पर मतदान का अधिकार, चुनाव लड़ने का अधिकार, राज्य के विरुद्ध शांतिपूर्ण प्रदर्शन का अधिकार इत्यादि। किंतु 20वीं सदी में इन अधिकारों के

बीच के अंतर को लगभग समाप्त कर दिया गया है। 20वीं सदी के मध्य तक राजनीतिक व नागरिक अधिकारों में अंतर किया जाता था, किंतु अमेरिका के सिविल अधिकार आंदोलन की सफलता के बाद इस तरह के अंतर की राजनीतिक सिद्धांत और व्यवहार में कोई जगह नहीं रह गई है क्योंकि इस प्रकार के किसी भी विभेदीकरण का अर्थ नागरिकों को दो वर्गों में बांटना है। यह वर्गीकरण एक ऐसी विचारधारा से आता है जो महिलाओं या अश्वेत लोगों को सभी अधिकारों का उपयोग करने के योग्य नहीं मानता। अर्थात् महिलाएं अथवा अश्वेत जनसंख्या कुछ मौलिक अधिकार जैसे संपत्ति का अधिकार या सुरक्षा का अधिकार इत्यादि का उपभोग करने के अधिकारी तो हैं किंतु बहुत से राजनीतिक भागीदारी संबंधी अधिकार जैसे मतदान या चुनाव लड़ना इत्यादि के अधिकारी नहीं हैं। मार्शल (1950) तथा वालड्रन (1995) जैसे विचारकों का मानना है कि नागरिक या राजनीतिक अधिकारों का विभाजन अधिकारों के वर्गीकरण की सुविधा के लिए तो किया जा सकता है, किंतु नागरिकों के वर्गीकरण के लिए नहीं। अन्यथा नागरिक कभी भी उस मूलभूत समान स्वतंत्रता को प्राप्त नहीं कर पाएंगे जिसका होना रॉल्स किसी भी उदारवादी लोकतांत्रिक व्यवस्था के लिए आवश्यक मानते हैं।

कानूनी अधिकारों का सिद्धांत (Theory of Legal Rights)

स्पष्ट है कि कानूनी अधिकार वो अधिकार या स्वतंत्रताएं हैं जिन्हें विधि द्वारा मान्यता प्राप्त हैं। ये ऐसे अधिकार हैं जो राज्य की उत्पत्ति से पहले संभव नहीं हो सकते क्योंकि इनके उपभोग की परिस्थितियां केवल राज्य द्वारा बनाई जा सकती हैं। इसलिए किसी भी कानूनी अधिकार का होना केवल उस राज्य द्वारा निर्धारित कानूनी ढांचे में ही संभव है। साथ ही, कानूनी अधिकार परिवर्तनशील अधिकार हैं। राज्य अपने कानूनी ढांचे में समय व संदर्भ के अनुसार परिवर्तन करता रहता है। इसी कारण परिवर्तनों से संबंधित कानूनों को भी बदलना पड़ता है। किंतु इतनी स्पष्टता के बावजूद कानूनी अधिकारों के संदर्भ में एक भ्रम की स्थिति बनी रहती है। उदाहरण के तौर पर क्या कानूनी अधिकार नैतिक अधिकारों की श्रेणी में आते हैं? या फिर, कानूनी अधिकार के अंतर्गत किस प्रकार के अधिकार आते हैं? कानून को किस प्रकार के अधिकारों को मान्यता देनी चाहिए? इत्यादि। बहुत से विचारकों ने इस विषय में अपनी राय रखी है। होहफेल्ड(1919) ने इस पूरे विषय को केवल कानूनी अधिकारों तक सीमित रखा है और नैतिक अधिकारों का विषय अपने विभाजन में नहीं उठाया। हार्ट (1961) कानूनी और नैतिक दोनों प्रकार के अधिकारों की बात करते हैं। हालांकि वो दोनों श्रेणियों की तुलना नहीं करते। दूसरी ओर, बेंथम विशेष रूप से कानूनी अधिकारों की बात करते हैं और नैतिक अधिकारों की यह कहते हुए उपेक्षा करते हैं कि नैतिक अधिकार समाज के विकास को बाधित करने का काम करते हैं। इसके विपरीत, जे. एस. मिल, बेंथम के उपयोगितावादी सिद्धांत को समर्थन देने के बावजूद नैतिक अधिकारों की अवहेलना नहीं करते। दरअसल उनका मानना है कि नैतिक व कानूनी अधिकार एक-दूसरे के साथ घनिष्ठता से जुड़े हुए हैं। [बैरी : 1989]

कानूनी अधिकारों का अवधारणात्मक अध्ययन
(Conceptual Analysis of Legal Rights)

राजनीतिक सिद्धांत में अधिकारों को लेकर एक बड़ी बहस इस बात पर है कि क्या अधिकारों को बाकी राजनीतिक अवधारणाओं के साथ जोड़ा जा सकता है अथवा अधिकार पूरी तरह अलग अवधारणा है। बेंथम, ऑस्टिन, होहफेल्ड तथा केलसन जैसे विचारक पहले मत का समर्थन करते हैं। जबकि ड्वोर्किन, कोर्मिक, राज तथा वेल्मेन के अनुसार अधिकार अन्य किसी भी अवधारणा से महत्त्वपूर्ण हैं। [लीफ : 2015]

रोनाल्ड ड्वोर्किन के अनुसार, अधिकार सबसे महत्त्वपूर्ण अवधारणा है। अत: इसे अन्य अवधारणाओं के साथ जोड़ कर नहीं देखा जाना चाहिए। इस विचार का प्रमाण अधिकांश लोकतांत्रिक देशों में देखा जा सकता है जहाँ संवैधानिक अधिकार उस व्यवस्था का सबसे महत्त्वपूर्ण हिस्सा होते हैं जिन्हें कानूनी आधार पर चुनौती देना संभव नहीं है। किंतु अन्य बहुत से विचारकों ने इस तर्क को स्वीकार किया है कि अधिकारों को ऐसी राजनीतिक अवधारणाओं से अलग करके नहीं देखा जा सकता। उदाहरण के तौर पर, व्हाइट [1984, लीफ 2015 में उद्धृत] के अनुसार, अधिकार उतनी ही महत्त्वपूर्ण संकल्पना है जितनी कि कर्तव्य, शक्ति या स्वतंत्रता जैसी कोई और राजनीतिक संकल्पना। राज़ (1986) जैसे विचारकों का मानना है कि कई बार ऐसा देखा गया है कि एक विस्तृत हित के लिए व्यक्ति के अधिकारों पर अंकुश लगाना आवश्यक हो जाता है ऐसे में अधिकारों को सर्वाधिक महत्त्व देने से कठिनाई उत्पन्न हो सकती है, किंतु ड्वोर्किन बहुत साफ तौर पर कहते हैं कि ऐसे किसी भी अंकुश की बात तभी की जा सकती है जब वो "विस्तृत हित", जिसकी चर्चा राज ने की, भी व्यक्ति के अधिकारों से ही संबंधित हो। बहुत से विचारकों ने इस तर्क को यह कहते हुए खारिज किया है कि ड्वोर्किन का सिद्धांत आत्मघाती है। व्यक्ति के अधिकार के लिए व्यक्ति के अधिकारों को खारिज करना स्वयं व्यक्ति के अधिकारों की सुचारू व्यवस्था को बनाए रखने में बाधा उत्पन्न करेगा। इसलिए अधिकार का महत्त्व तब तक ही होना चाहिए जब तक उसके साथ कर्तव्य, अनुमति या शक्ति जैसी अवधारणाएँ जुडी हुई हैं। [लीफ : 2015]

कानूनी अधिकारों का अधिकारी कौन हो सकता है?
(Who is Entitled to have Legal Rights)

अधिकारों का धारक कौन हो सकता है, इस प्रश्न पर भी काफी मतभेद हैं। कुछ चिंतकों का मानना है कि यदि कोई संदर्भ लोगों से किसी कर्तव्य निर्वहन की अपेक्षा रखता है तो ऐसी स्थिति में जिसके प्रति कर्तव्य का निर्वाह हो रहा है उस व्यक्ति को अधिकार का भोक्ता माना जाना चाहिए। हालांकि कुछ विचारक इसमें हितों की अवधारणा का शामिल होना आवश्यक मानते हैं। कुछ अन्य विचारक अधिकारों का उपयोग करने योग्य होने के लिए व्यक्ति का कानूनी मशीन पर नियंत्रण आवश्यक मानते हैं।

तत्कालीन समय में अधिकारों के एक नए आयाम पर चर्चा होती है जो उन समुदायों से संबंधित है जो अपने लिए अधिकारों की मांग नहीं कर सकते। उदाहरण के तौर पर बच्चे,

मानसिक रोगी अथवा पशु अपने लिए अधिकारों की मांग नहीं कर सकते। हालांकि इसका अर्थ यह नहीं है कि कानूनी तौर पर इनका मूल्य नगण्य है किंतु मुख्य प्रश्न यह है कि क्या इन्हें कानूनी अधिकारों का उपभोक्ता माना जाना चाहिए? इस प्रश्न का उत्तर इस बात पर निर्भर करता है कि उत्तर का आधार हितों पर आधारित अधिकार का सिद्धांत है या चुनाव आधारित अधिकार का सिद्धांत। हितों पर आधारित अधिकार सिद्धांत की बात करते हुए मैक कोर्मिक वेलमेन (1982) कहते हैं कि यदि कोई भी अधिकार का सिद्धांत बच्चों के हितों का ध्यान नहीं रखता है तो उसमें एक बहुत बड़ी कमी रह जाएगी। इसके विरोध में वेलमेन (1985, 1995) का कहना है कि ऐसा कोई भी अधिकार अधिकार की मौलिक परिभाषा को ही नकार देता है। यदि कोई व्यक्ति कानूनी मशीन पर नियंत्रण रखने की स्थिति में नहीं है तो अधिकार की पारिभाषिक अवधारणा लागू कर पाना कठिन है। वेलमेन का मानना है कि अधिकार केवल उन्हीं लोगों को दिए जाने चाहिए जो उनकी मांग कर सकें और तार्किक तरीके से उनका उपयोग कर सकें।

नैतिक अधिकारों का सिद्धांत (Theory of Moral Rights)

नैतिक अधिकार पारिभाषिक तौर पर कानूनी या संस्थागत अधिकारों से अलग व ऊपर होते हैं। इन्हें कानून द्वारा निर्धारित किया गया हो या न किया गया हो, इनकी महत्ता सदा रहती है। चूंकि नैतिक अधिकारों की स्थापना समाज में कानूनी अधिकारों से पहले मानी गई है इसलिए इन्हें वैधता प्रदान करने के लिए कानूनी अधिकार आवश्यक नहीं हैं। इसके उलट कानूनी अधिकारों की भूमिका नैतिकता के संदर्भ में ही परिलक्षित होती है। नैतिक अधिकारों की संकल्पना में राज्य पर नैतिक प्रतिबंधों की परिकल्पना आंतरिक रूप से संलग्न होती है।

महत्त्वपूर्ण प्रश्न यह है कि नैतिक अधिकारों का आधार क्या है? सामान्यत: माना जाता है कि अधिकार ऐसे हितों की रक्षा करते हैं जो नैतिक दृष्टि से महत्त्वपूर्ण हैं। जोसेफ राज़ के अनुसार, किसी भी व्यक्ति के पास अधिकार हैं यदि उस व्यक्ति के पास दूसरे लोगों द्वारा उस अधिकार के लिए किसी कर्त्तव्य का पालन करवाने का कारण है। नैतिक अधिकारों का वर्गीकरण इस आधार पर किया जा सकता है कि उनके साथ आने वाले आवश्यक कर्तव्यों का निर्वहन कौन करता है।

बहुत से अधिकार व्यक्ति आधारित होते हैं जिनसे संबंधित कर्तव्य भी व्यक्ति आधारित ही होते हैं। दो लोगों के बीच होने वाले अनुबंध इस श्रेणी में आते हैं जहाँ एक व्यक्ति के अधिकार और दूसरे व्यक्ति के कर्तव्य के बीच सीधा संबंध होता है। दूसरी ओर कुछ ऐसे अधिकार होते हैं जिनसे संबंधित कर्त्तव्य सभी व्यक्तियों पर लागू होते हैं। उदहारण के लिए, एक व्यक्ति की संपत्ति को सुरक्षित रखने के लिए आवश्यक है कि अन्य सभी लोगों पर चोरी न करने का नैतिक दायित्व हो। नैतिक अधिकारों का एक और विभाजन नकारात्मक व सकारात्मक श्रेणियों में किया जा सकता है, जिसके बारे में अध्याय के पहले हिस्से में चर्चा हो चुकी है। नकारात्मक अधिकार वे अधिकार होते हैं जिनका उपभोग करने के लिए

दूसरे लोगों की ओर से किसी भी हस्तक्षेप को प्रतिबंधित करते हैं। नकारात्मक अधिकार भी दो प्रकार के होते हैं- सक्रिय तथा निष्क्रिय नकारात्मक अधिकार।

अधिकारों का एक और वर्गीकरण है सक्रिय नकारात्मक अधिकार। ये वे अधिकार हैं जिनके उपभोग करने या न करने का चुनाव व्यक्ति पर निर्भर करता है। इसके उलट निष्क्रिय नकारात्मक अधिकार वे अधिकार होते हैं जो व्यक्ति के पास तो होते हैं किंतु हर समय उनके उपयोग की आवश्यकता नहीं पड़ती। अधिकांश सुरक्षा संबंधी अधिकार इसी श्रेणी में आते हैं।

मानव अधिकार (Human Rights)

मानव अधिकार का तात्पर्य ऐसे मानदंडों से है जो व्यक्ति को मानव होने के नाते किसी भी प्रकार के राजनीतिक, कानूनी अथवा सामाजिक शोषण से बचने के लिए निर्धारित किए गए हैं। इन अधिकारों के ऐतिहासिक स्रोत के रूप में 1215 के मैग्ना कार्टा, 1689 के बिल ऑफ राईट्स, 1789 के फ्रेंच डीक्लरेशन ऑफ राईट्स ऑफ मैन एंड द सिटिजन तथा 1891 का अमेरिकी संविधान का बिल ऑफ राईट्स आदि को देखा जा सकता है। वहीं इसके दार्शनिक स्त्रोतों के रूप में ह्यूगो गरोशियस, जॉन लॉक तथा कांट आदि विचारकों को देखा जा सकता है। [जेम्स : 2017] किंतु वर्तमान समय में मानव अधिकारों का प्रमुख स्रोत संयुक्त राष्ट्र चार्टर है जिसके कारण मानव अधिकारों को राष्ट्रीय व अंतर्राष्ट्रीय स्तर पर मान्यता मिली है और इनका अनुसरण भी किया जाता है। इसके बावजूद यह कहना गलत नहीं होगा कि मानव अधिकार जो सभी राष्ट्र राज्यों के लिए बनाए गए हैं उनका उदय एक खास समय और स्थान पर और खास संस्कृति में हुआ है। अतः इसकी आलोचनाएं भी संभव हैं। किंतु इन आलोचनाओं का विश्लेषण करने से पहले मानव अधिकारों को जान लेना आवश्यक है। संयुक्त राष्ट्र के मानव अधिकारों संबंधी दस्तावेज में लगभग तीस धाराएं हैं जिन्हें सुविधा की दृष्टि से निम्नलिखित श्रेणियों में श्रेणीबद्ध किया जा सकता है।

धारा 1 – 2 : सभी समान व्यवहार के अधिकारी हैं और व्यक्ति से समानता का व्यवहार करने के लिए उसकी व्यक्तिगत विशेषताओं पर ध्यान नहीं दिया जाएगा।

धारा 3 : जीवन, स्वतंत्रता तथा सुरक्षा का अधिकार।

धारा 4 – 5 : दासता व यातना से मुक्ति।

धारा 6 – 11 : कानून के समक्ष समानता, राज्य द्वारा समान सुरक्षा, राज्य द्वारा दिए गए अधिकारों के हनन के खिलाफ समान रूप से लागू उपचारात्मक अधिकार, मनमानी गिरफ्तारी व नजरबंदी के खिलाफ अधिकार।

धारा 12 : व्यक्तिगत जीवन में मनमाने हस्तक्षेप से स्वतंत्रता।

धारा 13–14 : किसी भी स्थान पर आने जाने की स्वतंत्रता, किसी दूसरे राज्य में शरण पाने के लिए आवेदन की स्वतंत्रता।

धारा 15 : अपनी राष्ट्रीयता बनाए रखने की स्वतंत्रता।

धारा 16 : अपनी इच्छा से विवाह करने की तथा अपनी इच्छा के विरुद्ध विवाह न करने की स्वतंत्रता।

धारा 17	:	संपत्ति की स्वतंत्रता तथा संपत्ति पर मनमाने हस्तक्षेप के विरुद्ध अधिकार
धारा 18 – 20	:	अभिव्यक्ति व सोच की स्वतंत्रता, किसी भी धर्म को अपनाने का अधिकार, शांतिपूर्ण तरीके से इकठ्ठा होने का अधिकार तथा किसी भी संस्था में शामिल होने का अधिकार।
धारा 21	:	राजनीतिक प्रक्रियाओं में भाग लेने का अधिकार, किसी भी सार्वजानिक पद के लिए मतदान व चुने जाने की स्वतंत्रता, लोकतांत्रिक प्रक्रियाओं को मज़बूत बनाने का अधिकार।
धारा 22 – 26	:	काम और सामाजिक सुरक्षा का अधिकार, समान कार्य के समान वेतन का अधिकार, यूनियन बनाने व उसमे भागीदारी का अधिकार, समुचित जीवन जीने के लिए संसाधनों तक पहुंच का अधिकार, मातृत्व व बचपन में सही देखभाल का अधिकार, बच्चों की ससामान सुरक्षा का अधिकार तथा उनकी शिक्षा का अधिकार।
धारा 27	:	सांस्कृतिक जीवन में भाग लेने का अधिकार।

ज्यादातर इन अधिकारों की परिभाषा में कर्तव्यों का होना संलग्न होता है। मानव अधिकारों को लागू करने के लिए सुरक्षा, सम्मान, सुविधापूर्ण जीवन इत्यादि का होना आवश्यक है। इन्हें लागू करने के लिए एक खास किस्म के कर्तव्यबोध का होना आवश्यक है। दूसरी ओर, बहुत से मानव अधिकार ऐसे भी हैं जो एक बड़े उद्देश्य की तरफ इशारा करते हैं। ये एक ऐसी आदर्श परिस्थिति की तरफ इशारा करते हैं जिसकी तरफ बढ़ना किसी भी राष्ट्र राज्य के लिए वांछनीय है। ये अधिकार कानूनी रूप से अपनाए जाने के बावजूद सही तरीके से लागू नहीं हो पाते। ऐसे अधिकारों को फेनबर्ग जैसे विचारकों ने मैनिफेस्टो अधिकारों की संज्ञा दी है। ये अधिकार एक सांझी नैतिकता पर आधारित होते हैं, जो राज्य के स्तर पर कानूनी व संवैधानिक रूप से लागू होते हैं और अंतर्राष्ट्रीय स्तर पर अंतर्राष्ट्रीय कानून द्वारा लागू होते हैं।

मानव अधिकार बहुलतावादी होते हैं। यह कहना गलत होगा कि किसी एक प्रकार या एक ही अधिकार मानव अधिकारों में शामिल है। मानव अधिकार बहुत-सी समस्याओं को सुलझाने के लिए बनाए गए अनेक अधिकारों की सूची है जो अलग-अलग परिप्रेक्ष्य को ध्यान में रख कर बनाए गए हैं। मौरिस क्रेंसटन के अनुसार, ये अधिकार इतने महत्त्वपूर्ण हैं कि इन्हें "सर्वाधिक महत्त्वपूर्ण" अधिकारों की संज्ञा दी जानी चाहिए। [जेम्स : 2017 में उद्धृत] बहुत से विचारक इन अधिकारों को अ -विच्छेदय अधिकार (inalienable rights) मानते हैं। इसका तात्पर्य यह है कि किसी भी परिस्थिति में ये अधिकार व्यक्ति से छीने नहीं जा सकते। इसलिए मानव अधिकारों को न्यूनतम अधिकारों की श्रेणी में रखा जाना चाहिए। कोहेन (2004) तथा राज (2010) इस मत के समर्थक हैं। यहां न्यूनतम से तात्पर्य अधिकारों की संख्या से नहीं है बल्कि इस बात से है कि व्यक्ति को गरिमामयी जीवन देने के लिए इन अधिकारों का न्यूनतम रूप से होना आवश्यक है। रॉल्स का भी मत है कि इन अधिकारों को अति आवश्यक अधिकारों की श्रेणी में रखना चाहिए। इस आधार पर रॉल्स इन अधिकारों की पूर्ति के लिए अंतर्राष्ट्रीय समुदाय द्वारा किसी राष्ट्र राज्य में हस्तक्षेप के लिए नैतिक आधार

भी बनाते हैं, बशर्ते ऐसे किसी हस्तक्षेप का प्रावधान स्वयं मानव अधिकारों की व्याख्या में हो। [जेम्स : 2017 में उद्धृत]

इतने महत्त्वपूर्ण अधिकार होने के बावजूद इन अधिकारों के कार्यान्वयन की कुछ समस्याएं हैं। हालांकि राज्य इन अधिकारों को कानूनी रूप से लागू करने की जिम्मेदारी लेते हैं लेकिन ऐसे कोई सुदृढ़ कानूनी व्यवस्था नहीं बनाई गई है जिसके चलते व्यक्ति द्वारा इन अधिकारों का भोग सुनिश्चित किया जा सके।

बहुत से अधिकारों में विचारधारात्मक मतभेद होने के कारण प्रत्येक राज्य द्वारा उनका पालन करना कठिन है। उदाहरण के लिए, राजनीतिक प्रक्रियाओं में भागीदारी का अधिकार उदारवादी व्यवस्था में आने वाला अधिकार है लेकिन रोज़गार का अधिकार अथवा जीवन निर्वहन का अधिकार उदारवाद के उलट, साम्यवादी विचारधारा से प्रेरित है। किसी एक विचारधारा से चलने वाले राज्य के लिए दोनों तरह के अधिकारों को लागू करना कठिन है।

संयुक्त राष्ट्र संघ का मानव अधिकारों का दस्तावेज़ राज्य पर इन अधिकारों को पूरा करने की नैतिक जिम्मेदारी डालने के बावजूद उसी नैतिकता के तहत इन अधिकारों को सीमित करने का प्रावधान भी करता है जिससे विभिन्न सांस्कृतिक परिप्रेक्ष्यों के तहत अधिकारों को अलग तरीके से व्याख्यायित करने की संभावना बनी रहती है। इस वजह से मानव अधिकारों के सार्वभौमिक होने के बावजूद इन्हें सार्वभौमिक तरीके से लागू करने में कठिनाइयां आ सकती हैं।

अधिकार एवं कर्त्तव्य (Rights and Duties)

इन सभी विचारधाराओं में व्यक्ति और व्यक्ति के अधिकारों को अत्यंत महत्त्वपूर्ण स्थान मिला है, किंतु मार्क्सवादी विचारकों के अलावा कई विचारक ऐसे भी हैं जिन्होंने व्यक्ति के अधिकारों के ऊपर व्यक्ति के कर्तव्यों या फिर दूसरे के अधिकारों को सम्मान देने की नैतिक जिम्मेदारी को रखा है। ऐसे विचारकों में यूरोपियन परंपरा में रूसो तथा भारतीय परंपरा में गांधी जैसे विचारक प्रमुख हैं। रूसो फ्रांसिसी क्रांति के बाद ऐसे पहले विचारकों में से हैं जिन्होंने व्यक्ति के अधिकारों के आधार पर बने मानव समाज की आलोचनात्मक व्याख्या प्रस्तुत की हैं। अपनी पुस्तक द *सोशल कॉन्ट्रैक्ट* में उनका स्पष्ट मानना है कि निजी संपत्ति और स्वार्थ पर आधारित नागरिक समाज एक आदर्श समाज नहीं हो सकता। उनके अनुसार, व्यक्ति को अपने व्यक्तिगत हितों को एक वृहत और सार्वजनिक हित के लिए दरकिनार कर देना चाहिए। व्यक्ति के नागरिक होने का अर्थ ही यही है कि वह "पब्लिक" का सदस्य होने के अलावा कुछ और नहीं होता।

भारतीय विचार परंपरा में मोहनदास करमचंद गांधी ने इस विषय में अपने विचार रखे हैं। डेनिस डाल्टन (2000) ने गांधी के विचार में स्वतंत्रता, अधिकार और कर्तव्यों पर अपना विश्लेषण दिया है। उनके अनुसार, गांधी शायद पहले चिंतक हैं जिन्होंने पश्चिमी राजनीतिक सिद्धांत में चिरकाल से स्थापित स्वतंत्रता और कर्तव्य के विरोधाभास को अपने चिंतन में सुलझा लिया है। गांधी ने स्वराज की जो व्याख्या की है उसमें स्वराज

का तात्पर्य केवल बाह्य नियंत्रण से मुक्ति नहीं है बल्कि अपने अंदर दूसरों के लिए एक कर्तव्य भावना का निर्माण भी है। यदि व्यक्ति अपने स्वार्थी हितों की परिकल्पना से ही पूरी तरह ग्रसित है तो वह बाहरी नियंत्रण के न होने पर भी पूर्णतः स्वतंत्र नहीं है। इसलिए गांधी अधिकारों के प्रयोग को लेकर पश्चिमी शब्दावली का प्रयोग नहीं करते जिसमें व्यक्ति के अधिकार ही सर्वोपरि हैं। इसके उलट वो "धर्म" शब्द के द्वारा अधिकारों को स्थापित करने का प्रयास करते हैं जिसमें कर्तव्य के बाद ही अधिकारों की बात कर पाना संभव है। चूंकि कर्तव्यों के निर्वहन के अंतःकरण का प्रयास व्यक्ति ही कर सकता है इसलिए गांधी के अनुसार व्यक्ति की स्वतंत्रता केवल और केवल व्यक्ति पर ही निर्भर करती है राज्य पर नहीं ।

निष्कर्ष (Conclusion)

संक्षेप में ये कहा जा सकता है कि अधिकार की अवधारणा की कोई निर्धारित तथा सर्वमान्य व्याख्या नहीं हैं किंतु यह एक ऐसी अवधारणा है जिसका प्रत्येक विचारधारा में सतत विकास तथा विस्तार होता रहा है। एक ओर अधिकार का विमर्श व्यक्ति के संकुचित अधिकारों से समुदायों के अधिकारों तक पहुंचा है तो दूसरी ओर व्यक्ति के सीमित अधिकारों से आरंभ होकर इस विस्तार की यात्रा पशुओं तथा पर्यावरण के अधिकार तक पहुंच गई है। इसके बावजूद यह विमर्श राजनीतिक सिद्धांत के क्षेत्र में लगातार नए सवाल उठा रहा है। हम एक वैश्वीकृत विश्व की तरफ बढ़ रहे हैं और ऐसे में यह आवश्यक है कि अधिकारों की अवधारणा राष्ट्र राज्यों से आगे जाकर व्यक्ति और नागरिक के अधिकारों की चर्चा करें।

अभ्यास प्रश्न (Practice Questions)

1. अधिकार की उदारवादी संकल्पना की विवेचना करते हुए इसकी मुख्य आलोचनाओं का विश्लेषण कीजिए।
2. अधिकार की तीन पीढ़ियों की विवेचना करते हुए बताइए कि अधिकार की संकल्पना ने व्यक्ति के जीवन में उत्तरोत्तर सुधार लाने का कार्य किया है।
3. अधिकार की संकल्पना व्यक्ति पर राज्य की निर्भरता को बढ़ाती है। गांधीवादी परिप्रेक्ष्य से इस कथन की विवेचना कीजिए।

संदर्भ सूची (References)

फेनबर्ग, जे., (1980), *राईट्स, जस्टिस एंड द बाउंड्रीज ऑफ लिबर्टी*, प्रिंसटन : प्रिंसटन यूनिवर्सिटी प्रेस।

बैरी, नॉर्मन .पी., (1989), *ऐन इंट्रोडक्शन टू माडर्न पॉलिटिकल थेओरी*, न्यूयॉर्क : मैकमिलन एजुकेशन।

मेक्किनन, केट्रीओना, (2012), *इशूज इन पॉलिटिकल थ्योरी*, ऑक्सफोर्ड: ऑक्सफोर्ड यूनिवर्सिटी प्रेस।

नोजिक, रॉबर्ट, (1974), *एनार्की स्टेट एंड यूटोपिया*, ब्लैकवेल पब्लिशिंग, यूनाइटेड किंगडम।

ड्वोर्किन, रॉनाल्ड, (1977), *टेकिंग राईट्स सीरीयसली*, हॉर्वर्ड: हॉर्वर्ड यूनिवर्सिटी प्रेस।

डॉल्टॉन, डी., (2000), "गांधीज ऑरिजिनैलिटी", ए. परेल (संपा.) गांधी, फ्रीडम एंड सेल्फ रूल, नई दिल्ली: लेक्सिंगटन।

क्लेयर, चेम्बर्स, (2012), "जेंडर", मेक्किनन, केट्रीओना (संपा.), *इशूज इन पॉलिटिकल थ्योरी*, ऑक्सफोर्ड : ऑक्सफोर्ड यूनिवर्सिटी प्रेस।

वीनर, लीफ, (2015), "राईट्स", स्टैंफर्ड एनसाईकलोपीडिया ऑफ फिलॉसफी, एड्वर्ड एनजालटा (संपा) https://platoIstanfordIedu/entries/rights/Date of access (Accessed on 02/10/2020)

किमलिका, विल, (2015), कंटेम्परारी पॉलिटिकल फिलॉसफी : ऐन इंट्रोडक्शन, ऑक्सफोर्ड : ऑक्सफोर्ड यूनिवर्सिटी प्रेस।

यंग, एम. आई., (1989), 'पोलिटी एंड ग्रुप डिफरेन्स: अ क्रिटीक ऑफ द आइडीयल यूनिवर्सल सिटीजनशिप', *एथिक्स*, 99:2.

मार्शल, टी.एच., (1950), सिटीजनशिप एंड सोशल क्लास, कैम्ब्रिज : कैम्ब्रिज यूनिवर्सिटी प्रेस।

वालड्रन, जे., (1995), *रीयल राईट्स*, ऑक्सफोर्ड : ऑक्सफोर्ड यूनिवर्सिटी प्रेस।

________(1984), थ्योरीज ऑफ राईट्स, ऑक्सफोर्ड : ऑक्सफोर्ड यूनिवर्सिटी प्रेस।

हार्ट, एच., (1961), द कॉन्सेप्ट ऑफ लॉ, ऑक्सफोर्ड : ऑक्सफोर्ड यूनिवर्सिटी प्रेस।

राज, जे., (1986), द *मोरेलिटि ऑफ फ्रीडम*, ऑक्सफोर्ड : ऑक्सफोर्ड यूनिवर्सिटी प्रेस।

________(2010), 'ह्यूमन राईट्स इन द इमर्जिंग वर्ल्ड ऑर्डर', ट्रांस नेशनल थ्योरी, 31, 47.

कोहेन, ए. आई., (2004), "मस्ट राईट्स इमपोज एनफोर्सीबल पोसिटिव डयूटीस", *जर्नल ऑफ सोशल फिलॉसफी*, 35, 2.

मैककोरमिक. एन., (1982), *लीगल राईट्स एंड सोशल डिमोक्रेसी*, ऑक्सफोर्ड : ऑक्सफोर्ड यूनिवर्सिटी प्रेस।

बैरी, ब्रायन, (2001), *कल्चर एंड इक्वालिटी : ऐन इगैलिटेरीयन क्रिटीक ऑफ मल्टीकल्चरिज़्म*, हार्वर्ड: हार्वर्ड यूनिवर्सिटी प्रेस।

टेलर, चार्ल्स, (1994), *मल्टीकल्चरिज़्म: एगजामिनिंग द पॉलिटिक्स ऑफ रेकोग्निशन*, प्रिंसटन: प्रिंसटन यूनिवर्सिटी प्रेस।

वेलमेन, सी. (1985), *अ थ्योरी ऑफ राईट्स, रॉमेन एंड ऐलनहेल्ड*, टोटोवा।

________(1995), *रियल राईट्स*, ऑक्सफोर्ड : ऑक्सफोर्ड यूनिवर्सिटी प्रेस।

जेम्स, एन. (2017), 'ह्यूमन राईट्स', स्टैंड्फर्ड एनसाईकलोपीडिया ऑफ फिलॉसफी, एड्वर्ड एनजाल्टा (संपा.) https://platoIstanfordIedu/entries/rights-human/date of access(accessed on 15/10/2020)

अध्याय 11

मानवाधिकार : सार्वभौमिकता बनाम सांस्कृतिक सापेक्षवाद

Human Rights : Universalism vs Cultural Relativism

अंकित तोमर

प्रस्तावना (Introduction)

राजनीतिक दर्शन में प्रारंभ से ही इस बात पर विशेष रूप से बल दिया गया है कि व्यक्ति एक सामाजिक प्राणी है और इस नाते उसका अस्तित्व कुछ ऐसी परिस्थितियों पर निर्भर करता है, जिनके बिना व्यक्ति के व्यक्तित्व का सर्वांगीण विकास होना कदापि संभव नहीं है। पश्चिमी विचारक हेरोल्ड लास्की ने इन्हीं आवश्यक परिस्थितियों को "अधिकारों" की संज्ञा दी थी। चूंकि व्यक्ति एक सामाजिक प्राणी है इसलिए इस बात में कोई संदेह नहीं है कि एक समाज के सदस्य होने के नाते प्रत्येक व्यक्ति को अपने अस्तित्व को सुनिश्चित करने एवं अपनी कुछ मूलभूत ज़रूरतों को पूरा करने के लिए समाज के अन्य सदस्यों पर आश्रित होना पड़ता है। इसी कारण वह समाज के दूसरे व्यक्तियों के समक्ष आमतौर पर कुछ ऐसी मांगें भी रख देता है जो मूलतः व्यक्ति की स्वार्थी प्रकृति को प्रतिबिंबित करती हैं। इसके परिणामस्वरूप समाज में स्वाभाविक रूप से कलह (अराजकता) तथा आवश्कताओं और सुविधाओं की पूर्ति को लेकर व्यक्तियों के बीच "मेरे और तेरे" जैसे कई बुनियादी सवाल पैदा होते हैं। साथ ही इन विवादों पर फैसला करने के लिए कोई सर्वोच्च एवं संगठित राजनीतिक प्राधिकार (organised political authority) भी नहीं होता है। आधुनिक राजनीतिक दर्शन में थॉमस हॉब्स, जॉन लॉक, और रूसो जैसे राजनीतिक दार्शनिकों ने ऐसी स्थिति को काल्पनिक रूप से "प्राकृतिक अवस्था" (state of nature) का नाम दिया था। हॉब्स के अनुसार, प्राकृतिक अवस्था युद्ध की अवस्था थी जहाँ हर व्यक्ति दूसरे व्यक्ति के खिलाफ होता है और हर व्यक्ति अपने विवेक (या तर्कबुद्धि) के अनुसार व्यवहार करता है। इसलिए हॉब्स व अन्य दार्शनिकों ने प्राकृतिक अवस्था की असुविधाओं से निकलने के लिए राज्य की उत्पति के सामाजिक अनुबंध का सिद्धांत (social contract) दिया था और इस बात पर बल दिया कि समाज में व्यक्तियों की केवल उन्हीं मांगों को वैध (valid) माना जा सकता है जो एक सामाजिक और सामंजस्यपूर्ण

जीवन जीने के अनुरूप हों तथा जिन्हें समाज से सामाजिक स्वीकृति और राज्य द्वारा कानूनी मान्यता प्राप्त हो।

दूसरे शब्दों, अधिकारों के रूप में व्यक्ति के केवल उन्हीं दावों (मांगों) को वैध रूप से स्वीकार किया जा सकता है जिनसे वह न केवल अपने व्यक्तित्व का विकास कर सके बल्कि साथ-ही-साथ दूसरे व्यक्तियों के व्यक्तित्व में भी किसी प्रकार की बाधा उत्पन्न न करे।

अधिकारों के संदर्भ में, बुनियादी रूप से दो महत्त्वपूर्ण सवाल पैदा होते हैं। *पहला*, क्या व्यक्ति अपने अधिकारों का प्रयोग केवल तभी कर सकता है, जब समाज के बाकी लोग उसके जीवन या स्वतंत्रता जैसे निजी क्षेत्रों में किसी-न-किसी रूप में हस्तक्षेप करें? दूसरा, क्या व्यक्ति को उसके सभी अधिकार समाज एवं राज्य से ही प्राप्त होते हैं? यद्यपि इन दोनों ही प्रश्नों के उत्तरों को लेकर राजनीतिक सिद्धांतकार एवं दार्शनिक एकमत नहीं हैं। परंतु कोई भी सिद्धांतकार एवं दार्शनिक इस बात से इनकार नहीं कर सकता कि अधिकारों की अवधारणा आधुनिक युग की एक ऐसी महत्त्वपूर्ण व प्रभावशाली अवधारणा बन गई है, जिसके बिना किसी भी समाज का पुनर्निर्माण नहीं हो सकता है। आधुनिक राजनीतिक दर्शन में इस बात को भी स्वीकार किया जाने लगा है कि समाज में व्यक्तियों को प्राप्त अधिकार केवल अन्य व्यक्तियों की मनमर्ज़ी अथवा मनमाने व्यवहार के विरुद्ध एक सुरक्षा कवच ही प्रदान नहीं करते, बल्कि राज्य द्वारा व्यक्तियों के खिलाफ शक्तियों के दुरुपयोग तथा अनुचित कार्यवाहियों पर भी सीमा लगाते हैं। हमें यह भी समझना होगा कि अधिकारों की उत्पत्ति का कोई एक सिद्धांत नहीं है।

अधिकारों की उत्पत्ति के संबंध में प्राकृतिक अधिकारों का सिद्धांत (theory of natural rights) यह मानता है कि प्रत्येक व्यक्ति को जन्म के साथ ही प्रकृति से कुछ ऐसे अधिकार मिलते हैं जिन्हें वह प्राकृतिक सीमा के भीतर रहकर इस्तेमाल कर सकता है। चूंकि व्यक्ति को ये अधिकार समाज एवं राज्य की उत्पत्ति से पहले से प्राप्त हैं इसलिए व्यक्ति अपने इन अधिकारों के लिए किसी अन्य व्यक्ति, समाज एवं राज्य का आभारी नहीं है। समाज तथा राज्य का यह नैतिक दायित्व (moral obligation) है कि वे व्यक्ति के इन अधिकारों का सम्मान एवं सुरक्षा करें। दूसरी तरफ अधिकारों की उत्त्पति का कानूनी सिद्धांत (legal theory of rights) यह मानता है कि अधिकारों की उत्पत्ति राज्य की उत्पत्ति के बाद ही हो सकती है। इसका तात्पर्य यह है कि अधिकारों का सरोकार केवल राज्य के भीतर रहने वाले व्यक्तियों से ही है।

दूसरे शब्दों में, हम यह भी कह सकते हैं कि एक व्यक्ति के रूप में "मैं" और "आप" – दोनों ही एक समाज के सदस्य हैं और हम दोनों ही इसकी कानूनी (वैधानिक) व्यवस्था के अंतर्गत आते हैं। राज्य के कानूनों द्वारा ही हमें हमारे अधिकार एवं उनसे जुड़े दायित्व मिलते हैं। परंतु इससे हम यह निष्कर्ष नहीं निकाल सकते कि एक व्यक्ति के सभी अधिकारों का स्रोत केवल राज्य के कानून ही हैं। उदाहरण के लिए, यह ज़रूरी नहीं है कि नैतिक अधिकार कानूनी हों। इसलिए यह एक औचित्यपूर्ण तर्क नहीं है कि व्यक्ति के अधिकार और उनसे जुड़े दायित्व बुनियादी रूप से कानूनी ही होते हैं। संक्षेप में, हम यह भी कह सकते हैं कि किसी व्यक्ति के अधिकारों को कई आधारों जैसे सामाजिक, राजनीतिक, आर्थिक, सांस्कृतिक, कानूनी, नैतिक और मानवीय आधार पर उचित ठहराया जा सकता है। एक

व्यक्ति के अधिकारों के दावे को केवल तभी सही माना जा सकता है जब वह समाज के दूसरे व्यक्तियों के वैसे ही अधिकारों का सम्मान करे।

इस तरह अधिकारों की अवधारणा दो पक्षों के बीच एक निश्चित प्रकार के संबंध को अभिव्यक्त करती है। ये दो पक्ष हैं: अधिकार धारक (right holder) और अधिकार पर्यवेक्षक (right observer)। अधिकारों की अवधारणा को इन दोनों ही दृष्टिकोणों से देखा जा सकता है।

अधिकार-धारक के दृष्टिकोण से अधिकारों से तात्पर्य किसी काम को करने या अपने अस्तित्व को बनाए रखने की आज़ादी है तो अधिकार पर्यवेक्षक के दृष्टिकोण से अधिकारों की अवधारणा दूसरे व्यक्तियों पर कुछ खास तरह के दायित्व (कर्तव्य) थोपती है। ये दायित्व नकारात्मक (negative) तथा सकारात्मक (positive) दोनों ही हो सकते हैं और इस आधार पर अधिकारों को नकारात्मक तथा सकारात्मक अधिकारों की श्रेणियों में वर्गीकृत (categorise) किया जा सकता है। नकारात्मक अधिकारों से अभिप्राय अधिकार-धारक द्वारा अपने अधिकारों के प्रयोग में अधिकार पर्यवेक्षकों द्वारा किसी भी तरह के हस्तक्षेप को रोकने से है (जैसे कि स्वतंत्रता एवं जीवन जीने का अधिकार)। सकारात्मक अधिकार वे अधिकार हैं, जो दूसरे लोगों या राज्य पर यह दायित्व थोपते हैं कि वे सकारात्मक रूप से अधिकार धारकों को उनके अधिकारों के प्रयोग को सुनिश्चित करने में उनकी मदद करें। उदाहरण के लिए, स्वास्थ्य तथा जीविका का अधिकार राज्य की ओर से सकारात्मक हस्तक्षेप की आवश्यकता की मांग करता है।

यह कहना भी अतिशयोक्तिपूर्ण नहीं होगा कि 1960 के दशक से अधिकारों की अवधारणा में व्यापक रूप से परिवर्तन आया है। अब नागरिक अधिकारों के साथ-साथ महिलाओं, वंचितों, अल्पसंख्यकों, समलैंगिकों (homosexuals) तथा पशुओं के अधिकार भी हमारी रोज़मर्रा की जिंदगी से जुड़े विचार-विमर्श का हिस्सा बन गए हैं। इसके साथ ही 20वीं और 21वीं सदी के शुरूआती वर्षों से मानव अधिकारों से जुड़े मुद्दों पर चर्चा होना भी एक आम बात हो गई है। राजनीतिक सिद्धांत में मानवाधिकारों की अवधारणा एक ऐसी नई विश्व व्यवस्था के सृजन की आधारशिला के रूप में उभरी है, जहाँ प्रतिष्ठा तथा विकास जैसे मुद्दों का सरोकार प्रत्येक व्यक्ति के सर्वांगीण विकास तथा मूलभूत अधिकारों से है। इसमें कोई संदेह नहीं है कि राजनीतिक सिद्धांत के परंपरागत (traditional) एवं समकालीन (contemporary) विचारक विशेषकर उदारवादी विचारक, राज्य एवं सरकार की सत्ता के विरुद्ध व्यक्ति के अधिकारों की रक्षा को महत्त्व देते हैं। फिर भी इन विचारकों के बीच मानवाधिकारों की विभिन्न संकल्पनाओं (conceptions), विकास, प्रकृति, एवं विषय-वस्तु को लेकर कोई खास सर्वसहमति नहीं है। मानवाधिकारों की अवधारणा को लेकर केवल पूर्वी एवं पश्चिमी देशों के बीच ही नहीं बल्कि विकासशील एवं अल्पविकसित देशों के बीच भी गहरे मतभेद हैं। एक तरफ जहाँ पश्चिम के उदारवादी देश (liberal states) व्यक्ति की सर्वोच्चता में विश्वास करते हैं तथा नागरिक और राजनीतिक अधिकारों पर अधिक बल देते है तो वहीं दूसरी तरफ पूर्व के साम्यवादी देश (communist states) समूह तथा वर्ग आधारित अधिकारों को प्राथमिकता और आर्थिक, तथा सांस्कृतिक अधिकारों को अधिक महत्त्व देते हैं। अतः इस अध्याय का मूल उद्देश्य पाठकों को मानवाधिकारों की अवधारणा के साथ-साथ उनकी बदलती हुई प्रकृति से अवगत कराना है।

मानवाधिकारों की सैद्धांतिक समझ
(Theoretical Understanding of Human Rights)

मानवाधिकारों की अवधारणा प्राकृतिक अधिकारों का आधुनिक रूप है, जो व्यक्तियों एवं राज्य के परस्पर संबंधों के आधार पर राज्यों एवं अंतर्राष्ट्रीय समुदायों द्वारा राष्ट्रीय तथा अंतर्राष्ट्रीय स्तर पर ऐसे सामाजिक एवं समरसतापूर्ण वातावरण को सृजित किए जाने पर बल देती है जिसमें व्यक्ति के व्यक्तित्व का पूर्ण विकास संभव हो पाए। यद्यपि राजनीतिक सिद्धांतवादियों, दार्शनिकों, राजनीतिज्ञों के मध्य मानवाधिकारों की अवधारणा को परिभाषित करने को लेकर कई मतभेद हो सकते हैं, परंतु वे मानवाधिकारों के हनन से जुड़े अमानवीय मुद्दों जैसे कि जनसंहार, नजरबंदी, असहनीय यातनाएं, नस्लभेद (racial discrimination), पाशविक व्यवहार इत्यादि को नज़रअंदाज नहीं कर सकते हैं।

सामान्य स्तर पर मानवाधिकार ऐसे अधिकार हैं जो प्रत्येक मनुष्य को केवल मनुष्य होने के नाते मिलते हैं। उनकी जाति, धर्म, वंश या किसी विशेष सामाजिक समूह की सदस्यता के आधार पर नहीं। मानवाधिकारों की अवधारणा मूलतः मानवीय गरिमा और उपयुक्त जीवन स्तर की शर्तों को व्यक्त करती हैं। ऐसा माना जाता है कि जो भी मूल्य मानवीय प्रतिष्ठा तथा मानवीय स्वतंत्रता में वृद्धि करते हैं, वे मानवाधिकारों का अभिन्न अंग हैं। सामान्य शब्दों में, मानवाधिकार वे आधारभूत अधिकार हैं जो विश्व के किसी भी हिस्से में निवास करने वाले प्रत्येक व्यक्ति को मानवोचित गुण होने के कारण जन्म से ही प्राप्त होते हैं। इस संदर्भ में, मानवाधिकार बिना किसी भेदभाव के प्रत्येक व्यक्ति को समृद्ध जीवन जीने के लिए आवश्यक अवसरों तथा संसाधनों की गारंटी देते हैं। मानवाधिकार व्यक्ति के जीने, उसके अस्तित्व एवं व्यक्तित्व के पूर्ण विकास के लिए परमावश्यक हैं। मानवाधिकारों की अवधारणा का सबसे महत्त्वपूर्ण लक्ष्य यह है कि ये न तो किसी सामाजिक समझौते का परिणाम होते हैं और न ही वंशानुगत होते हैं। बल्कि प्रत्येक व्यक्ति को जन्म से ही प्राप्त होते हैं। मानवाधिकारों के बारे में सबसे उपयुक्त बात यह हो सकती है कि व्यक्ति एक मनुष्य है, पशु नहीं, इसलिए उसके साथ बर्ताव भी मानवीय होना चाहिए। दूसरे शब्दों में, मानवाधिकार ऐसे अधिकार हैं जो व्यक्ति की प्रकृति में अंतर्निहित हैं और जिनके अभाव में व्यक्ति प्रतिष्ठा-संपन्न जीवन व्यतीत नहीं कर सकता है।

मानवाधिकारों के संबंध में संयुक्त राज्य अमेरिका के संस्थापकों ने "डिक्लेरेशन ऑफ इंडिपेंडेंस (1776)" (Declaration of Independence) में यह स्पष्ट किया कि व्यक्तियों के पास मनुष्य होने के नाते कुछ अधिकार ऐसे होते हैं जिन्हें उनसे कभी भी छीना नहीं जा सकता है। दरअसल, इस तरह का विचार अभिव्यक्त करते हुए वे एक ऐसे नैतिक आंदोलन का प्रतिनिधित्व कर रहे थे, जिसका आज भी सभी समाजों पर बहुत गहरा प्रभाव देखा जा सकता है। इसी समय फ्रांसीसियों ने भी "डिक्लेरेशन ऑफ दी राइट्स ऑफ मैन एंड ऑफ दी सिटीजन (1789)" (Declaration of the Rights of Man and the Citizens) की रूपरेखा प्रस्तुत की। इस तरह, आधुनिक युग के दो सबसे प्रभावशाली राजनीतिक दस्तावेज़ों ने मानवाधिकारों की आधारशिला रखी। वर्तमान समय में मानवाधिकार राष्ट्रीय

तथा अंतर्राष्ट्रीय स्तर पर नैतिक और कानूनी अधिकारों के ऐसे मानक (norms) बन गए हैं जिनका लक्ष्य दुनिया के सभी लोगों को राजनीतिक, कानूनी और सामाजिक अपमानों एवं उत्पीड़नों से बचाना है। इस प्रकार मानवाधिकारों की अवधारणा विशेष रूप से भेदभावों की मनाही की अवधारणा है। ऐसा नहीं है कि इन अधिकारों के अस्तित्व को केवल नैतिकता के आधार पर ही स्वीकार किया जाता है बल्कि राष्ट्रीय और अंतर्राष्ट्रीय स्तर के कानूनों में भी इन्हें विशेष स्थान दिया गया है। मानवाधिकारों से जुड़े मानक मुख्य रूप से यह बताते हैं कि सरकारों और संस्थाओं द्वारा लोगों के साथ किस तरह का व्यवहार किया जाना चाहिए। मानवाधिकारों की सार्वभौमिक घोषणा (Universal Declaration of Human Rights) का मूल उद्देश्य भी सभी समाजों में व्यक्तियों के लिए सम्मानपूर्ण जीवन जीने के लिए आवश्यक परिस्थितियों का पुनर्निर्माण और पुनर्निरीक्षण करना है। मानवाधिकारों पर विस्तार से चर्चा करते हुए एंड्रयू हेवुड ने मानवाधिकारों की विशेषताओं को निम्नलिखित रूप में व्यक्त किया है:

1. मानवाधिकार मानव के रूप में जन्म लेने के आधार पर मनुष्यों को प्राप्त वे मूल अधिकार हैं जो मनुष्यों के सर्वांगीण विकास के लिए अपरिहार्य हैं।
2. मानवाधिकार सार्वभौमिक तथा अविभाज्य (inalienable) हैं और इस प्रकार वैश्विक स्तर पर प्रत्येक व्यक्ति चाहे उसका क्षेत्र, धर्म, नस्ल और लिंग कुछ भी हो, मानवाधिकारों का समान रूप से हकदार है।
3. मानवाधिकारों की अवधारणा व्यक्ति के राजनीतिक, सामाजिक, आर्थिक, तथा सांस्कृतिक अधिकारों से घनिष्ठ रूप से जुड़ी हुई है।

इस संबंध में हमें यह भी समझने की आवश्यकता है कि कोई भी अधिकार चाहे वह मानवाधिकार ही क्यों न हों, न तो पूर्णतया असीमित हो सकते हैं और न ही अपरिवर्तनीय। प्रत्येक समाज की निरंतर बदलती हुई सामाजिक, राजनीतिक, आर्थिक एवं सांस्कृतिक परिस्थितियों के अनुसार मानवाधिकारों की प्रकृति में भी समय के साथ-साथ व्यापक बदलाव आए हैं। उदाहरण के लिए, दूसरे विश्वयुद्ध के पश्चात् हिंसा को रोकने और विश्व के पुनर्निर्माण के लिए जिन मानवाधिकारों की घोषणा की गई थी, उनमें औद्योगीकरण (industrialisation) और वैश्वीकरण (globalisation) की प्रक्रियाओं से उत्पन्न सामाजिक और आर्थिक असमानताओं से जुड़े मुद्दों के संदर्भ में नए तरह के मानवाधिकारों की मांगों को विशेष बल मिला। इसके साथ ही वर्तमान समय में लोकतांत्रिक देशों की संख्या में भी व्यापक वृद्धि देखने को मिली है जिसके परिणामस्वरूप वैश्विक स्तर पर मानवाधिकारों के प्रति जागरूकता एवं संवेदनशीलता भी पहले से कहीं अधिक बढ़ी है। इससे न केवल मानवाधिकारों का क्षेत्र शीघ्रता से बढ़ा है, बल्कि मानवाधिकारों के प्रभाव में भी व्यापक वृद्धि देखने को मिली है। माननाधिकारों के कुछ रूप निम्नलिखित हैं–

1. मानवीय गरिमा का अधिकार (right to human dignity)
2. जीविकोपार्जन का अधिकार (right to livelihood)
3. शोषण तथा मानव व्यापार के विरुद्ध अधिकार (right against exploitation and human trafficking)

4. आश्रय का अधिकार (right to shelter)
5. निजत्व का अधिकार (right to privacy)
6. प्रतिष्ठा का अधिकार (right to education)
7. स्वस्थ वातावरण का अधिकार (right to healthy environment)।

मानवाधिकारों का उद्भव एवं ऐतिहासिक संदर्भ

(Historical Context and Evolution of Human Rights)

वैश्विक स्तर पर द्वितीय विश्वयुद्ध के बाद का समय अंतर्राष्ट्रीय शांति और सुरक्षा को बढ़ावा देने के प्रयासों का साक्षी रहा है। इन्हीं प्रयासों के तहत 1945 में संयुक्त राष्ट्र संघ जैसे एक अंतर्राष्ट्रीय संगठन की नींव रखी गई। समकालीन विश्व में संयुक्त राष्ट्र संघ ही वह संस्था है जिसकी छत्रछाया में विभिन्न घोषणापत्रों (declarations), अभिसमयों (conventions), प्रसंविदाओं (covenants) और सम्मेलनों के परिणामस्वरूप मानवाधिकारों की सार्वभौमिक उद्घोषणा को संयुक्त राष्ट्र संघ की महासभा ने 10 दिसंबर 1948 को स्वीकृति प्रदान की तथा मानवाधिकारों के विकास, संरक्षण और संवर्धन को प्रोत्साहन दिया। मानवाधिकारों को आज हम जिस रूप में देख रहे हैं, वे एक लंबे ऐतिहासिक संघर्ष का परिणाम हैं। परंतु हम यह कह सकते हैं कि मानवाधिकारों की समकालीन संकल्पना का मुख्य स्रोत मानव अधिकारों की सार्वभौमिक उद्घोषणा (1948) ही है। इन घोषणाओं और सम्मेलनों ने लोगों के मूलभूत अधिकारों एवं स्वतंत्रताओं के दावों की नींव रखी। 1948 से आज तक संयुक्त राष्ट्र संघ ने मानवाधिकारों से संबंधित लगभग 100 प्रपत्रों को अपनाया है जिनमें मानवीय संबंधों के सभी पक्ष सम्मिलित हैं। इनमें मुख्य रूप से महिलाओं, बच्चों, शरणार्थियों, प्रवासियों, श्रमिकों, राज्य रहित लोगों, अल्पसंख्यकों, मूल निवासियों के अधिकारों से संबंधित प्रपत्र शामिल हैं।

मानवाधिकारों की उत्पत्ति के तीन चरण

(Three Stages of the Origin of Human Rights)

पहला चरण : पहले चरण में वे अधिकार शामिल हैं जिनका जन्म 18वीं और 19वीं सदी में यूरोप में हुआ। इन अधिकारों का उदय फ्रांसीसी और अमेरिका की क्रांति से हुआ। इन अधिकारों को 18वीं सदी के महान दार्शनिक इमैनुएल कांट के स्वायत्तता (autonomy) के विचार के माध्यम से भी समझा जा सकता है। कांट ने मनुष्यों को साधन (means) के रूप में देखने के बजाय साध्य (means) के रूप में देखने की वकालत की। इस चरण में मानवाधिकारों का संबंध स्वतंत्रता से था। इन अधिकारों का उद्देश्य व्यक्ति को राज्य के मनमाने व्यवहार और दमनकारी शासन व्यवस्था से सुरक्षित रखना था। पहले चरण के अधिकारों में व्यक्तिगत स्वतंत्रता का अधिकार, विचार-अभिव्यक्ति की स्वतंत्रता का अधिकार, धर्म की स्वतंत्रता का अधिकार, संपत्ति तथा इसी प्रकार के अन्य नागरिक तथा राजनीतिक अधिकार शामिल थे। ये अधिकार अपनी प्रकृति में नकारात्मक थे क्योंकि इन अधिकारों का प्रयोग केवल तभी किया जा सकता है जब दूसरे लोगों एवं राज्य के हस्तक्षेप पर कुछ प्रतिबंध लगाए जाएं। दूसरे शब्दों

में, अधिकारों की पहली पीढ़ी गैर-हस्तक्षेप (non-interference) के सिद्धांत पर आधारित थी। 19वीं सदी के सभी उदारवादी और लोकतांत्रिक आंदोलनों ने इन अधिकारों की मांग की। इन अधिकारों को सर्वप्रथम वैश्विक स्तर पर 1948 में मानवाधिकारों के घोषणापत्र में शामिल किया गया। इस चरण में शामिल अधिकारों को पश्चिमी देशों का समर्थन प्राप्त था।

दूसरा चरण : मानवाधिकारों के दूसरे चरण का प्रारंभ सामाजिक और आर्थिक तथा सांस्कृतिक अधिकारों की मांग के लिए हुए आंदोलनों के परिणामस्वरूप हुआ। इस चरण के मानवाधिकार समाजवादी विचारधारा पर आधारित समानता के विचार से संबंधित थे। ये अपनी प्रकृति में मूल रूप से सामाजिक, आर्थिक और सांस्कृतिक अधिकारों को समाहित किए हुए थे। इनमें सामाजिक और आर्थिक मांगें जैसे आवास का अधिकार, सामाजिक बीमा का अधिकार, कार्य के निश्चित घंटों का अधिकार, न्यूनतम भत्ते का अधिकार, संघ बनाने तथा इसी तरह के अन्य अधिकार सम्मिलित थे। सामाजिक संबंधों में यह अधिकार सभी के लिए समान व्यवहार और परिस्थितियों को सुनिश्चित करते हैं। इन अधिकारों की प्रकृति सकारात्मक थी। यह अधिकार लोगों को न्याय प्रदान करने तथा इन अधिकारों के वास्तविक प्रयोग के लिए राज्य के हस्तक्षेप की आवश्यकता का समर्थन करते हैं। मानवाधिकारों की अंतर्राष्ट्रीय घोषणा पहली और दूसरी पीढ़ी के अधिकारों पर आधारित थी। इसके साथ ही मानवाधिकारों के दूसरे चरण में शामिल अधिकारों को पूर्व के देशों ने प्रोत्साहित किया।

तीसरा चरण : मानवाधिकारों के तीसरे चरण का उदय 20वीं सदी में हुए दो विश्वयुद्धों की सामाजिक और आर्थिक परिस्थितियों से हुआ। ये अधिकार सामाजिक सुदृढ़ता तथा वैश्विक निर्भरता के सिद्धांत पर आधारित हैं। ये अधिकार वास्तविक रूप से हाल ही के मुद्दों से संबंधित हैं। इनमें समूह और सांस्कृतिक अधिकार जैसे आर्थिक और सामाजिक विकास के अधिकार, प्राकृतिक संसाधनों पर प्रभुसत्ता का अधिकार, संचार और मानवता की सामान्य विरासत के लिए आत्मनिर्णय के अधिकार शामिल हैं। इस चरण के अधिकारों को तीसरे विश्व के देशों ने समर्थन दिया।

तालिका : मानवाधिकारों की तीन पीढ़ियां

पीढ़ी	सदी	प्रकार	मुख्य दस्तावेज
पहली	18वीं एवं 19वीं	नागरिक और राजनीतिक अधिकार	संयुक्त राष्ट्र संघ घोषणा अनुच्छेद 3 से 21 अंतर्राष्ट्रीय नियम पर नागरिक और राजनीतिक अधिकार
दूसरी	20वीं	सामाजिक और आर्थिक अधिकार	सामाजिक और आर्थिक अधिकार
तीरारी	1945 के पश्चात्	सांस्कृतिक अधिकार, आत्मनिर्णय और शांति तथा विकास का अधिकार	स्टॉकहोम कन्वेंशन, अंतर्राष्ट्रीय सम्मलेन और प्रसंविदाएं

क्या मानवाधिकार सार्वभौमिक हैं? (Are Human Rights Universal?)

इस बात में कोई संदेह नहीं है कि वर्तमान समय में मानवाधिकार एक नई विश्व व्यवस्था की आधारशिला बनते जा रहे हैं और इसी वजह से आज भी सभी राज्य तथा विभिन्न समूह इन अधिकारों के समर्थन तथा संरक्षण के लिए निरंतर प्रयासरत हैं। इन अधिकारों ने मानव जाति तथा मानवीय समाज के विकास में एक नया अध्याय जोड़ा और इस प्रकार मानवधिकार राष्ट्रीय तथा अंतर्राष्ट्रीय अभिशासन में एक नए युग के शुभारंभ का प्रतिनिधित्व करते हैं। मानवाधिकारों की प्रकृति तथा विषय-वस्तु को लेकर उदारवादी विचारधारा में विश्वास करने वाले पश्चिमी देशों तथा समाजवाद के विचार में आस्था रखने वाले पूर्वी देशों के मध्य गहरे मतभेद हैं। इसके अलावा अल्प-विकसित एवं विकासशील देशों में भी मानवाधिकारों की सार्वभौमिक अवधारणा को लेकर आम सहमति नहीं है। पश्चिम के उदारवादी देश व्यक्ति की सर्वोच्चता एवं अधिकारों को अधिक महत्त्व देते हैं और साम्यवादी देश व्यक्ति के अधिकारों पर समुदायों अथवा सामाजिक समूहों के अधिकारों को अपेक्षाकृत अधिक वरीयता देते हैं। साम्यवादियों का तर्क है कि व्यक्ति को सदैव समूह आधारित अधिकारों से ही अधिक लाभ मिल सकता है क्योंकि सामाजिक इकाई के रूप में समुदायों के भीतर रहकर ही व्यक्तियों के अधिकार सुरक्षित रह सकते हैं। इसलिए उदारवादियों के विपरीत साम्यवादी विचारक, नागरिक एवं राजनीतिक अधिकारों की बजाय सामाजिक, आर्थिक, तथा सांस्कृतिक अधिकारों को विशेष महत्त्व देते हैं। इनका यह मानना है कि व्यक्ति के अधिकारों को उसकी सामाजिक एवं सांस्कृतिक पृष्ठभूमि से अलग नहीं किया जा सकता है।

मानवाधिकारों के संबंध में सार्वभौमिकता बनाम सांस्कृतिक सापेक्षवाद राजनीतिक सिद्धांतवादियों के बीच बहस का एक नया विषय बन गया है। इस बहस से जुड़े विभिन्न मुद्दों के संदर्भ में राजनीतिक सिद्धांतवादी मानवाधिकारों का मूल्यांकन मुख्य रूप से दो आधारों पर करते हैं: 1. क्या मानवाधिकारों का मूल्यांकन वैश्विक मानकों के आधार पर किया जाना चाहिए? 2. क्या इस मूल्यांकन का आधार सांस्कृतिक मानदंडों और परंपरागत मूल्यों के संबंध में किया जाना चाहिए? एक तरफ जहाँ मानवाधिकारों का सार्वभौमिक पक्ष इस बात पर बल देता है कि मानवाधिकार सभी मानवों के लिए एकसाथ लागू होने चाहिए, चाहे वे किसी भी सांस्कृतिक समुदाय, धर्म, जाति या राष्ट्रीयता से संबंधित हों तो वहीं दूसरी ओर मानवाधिकारों से संबंधित सांस्कृतिक सापेक्षवादी पक्ष इस बात का समर्थन करता है कि मानवाधिकारों का मूल्यांकन और प्रयोग विभिन्न सांस्कृतिक मानदंडों, धर्म और सामाजिक मान्यताओं के आधार पर किया जाना चाहिए।

इसी संदर्भ में, हाल ही के समय में मानवाधिकारों से जुड़ी एक ऐसी सैद्धांतिक एवं व्यावहारिक समस्या का उदय हुआ है जो उदारवादी लोकतांत्रिक राज्यों द्वारा अपनाए गए सार्वभौमिक अधिकारों की सर्वव्यापी घोषणाओं तथा एशिया, अफ्रीका और लैटिन अमेरिका जैसे गैर-पश्चिमी देशों की ओर से अपनी सामाजिक एवं सांस्कृतिक पहचानों के आधार पर विशिष्ट अधिकारों की मांगों के बीच सामंजस्य स्थापित करने से संबंधित है। मानवाधिकारों के उदारवादी दृष्टिकोण के विपरीत, बहु-सांस्कृतिक दृष्टिकोण इस विचार पर आधारित है कि समाज में व्यक्तियों के बीच समानता और मूलभूत अधिकारों को "एक

जैसा व्यवहार" करके सुनिश्चित नहीं किया जा सकता, बल्कि इसके लिए विभिन्न समाजों की सामाजिक और सांस्कृतिक स्थितियों को ध्यान में रखना भी ज़रूरी है। बहु-संस्कृतिवादी सिद्धांतकारों के अनुसार, मानवाधिकारों की सार्वभौमिक घोषणा "वास्तविक" न होकर "औपचारिक" (formal) है। बहु-संस्कृतिवादी सिद्धांतकारों के मतानुसार मानवाधिकारों के उदारवादी दृष्टिकोण की मुख्य समस्या भ्रमित सार्वभौमवाद तथा व्यक्तिवाद पर ज़ोर देना है। मानवाधिकारों से जुड़े वाद-विवादों पर चर्चा करते हुए संस्कृतिवादी विचारक यह तर्क देते हैं कि व्यक्ति एक अमूर्त (abstract) श्रेणी नहीं है। दरअसल, हर व्यक्ति अपनी संस्कृति के साथ गहराई से जुड़ा होता है। इसलिए व्यक्ति पर ध्यान देने के बजाय समुदाय या समूह से जुड़ी उसकी पहचान (identity) पर ध्यान दिया जाना चाहिए। इनका यह भी मानना है कि विभिन्न समाजों के भीतर सार्वभौमिक अधिकारों की खोज करने की अपेक्षा यह बात जानना अधिक महत्त्वपूर्ण है कि एक समाज के भीतर लोगों की ज़रूरतें क्या हैं तथा उनके लिए कौन-सी वस्तुएं और मांगें अधिक मूल्यवान हैं। अतः विभिन्न समाजों में मानवाधिकारों की अवधारणा को उस समाज विशेष के सदस्यों की साझी समझ और उनके विशिष्ट व्यवहारों तथा संस्थाओं के माध्यम से समझने की अधिक आवश्यकता है।

तीसरे विश्व के देशों के संदर्भ में भीखू पारेख कहते हैं कि बहु-सांस्कृतिक समाजों में विभिन्न समुदाय ऐसे मानवाधिकारों की मांग करते हैं, जिन्हें वे अपनी सामूहिक पहचान को कायम रखने तथा आत्म-निर्णय लेने के लिए ज़रूरी मानते हैं। इस प्रकार उदारवादी विचारधारा पर आधारित व्यक्तिगत मानवाधिकारों की अवधारणा के विपरीत मानवाधिकारों की सांस्कृतिक सापेक्षवादी अवधारणा को व्यक्तियों की बजाय मनुष्यों की सामूहिकताओं द्वारा धारण किया जाता है।

निष्कर्ष (Conclusion)

संक्षेप में, यह कहा जा सकता है कि इस बात का कोई तात्विक आधार नहीं है कि मानवाधिकारों का उपभोग केवल व्यक्तियों द्वारा ही किया जाना चाहिए। वास्तव में, व्यक्तियों को उनकी मौलिक पहचान समाज के सदस्य होने के नाते ही मिलती है और इस प्रकार सांस्कृतिक अधिकारों के बिना व्यक्तिगत अधिकार अधूरे हैं। इसके अलावा, मानवाधिकारों से संबंधित सार्वभौमिकता बनाम सांस्कृतिक सापेक्षवाद से जुड़ी बहस का एक सुसंगत समाधान विकसित करने के लिए, दोनों के बीच संतुलन बनाए रखना भी अति महत्त्वपूर्ण है। दूसरे शब्दों में, मानवाधिकारों को संपूर्ण मान्यता देने के साथ-साथ सांस्कृतिक विविधता और आपसी समझ को भी महत्त्व देना चाहिए ताकि समाज के सभी व्यक्तियों को समरसता, सम्मान, और न्याय मिल सके।

अभ्यास प्रश्न (Practice Questions)

1. मानवाधिकारों से आप क्या समझते हैं? मानवाधिकारों की तीन पीढ़ियों की प्रमुख विशेषताओं एवं उनके महत्त्व का आलोचनात्मक मूल्यांकन कीजिए।

2. मानवाधिकारों के सार्वभौमिक घोषणापत्र (1948) के ऐतिहासिक महत्त्व की चर्चा कीजिए।
3. समकालीन विश्व में मानवाधिकारों से जुड़े प्रमुख मुद्दों की विवेचना कीजिए।
4. क्या मानवधिकार वास्तव में सार्वभौमिक हैं? अपने उत्तर की पुष्टि में तर्क दीजिए।
5. मानवाधिकारों के मानकों को विकसित करने के लिए किए गए अंतर्राष्ट्रीय प्रयासों की विस्तार से चर्चा कीजिए।

संदर्भ ग्रंथ (References)

ब्राउन, सी. (1999), "*यूनिवर्सल ह्यूमन राइट्स : ए क्रिटिक*" इन टी. डून एंड एन. जे. व्हीलर (सं.), *ह्यूमन राइट्स इन ग्लोबल पॉलिटिक्स*, कैंब्रिज : कैंब्रिज यूनिवर्सिटी प्रेस।

बक्सी, यू. (सं) (1987), *दी राईट टू बी ह्यूमन*, नई दिल्ली : इंडिया इंटरनेशनल सेंटर।

बक्सी, उपेंद्र (2002), *फ्यूचर ऑफ ह्यूमन राइट्स*, नई दिल्ली : ऑक्सफोर्ड यूनिवर्सिटी प्रेस।

कैंपबेल, टी. (सं.) (1986), *ह्यूमन राइट्स : रहेटोरिक टू रियलिटी*, ऑक्सफोर्ड : ब्लैकवेल।

क्रेंस्टोन एम. (1973)., *व्हाट आर ह्यूमन राइट्स?* लंदन : बोडले हेड।

डेवी, पी. (सं.) (1988), *ह्यूमन राइट्स*, रटलेज।

डोनेल्ले, जे. (1985), *दी कॉन्सेप्ट ऑफ ह्यूमन राइट्स*, लंदन : क्रूम्हेल्म।

डोवाहर, एल. कवेल (स.) (2000), *ह्यूमन राइट्स : एन इंट्रोडक्शन*, नई दिल्ली : पियर्सन एजुकेशन लिमिटेड।

ड्वार्किन, रोनाल्ड, (1985), *टेकिंग राइट्स सीरियसली*, कैंब्रिज : हार्वर्ड यूनिवर्सिटी प्रेस।

फ्रीदेन, एम. (1998), *राइट्स*, दिल्ली : वर्ल्ड व्यू।

फ्रीमैन, एम. (2002), ह्यूमन राइट्स, पॉलिटी प्रेस।

हेन्किन, एल. (1978), *दी राइट्स ऑफ मैन टुडे*, यूएसए: वेस्ट व्यू प्रेस।

केसेसे, एंटोनियो, (1994), *ह्यूमन राइट्स इन चेंजिंग वर्ल्ड*, कैंब्रिज : पॉलिटी प्रेस।

पॉल, देविका एंड निजामी, जेड. ए. (1994), *ह्यूमन राइट्स इन दी थर्ड वर्ल्ड कंट्रीज*, न्यू दिल्ली: किर्स पब्लिशर्स।

विंडटन, मोर्टन ई. (सं.) (1989), दी *फिलोसोफी ऑफ ह्यूमन राइट्स*, बेलमोन्ट : वाड्सवर्थ पब्लिशिंग कंपनी।

स्यमोनिडेस, डून्सुज (2002), *ह्यूमन राइट्स : कॉन्सेप्ट्स एंड स्टैंडर्ड्स*, नई दिल्ली : रावत पब्लिकेशन।

अध्याय 12

नागरिकता
Citizenship

संजीव कुमार

प्रस्तावना (Introduction)

आज नागरिकता को तेज़ी से उभरती हुई एक महत्त्वपूर्ण धारणा के रूप में देखा जा रहा है जो लोगों के जीवित अनुभवों को प्रकट करने वाले कई मुद्दों को स्वयं में समाहित करती है। आधुनिक नागरिकता को आम तौर पर राज्य और नागरिक समाज, सरकार और जनता, क्षेत्रीय राजनीतिक संगठन और उसके सदस्यों से संबंधित एक सेतु के रूप में वर्णित किया जाता है। सामान्य अर्थों में, नागरिकता उस समुदाय की "पूर्ण और समान सदस्यता" को संदर्भित करती है जिसमें मनुष्य रहता है। एक राजनीतिक समुदाय में पूर्ण और समान सदस्यता से आशय है: एक, सदस्यता की इकाई, अर्थात् एक राजनीतिक समुदाय, जो कि आधुनिक संदर्भ में राष्ट्र-राज्य है, और दूसरा उस सदस्यता की प्रकृति, अर्थात्, पूर्ण और समान। नागरिक को समुदाय में सदस्य के रूप में शामिल करने से समुदाय के प्रति उसके कुछ अधिकार और कुछ दायित्व निर्धारित हो जाते हैं। इस प्रकार नागरिकता राष्ट्र में लोगों के बीच संबंधों के एक महत्त्वपूर्ण पहलू को प्रकट करती है जिनमें अधिकार, स्वतंत्रता और समानता, राज्य के प्रति राजनीतिक निष्ठा, समुदाय के भीतर नागरिक निष्ठा, और सांस्कृतिक और भावनात्मक संबंध तथा पहचान शामिल हैं, जो नागरिकों और राज्य के बीच संबंधों की मध्यस्थता करते हैं। चूंकि नागरिकता मानवीय रिश्तों से संबंधित है, इसे एक सरल, स्थिर परिभाषा के रूप में रेखांकित नहीं किया जा सकता, जिसे सभी समाजों के लिए हर परिस्थितियों में लागू किया जा सके। इसके विपरीत नागरिकता का विचार स्वभावत: विवादास्पद और अनिश्चित है, जो हमेशा किसी भी समाज के भीतर पाए जाने वाले संबंधों और सरकार के प्रकारों के विशेष समुच्चय को दर्शाता है।

पूँजीवाद और उदारवाद के विकास के साथ, नागरिकता का विचार किसी व्यक्ति को उसके/उसकी जाति, वर्ग, नस्ल, लिंग, जातीयता आदि के बजाए एक व्यक्ति के अधिकार के रूप में स्थापित हो गया। हालांकि 1980 के दशक के बाद से, वैश्वीकरण और बहुसंस्कृतिवाद ने ऐसी स्थितियां उत्पन्न की हैं जिन्होंने नागरिकता की इस धारणा को चुनौती दी। पिछली

सदी तक नागरिकता की अवधारणा पर कई मतभेदों के बावजूद, यह सहमति बनी रही कि नागरिकता के लिए आवश्यक ढांचा- संप्रभु, राष्ट्र-राज्य है। लेकिन विगत दो दशकों में तेज़ी से फैलते "वैश्विक विकास" की नई श्रृंखला ने, जन-भागीदारी की विविध ज़रूरतों और मांगों को पूर्ण करने की "राष्ट्र-राज्य" की क्षमता पर नए सवाल खड़े किए हैं। साथ ही "आर्थिक पुनर्गठन" (नव-उदारवादी नीति), एवं "बहुसंस्कृतिवाद" के विकास ने नागरिकता के परंपरागत विचार पर कई नए ज्वलंत मुद्दे और चुनौतियों को सामने लाया है। आज नागरिकता केवल संकीर्ण कानूनी-औपचारिक परिभाषा तक ही सीमित नहीं है, इसने वास्तविकता को समझने का एक आदर्श और एक वैचारिक उपकरण के रूप में महत्त्व प्राप्त कर लिया है। इसके बढ़ती रुचि से कानूनी, संवैधानिक ढांचे के भीतर अधिकारों के मानकीकृत सूत्रों पर नए सवाल खड़े हो रहें हैं। इस प्रकार, यह कहा जा सकता है नागरिकता का विचार, इसके रूप और विषय / मुद्दे समान नहीं रहे हैं बल्कि विभिन्न ऐतिहासिक संदर्भों के अनुसार विकसित हुए हैं। इस अध्याय का मुख्य उद्देश्य नागरिकता की अवधारणा के इन्हीं ऐतिहासिक परिवर्तनों को रेखांकित और स्पष्ट करना है जिससे इसके अर्थ और समकालीन महत्त्व को बेहतर तरीके से समझा जा सके।

नागरिकता की समझ (Understanding Citizenship)

नागरिकता की आधुनिक धारणा, व्यक्तियों द्वारा स्वयं के जीवन से संबंधित निर्णय लेने की क्षमता को स्वीकार करती है, जो कि उनकी जाति, धर्म, वर्ग, लिंग या उनकी पहचान के किसी अन्य तत्त्व से पूर्व निर्धारित नहीं है। नागरिक औपचारिक रूप से समाज की वैध और समान सदस्यता का लाभ लेते हैं। नागरिकों की कल्पना अधिकार धारकों के रूप में की जाती है और अन्य नागरिकों के साथ समान रूप से अपने अधिकारों का प्रयोग करते हैं।

इससे नागरिकता अन्य सभी पहचानों को छुपाने के लिए एक अतिव्यापी पहचान का निर्माण करती है - जिसे अगोचर/गैर-चिह्नित (और इसलिए) "समान नागरिकता" कहा जाता है। इस प्रकार नागरिकता किसी भी अन्य मान्यता से मनुष्यों की मूल राजनीतिक स्थिति को व्यक्त करने के लिए अधिक सक्षम है, जिसे हेगेल ने "पहचान" की आवश्यकता' कहा है।

नागरिक की हैसियत का अर्थ उसे एक व्यापक समुदाय में शामिल करने की भावना से है। यह समुदाय में व्यक्ति विशेष के योगदान को मान्यता देने के साथ उसे व्यक्तिगत स्वायत्तता भी प्रदान करती है। यह स्वायत्तता उन अधिकारों के एक समूह में परिलक्षित होती है, जो समय और स्थान भिन्न होते हुए भी, हमेशा उन अधिकारों के वाहक को राजनीतिक मान्यता देते हैं। इस प्रकार, नागरिकता को परिभाषित करने वाली एक प्रमुख विशेषता जो इसे अधीनता से अलग करती है, वह है "भागीदारी" का नैतिक अधिकार। नागरिकता निष्क्रिय स्थिति की बजाय एक सक्रिय स्थिति है। संक्षेप में, नागरिकता वर्चस्व से असंगत है- जिस वर्चस्व का स्रोत- राज्य, परिवार, पति, चर्च, जातीय समूह या कोई अन्य बल है, जो हमें एक स्वायत्त व्यक्ति के रूप में मान्यता देने से इनकार करता हो।

हालांकि, नागरिकता की अपील केवल व्यक्ति को मिलने वाले लाभों में निहित नहीं है। नागरिकता हमेशा एक पारस्परिक और इसलिए, एक सामाजिक विचार है। यह विशुद्ध रूप से

अधिकारों का समुच्चय नहीं हो सकता है जो व्यक्ति को दूसरों के दायित्वों के लिए मजबूर करता हो। अधिकारों की पूर्ति में सामाजिक ढांचा, जिसमें अदालतें, स्कूल, अस्पताल और संसद शामिल हैं, महत्त्वपूर्ण योगदान प्रदान करती हैं। नागरिक इसे बनाए रखने में महत्त्वपूर्ण भूमिका निभाते हैं। इसका अर्थ यह है कि नागरिकता कर्त्तव्यों, दायित्वों तथा अधिकारों का समन्वय है। अधिकारों, कर्तव्यों और दायित्वों के समन्वय के माध्यम से, नागरिकता सामाजिक जीवन के लाभों और बोझों को साझा करके संसाधनों के वितरण और प्रबंधन का एक तरीका प्रदान करती है।

यह व्यक्ति की गरिमा को पहचानती है, लेकिन साथ ही उन सामाजिक संदर्भों की पुष्टि करती है जिसमें व्यक्ति कार्य करता है। [फौल्क्स : 2000, 4] व्यक्तियों के अधिकारों और कर्तव्यों की पारंपरिक सोच के अलावा नागरिकता की आधुनिक अवधारणा में आज सामुदायिक अधिकारों का संदर्भ – (सांस्कृतिक/धार्मिक नागरिकता) प्रमुखता से जुड़ गया है। नागरिकता और अधिकारों पर समकालीन बहस ने इस विचार पर सवाल उठाया है कि व्यक्ति वर्ग, जाति, जातीयता, लिंग आदि नागरिक संदर्भों/परिस्थितियों से स्वतंत्र होकर अपने अधिकारों का लाभ पा सकता है। 1980 के दशक से बहुसंस्कृतिवाद, बहुलता और विविधता, नागरिकता के विचार के महत्त्वपूर्ण संदर्भ बन गए हैं। अध्याय के अंतिम भाग में इस बात पर विचार करेंगे की किस तरह इन मुद्दों ने नागरिकता की अवधारणा पर महत्त्वपूर्ण सवाल खड़े हैं।

नागरिकता की अवधारणा का उद्‌भव एवं विकास
(Evolution and Development of the Concept of Citizenship)

नागरिकता की अवधारणा के मूल को प्राचीन ग्रीक और रोमन गणराज्यों में खोजा जा सकता है। अरस्तू की पुस्तक *पॉलिटिक्स* नागरिकता के सिद्धांत को विकसित करने के पहले व्यवस्थित प्रयास का प्रतिनिधित्व करती है, जबकि नागरिकता का राजनीतिक रूप में पहला संस्थागत व्यावहारिक प्रयोग ग्रीस में पांचवीं सदी से और एथेंस में चौथी सदी ईसा पूर्व से पाया जाता है। यूनानी नागरिकता और आधुनिक नागरिकता अपने रूप और कार्य में बहुत भिन्न थे। आधुनिक राजनीति को आकार देने वाले द्वंद्व, जैसे कि राज्य और समाज के बीच भेद, सार्वजनिक और निजी के बीच या कानून और नैतिकता के बीच विभाजन; एथेंस में लागू नहीं थे। इसके बजाय ग्रीक नागरिकता का संबंध एक न्यूनतम सामाजिक भेदभाव और कम जनसंख्या वाला स्वशासी राजनीतिक समुदाय था। प्राचीन ग्रीस में, नागरिकता न तो किसी के द्वारा दावा किए जाने का अधिकार थी, और न ही किसी बाहरी व्यक्ति को वर्गानुसार स्थापित पदों द्वारा प्रदत्त शक्तियों से सम्मानित किए जाने की स्थिति, चाहे वह बाहरी व्यक्ति इसके लिए कितना भी योग्य क्यों न हो। नागरिकता को मुख्य रूप से सार्वजनिक मामलों में भागीदारी और कर्तव्यों/जिम्मेदारियों से जुड़े एक बंधन के रूप में माना जाता था।

अरस्तू ने राज्य को नागरिकों के एक सामूहिक निकाय के रूप में परिभाषित किया। उसके विचार में नागरिक वह है 'जिसने निश्चित अथवा अनिश्चित अवधि के लिए राजनीतिक और न्यायिक कार्यालय में अपनी सेवाएं प्रदान की हों। वे सभी सभी नागरिक हैं जिन्होंने कभी शासन किया हो या कभी शासित रहे हों'।

राज्य के सभी मामले उसके नागरिकों द्वारा सीधे संचालित थे। असेंबली (एक विचारशील निकाय जिसका गठन वर्ष में 40 बार होता था और जिसमें 5000 सदस्य थे) के सदस्य के रूप में प्रत्येक नागरिक राज्य के विभिन्न कार्यालयों में सेवाओं के लिए चुने जाने का पात्र था, जिसमें वित्तीय और सैन्य नियुक्तियां शामिल थीं। गणराज्य का संगठन, सहभागिता और विश्वास की धारणा पर आधारित था। नागरिक धर्म और सामान्य भलाई के लिए प्रतिबद्धता, सक्रिय राजनीतिक भागीदारी के सिद्धांत, निजी हितों पर सार्वजनिक और राजनीतिक पहलुओं की प्राथमिकता नागरिक के रूप में मनुष्य की मुख्य पहचान थी। पोलीस में नागरिकों ने अपने स्वयं के मामलों को विधायक और निष्पादक दोनों रूप में चलाया और खुद को एक उच्च विकसित सैन्य दायित्व भावना के माध्यम से परिभाषित किया। पोलीस में नागरिकता वास्तविक लाभों की पेशकश करती है : स्वतंत्रता, सुरक्षा, प्रतिष्ठा (समुदाय के मार्गदर्शन और सुरक्षा द्वारा) सबको सुलभ थी।

पोलीस में नागरिकता एक अति विशिष्ट स्थिति थी। जाहिर है इस भागीदारी में सभी लोग शामिल नहीं थे। नागरिकता से वंचित- महिलाएं, विदेशी नागरिक, तथा दास समूह थे जिन्हें गैर-नागरिकों की श्रेणी में तथा राजनीतिक भागीदारी से वंचित रखा गया था।

वास्तव में पूर्व-आधुनिक और आधुनिक नागरिकता के बीच एक मुख्य अंतर यह है कि प्राचीन ग्रीस और रोम के साथ-साथ उन शहरों में भी, जो मध्य युग में स्थित थे, में "पदानुक्रम और बहिष्करण" स्वयंसिद्ध थे। इसके अतिरिक्त, समय-समय पर, एथेनियन पोलीस ने नागरिकता की योग्यता के लिए कड़े मापदंड लागू किए। उदाहरणार्थ 451- 450 ईसा पूर्व में, पेरिकल्स के नेतृत्व में, नागरिकता केवल उन निवासियों तक सीमित थी जिनके माता-पिता दोनों पोलीस में पैदा हुए थे। पेरिकल्स के समय में नागरिकता का तात्पर्य नागरिकों के सार्वजनिक हित से था जिसमें संविधान एक कानूनी दस्तावेज नहीं बल्कि जीवन जीने का एक तरीका था। प्रत्येक एथेनियन नागरिक इस प्रक्रिया में प्रतिबद्धता एवं जिम्मेदारी से सामाजिक हित के प्रति अपने दायित्व का निर्वहन करने में शामिल था।

नागरिकता की रोमन अवधारणा (The Roman Conception of Citizenship)

जैसे कि ऊपर चर्चा की गई है कि ग्रीक पोलीस में नागरिकता विशेषाधिकार प्राप्त स्थिति थी। यूनानियों के विपरीत रोमन गणराज्य ने साम्राज्य विस्तार के साथ-साथ नागरिकता ने एक अधिक व्यावहारिक, कानूनी और समावेशी रूप प्राप्त किया। सम्राट काराकल्ला द्वारा 212 ई. के अंत में एक फरमान द्वारा इस गणराज्य ने अपने वंचित निवासियों, विदेशियों, व्यापारियों सहित सभी को नागरिकता का अधिकार देकर अपने शासन को वैधता प्रदान की। इस पूर्ण नागरिकता के प्रावधान में छह विशेषाधिकार शामिल थे। इनमें से चार सार्वजनिक अधिकार, सेना में सेवा, विधानसभा में मतदान, सार्वजनिक कार्यालय की पात्रता और कार्रवाई और अपील के कानूनी अधिकार थे। अन्य दो रोमन नागरिकों के साथ अंतर्जातीय- विवाह और व्यापार के अधिकारों से संबंधित थे। इस कदम का उद्देश्य आम जनता में व्याप्त सामाजिक असंतोष को दूर करना था। साथ ही, इस प्रयास से, करों के संग्रह को आसान और दमनकारी सैन्य ताकत को कम करने में भी मदद मिली। बहुत जल्द ही रोम में नागरिकता, भागीदारी

के नैतिक मूल्य से अलग एक कानूनी अवधारणा बन गई। रोमन नागरिकों के विशाल जन-समूह के लिए, नागरिकता, राजनीतिक एजेंसी को निरूपित करने वाली अवस्था न होकर न्यायिक सुरक्षा "कानून के शासन" तक सीमित रह गया। उपरोक्त व्याख्या के संदर्भ में डेरेक हीटर का मानना है कि रोमन शाही नागरिकता केवल नाम की नागरिकता थी। 'रोमनों ने नागरिकता का एक ऐसा रूप विकसित किया, जो व्यावहारिक और लचीला दोनों ही था, परंतु इसका अधिक लचीलापन ही इसके आदर्श रूप के विनाश का कारण बना।' [हीटर : 1980, 125-44]

रोमन साम्राज्य के पतन के बाद पश्चिम में नागरिकता का महत्त्व और भी कम हो गया। मध्य युग में, राजनीतिक समुदाय व नागरिकता की जगह चर्च द्वारा संचालित "दैवीय राज्य" ने ले ली। हालांकि इस दौरान कई यूरोपीय इतालवी गणराज्यों जैसे फ्लोरेंस और वेनिस में नागरिकता को व्यवहृत होते देखा जा सकता है। ऐसे शहरों ने ग्रीस के रिपब्लिकन मॉडल और विशेष रूप से रोम से प्रेरणा ली। मैक्यिावेली और रूसो ने "नागरिक-सदगुण" और "भागीदारी" के रूप नागरिकता के आदर्शों का समर्थन किया। मैक्यिावेली के अनुसार, नागरिकता का पालन निष्क्रिय नहीं होना चाहिए बल्कि इसका प्रयोग सक्रियता के साथ कर्तव्य और दायित्व के रूप में व्यक्तिगत हितों से परे समुदाय की भलाई के लिए होना चाहिए। रूसो ने राजनीतिक निर्णयों के लिए व्यक्तिगत लाभ के बारे में सोचे बिना "सामान्य इच्छा" के लिए योगदान की वकालत की।

अमेरिकी और फ्रांसीसी क्रांति की विश्व-ऐतिहासिक घटनाओं द्वारा आखिरकार 16वीं से 18वीं सदी में नागरिकता को एक प्रभावशाली राजनीतिक अवधारणा के रूप में पहचान मिली। फ्रांसीसी क्रांति (1789) को मध्ययुगीन और प्रारंभिक आधुनिक समय की निष्क्रिय नागरिकता के खिलाफ विद्रोह के रूप में देखा जा सकता है। इस क्रांति ने राजशाही राज्य के दावों के खिलाफ सक्रिय भागीदारी के आदर्शों को फिर से जीवित करने का प्रयास किया। नागरिकों के उदासीन/निष्क्रिय जीवन को बदलने के प्रयास के अलावा, फ्रांसीसी क्रांतिकारी परंपरा ने नागरिकता के एक महत्त्वपूर्ण तत्त्व का विकास किया, जिसने नागरिकता की धारणा में अधिकारों को शामिल करने के तरीके को बदल दिया। फ्रांसीसी क्रांति और "मनुष्य और नागरिक के अधिकारों की उदघोषणा" (Declaration of the Rights of Men And Citizen) "एक स्वतंत्र और स्वायत्त व्यक्ति" के रूप में नागरिकता की ऐसी धारणा को सामने लाई, जिसमें सभी समान रूप से अधिकारों का लाभ और निर्णय लेने में भागीदारी बन सकते थे। आज जिस तरह से नागरिकता को क्षैतिज (समान) अधिकारों की व्यवस्था के रूप में समझा जाता है, जोकि पदानुक्रमित (असमान) विशेषाधिकारों के खिलाफ है जो उच्च कुल में जन्म के कारण व्यक्तियों को प्राप्त होती है, उसकी जड़ें फ्रांसीसी क्रांति के सिद्धांतों में हैं।

19वीं सदी में पूँजीवादी बाजार संबंधों के विकास और उदारवाद के बढ़ते प्रभाव के साथ, निजी और परस्पर विरोधी हितों वाले व्यक्तियों के रूप में नागरिकों की धारणा ने प्रधानता प्राप्त की। इसके साथ ही सदगुण, लोक-हितैषिता, सक्रिय राजनीतिक भागीदारी से जुड़े नागरिकता के आदर्श धीरे-धीरे विलुप्त होते चले गए।

उदारवादी नागरिकता : सार्वभौमिक नागरिकता और अधिकार
(Liberal Citizenship : Universal Citizenship and Rights)

16वीं सदी तक आते-आते नागरिकता की अवधारणा ने एक कानूनी हैसियत प्राप्त कर ली जो हर व्यक्ति को स्वतंत्रता के संरक्षण/ उपयोग के अधिकार की गारंटी दे सके। इस नए संदर्भ में व्यक्तिगत और राजनीतिक समुदाय के बीच संबंध पर विचार करने वाले शुरुआती राजनीतिक सिद्धांतकारों में से एक थॉमस हॉब्स थे। हॉब्स द्वारा स्थापित उदार (Liberal) परंपरा को लॉक द्वारा आगे विकसित किया गया, जिन्होंने नागरिकता के (अधिकार-आधारित) सिद्धांत के निर्माण के लिए समतावादी व्यक्ति के प्रत्यक्ष संबंध के विचार का प्रतिपादन किया। लॉक के सिद्धांत का उद्देश्य, *जीवन, स्वतंत्रता* और *संपत्ति* के अधिकारों की पूर्ति के साथ हॉब्सियन *सुरक्षा* के मुद्दे को संतुलित करना है, जो कि अधिकांश उदारवादियों के लिए स्व-हित का आधार है। 20वीं सदी के अधिकांश समय तक, व्यक्तिगत नागरिक के पक्ष में नागरिकता के उदार सिद्धांत में पूर्वाग्रह जारी रहा और नागरिकता को एक कानूनी स्थिति के रूप में देखा गया जिसने नागरिक को राज्य के हस्तक्षेप से सुरक्षा का आश्वासन देते हुए कुछ अधिकार प्रदान किए।

यहां टी.एच. मार्शल की पुस्तक *सिटीजनशिप एंड सोशल क्लास* (1950) की चर्चा करना उचित होगा जिसमें उन्होंने नागरिकता के विकास को सामाजिक वर्गों की असमानता के खिलाफ समानता के विस्तार की प्रक्रिया के रूप में वर्णित किया है। इसमें उन्होंने ब्रिटेन में नागरिकता के विकास का विशेष रूप से उल्लेख किया है। 18वीं से 20वीं सदी तक नागरिकता तीन चरणों में विकसित हुई - नागरिक, राजनीतिक और सामाजिक, (प्रत्येक धारा के विकास का एक विशिष्ट इतिहास है, जो एक विशेष सदी के लिए जाना जाता है)। नागरिक अधिकार सबसे पहले 18वीं सदी में विकसित हुए थे जिन्हें मार्शल ने "व्यक्तिगत" स्वतंत्रता के आवश्यक अधिकारों के रूप में परिभाषित किया है। ये इस अर्थ में "नकारात्मक" अधिकार थे कि इन्होंने सरकार द्वारा शक्तियों की कवायद को सीमित कर दिया। इसमें भाषण, आंदोलन, विवेक, कानून के समक्ष समानता के अधिकार और संपत्ति हासिल करने का अधिकार शामिल था।

इसके बाद 19वीं सदी में में मार्शल, "राजनीतिक अधिकार" का उल्लेख करते हैं जिसमें व्यक्तियों को मतदान का अधिकार, चुनाव के लिए खड़े होने का अधिकार, सार्वजनिक पद और बड़े पैमाने पर विकसित कार्यालय खोलने का अधिकार हासिल हुआ। जिसने सार्वजनिक जीवन में इनके सबल भागीदारी का अवसर प्रदान किया। अंतत: 20वीं सदी में, "सामाजिक अधिकार" बड़े पैमाने पर विकसित हुए, जिसने व्यक्तियों को न्यूनतम आर्थिक /सामाजिक हैसियत की गारंटी और नागरिक और राजनीतिक अधिकारों के प्रयोग का आधार प्रदान किया। जीवन के इन मानकों और समाज की सामाजिक विरासत को सामाजिक सेवाओं और शैक्षिक प्रणाली द्वारा कल्याणकारी राज्य के सक्रिय हस्तक्षेप के माध्यम से महसूस किया जा सकता है।

नागरिक, राजनीतिक और सामाजिक अधिकारों के इस प्रगतिशील विस्तार के माध्यम से नागरिकता के विचार में एक बड़ा परिवर्तन आया। मार्शल के लिए सामाजिक अधिकार

समाज में प्रचलित मानकों के अनुसार सभ्य जीवन जीने के सकारात्मक अधिकार हैं। इसे स्थिति संपदा के श्रेणीबद्ध उन्नयन के स्थान पर नागरिकता के समान अधिकारों के रूप में परिभाषित किया गया। नागरिकता की द्वंद्वात्मक उन्नति जिसका विश्लेषण मार्शल ने किया है, उसे सार्वभौमिक नहीं कहा जा सकता है क्योंकि पिछले दो सौ वर्षों में दुनिया के विभिन्न देशों से इस संदर्भ में अलग-अलग मत निकले हैं, लेकिन 18वीं सदी में "राजनीतिक समुदाय के पूर्ण सदस्य के रूप में दावे की मांग" की व्यापक समझ का मार्शल का तर्क एक मान्य तर्क है।

20वीं सदी में नागरिकता की संकल्पना

(The Concept of Citizenship in the 20th Century)

20वीं सदी के अधिकांश समय तक नागरिकता की प्रमुख समझ बनी रही कि व्यक्ति को इसके केंद्र में रखा जाए, और नागरिकता को अधिकार संपन्नता दर्शाने की एक वैध स्थिति के रूप में देखा जाए। लोकतांत्रिक राष्ट्र-राज्य में नागरिकता ने "गैर-भेदभाव" के सिद्धांत को स्थापित किया जिसमें सभी नागरिक सार्वभौमिक अधिकार एवं पात्रता के समान रूप से हकदार हों। "सार्वभौमिक नागरिकता" का यह आदर्श सभी व्यक्तियों के समान नैतिक मूल्य के दावे पर आधारित है, जो कांट के अनुसार, 'सम्मान के बराबर हक के योग्य हैं, क्योंकि हर व्यक्ति तार्किक है और वह अपने जीवन के हर फैसले को निर्देशित करने में सक्षम है'। समानता की यह धारणा प्राचीन काल की श्रेणीबद्ध शासन शासन पद्धति पर राजनीतिक प्रहार को रेखांकित करती है। हमें प्रबुद्धता (enlightenment) से "सार्वभौमिक नागरिकता" का एक आदर्श मिला जो अनिवार्य रूप से मानवीय सरोकारों से जुड़ी सभी चिंताओं के निदान का दावा करती है।

लोकतंत्र के इस नज़रिये में - लिंग, जाति, नस्ल व वर्ग-भेद के बिना, व्यक्ति या नागरिक को अमूर्त रूप में देखा जाता है। उदारवाद का सरोकार व्यक्ति की किसी पहचान या चरित्र से नहीं है, न ही इसका लेना-देना समृद्धिशाली लोगों के प्रत्यक्ष समर्थन से है। इसका कोई सामूहिक आशय ही नहीं है, किसी प्रकार के समूह को वरीयता नहीं दी जाती है, और इसमें किसी निर्दिष्ट व्यक्ति या वैयक्तिक हितों का समर्थन नहीं किया जाता है। इसका सरोकार मात्र कानून के ढांचे को बनाए रखना है जिसमें व्यक्ति और समूह शांतिपूर्ण ढंग से कार्य कर सकें। इससे कतई इनकार नहीं किया जा सकता कि कानूनी नियमों के ढांचे को बनाए रखने में कभी-कभी व्यक्ति और समूह के मामलों में हस्तक्षेप की आवश्यकता होती ही है, लेकिन उदारवादी राजनीति का संबंध इन मामलों से नहीं है। वास्तव में, यह विशेष रूप से व्यक्तिगत मामलों या व्यक्तियों और समूहों की विशेष गतिविधियों के प्रति उदासीन है।

नागरिकता का प्रमुख उदारवादी मॉडल, जिसकी ऊपर चर्चा की गई है, की कुछ सीमाएं हैं। समकालीन नागरिकता और अधिकारों की बहस ने इस विचार पर सवाल उठाया है कि नागरिक (व्यक्ति) चाहे वे किसी भी वर्ग, नस्ल, जातीयता, लिंग इत्यादि संदर्भों/ परिस्थितियों से संबंधित हों, स्वतंत्र रूप से अधिकारों का लाभ ले सकते हैं। पिछली सदी तक नागरिकता की अवधारणा पर कई मतभेदों के बावजूद, यह सहमति बनी रही कि नागरिकता के लिए

आवश्यक ढांचा- संप्रभु, राष्ट्र-राज्य है। लेकिन विगत दो दशकों में तेज़ी से फैलते "वैश्विक विकास" की नई शृंखला से, जन-भागीदारी की विविध ज़रूरतों और मांगों को पूर्ण करने की "राष्ट्र-राज्य" की क्षमता पर नए सवाल उठ खड़े हुए हैं। राष्ट्र अब सदस्यता की एकमात्र इकाई नहीं रह गया है, और राष्ट्र की सीमाओं से परे विश्व की नागरिकता और मानव अधिकारों के बारे में गंभीरता से विचार हो रहा है (अध्याय 8 में इस पर सविस्तार से चर्चा की गई है)।

1980 के दशक से, "वैश्वीकरण" और "बहुसंस्कृतिवाद" ने ऐसे संदर्भ प्रदान किए हैं जिनमें नागरिकता की इस धारणा ने नए सवाल उत्पन्न किए हैं। नागरिकों के सांस्कृतिक, धार्मिक, जातीय, भाषायी आदि के विशिष्ट संदर्भ, अब महत्त्वपूर्ण ढंग से नागरिकता निर्धारण के रूप में देखे जाते हैं। इन चल रही बहस का उद्देश्य उन असमानताओं को स्पष्ट करना है, जो उदारवादी सिद्धांत में नागरिकता को समझने के लिए पहले अप्रासंगिक मानी जाती थी। आज अधिकांश समाजों में विविध जातीय, धार्मिक और नस्लीय समुदायों ने अपने अधिकारों के लिए दबाव डाला है जिनसे उनके विशेष सांस्कृतिक संदर्भों का ख्याल रखा जाए और नागरिकता की औपचारिक समानता की पुष्टि की जाए। सिद्धांतकारों की संख्या बढ़ रही है जो यह तर्क देते हैं कि "विभेदीकृत नागरिकता" (differentiated citizenship) [यंग : 1989] को अपनाकर समूहों को सामान्य नागरिकता में समायोजित किया जा सकता है।

विभेदीकृत नागरिकता की यंग (1989) की अवधारणा पूर्ण रूप से व्यक्तिगत अधिकारों को समाप्त करने की चेष्टा नहीं करती, बल्कि इसका उद्देश्य "वंचित समूहों" के सामूहिक अधिकारों (collective rights) के हितों की रक्षा "स्व-प्रतिनिधित्व" (self-representation) जैसी व्यवस्था बनाकर किया जा सकता है। उनके लोकतांत्रिक सांस्कृतिक बहुलवादी दृष्टिकोण में, अधिकारों की एक दोहरी प्रणाली की आवश्यकता है: पहली अधिकारों की एक सामान्य व्यवस्था जो सभी के लिए समान है; और दूसरी एक अधिक विशिष्ट प्रणाली जो समूह-विशिष्ट हो। [देखें कुमार 2019 : 23-24]

विल किमलिका (1996) भी प्रतिनिधित्व और सदस्यता का एक ढांचा प्रदान करते हैं जो सांस्कृतिक और वर्ग असमानताओं को इस प्रकार समायोजित करता है, जिसमें व्यक्ति की सामूहिक सदस्यता और सांस्कृतिक समुदाय में सदस्यता किसी प्रकार से हानिकारक नहीं हैं। इसके अतिरिक्त, किमलिका आत्मसंरक्षण के लिए सांस्कृतिक समुदायों के अधिकारों और नागरिक एवं राजनीतिक अधिकारों के रूप में परिभाषित व्यक्तियों के अधिकारों के बीच एक साझी जमीन तलाशते हैं। किमलिका का परामर्श है कि राष्ट्रीय अल्पसंख्यकों और जातीय समूहों की मांगों को लोकतांत्रिक नागरिकता के ढांचे के भीतर समायोजित किया जा सकता है। इसके लिए कुछ बिंदु उन्होंने सुझाए हैं- (i) सभी नागरिकों के साझा अधिकारों को सुरक्षित रखना, जिसका मूल अर्थ है सामूहिक हितों की रक्षा के लिए व्यक्ति के नागरिक और राजनीतिक अधिकार: धार्मिक स्वतंत्रता, बोलने की स्वतंत्रता, दल बनाने की स्वतंत्रता, राजनीतिक संगठन बनाने और भ्रमण की स्वतंत्रता की रक्षा और (ii) विशेष वैधानिक एवं संवैधानिक माध्यमों से सांस्कृतिक विविधता का समायोजन, जिसमें विशिष्ट समूहों के सदस्यों के लिए विशेष अधिकारों को सुनिश्चित किया जाए।

इसी संदर्भ में किमलिका समूह-विभेदीकृत अधिकारों के तीन रूपों का परिचय देते हैं। इन्हें तीन मुख्य श्रेणियों में बांटा जा सकता है।

1. **समूह प्रतिनिधित्व अधिकार** (Special group representation rights): यह उन समुदायों के लिए है जिनकी कुछ विशेष आवश्यकताएं होती हैं। अल्पसंख्यक समूह- जैसे महिलाएं, गरीब, दिव्यांगों एवं अन्य जातीय एवं नस्लीय समूहों को राजनीतिक संस्थाओं के तहत विधानमंडल में शामिल कर राज्य की संरचना को और अधिक प्रतिनिधिमूलक बनाने का प्रयास संभव हो सकता है।
2. **बहुजातीय अधिकार** (Polyethnic rights): अप्रवासी (immigrants) समुदायों के विशेष धार्मिक और सांस्कृतिक अधिकारों/ हितों के संरक्षण से संबंधित है जो मुख्यधारा में बिना पक्षपात अथवा भेदभाव के अप्रवासी समूहों को मिल सके।
3. **स्व-शासन अधिकार** (Self-government rights): जिससे राष्ट्रीय- अल्पसंख्यकों (national minorties) के राजनीतिक स्वायत्तता अथवा भू-क्षेत्रीय अधिकार को सुनिश्चित किया जा सके। [किमलिका, 1995 : 84]

भीखू पारेख [पारेख : 2000] दो प्रकार के अधिकारों का परिचय देते हैं जिनका दावा सामूहिक रूप से किया जा सकता है: व्युत्पन्न(derivative) एवं प्राथमिक सामूहिक अधिकार, (primary collective rights) जहाँ सांस्कृतिक सामुदायिक अधिकारों को दूसरी श्रेणी में रखा जाता है।

व्यक्ति के अधिकारों को एक साथ अथवा उन्हें व्यापार, संगठन और क्लबों आदि के सामूहिक अधिकारों के साथ करके व्युत्पन्न सामूहिक अधिकार प्राप्त किए जाते हैं। प्राथमिक सामूहिक अधिकारों के दो प्रकार होते हैं: व्यक्तिगत तौर पर प्रयोग किए जाने वाले सामूहिक अधिकार और सामूहिक रूप से प्रयोग किए जाने वाले सामूहिक अधिकार। व्यक्तिगत तौर पर सामूहिक अधिकारों के उदाहरण हैं : सिक्खों का पगड़ी पहनने और मुस्लिम कर्मचारियों का चार नमाजें अदा करने के लिए समय लेने का अधिकार। सामूहिक तौर पर प्रयोग होने वाले सामूहिक अधिकार हैं राष्ट्रीय स्व-निर्णय का अधिकार, किसी समुदाय का सरकार में अपना प्रतिनिधि चुनने या बनने का अधिकार अथवा हितों के महत्त्वपूर्ण मुद्दों पर प्रतिनिधि द्वारा परामर्श किए जाने का अधिकार। पारेख इस दृष्टिकोण से असहमत हैं कि सामूहिक अधिकार व्यक्तिगत अधिकारों के लिए खतरा हैं। इसके बजाय वह मानते हैं, व्यक्तिगत अधिकारों सहित सभी अधिकारों का दुरुपयोग किया जा सकता है। उनके अनुसार, सामूहिक अधिकारों और व्यक्तिगत अधिकारों के बीच एक अत्यधिक जटिल संबंध है, जिन्हें अक्सर बढ़ा-चढ़ा कर प्रस्तुत किया जाता है। कुछ सामूहिक अधिकार व्यक्तिगत अधिकारों के लिए खतरा हैं, उदाहरण के तौर पर किसी समूह में नैतिक अनुपालन के लिए दबाव डालना, अथवा इसके सदस्यों को निष्काषित करना, अथवा सदस्यों को समूह से बाहर होने के अधिकार न देना आदि। इसमें से कुछ अधिकार व्यक्तिगत अधिकारों के लिए पूर्व शर्तें हैं, उदाहरण के तौर पर किसी राजनीतिक समुदाय का स्वशासन अथवा आज़ादी का अधिकार। कुछ सामूहिक अधिकार व्यक्तिगत अधिकारों का संरक्षण और उनके प्राप्तकर्ताओं का सशक्तीकरण करते हैं क्योंकि संगठन अथवा समुदाय बनाकर उसके सदस्यों के अधिकारों का संरक्षण व्यक्तिगत संरक्षण के

मुकाबले बेहतर ढंग से हो सकता है। उदाहरण के तौर पर किसी समुदाय का उसकी संस्कृति, भाषा अथवा शैक्षणिक संस्थाओं के लिए सामुदायिक अधिकार।

नागरिकता और समकालीन चुनौतियां
(Citizenship and Contemporary Challenges)

स्पष्ट है कि अधिकारों की अवधारणा जिसकी चर्चा ऊपर की गई है, केवल राष्ट्रीय सीमाओं से परे सभी लोगों तक लाभ पहुंचाने की ही नहीं बल्कि व्यापक अर्थों में इसे समझने की दरकार रखता है। शीत-युद्ध की समाप्ति, सोवियत रूस के विघटन और पूर्वी यूरोप में अस्थिरता तथा वैश्वीकरण के विकास ने नागरिकता की प्रचलित धारणा पर नए सवाल उठाए हैं। सीमा पार से सुरक्षा संबंधी नई समस्याओं जैसे– आतंकवाद, परमाणु विनाश अथवा पारिस्थितिक आपदा आदि के कारण लोगों के अधिकारों का सवाल राष्ट्रों के लिए आज और संवेदनशील हो चुका है। राष्ट्र के अंतर्गत अन्याय और अधिकार उल्लंघन अब पहले जितना आसान नहीं रहा और राज्य की संप्रभुता को निस्संदेह रूप से मानव अधिकारों के लिए व्यापक होती तार्किक बहसों और चुनौतियों का सामना करना होगा।

वैश्वीकरण से जुड़ी समस्याओं से निपटने के लिए प्रयासरत क्षेत्रीय निकायों जैसे यूरोपियन यूनियन आदि ने भी नागरिक अधिकारों को राष्ट्र की सीमाओं तक सीमित नहीं रहने दिया है, उसे व्यापकता प्रदान की है। वास्तव में, यूरोपियन यूनियन विभिन्न क्षेत्रीय वित्तीय निकायों, जैसे उत्तरी अमेरिका मुक्त व्यापार समझौता (फ्री ट्रेड एग्रीमेंट) अथवा दक्षिण-पूर्वी एशियाई राष्ट्र संघ (असोसिएशन ऑफ साउथ-ईस्ट एशियन नेशंस), में विशेष है। यूरोपियन यूनियन ने न सिर्फ वित्तीय बल्कि राजनीतिक सहकारिता संस्थाओं का निर्माण करने की पहल की है। दूसरी तरफ, वैश्वीकरण ने पारिस्थितिक व्यवस्था के प्रति जागरूकता बढ़ा कर और उससे पर्यावर्णीय क्षति से हुए नुकसानों के प्रति लोगों को अतिसंवेदनशील बनाकर नागरिक और अधिकार के संकीर्ण नजरिए को चुनौती दी है। यह विचार नागरिकता के संबंधपरक स्वभाव को रेखांकित करता है, जो हॉब्स और लॉक जैसे उदारवादियों के व्यष्टिपरक तर्कों में शामिल नहीं है। आज इस प्रश्न को अहम माना जा रहा है कि अधिकार तभी वहनीय होंगे जब हम अन्य समुदायों और प्रकृति के प्रति जिम्मेदारियों का व्यापक भाव रखेंगे। अतः "वैश्विक नागरिकता" में कर्त्तव्यों के साथ ही अधिकारों को समावेशित किया जाता है (देखें अध्याय 8)। पर्यावरणीय नागरिकता की नई समझ भौतिक सीमाओं से परे समृद्धि और संपत्ति तथा विपणन विनिमय के अधिकारों के विस्तार देने पर बल देती है। पर्यावरणीय अथवा पारिस्थितिकीय नागरिकता, पारंपरिक उदारवाद द्वारा प्रस्तुत नागरिकता की तुलना में अधिक व्यापक और गहन अवधारणा प्रस्तुत करती है। उत्तर-उदारवादी नागरिकता के इस रूप के साथ संबद्ध जिम्मेदारियां, ऐच्छिक आभार होंगे न कि प्रवर्तनीय कर्तव्य।

निष्कर्ष (Conclusion)

उपरोक्त चर्चा से यह स्पष्ट है कि नागरिकता के अर्थ, प्रकृति और तात्विक मूल्य परिवर्तनशील

हैं। नागरिकता की प्रमुख समझ आज उदार परंपरा से आती है जिसमें अनेक समकालीन सिद्धांतकार राजनीतिक समुदाय में भागीदारी के सवाल को पहले की अपेक्षा अधिक गंभीरता से उठा रहे हैं। व्यक्तिगत अधिकारों और समूहों के हितों को समायोजित करने की जवाबदेही समकालीन "समतावादी उदारवाद" के मुख्य विमर्शों में शामिल हैं। खासकर जॉन रॉल्स की बहुचर्चित पुस्तक *अ थ्योरी ऑफ जस्टिस* (1971) के प्रकाशन के उपरांत यह दावा किया जा रहा है कि न्याय की उदारवादी अवधारणा, असमान रूप से विविध मान्यताओं और पृष्ठभूमि के नागरिकों के सम्मान, मान्यता और हितों को सुनिश्चित, संशोधित और आगे बढ़ाने का बेहतर विकल्प प्रदान करती है। उदारवादी सिद्धांत और संस्थाएं, जिनकी ऊपर चर्चा की गई है, जातीय एवं सांस्कृतिक अल्पसंख्यक समूहों की लगातार बढ़ती मांगों का समर्थन करती हैं। उनके विचार में व्यक्तिगत अधिकार व्यर्थ हैं, जब तक कि व्यक्तियों के अधिकारों के विशिष्ट संदर्भों को ध्यान में न रखा जाए। हालांकि सामूहिक अधिकारों के मुद्दे के समर्थन के प्रश्न पर समूहों की प्रकृति, उपयुक्त राजनीतिक ढांचा और बहुसांस्कृतिक नीति के अनुकूल अनुमेय विविधता की सीमा के संबंध में विचारकों के बीच हमेशा एकमतता देखने को नहीं मिलती। यंग सभी उत्पीड़ित समूहों के मुद्दे का समर्थन करती हैं, जबकि किमलिका राष्ट्रीय अल्पसंख्यक समुदायों को जातीय समुदायों पर विशेषाधिकार प्रदान करते हैं। पारेख का विश्लेषण मुख्य रूप से गैर-उदार समाज के लिए चिंता प्रकट करता है। संक्षेप में, वे एशियाई समाजों के तत्त्वों को शामिल करने की कोशिश से बहुसंस्कृतिवाद पर पश्चिमी विमर्शों की आलोचना करते हैं।

इन मतभेदों के बावजूद, नागरिकता की अवधारणा ने असमानताओं को लेकर आज कई महत्त्वपूर्ण प्रश्नों को सामने लाया है जो राष्ट्र-राज्यों के लिए विचारणीय हैं। यह हमारा ध्यान अधिकार, स्वतंत्रता और समानता, राज्य के प्रति राजनीतिक निष्ठा, समुदाय के भीतर नागरिक निष्ठा, सांस्कृतिक एवं भावनात्मक संबंध, और नागरिकों तथा राज्य के बीच संबंधों की मध्यस्थता करने वाली पहचान के सवालों पर केंद्रित करता है। नागरिकता की यह विविध समझ अतः इसे एक महत्त्वपूर्ण अवधारणा और आज के आधुनिक लोकतांत्रिक समाज को समझने के लिए अहम बनाते हैं।

अभ्यास प्रश्न (Practice Questions)

1. नागरिकता से आप क्या समझते हैं? बहुसांस्कृतिक नागरिकता पर किमलिका के क्या विचार हैं? क्या हम भारतीय संदर्भ में उनके मॉडल को अपना सकते हैं?
2. आधुनिक नागरिकता के उद्‌भव की ओर ले जाने वाली ऐतिहासिक घटनाओं पर संक्षेप में चर्चा कीजिए।
3. नागरिकता की शास्त्रीय धारणाएं आधुनिक नागरिकता से किन मायनों में अलग हैं? इसे कुछ उदाहरणों के साथ स्पष्ट कीजिए।
4. नागरिकता की उदारवादी धारणा के गुण और सीमाएं क्या हैं? विवेचना कीजिए।

संदर्भ सूची (References)

अरस्तू, (1992), द *पॉलिटिक्स*, पेंगुइन : लंदन।

बरबलेट, जे.एम., (1988), *सिटीजनशिप*, मिल्टन कीन्स: ओपन यूनिवर्सिटी प्रेस।

फॉक्स, कीथ, (2000), *सिटीजनशिप*, रूटलेज : लंदन एंड न्यूयॉर्क।

हीटर, डेरेक, (1980), *सिटीजनशिप*, लोंगमैन, लंदन।

मार्शल, टी.एच., (1950), *सिटीजनशिप एंड सोशल क्लास*, कैंब्रिज यू.के : कैंब्रिज यूनिवर्सिटी प्रेस।

कुमार, संजीव, (2019), (सं) *राजनीति सिद्धांत की समझ*, हैदराबाद : ओरियंट ब्लैकस्वॉन।

किमलिका, विल, (1995), *मल्टीकल्चरल सिटिजनशिप : अ लिबरल थ्योरी ऑफ माइनॉरिटी राईट्स*, क्लरेंडन प्रेस, ऑक्सफोर्ड।

पारेख, भीखू, (2000), *रिथिन्किंग मल्टीकल्चरलिज़्म : कल्चरल डाइवर्सिटी एंड पॉलिटिकल थ्योरी*, मैकमिलन प्रेस : लंदन।

टेलर, चार्ल्स, (1994), "द पॉलिटिक्स ऑफ रेकग्निशन" इन एमी गुटमैन (संपा.), *मल्टीकल्चरलिज़्म: एग्जामिनिंग द पॉलिटिक्स ऑफ रिकग्निशन*, प्रिंसटन : प्रिंसटन यूनिवर्सिटी।

टर्नर, ब्रायन, एस. (1986), *सिटीजनशिप एंड कैपिटलिज्म : द डिबेट ओवर रिफॉर्मिज्म*, लंदन : एलन एंड अनविन।

यंग, आई. एम., (1990), *जस्टिस एंड द पॉलिटिक्स ऑफ डिफरेंस*, प्रिंसटन यूनिवर्सिटी प्रेस : प्रिंसटन।

अध्याय 13

बहुसंस्कृतिवाद
Multiculturalism

विकास कुमार

प्रस्तावना (Introduction)

पिछले कुछ दशकों में बहुसंस्कृतिवाद शब्द काफी लोकप्रिय हुआ है। हाल के वर्षों में हुए वाद-विवाद में, बहुसंस्कृतिवाद के सिद्धांत और व्यवहार पर उदार बहुसंस्कृतिवादी-व्यक्तिवादियों का वर्चस्व रहा है, जो सांस्कृतिक विविधता को उदारवादी प्रतिमान में स्वतंत्रता और व्यक्तिवाद के एक घटक के रूप में देखते हैं। सांस्कृतिक विविधता और सहिष्णुता के इस दृष्टिकोण के प्रमुख समर्थकों में पियरे ट्रूडो और विल किमलिका शामिल हैं जो सांस्कृतिक विविधता को स्वतंत्रता और चयन (पसंद) को उदारवाद की प्रतिबद्धता के रूप में सही ठहराते हैं।

हालांकि सांस्कृतिक विविधता ने संघर्ष को भी जन्म दिया है, क्योंकि ये मुद्दे आसानी से तय नहीं होते हैं। समाज में लोगों के पास अक्सर इस विषय पर काफी मज़बूत विचार होते हैं, जैसे क्या सही है या क्या गलत है व क्या अच्छा है और क्या बुरा है, और इसके फलस्वरूप वे अपने व्यवहार को किसी भी रूप में संशोधित करने या बदलने के इच्छुक नहीं होते हैं। उदाहरणस्वरूप- फ्रांस और सिंगापुर में राज्य स्कूल के वह नियम जिसके अंतर्गत मुस्लिम लड़कियों को सिर पर हिजाब (स्कार्फ) पहनने पर रोक लगाने वाले नियम को उनके माता-पिता ने कानूनी और नैतिक औचित्यहीनता के आधार पर चुनौती दी। इसी तरह, फ्रांस में सरकारी पुलिस पद पर कार्यरत सिक्खों को अपनी पगड़ी हटाने को कहा गया। ऐसे कई उदाहरण हैं जो यह बताते हैं कि धार्मिक, नृजातीय (जातीय), नस्लीय और सांस्कृतिक असहिष्णुता लोगों के बीच संघर्ष और तनाव का कारण बन जाते हैं। ऐसी परिस्थिति में विविधता, बहुलता या बहुसंस्कृतिवाद जैसे शब्द न केवल व्यवहार में बल्कि सैद्धांतिक रूप में भी काफी महत्त्वपूर्ण हो जाते हैं। परंतु महत्त्वपूर्ण प्रश्न यह है कि ये शब्द किस प्रकार के समाज, राज्य या राजनीतिक व्यवस्था में मौजूद हो सकते हैं। इन परिस्थितियों में बहुसंस्कृतिवाद की सैद्धांतिक नींव की तलाश करना और यह प्रश्न करना कि क्या सामान्य सिद्धांत का कोई ऐसा समुच्चय है जो ऐसे मुद्दों पर हमें रास्ता दिखा सके। इसी विषय पर बुनियादी रूप से "उदारवादियों" और "समुदायवादियों" के बीच बहस काफी तीव्र बहस है, जिसे बहुसंस्कृतिवाद के रूप में देखा जाता है।

बहुसांस्कृतिक विचार विभिन्न सांस्कृतिक अल्पसंख्यक सदस्यों वाले समाज में समान सदस्यता का दावा करता है- जैसे कि अप्रवासी समूह, देशज लोग, राष्ट्रीय अल्पसंख्यक और जातीय-धार्मिक संप्रदाय इत्यादि। विभिन्न संस्कृतियों को पहचान देते हुए आगे बढ़ना चाहिए, जो इन अल्पसंख्यकों को अलग समूह के रूप में स्थापित करता है। हालांकि बहुसंस्कृतिवाद उन आदर्श नीतियों को स्वीकार करता है जो सांस्कृतिक समूहों को सदस्यता के आधार पर अधिकार एवं लाभ प्रदान करती है। यह समूह विशेष अधिकारों और विभेदित नागरिकता के विचारों को बढ़ावा देता है। इसलिए यह विचार उत्तर-युद्ध के उदारवादियों के द्वारा प्रस्तुत किए गए सार्वभौमिक अधिकार पर आधारित समान नागरिकता के स्वरूप से बिल्कुल भिन्न एवं अलग है।

बहुसंस्कृतिवाद की अवधारणा (Concept of Multiculturalism)

1970 के दशक से नागरिकता और अधिकार की बहस में एक महत्त्वपूर्ण क्षेत्र उभर कर समाने आया जिसके अंतर्गत बहुसंस्कृतिवाद, बहुलता, विविधता और विभेद आदि शामिल हैं। पिछले कुछ दशकों में राजनीतिक सिद्धांत के मानकीय अध्ययन में बहुसंस्कृतिवाद शब्द बहुत लोकप्रिय हुआ। वास्तव में, बहुसांस्कृतिक विचार-विमर्श स्थितियों की विविधता का ऐसा विस्तृत संदर्भ देता है जिसमें- एकीकरण की नीतियां, कानूनी एवं राजनीतिक संयोजन, सांस्कृतिक विविधता, अप्रवास का प्रबंधन एवं सांस्कृतिक/धार्मिक विभेद(अंतर) की पहचान और सम्मान इत्यादि का विचार शामिल है।

यह समझना भी बहुत महत्त्वपूर्ण है कि बहुसंस्कृतिवाद शब्द की शुरूआत कब और किन परिस्थितियों में हुई। यह माना जाता है कि इस शब्द का प्रयोग पहली बार 1971 में कनाडा में हुआ था। लेकिन बहुसंस्कृतिवाद एक ऐसा शब्द है जो विश्व में अलग-अलग समय में हुए विभिन्न सांस्कृतिक आंदोलनों और बनाई गई विभिन्न नीतियों को संदर्भित करता है। बहुसंस्कृतिवाद को 1960-70 के दशक के सांस्कृतिक विस्फोटों से समझा जा सकता है, जिसके अंतर्गत अमेरिकी संस्कृति और समाज की विविधता में हुए कई आंदोलन शामिल हैं जैसे- नागरिक अधिकार आंदोलन, नस्लभेद विरोधी आंदोलन, महिला मुक्ति आंदोलनों ने एक सुसंगत राष्ट्रीय पहचान की छवियों को तोड़ दिया।

1980 के दशक में ऑस्ट्रेलिया में बहुसंस्कृतिवाद की नीति को अप्रवासी नीति की शुरूआत के तौर पर देखा जा सकता है जिसने ऑस्ट्रेलिया के बहु-नस्लीय, सामंजस्यपूर्ण एवं एकजुट समाज की पहचान को आकार दिया। यह मुख्य रूप से अप्रवासी नीति द्वारा आगे बढ़ा जिसने संभावित रूप से अधिकार और नागरिकता के प्रश्नों को उठाया और सांस्कृतिक विविधता की बात की। 1980 के दशक के आते-आते कनाडा और ऑस्ट्रेलिया और फिर यूनाइटेड किंगडम, अमेरिका, जर्मनी इत्यादि स्थानों पर बहुसांस्कृतिक आंदोलन की शुरूआत को चिन्हित या फिर देखा जा सकता है। बहुसंस्कृतिवाद निकटता से "अंतर की राजनीति", "पहचान की राजनीति", एवं "मान्यता की राजनीति" से जुड़ा हुआ है। हालांकि इन सभी पदों में थोड़ा अंतर ज़रूर है, लेकिन इन सबका मूल विचार एकसमान है। [महाजन : 1999]

बहुसंस्कृतिवाद क्या है? (What is Multiculturalism)

बहुसंस्कृतिवाद एक विवादास्पद अवधारणा है क्योंकि इसका उपयोग न केवल नृजातीय अल्पसंख्यकों की पहचान के लिए किया गया है बल्कि नीतियों की एक विस्तृत श्रृंखला के रूप में भी किया गया है। सामान्य शब्दों में, बहुसंस्कृतिवाद सांस्कृतिक विविधता और सांस्कृतिक सन्निहित (एम्बेडीडनेस) के अंतर के बारे में है। [पारेख : 2000ए 3] भीखू पारेख के अनुसार, बहुसंस्कृतिवाद 'न तो एक राजनीतिक सिद्धांत है और न ही एक दार्शनिक मुद्दा, वास्तव में यह मानव जीवन को देखने के तरीके का एक परिप्रेक्ष्य है, जो बढ़ती सांस्कृतिक विविधता, विभिन्न धर्मों और सांस्कृतिक समूहों के अधिकारों के प्रचार-प्रसार पर केंद्रित है। क्योंकि सांस्कृतिक समूहों के लिए अधिकार बहुसंस्कृतिवाद का आधार है।' [पारेख : 2000, 59]

वहीं दूसरी तरफ किमलिका का मुख्य संबंध अल्पसंख्यक अधिकारों के उदारवादी सिद्धांत से है। चूंकि उदारवाद को अलग-अलग लेखकों द्वारा अलग-अलग तरीके से समझा गया है, इसलिए किमलिका उदारवाद के बुनियादी सिद्धांतों को पूरा करने की आवश्यकता महसूस करते हैं, और जातीय एवं राष्ट्रीय अल्पसंख्यकों के दावों को यह सिद्धांत कैसे झेलता है यह देखने की बात करते हैं। उनके विचार में व्यक्तिवाद, स्वायतत्ता, आत्म-मीमांसा, और पसंद (चयन) उदारवाद के लिए केंद्रीय विचार हैं। व्यक्ति समाज की मूल नैतिक इकाई और अधिकारों एवं दायित्वों का एकमात्र वाहक (धारक) है। समाजों और संस्कृतियों के पास स्वयं की कोई नैतिक स्थिति नहीं है और उनके सदस्यों के विकास को प्रभावित करने वाले तरीकों को विशेष रूप से आंका जाता है। इसलिए किमलिका का मानना है कि मनुष्य अपने शुभ की संकल्पनाएं बनाने में सक्षम हैं, और स्वायत्त एवं इस हद तक स्वतंत्र है कि उनका जीवन अपने स्वयं के विश्वासों पर आधारित है और उसी के भीतर वे जीवित हैं। किमलिका ने सांस्कृतिक अल्पसंख्यकों के अधिकारों के सिद्धांत का निर्माण इन संबंधित विचारों के आधार पर किया है।

बहुल, विविध एवं बहुसांस्कृतिक जैसे शब्द एक ऐसे समाज को इंगित करते हैं जो विभिन्न धार्मिक, नस्लीय, भाषाई एवं संस्कृतियों से मिला-जुला हो। हमारे दिन-प्रतिदिन के प्रयोग में इन शब्दों का प्रयोग फेरबदल कर किया जाता है, यह समझ कर की इन शब्दों की अभिव्यक्ति एक ही अर्थ (चीज़) को प्रस्तुत करती है। [महाजन : 1999]

विल किमलिका के अनुसार, बहुसंस्कृतिवाद का मूल आधार एक सांस्कृतिक समुदाय की सदस्यता है। यह व्यक्तिगत पहचान के लिए ज़रूरी है और व्यक्तियों को उनकी सच्ची स्वतंत्रता को प्रयोग करने के लिए आवश्यक रूपरेखा प्रदान करता है।

एक मानकीय अवधारणा के रूप में बहुसंस्कृतिवाद टेलर के लिए प्रतिबद्धता है। [टेलर : 1994, 38-44] जिसको टेलर ने "अंतर की राजनीति" कहा है। राजीव भार्गव का मानना है कि एक मूल्य के रूप बहुसंस्कृतिवाद नैतिक रूप से कई सारी संस्कृतियों की मौजूदगी का न केवल समर्थन करता है बल्कि प्रशंसा भी करता है। यदि साधारण शब्द में कहा जाए तो बहुसंस्कृतिवाद एक तथ्य एवं मूल्य के रूप में एकल-सांस्कृतिक समाज को चुनौती देता है। [भार्गव : 2002, 77]

बहुसंस्कृतिवाद सांस्कृतिक विविधता के अलावा समूह के प्रतिनिधित्व और अधिकारों, अप्रवासियों के अधिकारों एवं उसकी स्थिति और देशों में अल्पसंख्यक की मान्यता से भी जुड़ा हुआ है। बहुसंस्कृतिवाद के विमर्श को समझने के लिए मोनो संस्कृतिवाद से लेकर बहुसंस्कृतिवाद तक की बहस को जानना आवश्यक होगा।

बहुसंस्कृतिवाद एवं विभिन्न सैद्धांतिक दृष्टिकोण
(Multiculturalism and Different Theoretical Approaches)

ए थ्योरी ऑफ जस्टिस (1971) के प्रकाशन के समय से ही उदारवादियों को बदलती दुनिया के साथ आना पड़ा। क्योंकि उनका सामना एक ऐसी दुनिया से हुआ जिसमें समाज नस्ल, जातीयता, धार्मिक, राष्ट्रीय एवं क्षेत्रीय विरोध इत्यादि के आधार पर विभाजित था। जबकि ये सभी चीजें सांस्कृतिक पहचान की बहुलता के रूप में चिन्हित की गई हैं। ये सभी वास्तविकताएं उदार परंपरा में निहित सार्वभौमिकता को चुनौती देती प्रतीत होती हैं। इससे कुछ प्रश्न उठ खड़े होते हैं जैसे– क्या नागरिकता की उदार संकल्पना इस प्रकार के तनावों या संघर्षों का सामना कर सकती है? क्या उदारवादी बहुसंस्कृतिवादी हो सकते हैं? इत्यादि। इन प्रश्नों के कुछ उत्तर आइरिश मेरियन यंग ने "विभेदीकृत नागरिकता" के सिद्धांत के रूप में देने का प्रयास किया। उसके पश्चात कई सिद्धांतकारों ने अपने विचार को प्रस्तुत किया।

बहुसंस्कृतिवाद के विषय पर होने वाला वाद–विवाद बुनियादी रूप से "उदारवादियों" और "समुदायवादियों" के बीच है। परंतु सांस्कृतिक विविधता को लेकर उदारवादियों के बीच भी वाद–विवाद रहा है। बहुसंस्कृतिवाद के विचार के अंतर्गत उदारवाद में कई प्रकार के रंग हैं जैसे: उदार मोनिज्म (liberal monoism) – उदार बहुलवाद – उदार बहुसंस्कृतिवाद– बहुसंस्कृतिवाद – सांस्कृतिक सापेक्षवाद। या फिर इसको इस प्रकार भी समझ सकते हैं कि उदारवाद (क्लासिकल) की अवधारणा की आलोचना समुदायवाद द्वारा प्रस्तुत की गई जिसके पश्चात उदारवाद के विचार में बहुलवाद या सांस्कृतिक बहुलता का विचार (रॉल्स) देखने को मिला। उसके पश्चात उदारवादी बहुसंस्कृतिवाद की अवधारणा विल किमलिका द्वारा प्रस्तुत की गई। यह वाद–विवाद व्यक्ति की स्वतंत्रता या स्वायतत्ता और राजनीतिक समुदाय की संकल्पना पर केंद्रित है और इस पर मतभेद भी है। इसके अतिरिक्त सिद्धांतकारों में संस्कृति, लोकतंत्र और मानव प्रकृति के विषय पर भी मतभेद देखने को मिलता है। अर्थात् चीज़ें कैसी होनी चाहिए इस मानकीय विचार को लेकर मतभेद है।

उदारवाद एक व्यक्तिवादी विचार है और वह व्यक्तिगत स्वायतत्ता की कामना करता है और बहुसंस्कृतिवाद को गैर–ज़रूरी और खतरनाक मानेगा। वह यह मानेगा कि बहुसंस्कृतिवाद के कारण व्यक्तियों के हितों पर समुचित रूप से ध्यान नहीं दिया जाएगा। इसके विपरीत समुदायवादी यह मानते हैं कि बहुसंस्कृतिवाद व्यक्तिगत स्वायतत्ता के खतरनाक प्रभावों से समुदायों की सुरक्षा करता है, और समुदाय के मूल्यों को कायम रखता है। खासतौर पर जातीय–सांस्कृतिक अल्पसंख्यकों को इस तरह की सुरक्षा की ज़रूरत है। [किमलिका : 2010, 270]

उदार सिद्धांत (क्लासिकल या मोनिज्म) का मॉडल सार्वभौमिक एवं व्यक्तिवादी राजनीतिक सिद्धांत पर आधरित है। जिसको जॉन लॉक और जॉन रॉल्स के कार्यों में देखा जा सकता है।

राजनीतिक समुदाय के उदारवादी सिद्धांत में एक नैतिक थीसिस है जो कहती है कि सदस्यों को स्वतंत्रता और समान नागरिक के रूप में एक-दूसरे के लिए नैतिक चिंता होनी चाहिए अर्थात् सार्वभौमिक नागरिकता के सिद्धांत को अपनाना। उदारवादी सिद्धांतकारों का मानना है कि सार्वभौमिक इकहरी नागरिकता का सिद्धांत "विभेद- अंधता" या फिर "क्लर-बलाईंड" अर्थात् तटस्थता के सिद्धांत से जुड़ा हुआ है या संविधान के विचार पर आधारित है या बल देता है। जिसके अंतर्गत उन सभी कानूनों को हटाने की बात की जाती है जिनसे लोगों में नस्ल या नृजातीयता में अंतर करने में मदद मिलती है, कुछ अस्थायी सकारात्मक कार्रवाईयों को छोड़ कर। [कॉलिन फैरेलए : 2004, 120]

बहुसंस्कृतिवाद इस तरह के विभेदों को मिटा कर, एक जैसे समान व्यवहार के विचार से असहमत है। अर्थात् यह सुनिश्चित किया जाता है कि नागरिक के इन अधिकारों के संदर्भ में नस्ल, जाति, संस्कृति, जेंडर इत्यादि से तय होने वाली विशेष परिस्थितियों का कोई प्रभाव न पड़े। उदारवादियों ने विविधता को समाहित करने का प्रयास ज़रूर किया। जॉन रॉल्स ने अपने कार्य में "राजनीतिक उदारवाद" के विकास का तर्क दिया बजाए "विस्तृत उदारवाद" के । रॉल्स जैसे उदारवादी "तर्कसंगत बहुलवाद" (reasonable pluralism) की बात करते हैं। इसके अंतर्गत रॉल्स ने पाया कि विभिन्न नैतिक और धार्मिक दृष्टिकोणों को समायोजित करने के लिए उसे अपने उदार सिद्धांत को बदलना पड़ेगा, जिसे हम "ओवरलैपिंग कन्सेंस" के रूप में जानते हैं।

इसके विपरीत समुदायवादियों ने राजनीतिक समुदाय के बारे में तर्क दिया है कि राजनीतिक समुदाय को सामाजिक संबंधों पर आधारित होना चाहिए जो कि उदारवाद से अधिक मजबूत और गहरा हो। समुदायवादियों का तर्क है कि भाषा, संस्कृति और इतिहास को एक साथ बांधना चाहिए ताकि सदस्यों की सामूहिक चेतना का निर्माण हो सके। [वॉल्जर : 1983, 28] समुदायवादी मानते हैं कि व्यक्ति अपनी संस्कृति में गहरे रूप से समाहित होता है क्योंकि व्यक्ति सामाजिक व्यवहारों से उत्पन्न होता है। इसलिए वह व्यक्ति के बजाए समुदाय या समूह से जुड़ी उसकी पहचान पर ध्यान देने की बात करते हैं।

इसके आगे बहुसंस्कृतिवादी और विभेदीकृत सिद्धांतकार राजनीतिक समुदाय के परंपरागत सिद्धांत की रेडिकल आलोचना प्रस्तुत करते हैं। इसके अंतर्गत विल किमलिका एवं भीखू पारेख बहुसंस्कृतिवादी और विभेदीकृत सिद्धांतकार जैसे आइरिश मेरियन यंग शामिल हैं। हालांकि भीखू पारेख बहुसंस्कृतिवाद की उदारवादी परंपरा से थोड़ा असहमत होकर इस बहस को और आगे ले कर जाते हैं। बहुसंस्कृतिवादी मुख्य रूप से समरूपता के सिद्धांत के विरुद्ध बहस करते हैं। बहुसंस्कृतिवाद का एक महत्त्वपूर्ण योगदान यह रहा है कि इसने राजनीतिक समुदाय के बारे में चिंतन करने के तरीके में बदलाव किया। राजनीतिक समुदाय को एक समरूपी रूप में देखने के बजाए इसे विषमरूपी माना। वहीं दूसरी तरफ बहुसंस्कृतिवाद के सिद्धांतकार बहुल समाज में समानता और भेदभाव के मुद्दों को सुलझाने के लिए समुदाय के भीतर व्यक्ति के स्थान को पुन:स्थापित करते हैं। सांस्कृतिक समुदाय के अंतर्गत व्यक्ति अपने उद्देश्य एवं इच्छाओं को बनाता है और सुधारता है। इसके अनुसार, समुदाय में व्यक्ति का मुख्य कर्तव्य समुदाय के अस्तित्व की हिफाज़त करना होता है।

उदार बहुसंस्कृतिवाद ऐसा ही सिद्धांत है जो उदारवादी मूल्यों को लेकर चलता है जिसमें उदारवादी सिद्धांत के अंतर्गत एकीकरण के बहुसांस्कृतिक मॉडल को परिभाषित करने की गुंजाइश है। बहुसंस्कृतिवाद में सांस्कृतिक समुदायों के सदस्यों के रूप में संगठित व्यक्तियों को मान्यता देने और समुदाय की हिफाज़त के लिए "समूह-अधिकार" की मांग मौजूद होती है। इस प्रकार सांस्कृतिक समुदाय राजनीतिक समुदाय के भीतर अपनी सदस्यता की शर्तों को पुनःपरिभाषित करता है।

इनके अतिरिक्त ब्रयान बैरी ने भी उदारवादी परिप्रेक्ष्य में बहुसंस्कृतिवाद की बहस को आगे बढ़ाया है। एक उदारवादी दृष्टिकोण से समूह अधिकारों के बारे में जो हम समझते हैं बैरी उसकी एक वैकल्पिक आलोचना प्रस्तुत करते हैं। वहीं विल किमलिका समूह अधिकारों के बजाए समूह विभेदीकृत अधिकारों के माध्यम से समूह अधिकारों पर ज़ोर देते हैं। परंतु यह दोनों सिद्धांतकार यह समझाने की कोशिश करते हैं कि क्या स्वायतत्ता और अस्मिता उदारवादी विमर्श का हिस्सा हो सकते हैं और यदि हां तो इसमें व्यक्ति कहाँ समुचित रूप से ठीक बैठता है? बैरी का मानना था कि उदारता (सहनशीलता) तथा स्वायतत्ता उदारवादी सिद्धांत का केंद्र है, लेकिन एक सवाल यह है कि उसके लिए अधिक केंद्रीय विचार क्या है, एक उदार राज्य में क्या सहनशीलता होनी चाहिए? बहुसंस्कृतिवाद पर उनका विचार राज्य हस्तक्षेप के द्वारा समूह अधिकारों को नियंत्रित करने से जुड़ा हुआ है। आगे इन विचारों का विस्तृत वर्णन किया गया है।

आइरिस मेरियन यंग : विभेदीकृत नागरिकता एवं अधिकार

(Iris Marion Young : Differentiated Citizenship and Rights)

आधुनिक राजनीतिक सिद्धांत ने सभी व्यक्तियों के लिए समान नैतिक मूल्य पर ज़ोर दिया है। उत्पीड़ितों के सामाजिक आंदोलनों ने इसे काफी गंभीरता से लिया और कानून के समान संरक्षण के अंतर्गत सभी व्यक्तियों की पूर्ण नागरिकता के समावेश पर विचार किया। एक तरीके से यंग ने अंतर राजनीति (politics of difference) और सार्वभौमिक नागरिकता की आलोचना पर अपने विचार को प्रस्तुत करते हुए "लोकतांत्रिक सांस्कृतिक बहुलवाद" के सिद्धांत की ओर ध्यान देने की बात कही है।

यंग परमाण्विक व्यक्तिवाद व सामूहिक समुदायवाद, दोनों के मध्य एवं इनसे भिन्न विकल्प का अध्ययन करती हैं क्योंकि ये दोनों दृष्टिकोण विभिन्नता को अस्वीकार करते हैं। इसके अतिरिक्त, यंग ने "जातीय तथा सांस्कृतिक" समूहों और उनकी ''विभिन्नता'' के पहचान के सवाल को गंभीरता से उठाया। यंग अपने विचारों को प्रस्तुत करने के लिए अमेरिका के राजनीति संदर्भ में उभरे अश्वेत लोगों के आंदोलन, अमेरिकी भारतीयों के आंदोलन, गे और लेस्बियन अधिकारों के उदय व नारीवादी आंदोलन में रेडिकल उभार के संदर्भ में नए समूह आधारित सामाजिक आंदोलनों का विश्लेषण करती हैं। [यंग : 1989, 3]

यंग ने उदारवादी न्याय के सिद्धांत की आलोचना अमेरिकी समाज में हुए इन्हीं नव सामाजिक आंदोलनों से उभरे अधिकार के संदर्भ में की तथा समाज में मौजूद "वंचित" व "उत्पीड़ित" समूहों के अधिकार को अंतर (विभेद) की राजनीति के विचार के माध्यम

से प्रस्तुत किया। हालांकि यंग की विभेदीकृत नागरिकता की अवधारणा पूर्ण रूप से व्यक्तिगत अधिकार को समाप्त करने का प्रयास नहीं करती, बल्कि व्यक्तिगत अधिकारों को "वंचित समूहों" के सामूहिक अधिकारों के साथ संतुलन बैठाने का प्रयास करती हैं।

यंग नागरिकता व अधिकार की अवधारणा के बीच मौजूद तनाव की ओर इशारा करती हैं और फिर समावेश के रूप में सार्वभौमिकता, सामान्यता के रूप में सार्वभौमिकता, समान बर्ताव के रूप में सार्वभौमिकता के विचार को प्रस्तुत करती हैं, जिसे यंग के अंतर की राजनीति और विभेदीकृत नागरिकता के विचार से समझा जा सकता है।

अंतर (विभेद) की राजनीति और समूह अधिकार
(Politics of Difference and Group Rights)

यंग ने समकालीन समाजों में न्याय और विविधता में मौजूद तनाव पर काफी महत्त्वपूर्ण काम किया है। उनका काम अन्याय के ऐसे रूप को सामने लाने का प्रयास है जिसमें उदार लोकतंत्र के प्रचलित प्रतिमान को समाज के विभिन्न वंचित समूहों पर थोपा गया है। [यंग : 1990, 7] यंग ने अपनी पुस्तक में स्वयं को उदारवादी व्यक्तिवाद के आलोचक के रूप में प्रस्तुत किया है क्योंकि वह नस्ल, लिंग, धर्म व जातीयता की विविधता को नजरअंदाज कर व्यक्ति को आत्म के रूप में प्रस्तुत करता है। [यंग : 1990, 166]

यंग न्याय के उस विचार की आलोचना करती हैं जिसमें "न्याय को समूह अंतर से मुक्ति के सर्वोत्तम रूप में परिभाषित किया जाता हैं" जिसे यंग आत्मसातीकरण(assimilation) के विचार के रूप में देखती हैं। [यंग : 1990, 157] यह विचार आमतौर पर समान व्यवहार को न्याय के प्राथमिक सिद्धांत के रूप में बढ़ावा देता है। इस विचार को उत्पीड़त समूहों के हालिया सामाजिक आंदोलनों ने चुनौती दी है। यंग अंतर की राजनीति का समर्थन करती हैं। उनका मानना है कि एक उद्धारक (मुक्तिवादी) राजनीति, समूह विभेद (अंतर) को स्वीकार करती है और समानता के अर्थ का पुनर्निर्माण करने में शामिल है। आत्मसातीकरण के विचार का मानना है कि सभी व्यक्तियों की समान सामाजिक स्थिति के लिए सभी को समान सिद्धांतों, नियमों और मानकों के साथ व्यवहार करने की आवश्यकता है। वहीं दूसरी ओर, अंतर की राजनीति का तर्क है कि समानता सभी समूहों की भागीदारी और समावेश के रूप में कभी-कभी उत्पीड़ित व वंचित समूहों के लिए अलग तरह के व्यवहार की आवश्यकता पर ज़ोर देती है। [यंग : 1990, 158]

यंग ने तर्क दिया है कि न्याय की अवधारणा की शुरूआत वितरण केंद्रित होने के बजाए वर्चस्व और उत्पीड़न की अवधारणा की समझ के साथ शुरू होनी चाहिए। उनका मानना है कि इस तरह का बदलाव या शुरुआत निर्णय निर्माण, श्रम विभाजन और संस्कृति के मुद्दों को हमारे समक्ष इस तरह प्रस्तुत करते हैं जो सामाजिक न्याय के लिए आवश्यक होते हैं। यह सामाजिक संबंधों और उत्पीड़न की संरचना में सामाजिक समूह के अंतर (विभेद) के महत्त्व को प्रदर्शित करता है। यंग का मानना है कि न्याय का सिद्धांत आमतौर पर एक सामाजिक सत्ता मीमांसा के साथ काम करता है, जहाँ सामाजिक समूहों की अवधारणा के लिए कोई

जगह नहीं है। यंग का तर्क है कि जहाँ सामाजिक समूह में अंतर मौजूद है और कुछ समूहों को विशेषाधिकार दिया जाता है, जबकि अन्य के साथ उत्पीड़न होता है, इसलिए सामाजिक न्याय को इस उत्पीड़न को कम करने के लिए उन समूह अंतरों (विभेदों) को स्पष्ट रूप से स्वीकार करना और उस पर ध्यान देने की आवश्यकता है। [यंग : 1990, 6-7] अर्थात् यंग ने न्याय के वितरण प्रतिमान के संदर्भ में एक वैकल्पिक उपागम पर ध्यान देने की बात की है जो विभेद व अंतर के विचार पर केंद्रित है।

उद्धार (मुक्ति) आंदोलनों में समूह विभेद की एक सकारात्मक भावना निहित है जिसमें उद्धार का एक अलग विचार मौजूद है, जिसे "लोकतांत्रिक सांस्कृतिक बहुलवाद" कहा जा सकता है। इस दृष्टि से शुभ समाज समूह विभेद को समाप्त या पार नहीं करता है। बल्कि एक ऐसे समाज की बात करता है जहाँ सामाजिक और सांस्कृतिक रूप से विभेदीकृत समूहों में समानता है, और जो परस्पर एक-दूसरे का सम्मान करते हैं तथा एक दूसरे के मतभेदों को स्वीकार भी करते हैं। यंग आत्मसातीकरण के विचार को नकारते हुए अंतर (विभेद) की राजनीति को बढ़ावा देने की बात करती हैं। [यंग : 1990, 163] वह समूह विविधता के सार्वजनिक व राजनीतिक मायनों को हटाने की बात करती हैं जिससे निजी व गैर-राजनीतिक सामाजिक संदर्भों में व्यक्ति व सामूहिक विविधता को बनाए रखा व प्रोत्साहित किया जा सके। उनका मानना है कि यह स्वीकार करने के बाद भी कि समूह सांस्कृतिक रूप से भिन्न होते हैं, उनके साथ सामाजिक नीतियों के कई मुद्दों पर समान व्यवहार करना अन्यायपूर्ण है। क्योंकि यह सांस्कृतिक विविधता को अस्वीकार करता है तथा उन्हें उत्तरदायी बनाने की बात करता है। इसलिए यंग किसी विशेषाधिकार समूह के नियमों को तटस्थ व सार्वभौम रूप से प्रस्तुत करने को दमनकारी मानती हैं। [यंग : 1998, 264]

यंग के अनुसार, समूह विभेद न केवल भिन्न आवश्यकताओं, हितों व लक्ष्यों को जाहिर करता है बल्कि भिन्न सामाजिक स्थानों व अनुभवों के बारे में भी संकेत करता है जिससे सामाजिक स्थिति व नीतियों को समझा जाता है। यंग कहती हैं कि व्यक्तिगत जीवन, उनकी आवश्यकताओं व हितों एवं अन्य आवश्यकताओं के प्रति दृष्टिकोण का निर्माण समूह आधारित अनुभव व पहचान से होता है। उनका मत है कि इसका केवल एकमात्र रास्ता यह है कि सभी समूहों के अनुभवों व सामाजिक दृष्टिकोण को सुना व समझा जाए, क्योंकि कोई भी सामान्य हित में बोलने का दावा नहीं कर सकता तथा कोई भी समूह दूसरों को व्यक्त नहीं कर सकता और न ही कोई स्वयं को पूर्णतः व्यक्त कर सकता है। [यंग : 1990, 186-187] यंग कहती हैं कि समूह की सदस्यता ही एक व्यक्ति की पहचान को बताती है व समूह ही व्यक्ति को आकार देते हैं।

सार्वभौमिक दावों के विरुद्ध यंग समूह दावे की राजनीति का समर्थन करती हैं। [यंग : 1995, 181-182] जिसका आधारभूत सिद्धांत यह है कि वंचित समूहों के सदस्यों को पृथक संगठन की ज़रूरत है जो कि अन्य को उससे अलग करती है, विशेषकर उन्हें जो कि विशिष्ट अधिकार समूहों से हैं। अतः यंग उदारवादी मान्यता के विकल्प के रूप में "लोकतांत्रिक सांस्कृतिक बहुलवाद" को प्रस्तुत करती हैं। [यंग : 1995, 190]

यंग के अनुसार, एक लोकतांत्रिक व्यवस्था को शोषित एवं वंचित समूहों के दृष्टिकोण एवं अलग-अलग आवाज़ों की प्रभावी प्रतिनिधित्व एवं मान्यता के लिए एक प्रक्रिया प्रदान

करनी चाहिए। इस प्रकार के समूह प्रतिनिधि संस्थागत प्रणाली एवं लोक संसाधनों के समर्थन की ओर संकेत करते हैं। जिसके लिए यंग ने निम्नलिखित सिद्धांतों पर ज़ोर दिया है: [यंग : 1990, 184]

1. समूह के सदस्यों का स्व-संगठन ताकि वे सामूहिक सशक्तीकरण और समाज के संदर्भ में अपने सामूहिक अनुभव तथा हितों की एक चिंतनशील समझ प्राप्त कर सकें।
2. संस्थागत संदर्भों में नीति प्रस्तावों का समूह विश्लेषण और सामूहिक उत्पादन, जहाँ निर्णय निर्माणकर्त्ता अपने विचार-विमर्श में समूह के परिप्रेक्ष्य (दृष्टिकोण) को दिखाने के लिए बाध्य हैं; और
3. एक समूह को सीधे प्रभावित करने वाली विशिष्ट नीतियों के संबंध में समूह वीटो की शक्ति, जैसे- महिलाओं के लिए प्रजनन अधिकार नीति या भारतीय आरक्षण के लिए भूमि उपयोग नीति हो।

निर्णय निर्माण की प्रक्रिया में वंचित समूहों के लिए विशेष प्रतिनिधित्व, लोकतांत्रिक जनता (democratic public) में न्याय को बढ़ावा देता है जो कि प्रक्रियात्मक एवं तात्विक दोनों रूप में सजातीय लोक (homogenous public) से कई मायनों में बेहतर है।

यंग ने दुनिया के विभिन्न हिस्सों में शामिल तीन प्रकार के अंतर(विभेद) की सामाजिक एवं राजनीतिक स्थितियों का उल्लेख किया है। पहला, राज्यों के अंदर जातीयता का पुनरूत्थान जिसने राजनीतिक रूप से अप्रसांगिक मतभेदों को पार करने का दावा किया। दूसरा, मतभेदों को छोड़े बिना अलग-अलग राष्ट्र एवं राज्य ऐसी संस्थाओं को बना रहे हैं जो उन्हें ज्यादा से ज्यादा नजदीक और पारस्परिक क्रिया (प्रभाव) में लाए। तीसरा, विश्व में कई स्थानों पर समूह के अंतर को निरपेक्ष (अन्यता) के रूप में समझा जाता है, जिसमें वर्चस्व और हिंसा का परिणाम होता है। यंग का मानना है कि, विचार-विमर्श के रूप में एक आदर्श राजनीति विषम (Heterogeneous) जनता में मौजूद समूह अंतरों की पुष्टि करती है, और इन परिस्थितियों में उत्पीड़ित समूहों को विशेष प्रतिनिधित्व प्रदान करना तुरंत प्रसांगिक है। [यंग : 1990, 260]

विभेदीकृत नागरिकता (Differentiated Citizenship)

यंग के अनुसार, पूर्ण नागरिकता में सभी को शामिल करने और भागीदारी का एहसास कराने का सबसे अच्छा तरीका विभेदीकृत नागरिकता है। आधुनिक राजनीतिक चिंतन ने आमतौर पर यह माना है कि सभी के लिए नागरिकता का अर्थ नागरिकता की सार्वभौमिकता में है। आधुनिक राजनीतिक विचारों में अंतर्निहित सार्वभौमिकता के दो अन्य अर्थ: सार्वभौमिकता सामान्यता के रूप में और सार्वभौमिकता समान व्यवहार के रूप में। सार्वभौमिक नागरिकता का विचार सभी के लिए नागरिकता के विस्तार के अलावा कम-से-कम दो अर्थ रखता है: *पहला*, सार्वभौमिकता विशेष के विरोध में सामान्य के रूप में परिभाषित होती है। नागरिकता में समान क्या है और ये किस प्रकार भिन्न हैं, और *दूसरा*, कानून और नियमों के अर्थ में सार्वभौमिकता जो सभी के लिए समान और सभी पर समान रूप से लागू होती है; तथा कानून और नियम व्यक्ति और समूह अंतर के लिए अंधे (blind) हैं। [यंग : 1989, 250]

उदारवादी रूपरेखा में नागरिकता की अवधारणा एकीकरण और समस्तरीय बंधुता के रूप में अभिव्यक्त हुई। यह समानता की एक विशिष्ट अवधारणा पर आधारित थी, जो इसकी उपलब्धि होने के साथ-साथ इसकी सीमा भी मानी जाती रही है। उदारवादी स्वरूप की समान सदस्यता के विचार में सभी सामाजिक संरचनाओं में नागरिकता का सामान्यीकरण किया गया है। इसका अर्थ यह है कि कानून को समान तरीके से लागू किया जाएगा। इसमें यह बात भी शामिल है कि किसी व्यक्ति या समूह को कानून के सामने विशेषाधिकार प्राप्त नहीं होगा। एक आवरणयुक्त व्यक्ति के रूप में नागरिकता का विचार एकरूप सिद्धांतों की समानता और सामान्यीकरण की स्थिति लाता है। [रॉय : 2017, 254] बहुसंस्कृतिवाद ने इस आवरणयुक्त अधिकार-धारक व्यक्ति प्राथमिकता पर प्रश्न खड़े किए हैं।

शोषित और बहिष्कृत समूहों के सामाजिक आंदोलनों ने हाल के वर्षों में यह सवाल पूछा और कहा कि समान नागरिक अधिकारों के विस्तार से सामाजिक न्याय और समानता प्राप्त नहीं हुई है। यह सोचना ज़रूरी है कि समान नागरिकता से उत्पीड़न का अंत क्यों नहीं हुआ? नव सामाजिक आंदोलन ने आत्मसात के विरुद्ध समूह विशिष्टता में सकारात्मकता और गर्व पर ज़ोर दिया। उन्होंने ये भी सवाल किया कि क्या न्याय का मतलब हमेशा ही कानून और नियमों को सभी समूहों पर समान रूप में लागू करना ही है। इन चुनौतियों में विभेदीकृत नागरिकता की अवधारणा निहित है जो पूर्ण नागरिकता में सभी को समावेशीकरण और भागीदारी का एहसास कराने का सबसे अच्छा तरीका है।

यंग ने 1989 में प्रकाशित अपने लेख में विभेदीकृत नागरिकता का विचार प्रस्तुत किया था। उनके अनुसार, विभेदीकृत नागरिकता एक ऐसा साधन है, जिसके द्वारा समान अधिकारों के रूप में नागरिकता के सार्वभौमिक आदर्श को ज्यादा प्रभावकारी बनाया जा सकता है। इसमें इस बात पर बल दिया जाता है कि नागरिकता के दायरे में कुछ खास समूहों के सदस्यों को सिर्फ व्यक्ति ही नहीं, बल्कि समूहों के सदस्यों के रूप में भी शामिल किया जाए। ऐसे लोगों के अधिकार आंशिक रूप से उनके समूह सदस्यता पर भी निर्भर होते हैं, जो उनकी विशेष आवश्यकताओं को पूरा करता है। यंग नागरिकता की सार्वभौमिक अवधारणा के खिलाफ तर्क देती हैं क्योंकि इसमें एकरूपता के रूप में समानता पर ज़ोर दिया जाता है। एकरूपता के रूप में समानता के साथ यह वायदा जुड़ा होता है कि हर किसी को समान हैसियत देकर सार्वभौमिक नागरिकता की स्थिति में लाया जाएगा। इस तरह की रूपरेखा में सार्वभौमिकता को सामान्यता के रूप में परिभाषित किया जाता है। इसमें सामान्य विशिष्ट के खिलाफ होता है। अर्थात् इसमें नागरिकों के भीतर विभेद या अंतर के बजाए इस पर ध्यान दिया जाता है कि किसी के साथ भी "विभेदपूर्ण" व्यवहार के बजाए "सामान्य" व्यवहार किया जाएगा। इसका बुनियादी अर्थ यह है कि नियम और कानून विभेदों पर बिल्कुल ही ध्यान नहीं देंगे और यह हर किसी पर सामान्य तरीके से लागू होंगे। सामान्यता और एकरूपता पर आधारित नागरिकता का यह विचार एक ऐसे राज्य की कल्पना करता है जो सामाजिक विभेदों से अलग रहकर और उनसे ऊपर उठकर "तटस्थ निर्णायक" की भूमिका निभा सकता है। [रॉय : 2017, 22]

नागरिकता के समान अधिकारों को धारण करने के बावजूद अभी भी बहुत सारे समूह खुद को हाशिए पर और कलंकित या अपमानित महसूस करते हैं। अश्वेत, महिलाएं, मूल

निवासी, जातीय और धार्मिक अल्पसंख्यक, समलैंगिक पुरुष, और लेस्बियन लोग इस तरह के कुछ प्रमुख समूह हैं। इन समूहों के सदस्य सिर्फ अपनी सामाजिक–आर्थिक हैसियत के कारण ही खुद को हाशिए पर महसूस नहीं करते हैं, बल्कि वे दूसरे से खुद के "अंतर" के कारण यानी अपनी सामाजिक–सांस्कृतिक पहचान के कारण भी खुद को हाशिए पर महसूस करते हैं। नागरिकता के समान अधिकार दूसरे समूहों की ज़रूरतों को समायोजित नहीं कर सकते हैं। इसलिए इन समूहों ने कुछ अलग तरह के अधिकारों की मांग की है। यंग ने इसे "विभेदीकृत नागरिकता" कहा है। [किमलिका : 2010, 264]

इस दृष्टिकोण के अनुसार, किन्हीं निश्चित समूहों के सदस्यों को सिर्फ व्यक्तियों के रूप में ही नहीं, बल्कि समूह के द्वारा भी राजनीतिक समुदाय में शामिल किया जाएगा। साथ ही, आंशिक रूप से इन लोगों का अधिकार अपने समूह की इनकी सदस्यता पर निर्भर होगा। ये लोग नागरिकता के समूह आधारित स्वरूपों की मांग दो कारणों में से किसी एक के कारण कर सकते हैं। पहला, ये इस विचार को खारिज करते हैं कि एकसमान राष्ट्रीय संस्कृति होनी चाहिए, या दूसरा, ये मानते हैं कि इस तरह की समान संस्कृति में लोगों को शामिल करने का सबसे अच्छा उपाय विभेदीकृत नागरिकता के अधिकारों को अपनाना है। [किमलिका : 2010, 264]

संक्षेप में, यंग के अनुसार, भाषाई व सांस्कृतिक अल्पसंख्यक समूह को अपनी भाषा व संस्कृति के प्रबंधन का अधिकार होना चाहिए और उपयोगी शिक्षा व जीविका के अवसर के साथ ही नागरिकता के सभी लाभ मिलने चाहिए। विभेदों को नजरअंदाज करने की अपेक्षा प्रामाणिक समानता पर ज़ोर देने की बात कहती हैं। यंग अंतर की राजनीति एवं विभेदीकृत नागरिकता के विचार के द्वारा सामाजिक समूहों के विशेष प्रतिनिधित्व की मांग करती हैं, वह भी केवल उत्पीड़ित एवं वंचित समूहों के लिए। इन समूहों के सदस्य जिस संदर्भ में उत्पीड़न शब्द का प्रयोग अन्याय की जिस स्थिति का वर्णन करने के लिए करते हैं, उससे यंग को लगता है कि उत्पीड़न शब्द कई सारे अर्थों को अपने साथ लेकर चलता है। इसी संदर्भ में यंग ने अपनी पुस्तक (1990) में उत्पीड़न व दमन के पांच स्वरूपों की चर्चा की है: शोषण, प्रभावहीनता, शक्तिहीनता, सांस्कृतिक साम्राज्यवाद तथा हिंसा, जिन्हें वे समूह के दावों की वैधता को सुनिश्चित करने के लिए उचित मानदंड मानती हैं। अर्थात् किसी समूह के दावे को तभी न्यायसंगत माना जाएगा जब ये दावे दमन के इन पांच स्वरूपों में से एक या उससे अधिक से संबंधित हों। इस प्रकार से यंग ने समूह अधिकारों के सिद्धांत का प्रतिपादन किया है।

विल किमलिका : सांस्कृतिक अधिकारों का उदारवादी सिद्धांत

(Will Kymlica : Liberal Theory of Cultural Rights)

विल किमलिका ने अपनी पुस्तक *मल्टीकल्चरल सिटीजनशिप : ए लिबरल थ्योरी ऑफ माइनॉरिटी राइट्स* में नागरिकता और विविधता के मुद्दों का विश्लेषण किया है। विल किमलिका का तर्क है कि उनका बहुसांस्कृतिक नागरिकता का सिद्धांत स्वतंत्रता और समानता के उदारवादी सिद्धांत पर आधारित है। स्वतंत्रता से किमलिका का तात्पर्य उस व्यक्ति से है जो

अपने जीवन के शुभ की कल्पना करने में स्वायत्त एवं सक्षम है। उदारवादी समाज में समानता का तात्पर्य अवसर की समानता से है। किमलिका का मानना है कि उदारवादी राज्य नुकसान की स्थिति में जो नागरिक हैं उसको ध्यान में रख कर भिन्नता का व्यवहार कर सकता है। इस प्रकार किमलिका सांस्कृतिक अधिकारों को अवसर की समानता के विचार के साथ जोड़ते हैं।

किमलिका द्वारा बहुसंस्कृतिवाद का स्वायतत्ता के औचित्य और समुदायवाद की उदारवादी आलोचना का जवाब देने का प्रयास है। किमलिका के लिए उदारवाद स्वतंत्रता का एक सिद्धांत है जो व्यक्तिगत पसंद (चयन) पर बल देता है, क्योंकि यह व्यक्तियों को अपने जीवन का नेतृत्व करने के लिए निर्णय लेने और पुनर्विचार करने की अनुमति देता है। किमलिका के अनुसार, स्वायतत्ता के विचार में स्वतंत्रता के प्राथमिक हितों को पूरा करने के लिए व्यक्ति के पास दो चीज़ें होनी चाहिए- विकल्प बनाने और उनके द्वारा तय किए गए विकल्पों का पुनर्मूल्यांकन करने की क्षमता। इस तरह सामूहिकता और सांस्कृतिक सापेक्षतावाद से बचने के लिए स्वायतत्ता का औचित्य माना जाता है।

समानता का तर्क बताता है कि राष्ट्रीय अल्पसंख्यकों को अपने आप को अलग-अलग संस्कृतियों के रूप में बनाए रखने का अधिकार होना चाहिए, ताकि यह सुनिश्चित हो सके कि सांस्कृतिक सदस्यता का शुभ विभिन्न सांस्कृतिक समूहों के सदस्यों के लिए समान रूप से संरक्षित है। समानता का तर्क सांस्कृतिक अधिकारों के वितरण में राष्ट्रीय एवं जातीय अल्पसंख्यकों के बीच पदानुक्रम (hierarchy) को सही ठहराना है। किमलिका ने इसके अंतर्गत उदारवादी सिद्धांत में सांस्कृतिक अधिकारों को नैतिक अधिकारों के रूप में निहित कर इस समावेश को सही ठहराने की मांग की है। किमलिका ने संस्कृति शब्द को व्यापक रूप में प्रयोग किया है। किमलिका ने इसे एक "राष्ट्र" या "लोगों" के "सामाजिक सांस्कृतिक" (social cultural) विचार के रूप में प्रस्तुत किया है। सामाजिक संस्कृति से किमलिका का अर्थ एक ऐसी संस्कृति से है, जो एक भू-भाग पर केंद्रित हो। साथ ही, इसके केंद्र में एक सहभागी भाषा हो, जिसका उपयोग सार्वजनिक और निजी दोनों ही जीवन में सामाजिक संस्थाओं की व्यापक श्रेणी (स्कूल, मीडिया, कानून, अर्थव्यवस्था, सरकार आदि) के द्वारा किया जाता है। सामाजिक संस्कृति में समान भाषा और सामाजिक संस्थाएं शामिल हैं। इसमें समान धार्मिक विश्वास, पारिवारिक परंपराएं या व्यक्तिगत जीवनशैलियां शामिल नहीं हैं। [किमलिका : 2010, 277 और किमलिका : 1995, 76] किमलिका की सामाजिक संस्कृति की अवधारणा एक ओर व्यक्तिगत स्वतंत्रता एवं स्वायतत्ता और दूसरी ओर समूह के बीच संबंध को महत्त्वपूर्ण रूप से प्रस्तुत करती है। संक्षेप में कहा जाए तो सामाजिक संस्कृति तक पहुंचने के लिए पसंद की स्वतंत्रता उदार मूल्य की एक पूर्व शर्त है। किमलिका के इन विचारों को सांस्कृतिक विविधता पर दिए गए विचारों से विस्तारपूर्वक समझ सकते हैं।

किमलिका का सांस्कृतिक विविधता का सिद्धांत दो पैटर्न (स्वरूप) के बीच अंतर करता है: राष्ट्रीय अल्पसंख्यक और जातीय समूह जो कि उनके विचार में एक अत्यधिक विस्तृत अवधारणा है।

1. "बहुराष्ट्रीय राज्य" (multinational state) यहां "राष्ट्र" शब्द पर्यायवाची रूप में "लोगों" व "संस्कृति" के साथ उपयोग और "एक ऐतिहासिक समुदाय" के रूप

में प्रयोग किया जाता है। ऐसी सांस्कृतिक विविधता मौजूद राज्य के अंतर्गत दो या उससे अधिक राष्ट्रों के सह-अस्तित्व से उत्पन्न होती है। [किमलिका : 1995, 11] यह ऐसा राज्य हैं जिसमें "राष्ट्रीय अल्पसंख्यक" (national minority) रहते हैं। यह अल्पसंख्यक भाषा, संस्कृति और भू-क्षेत्र इत्यादि के साथ एक अलग राष्ट्रीय समूह हैं। राष्ट्रीय अल्पसंख्यक का निर्माण पहले स्व-शासन और क्षेत्रीय सकेंद्रित संस्कृतियों से होता है। ज्यादात्तर मामलों में राष्ट्रीय अल्पसंख्यकों का समावेश राज्य में अनैच्छिक रूप से व अक्सर बलपूर्वक होता है।

2. सांस्कृतिक विविधता का दूसरा स्वरूप परिवारों और व्यक्तियों के स्वैच्छिक अप्रवास से उत्पन्न होता है। अर्थात् "पॉलीएथनीक राज्य" (polyethnic state) ऐसे राज्य हैं जो अप्रवास का अनुभव करते हैं। यह अप्रवासी समूह "जातीय समूह" (ethnic group) हैं "राष्ट्रीय समूह" नहीं हैं। क्योंकि इनके पास संस्कृति और भाषा है, परंतु कोई परिभाषित भू-क्षेत्र या स्वामित्व का दावा नहीं है। जातीय समूहों को आमतौर पर बड़े समाज में एकीकृत किया जाता है-क्योंकि वे अपनी पसंद से अप्रवास करते हैं। [किमलिका : 1995, 10-17] राष्ट्रीय समूह प्राय: अलग रहते हैं-आमतौर पर राज्य इनके पास आता है (अपनी विजय या समझौते के माध्यम से)। कई राज्य बहुराष्ट्रीय या पॉलीएथनीक दोनों हैं, जैसे कनाडा, फ्रांसीसी, और ब्रिटिश अप्रवासी जातीय समूह तथा इनूट (एस्किमो) राष्ट्रीय समूह के साथ है। ये समूह सामान्य तौर पर अपने साथ विशेष व्यवहार के लिए तीन प्रकार के दावों को आगे बढ़ाते हैं। (i) राष्ट्रीय समूह अक्सर आत्मनिर्णय या स्वायतत्ता के दावों को आगे बढ़ाते हैं - शायद संघीय ढांचे के अंतर्गत, (ii) जातीय समूह सामान्यत: अपनी विशिष्ट संस्कृति और भाषा का संरक्षण चाहते हैं, ताकि प्रभुत्वशाली संस्कृति में एकीकरण को पिछले तरीकों से त्याग की आवश्यकता न हो, (iii) दोनों समूह अपनी विशेष स्थिति की रक्षा के लिए (राष्ट्रीय समूहों के मामलों में) केंद्र सरकार में विशेष प्रतिनिधित्व का दावा कर सकते हैं (जैसे आरक्षित संख्या या कुछ सीटें)।

विल किमलिका ने सांस्कृतिक विविधता के स्वरूप को निम्नलिखित रूप में प्रस्तुत किया है: 1. राष्ट्रीय अल्पसंख्यक- इसमें उपराज्य-राष्ट्र और मूल निवासी, 2. जातीय समूह- इसमें अप्रवासी और दूसरे अप्रवासी की तरह ही हैं परंतु विल किमलिका ने इन्हें *मेटिक्स* कहा।

1. **राष्ट्रीय अल्पसंख्यक** (National Minority) : राष्ट्रीय अल्पसंख्यक से विल किमलिका का तात्पर्य उन समूहों से है जो व्यापक राज्य में मिला लिए जाने से पहले पूर्ण और कार्यकारी समाजों का निर्माण करते थे। राष्ट्रीय अल्पसंख्यकों को दो श्रेणियों में बांटा जा सकता है: उपराज्य-राष्ट्र (Substate-National) और मूल निवासी (Indigenous People)।

उपराज्य-राष्ट्र : ऐसे राष्ट्र हैं जिनके पास अभी ऐसे राज्य नहीं हैं, जिनमें उनका बहुमत हो। लेकिन यह संभव है कि अतीत में उनके पास कोई ऐसा राज्य रहा होगा या ये अब राज्य को पाने की चाह रख सकते हैं। अभी इन्हें बहुत से कारणों से दूसरे राष्ट्रों के साथ एक राज्य में रहना पड़ रहा है।

मूल निवासी : ऐसे लोग हैं, जिनकी पारंपरिक ज़मीन पर बाहरी लोग या अधिवासी बस गए हैं। अधिवासियों ने मूल निवासियों को उनकी ज़मीन से या तो ताकत के ज़ोर से

हटा दिया या संधियों के द्वारा उनकी ज़मीन पर कब्जा कर लिया। इस तरह मूल निवासियों की ज़मीन को उन राज्यों में मिला लिया गया, जिसके शासकों को वे विदेशी मानते थे। [किमलिका : 2010, 280]

उपराज्य-राष्ट्रों और मूल निवासियों के बीच कोई बहुत स्पष्ट अंतर नहीं है। उपराज्य-राष्ट्र खुद अपना राज्य स्थापित करना पसंद करते हैं लेकिन वे राजनीतिक सत्ता के संघर्ष में हार गए। इसके विपरीत मूल निवासी समूह हाल तक इस प्रक्रिया में लगे रहे, लेकिन यूरोपीय राज्यों की व्यवस्था से बाहर रहे हैं। जैसे केटलन्स, वेल्श, स्कॉट्स और क्यूबेकोइस उपराज्य-राष्ट्र हैं जबकि सामी, इंयुड, मरोई और अमेरिकन इंडियन मूल निवासी। [किमलिका : 2010, 280]

राष्ट्रीय अल्पसंख्यकों की इन दोनों श्रेणियों में स्वशासन की अपनी संस्थाओं को कायम करने की लड़ाई थी। वे अपनी संस्कृति में जीना और काम करना चाहते हैं। वह इन सब चीज़ों को प्राप्त करने के लिए किसी-न-किसी रूप में स्वायतत्ता चाहते हैं। समूह विभेदीकृत अधिकारों में स्वशासन का अधिकार और विशेष प्रतिनिधित्व अधिकार का विचार जुड़ा हुआ है। इस विचार को उदारवादी राष्ट्रवाद से जोड़ कर देखा जाता है।

2. **जातीय समूह** (Ethnic Group) : जातीय समूहों के अंतर्गत अप्रवासी समूह आते हैं। अप्रवासी समूहों से किमलिका का तात्पर्य ऐसे समूहों से है, जिनका निर्माण ऐसे व्यक्तियों और परिवारों से होता है जो अपना मूल निवास स्थान छोड़कर किसी दूसरे समाज में जाकर बस गए हों। लेकिन विल किमलिका अप्रवासियों की दो श्रेणियों के बीच में अंतर बताते हैं। एक श्रेणी उन अप्रवासी लोगों की है, जिन्हें नागरिक बनने का अधिकार है, और दूसरी श्रेणी उन अप्रवासी लोगों की है जिन्हें नागरिक बनने का अधिकार नहीं है। विल किमलिका अप्रवासी समूह का प्रयोग केवल उन अप्रवासी लोगों के लिए करते हैं जिन्हें नागरिक बनने का अधिकार है। जिन अप्रवासी लोगों को नागरिक बनने का अधिकार नहीं है, उन्हें वह मेटिक्स (Matics) कहते हैं। [किमलिका : 2010, 283]

यहां अप्रवासी ऐसे लोग हैं जो अप्रवासी नीति के अंतर्गत आते हैं। यह अप्रवासी नीति उन्हें देश में चार या पांच साल की छोटी अवधि तक रहने के बाद नागरिकता का अधिकार दे देती है। इस अप्रवासी नीति की शर्तें भी बहुत कम होती हैं। इन अप्रवासियों ने कभी बहुसंख्यक राष्ट्र-निर्माण का प्रतिरोध नहीं किया है। समाज में इनके एकीकरण के लिए प्रयास किए जाते रहे हैं। परंतु अब अप्रवासी एकीकरण से ज्यादा सहिष्णु और बहुसांस्कृतिक दृष्टिकोण की मांग कर रहे हैं। ये एक ऐसे दृष्टिकोण की मांग कर रहे हैं जो बहुमत की भाषा में क्रियाशील समान संस्थाओं में एकीकरण हो जाने के बाद भी उनकी जातीय परंपरा के विविध पहलुओं को कायम रखने में सहायता दे। अर्थात् अप्रवासी अपनी कुछ परंपराओं को कायम रखने की आज़ादी चाहते हैं। आत्मसातीकरण की नीति के दृष्टिकोण की ज़रूरत न के बराबर है। इस विचार को उदारवादी बहुसंस्कृतिवाद से जोड़ कर देखा जाता है। जातीय समूह अक्सर अपनी जातीय पहचान को अधिक-से-अधिक मान्यता देने की मांग करते हैं। इनका उद्देश्य बड़े समाज के समानांतर एक पृथक या स्वशासी राष्ट्र नहीं बनना है, बल्कि इनका उद्देश्य समाज की मुख्यधारा की संस्थाओं और कानूनों को संशोधित कर उन्हें मौजूद सांस्कृतिक विभेद के अनुकूल बनाना है। [किमलिका : 1995, 11]

राष्ट्रीय अल्पसंख्यकों के विपरीत मूल संस्कृति बनाने की न तो इनकी इच्छा है और न ही अप्रवासी समूह के लिए संभव है।

विल किमलिका : समूह विभेदीकृत अधिकार
(Group Differentiated Rights)

उदारवादियों के लिए सांस्कृतिक विभेदों को समायोजित करने के लिए व्यक्तियों के नागरिक एवं राजनीतिक अधिकारों का संरक्षण आवश्यक है। किमलिका का दावा है कि आधुनिक लोकतंत्र सांस्कृतिक विभेद (अंतर) को समायोजित करने के लिए एक या एक से अधिक समूह विशिष्ट तरीकों का उपयोग कर रहा है। किमलिका ने तीन प्रकार से समूह-विभेदीकृत अधिकारों में अंतर स्पष्ट किया है: 1. स्व-शासन अधिकार (self-government rights), 2. बहुजातीय अधिकार (polyethnic rights) और, 3. विशेष प्रतिनिधित्व अधिकार (special representation rights)। [किमलिका : 1995, 26-33]

1. स्व-शासन का अधिकार : आमतौर पर राष्ट्रीय अल्पसंख्यकों द्वारा स्वशासी अधिकारों की मांग अपनी संस्कृति के स्वतंत्र विकास को सुनिश्चित करने के लिए की जाती है। जिसमें राजनीतिक स्वायतत्ता या क्षेत्राधिकार की बात शामिल है। इसका सबसे चरम रूप अलगाव है। स्वशासी अधिकार को स्वीकार करने का एक तरीका संघवाद है। जहाँ केंद्र एवं क्षेत्रीय सरकारों के बीच शक्तियां विभाजित होती हैं। अर्थात् जहाँ संघीय उप-इकाइयों को उनकी सीमा के अंदर कुछ स्वायतत्ता दी जाती है। ये अधिकार ऑस्ट्रेलिया, न्यूजीलैंड, उत्तरी अमेरिका और यूरोप में उपलब्ध हैं, जहाँ मूल निवासियों के लिए स्व-शासन अधिकारों के तत्त्व मौजूद हैं।

2. बहुजातीय (पॉलीएथनीक अधिकार) : बहुजातीय अधिकारों की मांग आमतौर पर बहुजातीय राज्य में जातीय समूहों के द्वारा की जाती है। वैश्वीकरण और अंतर्राष्ट्रीय प्रवास के युग में, अप्रवासी अपने अधिकारों के लिए बहस करते हैं। बहुजातीय अधिकार कुछ खास समुदायों को समूह आधारित विशेष अधिकार प्रदान करना है। इनका उद्देश्य जातीय समूहों और धार्मिक अल्पसंख्यकों को उनकी सांस्कृतिक विशिष्टता को व्यक्त करने में मदद करना है। हालांकि स्व-सरकारी अधिकारों के विपरीत, बहुजातीय अधिकारों का उद्देश्य आमतौर पर बड़े समाज में एकीकरण को बढ़ावा देना होता है। बहुजातीय अधिकार सकारात्मक उपाय हैं, जिसके अंतर्गत इन समूहों ने राज्य से मांग की कि वह इनकी विशिष्ट पहलुओं को प्रोत्साहन देने का कार्य करे, जैसे- अल्पसंख्यक संस्कृतियों को स्कूल पाठ्यक्रम में मान्यता, सांस्कृतिक प्रथाओं, अप्रवासी भाषा में शिक्षा का प्रावधान, जातीय सहचर्यों इत्यादि के लिए सार्वजनिक कोष से आर्थिक मदद की मांग की। इन समूहों द्वारा की जाने वाली मांग में सबसे विवादास्पद मांग यह रही है कि इन समूहों को ऐसे कानूनों से छूट मिलनी चाहिए, जिनका इनकी धार्मिक परंपराओं से टकराव हो। जैसे, ब्रिटेन में यहूदियों और मुस्लिमों ने रविवार की छुट्टी से छूट की मांग की। इसी तरह, फ्रांस और ब्रिटेन में मुस्लिम लड़कियों ने "स्कूल ड्रेस कोड" के नियम से छूट की मांग करते हुए कहा कि उन्हें हिजाब ओढ़ने की इजाजत मिलनी चाहिए। [रॉय : 2017, 145]

3. विशेष प्रतिनिधित्व अधिकार : व्यापक तौर पर यह मान्यता है कि लोकतंत्र समाज की सांस्कृतिक विविधता को प्रतिबिंबित करने में विफल रहता है। इसलिए वर्तमान

लोकतांत्रिक प्रक्रिया को सुधारने के लिए विशेष प्रतिनिधित्व अधिकारों की मांग की जाती है। यह चिंता केवल सांस्कृतिक अल्पसंख्यकों तक सीमित नहीं है, बल्कि इसमें कोई भी हाशिए या वंचित समूह जैसे- महिलाएं, विकलांग और कुछ धार्मिक अल्पसंख्यक शामिल हो सकते हैं। विशेष प्रतिनिधित्व के विचार के अंतर्गत सरकारी निकायों में सीटों का उचित अनुपात वंचित या हाशिए के समूहों के सदस्यों के लिए आरक्षित होना चाहिए। अर्थात् राज्य की संरचनाओं को ज्यादा प्रतिनिधिमूलक बनाकर उनका लोकतांत्रिकरण किया जाता है। दो आधारों पर इन अधिकारों का पक्ष लिया गया है– पहला, इन्हें समूहों के साथ हुए दमन में सुधार के रूप में देखा गया है। दूसरा, यह माना गया है कि इनके माध्यम से समूहों को आत्मनिर्णय का अधिकार दिया जा रहा है। [रॉय : 2011, 146]

संक्षेप में, किमलिका का बहुसंस्कृतिवाद का विचार उदारवाद के दो तत्त्वों पर आधारित है-स्वतंत्रता और समानता। किमलिका का मानना है कि अवसर की समानता को सांस्कृतिक अल्पसंख्यक समूहों को विशेष अधिकार प्रदान करने से प्राप्त किया जा सकता है। वहीं दूसरी तरफ, स्वतंत्रता को सांस्कृतिक विविधता को सुरक्षित करके प्राप्त किया जा सकता है। विल किमलिका का अल्पसंख्यक अधिकारों का सिद्धांत उदारवादी बहुसंस्कृतिवाद का विस्तृत वर्णन है। वह सांस्कृतिक सदस्यता के महत्त्व के लिए स्वायतत्ता और स्वाभिमान के मूल्यों पर ज़ोर देते हैं। किमलिका का मानना है कि उदारवादियों को राष्ट्रीय अल्पसंख्यक और जातीय समूहों के लिए एक विस्तृत समूह विभेदीकृत अधिकारों को स्वीकार करना चाहिए बिना उदारवादी मूल्यों का त्याग किए।

गुरप्रीत महाजन : विविधता, बहुलता एवं भेदभाव
(Gurpreet Mahajan : Diversity, Plurality and Discrimination)

गुरप्रीत महाजन ने अपनी पुस्तक द *मल्टीकल्चरल पाथ : ईश्यूज ऑफ डायवर्सिटी एंड डिसक्रिमिनेशन इन डेमोक्रेसी* में यह दिखाने का प्रयास किया है कि वर्तमान लोकतांत्रिक समाजों में विविधताओं के होने पर भी किस तरह से अल्पसंख्यक समूहों को भेदभाव का सामना करना पड़ रहा है। विविध धार्मिक, जातीय और सांस्कृतिक समूह समाज में सह-अस्तित्व के साथ हैं। एक सरसरी दृष्टि सभी को यह समझा सकती है कि सभी समूह शांति से मौजूद हैं। क्योंकि संविधान में सभी को समानता की गारंटी है और समानता को सुनिश्चित करने के लिए सभी प्रकार की कानूनी सुरक्षा के उपाय किए गए हैं। हालांकि जो दिख रहा है उसमें और वास्तविकता के बीच एक अंतर है। महाजन मानती हैं कि असमानता समाज की संरचना में अंतर्निहित है और कानूनी प्रतिक्रिया अक्सर संरचनात्मक असंतुलन को बराबर करने के लिए पर्याप्त नहीं है, क्योंकि यह समय की लंबी अवधि के कारण अस्तित्व में आया है। मूल रूप से बहुसंस्कृतिवाद का संबंध समानता के मूल्य से है- इसमें यह देखा जाता है कि क्या विविध समुदाय शांतिपूर्ण तरीके से और सार्वजनिक क्षेत्र में समान रूप से सह-अस्तित्व के साथ रहते हैं या नहीं। अतः समानता के आधार पर बहुसंस्कृतिवाद को बहुलता से पृथक किया जाता है।

महाजन के अनुसार, समकालीन समय में विविधता को संरक्षण देने हेतु हमें बहुलतावाद से ऊपर उठ कर सोचना होगा और बहुसंस्कृतिवाद जैसे विकल्प की ओर बढ़ना होगा, क्योंकि बहुलवादी समाजों में प्रभुत्व राजनीतिक व प्रतीकात्मक रूप से शीघ्रता से अभिव्यक्त होने लगता है। [महाजन : 2002, 13-15]

उदार लोकतंत्र में सार्वभौमिक अधिकारों की व्यापकता समानता की कोई गारंटी नहीं है। सभी के लिए समान व्यवहार के शक्तिशाली विचार की मौजूदगी के बावजूद, बहुसंख्यक समुदाय का वर्चस्व अक्सर एक सर्वव्यापी वास्तविकता है। यह अपनी छत्रछाया में अन्य छोटे समुदायों को अपने में मिलाना चाहते हैं और इस तरह की समरूपता को बढ़ावा देते हैं। एकाकार को बढ़ावा देने की यह प्रवृत्ति समाज को एक सांस्कृतिक अखंडता में बदल देती है, जो अल्पसंख्यक संस्कृति की विविध और विलक्षण खासियत को कमत्तर करती है (अर्थात् यह एक राष्ट्र, एक लोग और एक संस्कृति की बात पर ज़ोर देती है)। यह अल्पसंख्यक समुदायों और समूहों के लिए एक प्रबल खतरा बन गया है जो उन्हें हाशिए पर डाल देता है।

महाजन का मानना है कि अल्पसंख्यकों के हाशिए पर जाने से अक्सर जातीय संघर्ष होता है। विविधता ही एक सकारात्मक गुण है, जिसे संरक्षित और मज़बूत किया जाना चाहिए। बहुसंख्यकवाद का विचार यह समाज को "हम" और "उन्हें" में विभाजित करता है, और अल्पसंख्यक समूहों को "उन्हें" के रूप में देखता है, जो कि "राष्ट्रीय एकता" और "राष्ट्रीय हित" के लिए खतरा पैदा करता है।

महाजन के अनुसार, बहुसंस्कृतिवाद की अवधारणा विभेद और विषमता के विचार का समर्थन करती है, जो विविधता की अवधारणा में सन्निहित (जुड़ी) है। यद्यपि विविध समुदायों की चर्चा में, यह बहुसंख्यक समुदाय एवं अल्पसंख्यकों के बीच में अंतर करता है। अर्थात् विविध सांस्कृतिक समुदायों को बहुसंख्यक और अल्पसंख्यक के रूप में वर्गीकृत किया गया है। आधुनिक लोकतांत्रिक राजनीति में राज्य को आमतौर पर बहुसंख्यक संस्कृति से पहचाना जाता है, जबकि इससे भिन्न समुदायों को अल्पसंख्यकों के रूप में नामित किया जाता है। बहुसंख्यक और अल्पसंख्यक संस्कृतियों के बीच अपरिवर्तनीय मतभेदों पर ज़ोर देने में, बहुसंस्कृतिवाद राज्य की सीमाओं के भीतर असंगत मतभेदों को रेखांकित करता है। दूसरे शब्दों में, विविधता अब राष्ट्र राज्य की सीमाओं के बाहर नहीं धकेली जाती है। इसके अलावा, राज्य के अंदर विविध समुदायों के सह-अस्तित्व के रूप में, बहुसंस्कृतिवाद उनके समानता के मुद्दे को उठाता है। [महाजन : 1999, 12]

उदारवाद में व्यक्ति केंद्र में है, समुदाय को दूसरे स्थान पर धकेल देता है। बहुसंस्कृतिवाद के अंदर व्यक्ति एक स्वायत्त और स्व-निर्देशित कर्ता नहीं है। वह एक व्यापक इकाई के सदस्य के रूप में, एक विशेष समुदाय की संरचना में स्थित है। सामुदायिक सदस्यता व्यक्ति की पहचान को बहुत आकार देती है और परिभाषित करती है, जिसकी – सामुदायिक विश्वासों, सम्मेलनों और धार्मिक विश्वासों के संदर्भ में कई वफादारियां हैं। बहुसंस्कृतिवाद के सिद्धांतकार बहुल समाज में समानता और भेदभाव के मुद्दों को सुलझाने के लिए समुदाय के अंदर व्यक्ति के स्थान को पुनःस्थापित करते हैं। महाजन मानती हैं कि यहां समुदाय की

अवधारणा नागरिक गणतंत्रवादी परंपरा में मौजूद अवधारणा से अलग है, क्योंकि यहां समुदाय मुख्य रूप से सांस्कृतिक एवं जन्म पर आरोपित होते हैं। बहुसंस्कृतिवादियों के अनुसार, इस तरह के सामाजिक व सार्वजनिक क्षेत्रों में भेदभाव को राष्ट्र राज्य की भाषा व शिक्षा संबंधी नीतियों द्वारा बढ़ावा दिया जाता है। औपचारिक राष्ट्रीय भाषा के चयन के कारण बहुसंख्यकों व अल्पसंख्यकों के मध्य संसाधनों व अवसरों का असमान वितरण होता है जिससे भेदभाव बढ़ता है। [महाजन : 2002, 30-31]

यहां बहुसंस्कृतिवादियों का मानना है कि समुदाय की सदस्यता व्यक्तियों को एक विशिष्ट इतिहास प्रदान करती है व लोगों को परस्पर जोड़ती है। इस प्रकार बहुसंस्कृतिवादी सांस्कृतिक सामुदाय की पहचान को महत्त्वपूर्ण मानते हैं। इस प्रकार बहुसंस्कृतिवादियों के पक्ष में दिए जाने वाले तर्क सिर्फ "ऐतिहासिक गलतियों" को सुधारने या भेदभाव को खत्म करने से संबंधित नहीं हैं। इसमें विविधता कायम रखने के प्रति वचनबद्धता भी शामिल है। यह वचनबद्धता मुख्य रूप से इस विश्वास में निहित है कि समुदाय राजनीतिक समुदाय को काफी मूल्यवान चीज़ें दे सकते हैं। [महाजन : 2000, रॉय : 2017, 243]

यद्यपि, अल्पसंख्यक संस्कृतियों के संरक्षण में उस समुदाय के सभी व्यवहारों का संरक्षण करना शामिल है। कुछ बहुसंस्कृतिवादी सिद्धांतवादी कहते हैं कि उनका उद्देश्य हाशिए की संस्कृतियों का विघटन की प्रक्रिया के बाह्य दबावों से बचाव करना है। इस संदर्भ में किमलिका परिवर्तन के दो तरह के दबावों बाह्य व आंतरिक का वर्गीकरण करते हैं। उनके अनुसार, एक समुदाय अस्थिरता के दो अलग-अलग तरह के स्रोतों का सामना करता है- समूहों की ओर से आने वाला दबाव समुदाय के अंतर्गत और विस्तृत समाज से आने वाले बाह्य राजनीतिक, आर्थिक दबाव। इस बाह्य राजनीतिक व आर्थिक दबाव का विरोध ज़रूरी है ताकि संस्कृति का संरक्षण किया जा सके। [महाजन : 2002, 83-85]

इस प्रकार, गुरप्रीत महाजन इन समुदाय हेतु विशेष अधिकार की बात करती हैं जिससे इन्हें स्वयं को बनाए रखने में मदद मिले तथा राज्य व समाज की ओर से आत्मसातीकरण हेतु आने वाले दबावों का विरोध कर सकें। इसलिए सार्वभौमिक नागरिकता से परे जाने की ज़रूरत है क्योंकि सार्वभौमिक व एकसमान नागरिकता का सिद्धांत राजनीति के द्वारा अनछुए भेदभावों की संरचनाओं (ढांचों) को छोड़ देता है। वे इस संदर्भ में बहुसंस्कृतिवाद की तीन बातों पर बल देती हैं। पहला, सार्वभौमिक नागरिकता केवल राज्य के स्तर पर ही सामान्यताओं पर ध्यान देती है। दूसरा, सार्वजनिक रूप से समरूपता को स्वीकारती है, और तीसरा, सभी के लिए पहचान के अनुरूप व्यवहार की व्यवस्था होती है।

संक्षेप में, महाजन मानती हैं कि बहुसंस्कृतिवाद की अवधारणा लोकतांत्रिकरण और गैर-भेदभाव के एजेंडे में योगदान करती है। पहला, बहुसंस्कृतिवाद समाज में भेदभाव के स्रोत के रूप में सांस्कृतिक पहचान का पता लगाता है। जबकि पहले के सिद्धांत उस भेदभाव पर ध्यान केंद्रित करते हैं, जो धर्म, जाति और लिंग के आधार पर होता है। जबकि बहुसंस्कृतिवाद राष्ट्र राज्य के भीतर अल्पसंख्यक संस्कृतियों के भेदभाव को इंगित करता है। दूसरा, यह तर्क देता है कि, विविध संस्कृतियों की समानता के लिए विशेष समूह विभेदीकृत अधिकारों की एक प्रणाली की आवश्यकता पड़ती है। जबकि उदारवादी सार्वभौमिक नागरिकता और समान

अधिकारों की रक्षा करते हैं क्योंकि यह समुदाय आधारित भेदभाव का मुकाबला करने के लिए सबसे उपयुक्त साधन है, और बहुसंस्कृतिवादी कमज़ोर अल्पसंख्यकों के लिए विशेष समूह अधिकारों का समर्थन करते हैं।

बहुसंस्कृतिवाद की आलोचना
(Critiqe of Multiculturalism)

भीखू पारेख : गैर-पश्चिमी बहुसंस्कृतिवाद
(Bhikhu Parekh : Non-Western Multiculturalism)

भीखू पारेख ने अपनी पुस्तक *रिथिंकिंग मल्टीकल्चरलिज्म: कल्चरल डायवर्सिटी एंड पॉलिटिकल थ्योरी* में कहा है कि: 'यह न तो एक राजनीतिक सिद्धांत है और न ही एक दार्शनिक मुद्दा, वास्तव में यह मानव जीवन को देखने के तरीके का एक परिप्रेक्ष्य है। यह सांस्कृतिक विविधता में बढ़ोत्तरी विभिन्न धर्मों और सांस्कृतिक समूहों के अधिकारों के प्रचार-प्रसार पर केंद्रित है। सांस्कृतिक समूहों के लिए अधिकार बहुसंस्कृतिवाद का आधार है।' [पारेख : 2000, 1-15] बहुसंस्कृतिवाद वास्तव में अल्पसंख्यकों के बारे में नहीं है, बल्कि विभिन्न सांस्कृतिक समुदायों के बीच संबंधों की उचित शर्तों के बारे में है, जिसका अर्थ यह है कि, वह मानक जिसके द्वारा समुदाय अपने मतभेदों को हल करते हैं।

एक व्यापक तर्क के रूप में पारेख बहुसंस्कृतिवाद के सिद्धांत को "मानव जीवन के परिप्रेक्ष्य" के रूप में प्रस्तुत करते हैं और इस विचार को आगे बढ़ाते हैं, और फिर उसके बाद बहुसांस्कृतिक समाजों का सामना करने वाले अधिकांश मुद्दों जैसे राजव्यवस्था की उपयुक्त संरचना, समूह प्रतिनिधित्व, राष्ट्रीय एवं सांस्कृतिक पहचान के प्रश्नों द्वारा न्याय एवं अधिकार, अंतरसांस्कृतिक बातचीत, शिक्षा एवं लिंग संबंध के विश्लेषण को प्रस्तुत करते हैं।

पारेख का तर्क है कि एक बहुसांस्कृतिक समाज के लिए "मोनोकल्चर" या "ट्रांसकल्चर" का राजनीतिक परिप्रेक्ष्य बुरा होगा, जहाँ यह लोगों को अलगाव की ओर ले जाएगा या फिर उन पर सांस्कृतिक आत्मसातीकरण या समरूपीकरण (एकरूपीकरण) के अन्याय और हिंसा को थोपेगा या भड़काएगा। पारेख अपने अध्ययन में यह तथ्य भी सामने लेकर आते हैं कि गैर-उदार सांस्कृतिक परंपराएं न केवल पश्चिमी देशों में हैं बल्कि समकालीन पश्चिमी समाजों में भी मौजूद हैं। वह रैज, रॉल्स और किमलिका जैसे विचारकों को स्वीकार करते हैं और मानते हैं कि उदारवादी राजनीति सिद्धांत को संशोधित किया गया ताकि समकालीन पश्चिमी समाज के सांस्कृतिक एवं नैतिक बहुलवाद का समायोजन हो सके।

भीखू पारेख का बहुसंस्कृतिवाद का सिद्धांत सबसे पहले सापेक्षतावाद और गोनिज्म (अद्वैतवाद) की अस्वीकृति से निर्मित है। उसके पश्चात् बहुसंस्कृतिवाद के संदर्भ में उदारवादी विचार की वह प्रतिक्रिया जिसमें संस्कृति की अवधारणा को गंभीरता से नहीं लेने की बात शामिल है। पारेख इन सिद्धांतों के दोषों की पहचान कर मानव अस्तित्व के संस्कृति की प्रकृति और महत्त्व के बारे में राजनीतिक तर्क प्रस्तुत करते है। ऐसा करने में पारेख प्राथमिक तौर पर बहुत ही कठिन और विवादित प्रथाओं जैसे माता-पिता द्वारा तय किए गए विवाह,

बहुविवाह, महिलाओं का खतना (सुन्नत), जानवरों के अनुष्ठानिक वध और परंपरागत पोशाक तथा सार्वजनिक शिक्षा के पहलुओं में भागीदारी इत्यादि अंतरसांस्कृतिक मुद्दों का मूल्यांकन करते हैं। [पारेख : 200, 264-294) पारेख ने अल्पसंख्यक संस्कृतियों और समाज के "ऑपरेटिव पब्लिक वैल्यूज" के बीच संबंधों को भी अपने कार्य में प्रस्तुत किया है।

परंतु बहुसांस्कृतिक समाज के तर्क की तस्वीर को प्रस्तुत करने के लिए पारेख का यह मानना है कि हमारी व्यवस्था को ऐसे कई सवालों का सामना करना चाहिए:

> अल्पसंख्यकों के सांस्कृतिक अधिकारों से संबंधित प्रश्न, सामूहिक अधिकारों की प्रकृति, संस्कृतियों में अंतर क्यों होता है, क्या उनकी विविधता संक्रमणकालीन या स्थायी घटना है, यह वांछनीय है या नहीं, क्या सभी संस्कृतियां समान सम्मान की पात्र हैं, क्या उन्हें उनकी अपनी शर्तों पर आंका जाना चाहिए, या हमारे द्वारा, या सार्वभौमिक मानकों द्वारा और आखिर में इसे कैसे प्राप्त किया जा सकता है, तथा क्या और कैसे हम संस्कृतियों के बीच मौजूद गहरे मतभेदों को हल कर सकते हैं या संवाद कर सकते हैं । [पारेख : 2000, 9]

पारेख के लिए सापेक्षतावादी उत्तर, जो यह बताता है कि अंतरसांस्कृतिक संवाद या मूल्यांकन की कोई संभावना नहीं है यह एक भूल है क्योंकि यह पार(क्रॉस)-सांस्कृतिक रूप से साझा किए गए मानवीय गुणों को अनदेखा करता है और इसलिए यह संस्कृति की प्रकृति को गलत समझ बैठता है। [पारेख : 2000, 127] इसलिए पारेख मानव प्रकृति और संस्कृति को अलग प्रकार से समझते हैं। वह संस्कृति की प्रकृति, आधार व संरचना का विश्लेषण करते हैं व पार-सांस्कृतिक नियमों तक कैसे पहुंचा जा सकता है इस सीमा का भी अध्ययन करते हैं। वास्तव में, उनका उद्देश्य समूह के अधिकारों के प्रति विशेष प्रतिबद्धता को प्रस्तुत करना नहीं है। पारेख का मानना है कि समूह अधिकारों की अवधारणा अस्पष्ट है क्योंकि इनके अनुसार, बहुसंस्कृतिवाद की पश्चिमी वाद-विवाद की समीक्षा, बहुसांस्कृतिक समाज की राजनीतिक संरचना को प्रस्तुत करने के प्रयास पर आधारित है।

भीखू पारेख ने किमलिका के उदारवादी सांस्कृतिक अधिकारों के सिद्धांत पर कई प्रश्न उठाए हैं जैसे-

पहला, किमलिका स्वयं स्वीकार करते हैं कि आज के समय में अधिकांश समाज बहुसांस्कृतिक है, और उनमें भी सभी उदार नहीं हैं। बहुसांस्कृतिक नागरिकता का उदारवादी सिद्धांत गैर-पश्चिमी देशों के लिए किसी भी रूप में प्रासंगिक नहीं है। पारेख का मानना है कि किमलिका यह दिखाने में असमर्थ हैं कि उन्हें क्यों अल्पसंख्यक अधिकारों का सम्मान करना चाहिए। हालांकि किमलिका यह बताते हैं कि हम एक उदार समाज में रहते हैं, और हमें उदारवादी संदर्भों में अल्पसंख्यक अधिकारों की अवधारणा का बचाव करना चाहिए। पारेख का मानना है कि गैर-उदारवादी भी हमारे समाज का हिस्सा है, लेकिन किमलिका की उदारवादी अभिव्यक्ति में उनके लिए कोई स्थान नहीं हैं। किमलिका के विचारों के संदर्भ में कठिनाई यह है कि वे मानते हैं कि हर समाज में एक ही "सामाजिक" या राष्ट्रीय संस्कृति है। यह विचार पश्चिमी समाजों पर एक एकल और समरूपी (सजातीय) पहचान लागू करने एवं उदारवाद को उनकी सामूहिक और राष्ट्रीय संस्कृति में बदल देने का प्रयास है।

दूसरा, किमलिका के संस्कृति के सिद्धांत में एक तनाव मौजूद है। वह मानते हैं कि सांस्कृतिक समुदाय एक स्थिर चीज़ है और इस आधार पर सांस्कृतिक समुदाय के बचाव का आधार रखते हैं। किमलिका का तर्क है कि असंतुष्टों को बाहर निकलने के अधिकार से वंचित रखना, या समुदाय से उन्हें निष्कासित करने या सेंसरशिप लगाने का अधिकार देने से इनकार करना, स्पष्ट रूप से खतरा पैदा करने जैसा है। लेकिन पारेख का मानना है कि उनका यह सोचना गलत है कि यह स्वाभाविक रूप से अन्यायपूर्ण उपाय है और कभी भी इसका औचित्य नहीं है। पारेख का कहना है कि व्यक्तिगत पसंद एक महत्त्वपूर्ण मूल्य है, लेकिन समुदाय को भी आत्म-संरक्षण का अधिकार है। सांस्कृतिक समुदाय विकल्प और संयम एवं अधिकार और स्वतंत्रता का एक नाजुक संतुलन है, और अगर इनमें से किसी एक को भी अनुचित महत्त्व दिया जाता है तो यह आसानी से नष्ट हो जाता है।

तीसरा, किमलिका की संस्कृति और सांस्कृतिक मूल्यों की चर्चा काफी विविधता को दर्शाती है, लेकिन यह महत्त्वपूर्ण मामलों में अप्रभावी है। जैसा कि पारेख ने सामाजिक संस्कृति के विचार को बेहद समस्यापूर्ण बताया है। हालांकि संयुक्त राज्य अमेरिका की लोक संस्कृति अपने घर में पूरी तरह से, एशियाई, यहूदी, अफ्रीकी-अमेरिकी, कैथलिक एवं अन्य, अक्सर समुदाय के बाकी हिस्सों से अलग मौजूद नैतिक आदर्शों और पारस्परिक संबंधों के तरीकों पर ध्यान देते हैं। इस तरह एक सामाजिक संस्कृति की बात करना इस प्रकार के मतभेदों को दबाना होगा, जो कि अमेरिकी समाज का आवश्यक तथा संशोधित विवरण देना होगा। मनुष्य सांस्कृतिक रूप से सन्निहित है, किमलिका केवल अपनी संस्कृति के मूल्यों पर ज़ोर देते हैं, लेकिन हमारी संस्कृति की सांस्कृतिक विविधता पर नहीं और न ही आपस में बातचीत करने वाली संस्कृतियों की बहुलता पर।

चौथा, किमलिका अंतर अल्पसंख्यक अधिकारों का एक पदसोपान स्थापित करते हैं। राष्ट्रीय अल्पसंख्यक कमोबेश सांस्कृतिक अधिकारों का पूर्ण आनंद लेते हैं। इसके अंतर्गत अनैच्छिक रूप से लाए या आए लोग सारे अधिकार लेते हैं। जबकि स्वेच्छा से आने वाले अप्रवासियों के पास सबसे कम सांस्कृतिक अधिकार हैं। यह देखना मुश्किल है कि सामान्य सिद्धांत अधिकारों के पदानुक्रम को क्या सूचित करते हैं।

इन आलोचनाओं या कमियों के उपरांत पारेख ने सामूहिक अधिकारों को भी प्रस्तुत किया है। पारेख का कहना है कि एक बहुसांस्कृतिक समाज में सांस्कृतिक समुदाय कई प्रकार के अधिकारों की मांग करते हैं, ताकि सामूहिक पहचान बनाए रख सकें। इनमें से कुछ अधिकारों को- समूह, सामूहिक या सामुदायिक अधिकार कह कर बुलाया जाता है। हालांकि इसे उदार न्यायशास्त्र में शामिल करना आसान नहीं होगा। क्योंकि यहां यह पता लगाना कठिन है कि इन अधिकारों के दावों से किसे लाभ हो रहा है। [पारेख : 2000, 213-14] पारेख के अनुसार, सामूहिक अधिकारों को दो तरीकों से हासिल किया जा सकता है– *पहला,* व्युत्पन्न/कृत्रिम (Derivative) सामूहिक अधिकार। इसके अंतर्गत ट्रेड यूनियन, क्लब इत्यादि जैसों के अधिकार शामिल हैं। दूसरा, सामूहिकता अपने अधिकार को सुई जेनेरिस (Sui Generis) रूप में प्राप्त कर सकती है जो वे हैं न कि व्युत्पन्न सदस्य होने मात्र से। सुई जेनेरिस (Sui Generis) अधिकार जिसे आमतौर पर प्राथमिक (Primary) सामूहिक अधिकार भी कहा

जाता है। [पारेख : 2000, 213] इन दोनों अधिकारों के बीच अंतर इसे ग्रहण (प्राप्त) करने के तरीके को लेकर है। प्राथमिक सामूहिक अधिकार दो प्रकार के होते हैं– *पहला*, मानव समष्टि से जुड़ा है जिसे व्यक्तिगत रूप से प्रयोग किए जाने वाले सामूहिक अधिकार के रूप में जाना जाता है। *दूसरा*, सामूहिक रूप से प्रयोग किए जाने वाले सामूहिक अधिकार। [पारेख : 2000, 214–216]

इस व्यक्तिगत श्रेणी में ऐसे सामूहिक अधिकार आते हैं जैसे सिक्खों के पगड़ी पहनने का अधिकार, मुस्लिमों को कार्य के दौरान नमाज़ अदा करने के समय देने का अधिकार। सामूहिक श्रेणी में ऐसे सामूहिक अधिकार आते हैं जिनका प्रयोग सामूहिक रूप से किया जाता है जैसे राष्ट्रीय आत्मनिर्णय का अधिकार, सरकार में अपने समुदायों के प्रतिनिधित्व का अधिकार या इनसे संबंधित मुद्दों पर इनसे विमर्श करना इत्यादि। पारेख इस मत से असहमत हैं कि सामूहिक अधिकार व्यक्तिगत अधिकार हेतु चुनौती हैं, बल्कि पारेख मानते हैं कि सभी प्रकार के अधिकारों का दुरूपयोग हो सकता है, यहां तक कि व्यक्तिगत अधिकार का भी। [पारेख : 1993, 216–17]

पारेख कहते हैं जिसे मैं बहुसंस्कृतिवादी परिप्रेक्ष्य कह सकता हूँ, वह तीन महत्त्वपूर्ण और अंतर्दृष्टि के रचनात्मक अंतर से बना है जैसे– मनुष्यों की सांस्कृतिक सन्निहित (स्थिति), सांस्कृतिक बहुलता की अक्षमता और वांछनीयता, और प्रत्येक संस्कृति का बहुल और बहुसांस्कृतिक संविधान। यद्यपि पारेख दावा करते हैं कि उन्होंने सांस्कृतिक विविधता हेतु एक व्यापक आधार प्रस्तुत किया है, परंतु दूसरी तरफ वे यह भी कहते हैं कि कोई भी समाज समस्त सांस्कृतिक विविधताओं को संरक्षण प्रदान नहीं कर सकता। उनका मानना है कि उदारवादी समाज के क्रियाशील सार्वजनिक मूल्य ही एकमात्र स्वीकृत नियम हैं जो अनुमति प्राप्त विविधता को सीमित करता है। इस प्रकार, पारेख 'Dailogically constituted multicultural society' ("डाइलोजिकल रूप से गठित बहुसांस्कृतिक समाज") ब्रायन बैरी का विचार प्रस्तुत करते हैं। वह इस बहुसंस्कृतिवादी समाज के दो आयाम बताते हैं- *पहला*, जो संघर्षों को समाप्त करने पर बल देता है। *दूसरा*, कॉमन (सामान्य) जीवन के विकास से जुड़ा है। इसलिए पारेख का मानना है कि बहुसंस्कृतिवाद, प्रकृतिवाद (मोनिज्म) और संस्कृतिवाद (बहुलवाद) के बीच का सिद्धांत है।

ब्रयान बैरी : समतावादी उदारवाद (Brian Berry : Liberal Eqalitranism)

बहुसंस्कृतिवाद की सबसे मुखर आलोचना ब्रयान बैरी ने प्रस्तुत की है। बैरी ने अपनी पुस्तक *कल्चर एंड इक्वॉलिटी*, (2001) में बहुसंस्कृतिवाद की बहुपक्षीय समतावादी आलोचना को विकसित किया है। बैरी कई बहुसांस्कृतिक दृष्टिकोणों की आलोचना करते हैं। एक ओर, वह विभिन्न धार्मिक समूहों के दावों की जांच करते हैं जैसे: रूढ़िवादी यहूदी, कट्टरपंथी ईसाई और इस्लामी समूह, वहीं दूसरी ओर, वह कई राजनीतिक सिद्धांतों की भी आलोचना करते हैं जैसे: अंतर की राजनीति (यंग), मान्यता की राजनीति (टेलर), उदार–समतावादी बहुसंस्कृतिवाद (किमलिका), डाइलोजिकल बहुसंस्कृतिवाद (पारेख) इत्यादि। बैरी बहुसांस्कृतिक चिंता को साझा करते हैं और कहते हैं कि सांस्कृतिक मतभेद असमानताएँ उत्पन्न कर सकता है।

बैरी की मुख्य शिकायतों में से एक यह है कि वे मानते हैं कि बहुसंस्कृतिवादी संस्कृति का दुरूपयोग करते हैं। बैरी संस्कृति के मूल्य और भूमिका के प्रति प्रतिबद्धता और इसके साथ ही समातावाद के लिए एकसमान प्रतिबद्धता के बीच संबंधों की जांच का प्रयास करते हैं। ये किमलिका, यंग, और पारेख से भिन्न रूप में संस्कृति और समानता के विचारों को प्रस्तुत करते हैं। बैरी ने हमें चेतावनी दी कि बहुसंस्कृतिवाद का पूरा ज़ोर इस पर है कि 'यह आमतौर पर अल्पसंख्यक समूह के व्यक्तिगत सदस्यों से उदार राज्यों द्वारा दी गई सुरक्षा को वापस लेने का प्रयास करता है'। [बैरी : 2001, 326]

बैरी की पहली प्राथमिकता समतावादी उदारवाद को एक मज़बूत सुरक्षा प्रदान करना है और यह दिखाना है कि सांस्कृतिक संरक्षण और समूह विशेष अधिकार तथा छूट के प्रति प्रतिबद्धता कैसे परस्पर-विरोधी (असंगत) है। वह बहुसंस्कृतिवादियों को समानता के लिए मौजूद बुनियादी स्वतंत्रता और निष्पक्ष अवसर को नकारने के रूप में देखते हैं, जो समान उदारवादी नागरिकता को परिभाषित करते हैं। इसके अलावा, बहुसंस्कृतिवादी वितरणात्मक न्याय के सवालों से राजनीतिक ध्यान हटा विभिन्न सांस्कृतिक समूहों की "मान्यता की राजनीति" की तरफ मोड़ने की कोशिश करते हैं जो गरीबों के आर्थिक दावों को कमज़ोर करने में मदद करता है।

बैरी समानता के सार्वभौमिक मूल्य को सुरक्षित करने की बात करते हैं, जो कि किमलिका के समानता के समूह-विभेदित आदर्श की सुरक्षा के विपरीत है। बैरी का यह भी कहना है कि धार्मिक एवं सांस्कृतिक अल्पसंख्यकों को अपने स्वयं के विश्वासों और व्यवहारों के परिणाम को प्रभावित करने के लिए जिम्मेदार ठहराया जाना चाहिए, जैसे कि प्रभुत्वशाली संस्कृतियों के सदस्यों को मान्यताओं के परिणामों को वहन करने के लिए जिम्मेदार ठहराया जाता है। वे यह मानते हैं कि विकलांग लोगों के लिए विशेष आवास होना चाहिए, लेकिन उनका यह भी मानना है कि धार्मिक एवं सांस्कृतिक संबद्धता शारीरिक विकलांगता से अलग है।

संस्कृति और समानता के संदर्भ में उनका कहना है कि संस्कृति वास्तव में असमान व्यवहार और अन्याय से भटकाव है। बैरी समानता की अवसर की समानता के रूप में पहचान करते हैं। बैरी का दावा है कि एकीकरण का उदार तटस्थतावादी मॉडल जो अवसर की समानता पर आधारित है वह सांस्कृतिक विविधता को उचित रूप में समायोजित कर सकता है। इसलिए बैरी का मानना है कि यह उदारवादी राज्य का कर्तव्य नहीं है कि वह अल्पसंख्यकों को आत्मसातीकरण (assimilation) के बोझ से मुक्त कराए। अर्थात् यह मॉडल भेदभाव-विरोधी बात पर बल देता है।

बैरी का दृष्टिकोण उदार समानता में अवसर की समानता की आवश्यकता और सांस्कृतिक अधिकारों के समस्यापूर्ण दावों के आसपास बहुसंस्कृतिवादी नीतियों की अनुमति देता है। बहुसंस्कृति अध्ययन में इसे नियमों में छूट के अधिकार के रूप में वर्गीकृत किया गया है। छूट अधिकारों के विरुद्ध दो मुख्य तर्क हैं- असमान स्वतंत्रता पर आपत्ति एवं कानून के असंगत इस्तेमाल के चयन पर आपत्ति। बैरी दोनों को स्वीकार करते हैं।

इस प्रकार बैरी संस्कृति और समानता की उदारवादी अवधारणा के द्वारा सांस्कृतिक समानता और समानता में अवसर की समानता के द्वारा उदारवादी विभेदीकृत अधिकार के विचार की आलोचना प्रस्तुत करते हैं।

निष्कर्ष (Conclusion)

इस अध्याय में यह समझने का प्रयास किया गया है कि आखिर सांस्कृतिक विविधता व बहुसंस्कृतिवाद एवं विशेष समूहों को मिलने वाला अधिकार क्या है। यह अध्याय समकालीन राजनीतिक सिद्धांत में विशेष अधिकारों को लेकर उभरी बहस के विवरण को प्रस्तुत करता है। बहुसंस्कृतिवाद के अंतर्गत व्यक्तियों और समूहों के बीच चलने वाली यह बहस बुनियादी रूप में उदारवादी-लोकतांत्रिक विचारों पर आम सहमति बनाने को लेकर है। यह केवल उदारवादी बहुसंख्यक और समुदायवादी अल्पसंख्यकों के बीच की बहस नहीं है बल्कि उदारवादी लोकतांत्रिक समाज और संस्थाओं के भीतर भाषा, राष्ट्रीयता, और जातीय पहचानों की समुचित भूमिका क्या होगी उसको लेकर है। बहुसंस्कृतिवाद ने राष्ट्र-राज्य के भीतर अल्पसंख्यकों की स्थिति को लेकर महत्त्वपूर्ण सवाल उठाए हैं। उदारवादी लोकतंत्र ने सामाजिक व सांस्कृतिक नीतियों के निहितार्थों का विश्लेषण किया और देखा कि क्या वे अल्पसंख्यकों के साथ भेदभाव करते हैं। यह पूछते हुए कि क्या विभिन्न समुदायों को लोकतांत्रिक राजनीति के भीतर समान माना जाता है या नहीं। बहुसंस्कृतिवादियों ने यह भी दिखाया है कि कई बहुल संस्कृतियों और समुदायों की उपस्थिति पर्याप्त नहीं है। उनका मानना है कि लोकतंत्र के भीतर अंतर (विभेद) भेदभाव का स्रोत न बनें। अंतर को स्वीकार, समायोजित, और उससे भी ऊपर एक लोकतांत्रिक राजनीति के भीतर एकसमान स्थान दिया जाना चाहिए। इस प्रकार बहुसंस्कृतिवाद व्यक्तिगत आज़ादी, सामाजिक समानता, बहुलवाद, सांस्कृतिक विविधता और लोकतंत्र जैसे उदारवादी मूल्यों से जुड़ा हुआ भी है और भिन्न भी नज़र आता है। अंततः बहुसंस्कृतिवाद का उद्देश्य अल्पसंख्यक समुदायों के प्रति भेदभाव को कम तथा गैर-विभेदीकरण के विचार को प्रोत्साहित करना है।

अभ्यास प्रश्न (Practice Questions)

1. बहुसंस्कृतिवाद क्या है? क्या यह बहुल समाज में विविधता के मुद्दे को पर्याप्त रूप में संबोधित करता है? विवेचना कीजिए।
2. विविधता को समायोजित करने में बहुल समाज किस हद तक सफल रहे हैं? विवेचना कीजिए।
3. "थीक" और "थीन" बहुसंस्कृतिवाद के बीच क्या अंतर हैं? व्याख्या कीजिए।
4. समूह विशेष अधिकारों की विवेचना कीजिए।

संदर्भ सूची (References)

बैरी, ब्रायन, (1997), "लिबरलिज्म एंड मल्टीकल्चरलिज्म", *एथिकल पर्स्पेक्टिवस* 4(1997) 2, बेल्जियम : केयू ल्यूवेन और पीटर्स पब्लिशर्स, पृ. 3-14.

_________, (2001), *कल्चर एंड इक्वॉलिटी: एन इगेलिटेरियन क्रिटिक ऑफ मल्टीकल्चरलिज्म*, कैंब्रिज : पॉलिटी प्रेस।

भार्गव, राजीव, (2005), *सेकुलरिज़्म एंड इटस् क्रिटिक*, नई दिल्ली : ऑक्सफोर्ड यूनिवसिर्टी प्रेस।

भार्गव, राजीव, (2011), *राजनीति सिद्धांत : एक परिचय*, नई दिल्ली, पीयर्सन, (कमल नयन चौबे द्वारा अनुवादित)।

फैरलैए, कोलिन, (2004), *इंट्रोडक्शन टू कंटम्परी पॉलिटिकल थ्योरी*, नई दिल्ली, सेज पब्लिकेशन।

किमलिका, विल, (1995), *मल्टीकल्चरल सिटीजनशिप : ए लिबरल थ्योरी ऑफ माइनॉरिटी राइट्स*, क्लेरेंडन : ऑक्सफोर्ड यूनिवसिर्टी प्रेस।

_________, (1997), "डू वी नीड अ लिबरल थ्योरी ऑफ माइनॉरिटि राइट्स? रिप्लाइ टू कारेंस, यंग, पारेख एंड फॉर्स्ट", *कॉन्स्टलेशन*, वॉल्यूम 4 नंबर 2, बर्लिन : विल्ली ब्लैकवेल।

_________, (2010), *समकालीन राजनीति दर्शन : एक परिचय*, दिल्ली, पीयर्सन (कमल नयन चौबे द्वारा अनुवादित)।

महाजन, गुरप्रीत, (1999), "रिथिकिंग मल्टीकल्चरलिज्म", *सेमिनार*, 484, 12–14.

_________, (2002), द *मल्टीकल्चरल पाथ : इश्यू ऑफ डायवसिर्टी एंड डिश्सक्रिमीनेशन इन डेमोक्रेसी*, नई दिल्ली : सेज पब्लिकेशन।

मुखर्जी, मोनिका, (2008), "मल्टीकल्चरलिज्म", इन केट्रीयोना मेक्कीन्न (सं.) *इश्यूज इन पॉलिटिकल थ्योरी, यूनाइटेड किंगडम* : ऑक्सफोर्ड यूनिवसिर्टी प्रेस।

पारेख, भीखू, (1993), "द कल्चरल पर्टीकुलेरली ऑफ लिबरल डेमोक्रेसी", इन डेविड हेल्ड; (सं.), *प्रोस्पेक्टस ऑफ डेमोक्रेसी : नॉर्थ, साउथ, ईस्ट, वेस्ट*, यूनाइटेड किंगडम : पॉलिटी प्रेस।

_________, (1999), "वाट् इज मल्टीकल्चरलिज्म", *सेमिनार*, 484.

_________, (2000), *रिथिकिंग डेमोक्रेसी मल्टीकल्चरलिज्म : कल्चर एंड पॉलिटिकल थ्योरी*, लंदन, मैकमिलन प्रेस।

_________, (2002), "डेलिमॉस ऑफ ए मल्टीकल्चरल थ्योरी ऑफ सिटीजनशिप", *कंसटेलेसंस*, वोल्यूम 4 इश्यू 1, पृ. 54–62.

रॉय अनुपमा, (2017), *नागरिकता का स्त्री पक्ष*, नई दिल्ली, वाणी प्रकाशन, (कमल नयन चौबे द्वारा अनुवादित)।

सेलगो, जॉनथन, (2003), "मल्टीकल्चरलिज्म", इन रिचर्ड बैलमी और एंड्रयू मेसन (सं.), *पॉलिटिकल कंसेप्टस*, मैनचेस्टर एंड न्यूयॉर्क, मैनचेस्टर यूनिवसिर्टी प्रेस।

यंग, आइरिश मेरियन, (1989), "पॉलिटी एंड ग्रूप डिफरेंस : ए क्रिटिक ऑफ द आइडियल ऑफ यूनिवर्सल सिटीजनशिप", *इथिक्स*, वोल्यूम 99 न. 2, पृ. 250–274, यूनिवसिर्टी शिकागो प्रेस।

_________, (1990), *जस्टिस एंड द पॉलिटिक्स ऑफ डिफरेंस*, प्रिंसटन : प्रिंसटन यूनिवसिर्टी।

_________, (1998), "द पॉलिटिक्स ऑफ डिफरेंस", इन गुरप्रीत महाजन; (सं.), *डेमोक्रेसी डिफरेंस एंड सोशल जस्टिस*, नई दिल्ली : ऑक्सफोर्ड यूनिवसिर्टी प्रेस।

इकाई 5

अध्याय 14

राज्य
State

अभिषेक चौधरी

प्रस्तावना (Intoduction)

राज्य क्या है? इस अवधारणा को लेकर कोई एक निश्चित मत नहीं है। इसके अनेक अभिप्राय रहे हैं। इसे संगठनों के समूह, एक क्षेत्रीय इकाई, एक दार्शनिक विचार, प्रपीड़न (coercion) अथवा दमन (oppression) के उपकरण, इत्यादि के रूप में परिभाषित किया गया है। [हेवुड : 2013] ऐन्ड्र्यू हेवुड के अनुसार, ऐसी परिभाषाओं का कारण यह है कि राज्य को चार भिन्न दृष्टिकोण से देखा जाता है : आदर्शवादी (idealist) दृष्टिकोण, प्रकार्यात्मक (functionalist) दृष्टिकोण, संगठनात्मक (organizational) दृष्टिकोण, तथा अंतर्राष्ट्रीय (international) दृष्टिकोण। राज्य की अवधारणा की बेहतर समझ के लिए इन चार आधारों को जानना आवश्यक है।

1. आदर्शवादी दृष्टिकोण (Idealist Perspective)

राज्य के आदर्शवादी उपागम या दृष्टिकोण का स्पष्ट उदाहरण हेगेल (Hegel) की लेखनी में दिखता है। हेगेल के अनुसार, सामाजिक अस्तित्व के तीन पड़ाव होते हैं : परिवार, नागरिक समाज, तथा राज्य। हेगेल परिवार के भीतर एक विशेष प्रकार के परहितभाव (altruism) के कार्यान्वित होने की बात करते हैं। यह परहित भाव लोगों को अपने स्वहित से दूर करता है तथा अपने बच्चों और वृद्धों की भलाई के लिए कार्यरत रहने हेतु प्रेरित करता है। इसके विपरीत, नागरिक समाज को "सार्वभौमिक अहंभाव" (universal egoism) के एक ऐसे क्षेत्र के रूप में देखा गया जहाँ व्यक्ति अपने स्वहित को दूसरों के हितों से ऊपर रखते हैं। हेगेल ने राज्य की कल्पना "सार्वभौमिक परहितभाव" (universal altruism) तथा पारस्परिक सहानुभूति पर आधारित एक नैतिक समुदाय के रूप में की।

आदर्शवाद की समस्या यह है कि इसमें राज्य के प्रति आलोचना रहित श्रद्धा को बढ़ावा दिया जाता है। साथ ही, नैतिक स्तर पर राज्य को परिभाषित करने के कारण राज्य के भीतर तथा राज्य के बाहर के संस्थानों के मध्य स्पष्ट अंतर नहीं हो पाता।

2. प्रकार्यात्मक दृष्टिकोण (Functionalist Perspective)

राज्य का प्रकार्यात्मक उपागम या दृष्टिकोण राज्य के संस्थानों की भूमिका अथवा उनके उद्देश्य पर ध्यान देता है। राज्य का प्रमुख कार्य सामाजिक व्यवस्था को बनाए रखना है। इस उपागम के अनुसार, राज्य को संस्थानों के ऐसे समूह के रूप में परिभाषित किया गया जो व्यवस्था को बनाए रखती है तथा सामाजिक स्थिरता प्रदान करती है। इस उपागम को नव-मार्क्सवादियों द्वारा अपनाया गया है जो राज्य को एक ऐसे तंत्र के रूप में देखते हैं जिसके माध्यम से पूँजीवादी व्यवस्था के दीर्घकालिक अस्तित्व को सुनिश्चित करने के लिए वर्ग संघर्ष को संवर्धित किया जाता है।

प्रकार्यात्मक दृष्टिकोण की भी कमजोरियाँ हैं। यह दृष्टिकोण व्यवस्था को बनाए रखने वाले किसी भी संस्थान को राज्य के साथ जोड़ने हेतु प्रवृत्त रहता है। अतः, परिवार, मजदूर संघ, पूजा स्थल आदि को राज्य के साथ जोड़ दिया जाता है।

3. संगठनात्मक दृष्टिकोण (Organizational Perspective)

संगठनात्मक दृष्टिकोण, राज्य को शासन के उपकरण के रूप में परिभाषित करता है। यह राज्य को ऐसे संस्थानों के समूह के रूप में देखता है जो स्वीकृतिपूर्वक "सार्वजनिक" हैं। यह सार्वजनिक इस कारण हैं कि यह सामाजिक अस्तित्व के सामूहिक संगठन के लिए जिम्मेदार हैं। संगठनात्मक दृष्टिकोण से राज्य की परिभाषा इसे नागरिक समाज से स्पष्ट रूप से पृथक करती है। राज्य में शासन के अनेक संस्थान शामिल हैं। नौकरशाही, न्यायालय, पुलिस, सेना, इत्यादि इसके उदाहरण हैं। अत: राज्य को संपूर्ण राज निकाय (body politic) के समान माना जाता है। संगठनात्मक उपागम राज्य की भूमिका में बढ़ोतरी करने अथवा उसे कम करने की भी बात करता है। अतः, राज्य स्थिर नहीं रहता, यह परिस्थिति के अनुसार बदलता रहता है।

इन दृष्टिकोणों के प्रकाश में ऐन्ड्रयू हेवुड राज्य की पांच प्रमुख विशेषताओं की बात करते हैं। [हेवुड : 2013]

(i) राज्य संप्रभु होता है। समाज में अन्य सभी संस्थाओं और समूहों के ऊपर रहते हुए राज्य निरंकुश शक्ति का प्रयोग करता है। थॉमस हॉब्स ने लेवियाथन, अथवा एक समुद्री राक्षस के रूप में राज्य की संप्रभु शक्ति के इसी विचार को सामने रखा था।

(ii) राज्य के संस्थान स्वीकृतिपूर्वक "सार्वजनिक" होते हैं। यह नागरिक समाज के "निजी" संस्थानों से अलग हैं। सार्वजनिक संस्थान सामूहिक निर्णयों को लागू करने के लिए उत्तरदायी होता है जबकि निजी संस्थान व्यक्तिगत हितों की पूर्ति के लिए होते हैं।

(iii) राज्य का कार्य विधि-सम्मतता से जुड़ा है। समाज के सदस्यों पर राज्य के निर्णय को आमतौर पर बाध्य माना और स्वीकारा जाता है। इसका कारण यह दावा है कि ऐसे निर्णय लोक हित में किए जाते हैं। यह कहा जा सकता है कि राज्य समाज के स्थायी हित को प्रतिबिंबित करता है।

(iv) राज्य प्रभुत्व का साधन है। राज्य के प्राधिकार को प्रपीड़न का सहारा मिलता है। राज्य के पास यह सुनिश्चित करने की क्षमता होना आवश्यक है कि उसके विधि

और नियमों का पालन किया जा रहा है। अवज्ञा की स्थिति में राज्य दंड का प्रयोग करता है। इसी विशेषता को मैक्स वेबर राज्य की अपनी परिभाषा में अंतर्निहित करते हैं, जब वे कहते हैं कि राज्य के पास विधिसंगत हिंसा के साधनों का एकाधिकार है।

(v) राज्य एक भू-क्षेत्रीय संस्था है। राज्य का अधिकार-क्षेत्र भौगोलिक रूप से परिभाषित होता है। राज्य उन सभी लोगों को अपने अंदर समाहित करता है जो उस के भीतर रहते हैं। इस कारण अंतर्राष्ट्रीय मंच पर राज्य को एक स्वायत्त इकाई के रूप में माना जाता है।

अत:, संगठनात्मक दृष्टिकोण से राज्य एक राजनीतिक संगठन है जो एक परिभाषित क्षेत्रीय सीमा के भीतर संप्रभु अधिकार-क्षेत्र को स्थापित करता है। साथ ही, राज्य में स्थायी संस्थानों की सहायता से प्राधिकार लागू किया जाता है। [हेवुड : 2013] यह संस्थान सामुदायिक जीवन को सामूहिक रूप से संगठित करने के लिए जिम्मेदार होते हैं और जनता द्वारा वित्त पोषित होते हैं।

4. अंतर्राष्ट्रीय दृष्टिकोण (International Perspective)

राज्य पर अंतर्राष्ट्रीय उपागम या दृष्टिकोण इसे मुख्य रूप से वैश्विक पटल पर एक कर्ता के रूप में देखता है। यह राज्य को अंतर्राष्ट्रीय राजनीति की मौलिक इकाई मानता है। अत:, यह स्पष्ट है कि राज्य की संरचना के दो आयाम होते हैं : एक, बहिर्मुखी और दूसरा, अंतर्मुखी। शेष चार दृष्टिकोण राज्य के अंतर्मुखी आयाम पर केंद्रित थे। किंतु अंतर्राष्ट्रीय दृष्टिकोण अन्य राज्यों के साथ एक राज्य के संबंधों पर तथा बाह्य हमले से बचने की उसकी क्षमता पर ध्यान केंद्रित करता है। अंतर्राष्ट्रीय विधि के क्षेत्र में राज्य की एक परिभाषा हमें 1933 के मॉन्टेविडेयो कंवेंशन (Montevideo Convention) में मिलती है। इस कंवेंशन के अनुच्छेद 1 के अनुसार राज्य की चार विशेषताएँ होती हैं :

(i) एक परिभाषित भूमि-क्षेत्र।

(ii) एक स्थायी आबादी।

(iii) एक प्रभावी शासन।

(iv) अन्य राज्यों के साथ संबंध स्थापित करने की क्षमता।

अत:, राज्य पर यह उपागम हमें "देश" (country) की अवधारणा के नज़दीक ले जाता है। इस परिभाषा के आधार पर हम देख सकते हैं कि जबकि शेष परिभाषाएं नागरिक समाज और राज्य के बीच स्पष्ट अंतर करते हैं, अंतर्राष्ट्रीय राजनीति के अध्येता नागरिक समाज को राज्य का हिस्सा मानते हैं। स्थायी आबादी की बात पर उनका बल इस बात का साक्ष्य है। अंतर्राष्ट्रीय दृष्टिकोण में संयुक्त राष्ट्र को महत्त्व दिया जाता है। संयुक्त राष्ट्र अन्य राज्यों को पूर्ण सदस्य का दर्जा देते हुए उन्हें राज्यत्व का दर्जा प्रदान करता है और इस भूमिका को सभी मानते हैं। इस दृष्टिकोण के आधार पर सभी राज्यों के मध्य वैधानिक समानता भी होती है। किंतु इसके साथ यह ध्यान में रखने योग्य है कि उन राज्यों के मध्य राजनीतिक समानता नहीं होती। क्षमता और शक्ति के आधार पर कुछ राज्यों को जहाँ महाशक्ति का दर्जा मिलता है, वहीं कुछ राज्य को मध्य शक्ति और सूक्ष्म राज्य का दर्जा मिलता है।

उपरोल्लिखित भिन्नताओं के बावजूद इन सभी दृष्टिकोणों में एक तथ्य पर स्पष्ट सहमति दिखती है। यह तथ्य है कि राज्य एक ऐतिहासिक संस्था है जिसका उदय 16वीं तथा 17वीं सदी के आसपास यूरोप में हुआ। इसका उदय एक केंद्रीकृत संस्था के रूप में हुआ जिसे अन्य सभी संस्थाओं से अधिक मान्यता प्राप्त हुई।

राज्य का ऐतिहासिक परिप्रेक्ष्य (Historical Perspective of State)

यहां पारंपरिक साम्राज्य से यूरोपीय राष्ट्र-राज्य व्यवस्था के उदय व विकास का संक्षिप्त विवरण देना आवश्यक है। डेविड हेल्ड राज्य व्यवस्थाओं को पांच समूहों में विभाजित करते हैं। [हेल्ड : 1992] (i) भेंट लेने वाले पारंपरिक साम्राज्य (traditional tribute-taking empires); (ii) विभाजित प्राधिकार की व्यवस्था जहाँ सामंती संबंध हैं (system of divided authority); (iii) संपदा-राज (the polity of estates); (iv) निरंकुश राज्य (absolutist states); (v) आधुनिक राष्ट्र-राज्य (modern nation-states)

(i) भेंट लेने वाले पारंपरिक साम्राज्य : पारंपरिक साम्राज्य यूरोप के इतिहास के बड़े हिस्से में बने रहे। सभी पारंपरिक साम्राज्य राज्य-विस्तार की प्रक्रिया के द्वारा ही अस्तित्व में आए। पहले यह छोटे और सीमित राज्य थे जिनकी शक्तियां सीमित थी। इन साम्राज्यों की अर्थव्यवस्था का अधिकांश भेंट लेने की (ट्रिब्यूट) व्यवस्था पर आधारित था। ट्रिब्यूट व्यवस्था ही सम्राट, उसकी प्रशासनिक प्रणाली तथा सेना को सहायता देती थी। राज्य-विस्तार के बहुतायत उदाहरणों के साथ साम्राज्यिक राज्य व्यवस्था में भू-क्षेत्रीय सीमाओं को स्थायी सीमा मानना गलत होगा। इसके अतिरिक्त एक और विशेषता महत्त्वपूर्ण है : साम्राज्यों में राज तो किया जाता था किंतु शासन की प्रणाली कमजोर थी। इसका तात्पर्य यह है कि सीमित सामाजिक तथा भौगोलिक प्रभुत्व होने के बावजूद इन साम्राज्यों के पास प्रशासनिक उपकरणों की कमी थी। इस कारण उन भू-क्षेत्रों पर नियमबद्ध (regularized) प्रशासन प्रदान करने में असफल रहे।

(ii) विभाजित प्रधिकार की व्यवस्था : सामंती संबंध, नगर-राज्य तथा नगरीय गठबंधन विभाजित प्राधिकार की व्यवस्था की विशेषताएं थीं। यहां चर्च की एक अग्रणी भूमिका थी। राजनीतिक शक्ति अधिक स्थानीय और व्यक्तिगत हो गई और सामंती राजा शक्ति और दावों के अधिव्याप्त चक्र में फंसते चले गए। हालांकि सामंती राजा "बराबरों में प्रथम" (first among equals) थे, वे विशेषाधिकारों और दायित्वों की व्यापक व्यवस्था में बंधे हुए थे। मध्यकालीन यूरोप की अर्थव्यवस्था पर कृषि का प्रमुख प्राधान्य था और किसी भी अधिशेष (surplus) पर प्रतिद्वंद्वी दावे किए जाते थे। इस दौर में नगर और शहरी संघों ने भिन्न सामाजिक तथा राजनीतिक संरचनाओं को ईजाद किया और संविदाओं से मिले नियमों की स्वतंत्र प्रणालियों का उपभोग किया। पवित्र रोमन साम्राज्य (Holy Roman empire) ने अपनी चरमावस्था में पाश्चात्य ईसाई व्यवस्था (Western Christendom) के विभाजित शक्ति केंद्रों को संगठित और एकीकृत करने का प्रयत्न किया। यह राजनीतिक रूप से एकीकृत एक ईसाई साम्राज्य की स्थापना का प्रयत्न था। हालांकि इस साम्राज्य का विस्तार व्यापक रहा, इसे सामंती यूरोप

और कैथलिक चर्च के मध्य जटिल शक्ति संरचना का निरंतर सामना करना पड़ा। कैथलिक चर्च ही मध्यकालीन सामंती तंत्र का प्रमुख प्रतिद्वंद्वी बन गया।

(iii) संपदा-राज : संपदा-राज के उदय को मुख्य रूप से सामंती व्यवस्था के पतन के साथ देखा गया। हालांकि कुछ विशेषज्ञों के अनुसार, यह सामंती व्यवस्था का विस्तार मात्र ही है। सत्य जो भी हो, एक बात स्पष्ट है कि इस व्यवस्था में नवीनता थी। यहां विभिन्न संपदा वर्ग अपने दावों को सामाजिक समूह के रूप में प्रस्तुत करने लगे थे। जहाँ सामंती व्यवस्था में शक्ति या दावे व्यक्ति पर केंद्रित रहे, संपदा-राज (the polity of estate) में सामाजिक समूहों का महत्त्व बढ़ा। संपदा-राज के अंतर्गत शक्ति के द्वैतवाद (power dualism) को देखा गया। शक्ति राज्य और संपदा वर्गों के बीच बंट कर रह गई। यह द्वैतवाद बहुत समय तक नहीं चल सका और इस राज्य व्यवस्था ने निरंकुश राज्य के लिए मार्ग प्रशस्त किया।

(iv) निरंकुश राज्य : निरंकुश राज्य की स्थापना का आरंभ बड़ी और मजबूत राजनीतिक इकाइयों में छोटी और कमजोर इकाईयों के विलय से हुआ। निरंकुश राज्य एकीकृत भू-क्षेत्र पर शासन करने की प्रबलीकृत क्षमता पर आधारित रहे। इसके अतिरिक्त, यहां पूरे भू-क्षेत्र में विधि और व्यवस्था की सुदृढ़ प्रणाली की स्थापना देखने को मिली। ऐसे राज्यों में एकल संप्रभु द्वारा एकीकृत, निरंतर और प्रभावी शासन देखने को मिला। [पोगे : 1978] शासन की इस नई व्यवस्था में शीर्ष पर सम्राट था जिसके अधीन सत्ता का उत्तरोत्तर केंद्रीकरण हुआ। यह शासन उच्चतम तथा अविभाज्य शक्ति के दावे पर आधारित हो गया। इसके साथ प्रशासनिक प्रभाव का विस्तार करने के लिए निरंकुश राज्य को निगरानी (surveillance) का सहारा लेना पड़ा। लेकिन इस विकास के लिए राज्य सामाजिक संबंधों के सहयोग पर अधिक निर्भर होता चला गया। अतः, केवल बल के प्रयोग से अपना आधिपत्य बनाए रखना संभव नहीं रहा। ऐसी परिस्थिति में यह कहना गलत नहीं होगा कि निरंकुश राज्य ने ही आधुनिक राज्य की नींव रखी।

निरंकुश राज्य में कुछ अन्य विशेष बदलाव दिखे। भू-क्षेत्रीय सीमाएं समान शासन व्यवस्था के अनुरूप हो गई। विधि-निर्माण के नए तंत्रों का गठन हुआ। प्रशासनिक शक्ति का केंद्रीकरण हुआ। वित्तीय प्रबंधन का विस्तार हुआ। कूटनीतिक तथा राजनयिक संस्थानों के विकास के साथ राज्यों के मध्य संबंधों का औपचारिकरण हुआ। स्थायी सेना की शुरुआत हुई। निरंकुशवाद ने राज्य-निर्माण की एक ऐसी प्रक्रिया का आरंभ किया जिसने राज्यों के भीतर सामाजिक, आर्थिक, तथा सांस्कृतिक विविधताओं को कम किया और राज्यों के बीच इन भिन्नताओं को बढ़ाया। [टिल्ली : 1975]

(v) आधुनिक राष्ट्र-राज्य : आधुनिक राष्ट्र-राज्य की नवीनता से जुड़े कुछ प्रमुख बिंदुओं पर डेविड हेल्ड अधिक बल देते हैं। [हेल्ड : 1992] पहला, भू-क्षेत्रीयता (territoriality) जहाँ राज्यों की सटीक सीमाएं निश्चित बना दी गई। दूसरा, हिंसा के साधनों का नियंत्रण। तीसरा, शक्ति की अवैयक्तिक संरचना और चौथा, विधिसम्मतता (legitimacy)। मौजूदा विश्व के अधिकांश राज्य आधुनिक राष्ट्र-राज्य की श्रेणी में ही आते हैं। आधुनिक राष्ट्र-राज्य अन्य राज्य-व्यवस्थाओं की अपेक्षा अधिक श्रेष्ठ रहे और इसके दो प्रमुख कारण रहे : पहला, युद्ध करने और जीतने की क्षमता, और दूसरा, पूँजीवाद के साथ इसका जुड़ाव। [हेल्ड :

1992] बेहतर वित्तीय प्रशासन के माध्यम से और आम जनता के साथ सीधा जुड़ाव होने के कारण आधुनिक राष्ट्र-राज्य को संपदाओं की खास कमी नहीं रही। इस कारण युद्ध करने और उस युद्ध में जीतने की क्षमता बढ़ती रही। युद्ध के महंगे होते जाने के साथ शासकों को अपनी जनता से अधिक समर्थन की आवश्यकता होने लगी। इस समर्थन के साथ जनता को अपने राजनीतिक महत्त्व का आभास भी होने लगा। राजनीतिक समुदाय के भागीदार होने के नाते नागरिक और अधिक अधिकारों की मांग करने लगे और इस कारण एक प्रकार का लोकतंत्रीकरण तीव्र होने लगा। राष्ट्रवाद का उदय भी इसी आभास की देन है जहाँ खरीदे हुए सैनिकों के बदले स्थायी राष्ट्रीय सेना की बात होने लगी। पूँजीवाद का जुड़ाव भी इसी निष्कर्षण (extraction) की प्रक्रिया से जुड़ा है, जहाँ अधिक संपदा और संपत्ति ने आधुनिक राष्ट्र-राज्यों की क्षमता में विशेष वृद्धि की।

हेल्ड (1992) आधुनिक राज्य के चार प्रकारों की विवेचना करते हैं–

(i) संविधानवाद अथवा सांविधानिक राज्य;

(ii) उदारवादी राज्य;

(iii) उदार अथवा प्रतिनिधिक लोकतंत्र;

(iv) एक-दलीय राज्य।

संविधानवाद अथवा संविधानिक राज्य में राज्य के निर्णयन पर प्रक्रियात्मक (procedural) अथवा सत्तावाचक (substantive) अवरोध लगाए जा सकते हैं। मुद्दा व्यक्तियों द्वारा सर्वाधिक स्वतंत्रता के उपभोग का है जो स्वयं ही अपने हित के उत्तम निर्णयकर्ता हैं। उदारवादी राज्य, राज्य से स्वतंत्र एक निजी क्षेत्र के निर्माण पर आधारित है जो नागरिक समाज को राज्य द्वारा अनावश्यक हस्तक्षेपों से परे रखता है। प्रतिनिधिक लोकतंत्र विधि-शासन के अंतर्गत नागरिकों के हितों और दृष्टिकोणों का प्रतिनिधित्व करता है। चुनावी प्रक्रिया पर आधारित इस व्यवस्था में निर्णय का दायित्व चयनित जन प्रतिनिधियों को दिया जाता है। एकदलीय राज्य भी आधुनिक राज्य की श्रेणी में आते हैं और यह दावा किया जाता है कि एक दल ही समुदाय की सभी इच्छाओं की विधिसम्मत अभिव्यक्ति का द्योतक हो सकता है।

राज्य पर कई प्रतिस्पर्धी सिद्धांत मौजूद हैं। विभिन्न परिभाषाओं और विभिन्न सैद्धांतिक दृष्टिकोणों के मद्देनजर हम कह सकते हैं कि राज्य एक "तत्वत: विवादित" अवधारणा (essentially contested concept) है। [गैल्ली : 1956] इन प्रतिद्वंद्वी सिद्धांतों में से कुछ पर विवेचना आवश्यक है। हेवुड (2013) चार ऐसे सिद्धांतों की बात करते हैं।

(i) बहुलवादी राज्य (pluralist state); (ii) पूँजीवादी राज्य (capitalist state); (iii) लेवियाथन राज्य (leviathan state); (iv) पितृसत्तात्मक राज्य (patriarchal state)

बहुलवादी राज्य (Pluralist State)

राज्य का बहुलवादी सिद्धांत उदारवाद से प्रेरित है। इस सिद्धांत के अनुसार, समाज में राज्य की भूमिका एक अधिनिर्णायक की होती है। इस दृष्टिकोण के कारण ही राजनीतिक विश्लेषणों में राज्य और राज्य के संगठनों के बजाय "शासन" पर अधिक ध्यान दिया जाता है। अत: बहुलवादी परंपरा में राज्य को निराकार मानते हुए सेना आदि जैसे संस्थानों को स्वतंत्र और

स्वायत्त माना जाने लगता है। राज्य को मात्र एक निष्पक्ष मध्यस्थ मानते हुए मौजूदा शासक की इच्छानुसार कार्य करते हुए देखा जाता है।

थॉमस हॉब्स तथा जॉन लॉक जैसे सामाजिक-संविदा सिद्धांतकारों की लेखनी में हमें बहुलवादी सिद्धांत के स्रोत दिखते हैं। क्योंकि ऐसे विचारक राजनीतिक कर्तव्य (political obligation) के आधार का परीक्षण करने हेतु प्रवृत्त थे। वे उदारवादी सिद्धांत के अंतर्गत व्यक्तियों द्वारा राज्य के प्रति निष्ठा को समझना चाहते थे। उनका मानना था कि राज्य एक स्वैच्छिक समझौते अथवा सामाजिक संविदा के कारण उपजा है। वे मानते थे कि व्यक्तियों ने यह स्वैच्छिक समझौता यह समझते हुए किया कि प्राकृतिक अवस्था (state of nature) की असुरक्षा, अराजकता, अव्यवस्था और निष्ठुरता से बचाने के लिए एक संप्रभु शक्ति की स्थापना अत्यावश्यक थी। राज्य की अनुपस्थिति का अर्थ यह होता कि व्यक्ति एक दूसरे को हानि पहुंचाते और एक दूसरे की क्षति करते। राज्य के होने से सुव्यवस्था और सभ्य अस्तित्व सुनिश्चित होता है और स्वतंत्रता संरक्षित होती है।

अतः, उदारवादी सिद्धांत के अंतर्गत राज्य को समाज में समूहों और व्यक्तियों के बीच एक निष्पक्ष मध्यस्थ के रूप में देखा जाता है। राज्य की निष्पक्षता इस बात में प्रतिबिंबित होती है कि राज्य सभी नागरिकों के हित में कार्य करता है और आम भलाई (common good) और लोक हित का प्रतिनिधित्व करता है। हॉब्स के अनुसार, स्थिरता और व्यवस्था मात्र एक निरंकुश और असीमित राज्य की स्थापना द्वारा ही संभव हो सकती है। हॉब्स ऐसी निरंकुश शक्ति के पक्षधर हैं जिस पर न तो सवाल उठाया जा सकता है ना ही चुनौती दी जा सकती है। अतः, लोगों को एक ओर निरंकुश शासन और दूसरी ओर अराजकता के बीच के चुनाव का सामना करना पड़ता है।

दूसरी ओर, जॉन लॉक उदारवादी परिप्रेक्ष्य से एक सीमित राज्य की वकालत करते हैं। लॉक के अनुसार, राज्य की एक स्पष्ट सुपरिभाषित भूमिका है। राज्य का कार्य व्यक्तियों के प्राकृतिक अधिकारों का संरक्षण करना है। जीवन का अधिकार, स्वतंत्रता का अधिकार और संपत्ति का अधिकार यह तीन प्राकृतिक अधिकार हैं। इस प्रकार से राज्य की भूमिका को परिभाषित किए जाने के कारण राज्य के दायित्वों और नागरिकों के दायित्वों के बीच स्पष्ट अंतर किया जाना संभव है। जहाँ राज्य की भूमिका आंतरिक व्यवस्था को बनाए रखना और लोगों की संपत्ति को सुरक्षित रखना है, नागरिकों की भूमिका नागरिक समाज में सीमित रहती है। लॉक के अनुसार, राज्य से अपनी संपत्ति और जीवन की रक्षा के लिए संविधानिक और प्रतिनिधि सरकार सबसे कारगर है। आधुनिक बहुलवादी चिंतक राज्य के प्रति आलोचनात्मक दृष्टिकोण रखते हैं। यह नव-बहुलवादी दृष्टिकोण आधुनिक प्रौद्योगिक राज्य को जनता के दबावों के प्रति कम अनुक्रियाशील मानता है। रॉबर्ट डाहल (1961) मानते हैं कि आधुनिक राज्य पूँजीपतियों द्वारा प्रभावित होता जा रहा है। लिंडब्लॉम (1980) के अनुसार, समाज में बड़े पूँजीपतियों का स्थान अन्य समूहों की तुलना में अधिक तरजीही वाला होता है। इसके अतिरिक्त नव-बहुलवादियों के अनुसार राज्य के अपने गुटीय हित (sectional interest) भी होते हैं जिस कारण लोकतांत्रिक राज्य अपनी स्वायतत्ता स्थापित करता है।

पूँजीवादी राज्य (Capitalist State)

पूँजीवादी राज्य की मार्क्सवादी अवधारणा राज्य की बहुलवादी छवि का एक स्पष्ट विकल्प प्रस्तुत करती है। मार्क्सवादी उपागम से राज्य को समझने के दो प्रमुख दृष्टिकोण हैं : पहला, राज्य का प्राथमिक दृष्टिकोण (primary view of state) तथा दूसरा सापेक्षिक स्वायतत्ता (relative automy) का दृष्टिकोण। राज्य का प्राथमिक दृष्टिकोण उपकरणवादी (instrumentalist) है। इस दृष्टिकोण के अनुसार, राज्य बुर्जुआ अथवा पूँजीपतियों के हाथों में एक उपकरण है जिसका वे अपने स्वहित के लिए प्रयोग करते हैं। इस दृष्टिकोण के अनुसार, राज्य की भूमिका पूँजीपतियों की कार्यावली के प्रबंधन के अतिरिक्त और कुछ नहीं है। दूसरी ओर, सापेक्षिक स्वायतत्ता के समर्थक संरचनावादी (structuralist) व्याख्या प्रस्तुत करते हैं। राज्य की सापेक्षिक स्वायतत्ता का सीधा अर्थ यह है कि राज्य सदैव पूँजीपतियों के हितों के अनुसार कार्य नहीं करता, अपितु वह पूँजीवादी व्यवस्था के पक्ष में कार्य करता है। अतः, राज्य पूँजीवादी व्यवस्था को बनाए रखने के लिए कभी-कभी पूँजीपति वर्ग के विरुद्ध भी निर्णय ले सकता है। आर्थिक और सामाजिक शक्ति के प्रभाव में राज्य की स्वायतत्ता पर एक अन्य प्रकार का दबाव रहता है। पूँजीवादी व्यवस्था और संरचना को बनाए रखना हितों की पूर्ति से अधिक महत्त्वपूर्ण माना गया है। [अलावी : 1972]

इन दो दृष्टिकोणों के प्रमुख प्रणेता क्रमशः राल्फ मिलिबैंड (Ralph Miliband) और निको पॉलान्जा (Nicos Poulantzas) हैं। मिलिबैंड *द स्टेट इन कैपिटलिस्ट सोसायटी* (The State in Capitalist Society 1969) में राज्य के करणवादी दृष्टिकोण पर विवेचना करते हुए राज्य की पक्षपाती प्रवृत्ति को उजागर करते हैं। दूसरी ओर, पॉलान्जा *पॉलिटिकल पावर एंड सोशल क्लासेज* (Political Power and Social Classes 1968) में सापेक्षिक स्वायतत्ता की बात करते हैं। वे संरचनावादी दृष्टिकोण को सामने रखते हुए यह कहते हैं कि राज्य उसी सामाजिक व्यवस्था को अविरत बनाने हेतु कार्यरत रहता है जिसमें वह कार्य करता है।

लेवियाथन राज्य (Leviathan State)

आधुनिक राजनीति में लेवियाथन के रूप में राज्य की छवि नव-दक्षिणपंथ (new right) से जुड़ी हुई है। इसकी जड़ें शास्त्रीय उदारवाद और व्यक्तिवाद के उग्र स्वरूप के प्रति झुकाव में मिलती है। इस दृष्टिकोण के अनुसार, राज्य एक निष्पक्ष मध्यस्थ नहीं बल्कि मानव अस्तित्व के हर आयाम में निरंतर हस्तक्षेप करने वाला एक तंत्र है। इस दृष्टिकोण से राज्य के हित समाज के हितों से पृथक हैं। इन हितों की पूर्ति के लिए राज्य की भूमिका और दायित्व में सतत वृद्धि अपरिहार्य है।

राज्य के विस्तारवादी कारकों को समझने के लिए नव-दक्षिणपंथ सिद्धांतकार मांग और आपूर्ति के दबावों की बात करते हैं। मांग के दबाव मुख्यतः चुनावी लोकतंत्र की प्रक्रिया द्वारा समाज से ही उत्पन्न होते हैं। आपूर्ति के दबाव राज्य के आंतरिक कारणों पर निर्भर होते हैं जिन्हें राज्य के संस्थानों और कार्मियों द्वारा समझा जा सकता है। नव-दक्षिणपंथ सिद्धांतकारों के अनुसार, राज्य एक स्वतंत्र और स्वायत्त इकाई है जो अपने हितों का अनुकरण करती

है। इस दृष्टिकोण के आधार पर नौकरशाही का स्व-हित राज्य द्वारा अधिकाधिक हस्तक्षेप का समर्थन करता है।

पितृसत्तात्मक राज्य (Patriarchal State)

नारीवादी सिद्धांत के आधार पर राज्य को एक पितृसत्तात्मक तंत्र माना गया है। उदारवादी नारीवादियों का मानना है कि वृद्धिशील सुधारों के साथ लैंगिक समानता आ सकती है। वे वैधानिक तथा राजनीतिक समानता के पक्ष में बात करते हैं और मानते हैं कि अधिकारों से जुड़े सुधारों के माध्यम से राज्य की पक्षपाती प्रवृत्ति कम हो सकती है। अन्य नारीवादी दृष्टिकोण राज्य के प्रति इतनी सकारात्मक दृष्टि नहीं रखते। वे मानते हैं कि राज्य की शक्ति दमन की संरचना को पितृसत्तात्मकता के रूप में प्रतिबिंबित करती है। इनका मानना है कि राज्य स्वायत्त नहीं है और यह पक्षपाती प्रवृत्ति अपनाते हुए समाज की दमनकारी संस्थाओं और प्रक्रियाओं को आगे बढ़ाता है।

आइरिस मेरियन यंग (Iris Marion Young) पुरुषत्व की आलोचना करते हुए सुरक्षा राज्य (security state) के निर्माण की बात करती हैं। [यंग : 2003] उनका मानना है कि जिस प्रकार सामाजिक मापदंडों के अनुसार परिवार में पुरुष की भूमिका होती, उसी के समान वैश्विक समाज में राज्य की भूमिका भी होती। जिस प्रकार परिवार का मुखिया आंतरिक और बाह्य खतरों से अपने परिवार की महिलाओं और बच्चों की रक्षा करता है, उसी प्रकार राज्य भी अपने नागरिकों की रक्षा करता है। यहां यंग दो आयामों की बात करती हैं। जैसा कि स्पष्ट रूप से प्रत्यक्ष होता है, एक ओर राज्य दमनकारी और प्रभुत्ववादी भूमिका अपनाता है लेकिन दूसरी ओर, राज्य की संरक्षणवादी प्रवृत्ति भी पितृसत्तात्मक है। यह माना जाता है कि जिस प्रकार परिवार की महिलाएं अपनी सुरक्षा स्वयं नहीं कर सकती, उसी प्रकार राज्य के नागरिक भी अपनी सुरक्षा स्वयं नहीं कर सकते। सुरक्षा के विशेषज्ञ के रूप में एक ओर परिवार में पुरुष की भूमिका तथा दूसरी ओर वैश्विक समाज में राज्य की भूमिका महत्त्वपूर्ण हो जाती है। लेकिन ऐसी प्रगति के साथ जनता के अधिकारों का भी हनन होता जाता है क्योंकि सुरक्षा और व्यवस्था पर अधिक बल दिए जाने के साथ ही न्याय के मुद्दे कम महत्त्वपूर्ण बनने लगते हैं।

सुरक्षा राज्य के उदय को आतंकवाद विरोधी कानूनों का सहगामी माना गया है। यह तर्क किया जा सकता है कि आतंकवाद के खतरे को राज्य ने अपनी कार्यकारिणी के प्रबलीकरण का बहाना बना दिया है। विधि-शासन पर आधारित लोकतांत्रिक व्यवस्थाओं में सुरक्षा के नाम पर अपने ही नागरिकों का दमन किया जाने लगा है। असाधारण (extra-ordinary) कानूनों के नाम पर निर्दोषों पर अत्याचार इसका उदाहरण है। सुरक्षा आवश्यक है किंतु मानवाधिकारों का हनन करते हुए सुरक्षा राज्य का उदय निश्चित ही एक चिंताजनक घटनाक्रम है।

राज्य के प्रमुख सिद्धांत (Major Theories of State)

राज्य की उपरोक्त विवेचना के आलोक में राज्य के तीन प्रमुख सैद्धांतिक दृष्टिकोणों पर विवेचना वांछनीय है : उदारवादी दृष्टिकोण, मार्क्सवादी दृष्टिकोण तथा गांधीवादी दृष्टिकोण।

इन दृष्टिकोणों में राजनीतिक प्राधिकार की प्रकृति तथा संप्रभुता के स्थान के प्रति विभिन्न मत है।

उदारवादी दृष्टिकोण (Liberal Perspective)

राज्य के उदारवादी दृष्टिकोण के अंतर्गत रूसो, लॉक तथा जे.एस.मिल के विचार महत्त्वपूर्ण हैं। उदारवादी सिद्धांत के अनुसार, व्यक्ति को केंद्रीय भूमिका प्राप्त रहती है। अतः, राज्य के उदारवादी सिद्धांत में भी व्यक्ति की स्थिति तथा भूमिका को केंद्रीय माना गया है।

ज्याँ जाक रूसो (1712–1778) के अनुसार, संप्रभुता व्यक्ति में ही उत्पन्न होती है तथा उसे व्यक्तियों के पास ही रहना चाहिए। रूसो द्वारा प्रतिपादित सामान्य इच्छा (general will) की अवधारणा आम भलाई की सार्वजनिक रूप से उत्पन्न निर्णयों का प्रतिबिंब है। सभी व्यक्तियों को पूरे समुदाय के लिए ऐसी विधियों को अधिनियमित करना चाहिए जो सभी के लिए अच्छी हो। यही रूसो के सामाजिक अनुबंध का आधार है। रूसो के अनुसार, शासितों को शासक होना चाहिए। ऐसी स्थिति में ही ऐसी विधियों का निर्माण होना संभव होगा जो सभी को मान्य हो। रूसो के विचार राज्य तथा समुदाय के बीच के अंतर को समाप्त करते हैं तथा समुदायवाद की दिशा अपनाते हैं। रूसो के समुदायवादी अनुबंध की भी सीमाएं हैं क्योंकि लोगों की संप्रभुता व्यक्तियों की स्वतंत्रता को बाधित कर सकती है। [हेल्ड : 1992] भारत में खाप पंचायत के व्यक्ति विरोधी कृत्य इसी बहुसंख्य निरंकुशता को दर्शाते हैं।

रूसो द्वारा समुदाय तथा राज्य के मध्य अंतर की समाप्ति के विरुद्ध जॉन लॉक (1632–1704) एक स्वतंत्र राजनीतिक समुदाय की बात करते हैं। लॉक के अनुसार, एक संविधानिक राज्य की स्थापना समाज का अंतिम लक्ष्य होना चाहिए। लॉक के अनुसार, विधि–निर्माण तथा विधि लागू करने के अधिकारों को हस्तांतरित किया जाना आवश्यक है। किंतु यह हस्तांतरण इस शर्त पर होगा जब राज्य अपने मूलभूत उद्देश्य की पूर्ति करेगा। जीवन, स्वतंत्रता तथा संपत्ति की रक्षा यह उद्देश्य है। इस प्रकार, विधि के शासन तथा प्राकृतिक अधिकारों की रक्षा द्वारा एक संविधानिक राज्य स्थापित हो सकता है। इस व्यवस्था में राज्य विश्वास के आधार पर प्रत्यायोजित प्रधानता प्रदान की गई जो व्यक्तियों के अधिकारों तथा समाज के अंतिम लक्ष्य की पूर्ति पर निर्भर है। लॉक के विचारों में राज्य की प्रपीड़कता तथा व्यक्तियों की स्वतंत्रता के बीच संतुलन बनाने के लिए संस्थागत व्यवस्था की कमी थी। [हेल्ड : 1992]

जॉन स्टुअर्ट मिल (1806–1873) के उदारवादी लोकतंत्र के सिद्धांत को एक प्रकार से जॉन लॉक के सिद्धांत में सुधार के रूप में देखा जा सकता है। मिल ने सत्ता की जवाबदेही की बात करते हुए अपने विचार रखे। मिल के अनुसार, नियमित मतदान, प्रतिनिधियों के बीच प्रतिस्पर्धा तथा मुक्त विचारों के मध्य संघर्ष के माध्यम से यह जवाबदेही सुनिश्चित की जा सकती है। [हेल्ड : 2000] समकालीन विश्व के अधिकांश आधुनिक राष्ट्र राज्य कमोबेश इसी उदारवादी लोकतंत्र की परिभाषा के समीप आते हैं।

मार्क्सवादी दृष्टिकोण (Marxist Perspective)

मार्क्सवादी दृष्टिकोण के अनुसार, राज्य को नागरिक समाज के विस्तार के रूप में देखा

जाता है जो हित विशेष की पूर्ति हेतु सामाजिक व्यवस्था को सुदृढ़ बनाता है। जैसा कि इस अध्याय के पिछले भाग में बताया गया है, मार्क्सवादी दृष्टिकोण से राज्य को दो तरीकों से समझा जा सकता है। पहला, राज्य का प्राथमिक दृष्टिकोण तथा दूसरा, सापेक्षिक स्वायतत्ता। राज्य का प्राथमिक दृष्टिकोण करणवादी (instrumentalist) है जिसके अनुसार, राज्य बुर्जुआ अथवा पूँजीपतियों के हाथों में एक उपकरण है जिसका वे अपने स्वहित के लिए प्रयोग करते हैं। इस दृष्टिकोण के अनुसार, राज्य की भूमिका पूँजीपतियों की कार्यावली के प्रबंधन के अतिरिक्त और कुछ नहीं है। दूसरी ओर, सापेक्षिक स्वायतत्ता के समर्थक संरचनावादी (structuralist) व्याख्या प्रस्तुत करते हुए यह कहते हैं कि राज्य सदैव पूँजीपतियों के हितों के अनुसार कार्य नहीं करता, अपितु वह पूँजीवादी व्यवस्था के पक्ष में कार्य करता है। [हेल्ड : 2000] अतः, राज्य पूँजीवादी व्यवस्था को बनाए रखने के लिए कभी-कभी पूँजीपति वर्ग के विरुद्ध भी निर्णय ले सकता है। [अलावी : 1972]

गांधीवादी दृष्टिकोण (Gandhian Perspective)

मोहनदास करमचंद गांधी (1869-1948) के विचारों में राज्य के प्रति अनेक प्रासंगिक मत हैं। राज्य के प्रति गांधीजी के दृष्टिकोण में अहिंसा का सिद्धांत तथा आधुनिकतावाद की आलोचना केंद्र में थे। गांधीजी राज्य की सजातीयता (homogeneity) स्थापित करने की प्रवृत्ति के आलोचक थे। उनका मानना था कि आधुनिक राज्य मतभेदों और विविधताओं के समावेश के विरुद्ध जाता है। गांधी के अनुसार, राज्य बल पर आधारित एक आत्माविहीन तथा हिंसक उपकरण है जो व्यक्तियों के हितों तथा महत्त्वाकांक्षाओं के विरुद्ध है।

इन कारणों से गांधी एक न्यून राज्य के समर्थक रहे। उनके अनुसार, राज्य की बढ़ती शक्ति व्यक्तियों के गुणों का नाश करती है। गांधी राजनीतिक प्राधिकार को एक लक्ष्य के बजाय एक साधन के रूप में देखते थे। गांधी की स्वायतत्ता की अवधारणा में नागरिक गणतंत्रवाद तथा उदारवाद, दोनों का संयोजन दिखता है। वे समानता, बल प्रयोग के निषेध तथा व्यक्तिगत जवाबदेही के आधार पर स्थापित राज्य के समर्थन में थे। [टेरचेक : 1998] व्यक्तियों के नैतिक मूल्य पर आधारित ऐसे राज्य को वास्तव में स्व-शासन की दिशा में जाते देखा सकता है। इस कारण गांधी को अराजकतावादी भी माना जाता है। सर्वोदय आंदोलन के माध्यम से राज्य-विहीन समाज की स्थापना हेतु गांधीजी के प्रयास आधुनिक राज्य की बढ़ती शक्ति के विरुद्ध एक क्रांतिकारी पहल थी। क्योंकि राज्य हिंसा पर आधारित था, अहिंसा के क्रियान्वयन के लिए राज्य-विहीन समाज की स्थापना को आवश्यक माना गया।

राज्य की भूमिका (Role of the State)

राज्य की विभिन्न भूमिकाओं के आधार पर राज्य के विभिन्न प्रकारों की बात की जा सकती है। यह प्रकार राज्य की वांछित भूमिका और दायित्वों पर आधारित हैं। ऐसी भूमिकाओं में नागरिक समाज के साथ राज्य के संबंध और हस्तक्षेप की सीमा के आधार पर विवेचना की जा सकती है। इस आधार पर राज्य के कुछ महत्त्वपूर्ण प्रकार निम्नांकित हैं।

(i) न्यून राज्य (minimal states); (ii) विकासात्मक राज्य (developmental states); (iii) सामाजिक-लोकतांत्रिक राज्य (social-democratic states); (iv) सर्वसत्तावादी राज्य (totalitarian states)

न्यून राज्य (Minimal States)

शास्त्रीय उदारवादियों के लिए न्यून राज्य एक आदर्श प्रारूप है जिसमें यह सुनिश्चित रहता है कि व्यक्तियों द्वारा जितना संभव हो उतनी स्वतंत्रता का उपभोग होता रहे। राज्य का यह प्रकार सामाजिक-संविदा के सिद्धांत पर आधारित है। इस परिप्रेक्ष्य के आधार पर राज्य का मूल्य उसकी नकारात्मक भूमिका पर निर्भर है जो मानव व्यवहार को इस प्रकार से बाधित करती है जिससे वे अन्य व्यक्तियों के अधिकारों और स्वतंत्रताओं का अतिक्रमण ना करें। अतः, राज्य की भूमिका संरक्षक मात्र की रह जाती है जिसका मौलिक कार्य समाज में शांति और सौहार्द को बनाए रखना है। ऐसी भूमिका व्यक्तियों द्वारा अधिकाधिक स्वतंत्रता के उपभोग को सुनिश्चित करती है। जॉन लॉक इस भूमिका की तुलना एक चौकीदार की भूमिका से करते हैं जिसे तब बुलाया जाता है जब व्यवस्थित अस्तित्व पर खतरा हो।

अतः, इस दृष्टिकोण से राज्य के तीन प्रमुख कार्य रहते हैं। पहला, आंतरिक व्यवस्था को बनाए रखना। दूसरा, व्यक्तियों के बीच हुए समझौतों और संविदाओं के लागू होने को सुनिश्चित करना। तीसरा, बाह्य हमलों से सुरक्षा प्रदान करना। जैसा पिछले भाग में बताया गया है, नव-दक्षिणपंथ इसी न्यून राज्य का पक्षधर है। इस दृष्टिकोण से यह माना जाता है कि आर्थिक, सामाजिक, सांस्कृतिक तथा नैतिक दायित्व व्यक्तियों के पास रहते हैं और इसी कारण नागरिक समाज का हिस्सा होते हैं।

विकासात्मक राज्य (Developmental States)

विकासात्मक राज्य औद्योगिक संवृद्धि और आर्थिक विकास को बढ़ावा देने के विशेष प्रयोजन से अर्थव्यवस्था में हस्तक्षेप करता है। यह बाज़ार का स्थान लेने के लिए नहीं किया जाता बल्कि राज्य और आर्थिक समुदायों के बीच सहभागिता बढ़ाने के उद्देश्य से किया जाता है। जापान जैसे देश विकासात्मक राज्य के मुख्य उदाहरण हैं जहाँ सरकार का वाणिज्य संबंधित मंत्रालय निजी निवेश के निर्णयों को आकार प्रदान करते हुए जापान की अर्थव्यवस्था को अंतर्राष्ट्रीय प्रतिस्पर्धा के पटल पर खड़ा करता है। राष्ट्र हित के लिए आर्थिक योजनाओं को तैयार करना और सहभागिता के माध्यम से अर्थव्यवस्था को आगे बढ़ाना ऐसे राज्यों की प्रमुख भूमिका रहती है। आर्थिक भूमंडलीकरण के बाद से कई राष्ट्र इस विकासात्मक तथा प्रतिस्पर्धात्मक भूमिका को अपनाने लगे हैं।

सामाजिक-लोकतांत्रिक राज्य (Social-Democratic States)

जहाँ विकासात्मक राज्य आर्थिक प्रगति को बढ़ावा देने के लिए हस्तक्षेप करते हैं, सामाजिक-लोकतांत्रिक राज्य हस्तक्षेप के माध्यम से सामाजिक पुनर्गठन का ध्येय रखते हैं। यह पुनर्गठन सैद्धांतिक रूप से समता, समानता और निष्पक्षता पर आधारित रहता है। जबकि

कुछ राज्य विकासात्मक तथा सामाजिक-लोकतांत्रिक, दोनों भूमिकाओं का निर्वहन करते हैं। कुछ उदाहरणों में इन दोनों भूमिकाओं को अंतर्विरोधी माना गया है। सामाजिक उत्थान का मामला साम्यवाद और समाजवाद से जुड़ा है जो मूल रूप से पूँजीवाद के विरोध के रूप में उभरा है। फिर भी, यह कहना गलत नहीं होगा कि पूँजीवादी उदारवादी लोकतांत्रिक राज्य भी सामाजिक समता और पुनर्गठन की आवश्यकता को मानने लगे हैं। जैसा कि हेवुड कहते हैं, सामाजिक-लोकतांत्रिक राज्य आधुनिक उदारवादियों और लोकतांत्रिक समाजवादियों, दोनों के लिए एक आदर्श व्यवस्था माना जाने लगा है। [हेवुड : 2013] प्रगति और प्रभावी शासन के साथ न्याय का मुद्दा जुड़ता चला गया है।

सर्वसत्तावादी राज्य (Totalitarian States)

हस्तक्षेपी राज्य का सबसे चरम प्रकार सर्वसत्तावादी राज्य में प्रत्यक्ष होता है। सर्वसत्तावादी राज्य मानव जीवन के हर पहलू में हस्तक्षेप करता है। सर्वसत्तावादी राज्य ना केवल अर्थव्यवस्था, बल्कि शिक्षा, संस्कृति, धर्म, परिवार, इत्यादि को भी राज्य के सीधे नियंत्रण में ले कर आता है। हन्ना आरेंट की द *ऑरिजिंस ऑफ टोटैलिटेरियनिज़्म* (1958) सर्वसत्तात्मकतावाद की अवधारणा तथा सिद्धांत में सबसे प्रभावशाली कार्य है। आरेंट की सर्वसत्तात्मकतावाद की संकल्पना बहुव्यापक समाज (mass society) के सिद्धांत पर आधारित है जिसमें युद्ध के विध्वंसकारक प्रभाव के कारण पारंपरिक बंधन और मध्यवर्ती संगठन एवं निष्ठा नष्ट हो चुके हैं। आरेंट का मानना है कि ऐसी परिस्थितियों में पृथक्कृत (isolated) व्यक्ति एक नई निष्ठा द्वारा संगठित होने के लिए सुभेद्य रहता है। यह पूर्ण निष्ठा का एक अनुबंध होता है जहाँ हिटलर जैसे करिश्माई नेता के प्रति दासता आती है। ऐसे नेता जनसमूह को भ्रमित कर केंद्रीकृत नियंत्रण की प्रणाली निर्मित कर सकते हैं जो बड़े पैमाने पर राज्य आतंक के माध्यम से अपने सभी विरोधियों पर शासन तथा उन्हें अपने अधीन कर लेता है। [आरेंट : 1958]

आरेंट की रचना के कुछ वर्ष बाद मूल रूप में प्रकाशित एक प्रभावपूर्ण अध्ययन में कार्ल फ्रेडरिक और इजबिग्निय ब्रिजिन्सकी सर्वसत्तात्मक व्यवस्था की निम्नलिखित प्रमुख विशेषताएं बतलाते हैं : (i) एक सर्वसत्तात्मक विचारधारा का होना जो अपनी उपयुक्तता में सार्वभौमिक होने का दावा करती है। साथ ही यह विचारधारा व्यक्ति और राज्य के जीवन पर शासन हेतु एक "सच्चा" सिद्धांत होने का भी दावा करती है; (ii) तानाशाही के नेतृत्व में एक एकल बहुव्यापक दल; (iii) राज्य आतंक की व्यवस्था जिसका प्रमुख उपकरण गुप्त पुलिस है; (iv) संचार व्यवस्था पर पूर्ण नियंत्रण; (v) सेना तथा सैन्य शस्त्रास्त्र के नियंत्रण पर एकाधिकार; तथा (vi) अर्थव्यवस्था पर केंद्रीकृत नियंत्रण। [फ्रेडरिक और ब्रिजिन्सकी : 1956] फ्रेडरिक और ब्रिजिन्सकी तथा आरेंट के बीच अंतर का प्रमुख बिंदु यह है कि आरेंट सर्वसत्तात्मक सार्वभौमिक विचारधारा को शासन की सर्वसत्तात्मक व्यवस्था के अत्यावश्यक घटक के रूप में नहीं देखती हैं। साथ ही आरेंट सर्वसत्तात्मक शासन के उपकरण के रूप में निरंकुश आतंक की भूमिका पर ज्यादा बल देती हैं। [विल्किन्सन : 2007]

तथापि, फ्रेडरिक और ब्रिजिन्सकी की अवधारणा में यह अंतर्निहित है कि एक वस्तुतः सर्वसत्तात्मक शासन मात्र एक औद्योगीकृत तथा आधुनिक संचार एवं प्रौद्योगिकी के उच्च

स्तर वाले सापेक्षिक रूप से एक विकसित देश में ही व्यवहार्य है। यह तर्क किया जा सकता है कि फ्रेडरिक और ब्रिजिन्सकी के प्रतिमान में अंतर्निहित संचार और जानकारी के प्रवाह पर नियंत्रण का स्तर प्रौद्योगिकी में इंटरनेट जैसी हाल की प्रगति के प्रकाश में अब व्यवहार्य नहीं रहा। नई प्रौद्योगिकी राज्य की शक्ति को चुनौती देने के लिए एक शक्तिशाली अस्त्र बन चुकी है। [विल्किन्सन : 2007]

मौजूदा परिदृश्य में राज्य (State in the Present Scenario)

उपरोक्त विवेचना में दर्शाया गया है, राज्य की भूमिका परिवर्तनीय रही है। मौजूदा परिदृश्य और वैश्विक महामारी के संदर्भ में भूमंडलीकरण के बदलते आयाम सामने आए हैं। यह कहना अतिशयोक्ति नहीं कि राज्यों की प्रकृति में एक ऐसा पड़ाव आया है जहाँ से वापस लौटना संभव नहीं होगा। एक ओर, राज्य अपनी सीमाओं पर नवीनीकृत नियंत्रण लाने की दिशा में अग्रसर हो रहे हैं। दूसरी ओर, कोविड महामारी के कारण राज्य निगरानी के ऐसे उपकरणों का बेधड़क प्रयोग करने के लिए बाध्य हैं जो निश्चित ही सर्वसत्तावाद की ओर बढ़ने के संकेत देता है। राज्यों द्वारा आत्मनिर्भरता तथा आर्थिक स्वावलंबन पर बल दिया जाना भूमंडलीकरण पर पुनर्विचार के परिचायक हैं। साथ ही, यह संभव है कि प्रौद्योगिकी का विस्तार इस प्रकार हो जाए कि राज्य अपने सभी नागरिकों पर, उनकी अप्रत्यक्ष सहमति के साथ निगरानी के सामान्यीकरण की ओर बढ़ने लगे। [हरारी : 2020] सुरक्षा और उत्तरजीविता के प्रश्नों ने राज्य की प्रकृति और प्रवृत्ति, दोनों को समय -समय पर दिशा प्रदान की है। संभव है कि मौजूदा परिदृश्य राज्य की प्रवृत्ति में एक बड़ा बदलाव लाते हुए सर्वसत्तावादी राज्य का सामान्यीकरण कर दे। साथ ही, यह सुरक्षा राज्य के प्रति लोक-सम्मति को भी सुगम बनाने की क्षमता रखता है। ऐसी स्थिति अवांछनीय किंतु अपिहार्य हो सकती है।

निष्कर्ष (Conclusion)

राज्य की विविध परिभाषाओं और प्रकारों के आधार पर यह स्पष्ट है कि इसे एक परिभाषा से बांधा नहीं जा सकता। राज्य और नागरिक समाज के बीच के संबंध, राज्य द्वारा हस्तक्षेप करने अथवा ना करने की सीमा, विधि सम्मतता का आधार, इत्यादि विवेचनाओं के माध्यम से यह भी स्पष्ट है कि राज्य कोई स्थायी इकाई नहीं है। राज्य के उदय के ऐतिहासिक परिप्रेक्ष्य ने यह दर्शाया कि किस प्रकार मौजूदा आधुनिक राज्य अस्तित्व में आया। अनेक सैद्धांतिक उपागमों ने राज्य की भूमिका को बढ़ाने अथवा कम करने की बातें की हैं। भूमंडलीकरण के संदर्भ में कुछ अध्येताओं का मानना है कि राज्य की प्रासंगिकता कम होती जा रही है। किंतु ऐसा निष्कर्ष निकालना एक गंभीर त्रुटि होगी कि राज्य लुप्त हो सकता है। हालांकि अन्य गैर-राज्य इकाइयां अधिक दृष्ट होने लगी हैं, किंतु राज्य ने अपना महत्त्वपूर्ण स्थान अभी छोड़ा नहीं है। सैद्धांतिक दृष्टिकोण से राज्य की आलोचना करने वाले भी राज्य की भूमिका को नकार नहीं सकते। मौजूदा आधुनिक राज्य को पूँजीवाद द्वारा नियंत्रित माना जाने लगा था। किंतु हाल के वर्षों में सुरक्षा राज्य के उदय ने यह स्पष्ट कर दिया है कि राज्य केवल नकारात्मक भूमिका नहीं अदा करता। राज्य के पास अंतिम निर्णय का अधिकार आज भी

सुरक्षित है : भले ही वह समता के आधार पर सामाजिक उत्थान के लिए हो अथवा सुरक्षा के नाम पर अधिकारों के दमन के लिए हो।

अभ्यास प्रश्न (Practice Questions)

1. राज्य की सापेक्षिक स्वायतत्ता का क्या अभिप्राय है? यह विचार राज्य की उपकरणवादी व्याख्या से किस प्रकार भिन्न है?
2. निरंकुश राज्य व्यवस्था में आधुनिक राष्ट्र राज्य के आरंभ की नींव रखी गई थी। टिप्पणी कीजिए।
3. गांधी किन कारणों से न्यून राज्य के समर्थक रहे?
4. सुरक्षा राज्य की नारीवादी आलोचना समकालीन राज्य व्यवस्था के संदर्भ में किस हद तक प्रासंगिक है?

संदर्भ सूची (References)

अलावी, हमजा, (1972), "द स्टेट इन पोस्ट-कोलोनियल सोसाइटीज : पाकिस्तान एंड बांग्लादेश", *न्यू लेफ्ट रीव्यू*, 1/74।

आरेंट, हन्ना, (1958), द *ऑरिजिन्स ऑफ टोटैलिटेरियनिज़्म*, न्यूयॉर्क : हार्कोर्ट, ब्रेस एंड कंपनी।

डाह्ल, रॉबर्ट, (1961), हू *गवर्न्स?: डेमोक्रेसी एंड पावर इन ऐन अमेरिकन सिटी*, न्यूहैवेन, कनेक्टिकट : येल यूनिवर्सिटी प्रेस।

फ्रेडरिक, कार्ल, और ब्रिजिन्सकी, इजबिग्निय, (1956), *टोटैलिटेरियन डिक्टेटरशिप एंड ऑटोक्रेसी* हार्वर्ड : हार्वर्ड यूनिवर्सिटी प्रेस।

गैल्ली, डब्लू.बी., (1956), "एस्सेंशियली कंटेस्टेड कंसेप्ट्स", *प्रोसीडिंग्स ऑफ द ऐरिस्टोटेलियन सोसाइटी*, खंड 56: 167-198।

हरारी, युवाल नोआह, (2020), "द वर्ल्ड आफ्टर कोरोना वायरस", *फाइनेंशियल टाइम्स*, 20 मार्च 2020, यूआरएल: https://www.ft.com/content/19d90308-6858-11ea-a3c9-1fe6fedcca75 (ऐक्सेस की तिथि: 10 जुलाई 2020)

हेल्ड, डेविड, (1992), "द डेवलपमेंट ऑफ द मॉडर्न स्टेट", स्टुअर्ट हॉल एवं ब्रैम जीबेन (सं.), *फॉर्मेशन ऑफ मॉडर्निटी : अंडरस्टैंडिंग मॉडर्न सोसाइटीज - ऐन इंट्रोडक्शन*, बुक 1, कैंब्रिज: पॉलिटी प्रेस।

हेल्ड, डेविड, (2000), *पॉलीटिकल थ्योरी एंड द मॉडर्न स्टेट : एस्सेज ऑन स्टेट, पावर, एंड डेमोक्रेसी*, कैम्ब्रिज: पॉलिटी प्रेस।

हेवुड, ऐन्ड्रयू, (2013), *पॉलिटिक्स*, चौथा संस्करण, हैम्पशायर और न्यूयॉर्क: पैल्ग्रेव मैकमिलन।

लिंडब्लॉम, चार्ल्स, (1980), *पॉलिटिक्स एंड मार्केट्स*, न्यूयॉर्क : बेसिक बुक्स।

पोगे, जियानफ्रैन्को, (1978), द *डेवलपमेंट ऑफ द मॉडर्न स्टेट : अ सोशियोलॉजिकल इंट्रोडक्शन*, स्टैनफर्ड : स्टैनफर्ड यूनिवर्सिटी प्रेस।

टेरचेक, रोनाल्ड जे., (1998), *गांधी: स्ट्रगलिंग फॉर ऑटोनॉमी*, लंदन : रोमैन एंड लिटलफील्ड।

टिल्ली, चार्ल्स, (1975), "रिफ्लेक्शन ऑन द हिस्ट्री ऑफ यूरोपियन स्टेट-मेकिंग", टिल्ली, चार्ल्स (सं.) द *फॉर्मेशन ऑफ नेशनल स्टेट्स इन वेस्टर्न यूरोप*, प्रिंसटन: प्रिंसटन यूनिवर्सिटी प्रेस।

विल्किन्सन, पॉल, (2007), *इंटरनेशनल रिलेशंस : अ वेरी शॉर्ट इंट्रोडक्शन*, ऑक्सफोर्ड : ऑक्सफोर्ड यूनिवर्सिटी प्रेस।

यंग, आइरिस मेरियन, (2003), "द लॉजिक ऑफ मैस्कुलीनिस्ट प्रोटेक्शन : रिफ्लेक्शन ऑन द करेंट सिक्योरिटी स्टेट", *साइंस*, 29 (1): 1-25।

अध्याय 15

लोकतंत्र
Democracy

संजीव कुमार

प्रस्तावना (Democracy)

लोकतंत्र के बारे में बहुत-सी अंतर्विरोधी अवधारणाएँ प्रचलित हैं और इसके बहुत से अर्थ बताए जाते हैं। इस अवधारणा को अधिक स्पष्ट और सटीक रूप में प्रस्तुत करने के लिए प्रतिष्ठित अमेरिकी राजनीतिक सिद्धांतकार रॉबर्ट डाहल ने इसे "बहुतंत्र" (polyarchy) की संज्ञा दी है। इस अध्याय में लोकतंत्र के बारे में प्रचलित विभिन्न अंतर्विरोधी अवधारणाओं को समझने का प्रयास किया गया है। लोकतंत्र की इस परिचर्चा में यद्यपि लोकतंत्र को निर्वाचन क्षेत्र से परे जाकर समझने का प्रयास किया गया है फिर भी राजनीतिक संस्थाओं को इस रूप में शामिल किया गया है कि इनसे नागरिकों की यथास्थितियां प्रभावित होती हैं। साथ ही सामाजिक संदर्भों जिनके अभाव में राजनीतिक स्वतंत्रता और समानता के आधार महज औपचारिकता भर न रह जाएं उसको भी लोकतंत्र की विस्तृत परिभाषा में शामिल किया गया है। अध्याय में निम्न बिंदुओं पर विशेष ध्यान दिया जाएगा: प्रथम खंड में, लोकतंत्र की विभिन्न अवधारणाओं व सिद्धांतों की समीक्षा द्वारा लोकतंत्र के महत्त्व को समझने का प्रयास किया जाएगा। साथ ही, लोकतंत्र के इतिहास की संक्षिप्त समीक्षा की जाएगी। दूसरे खंड में मुख्य रूप से चर्चा प्रक्रियात्मक लोकतंत्र और उसकी समालोचना पर केंद्रित होगी। प्रतिनिधित्व एवं भागीदारी तथा विमर्शी लोकतंत्र के मुद्दे पर अंतिम खंड में विस्तृत चर्चा की जाएगी।

लोकतंत्र की अवधारणा (Concept of Democracy)

शुरुआत लोकतंत्र को व्यापक रूप से समझने से करते हैं। लोकतंत्र (डेमोक्रेसी) शब्द की उत्पत्ति प्राचीन ग्रीक शब्द डेमोक्रेटिया (demokratia), डेमोस (demos) जिसका अर्थ "लोग" होता है तथा क्रेटोस (kratos) जिसका अर्थ "शक्ति" अथवा "शासन" होता है के योग से हुई। इस प्रकार इसे एक साथ जोड़ने पर लोकतंत्र (डेमोक्रेसी) का व्यापक शाब्दिक अर्थ "लोगों द्वारा शासन" होता है। इस प्रकार लोकतंत्र की मूल अवधारणा यह है कि लोगों को यह तय करने का अधिकार है कि उन पर किसका शासन होगा? आज "संवैधानिक

शासन", "प्रतिनिधि सरकार", "मौलिक अधिकार", "स्वतंत्रता", "न्याय" और "समानता" के अधिकार जैसी विशेषताएं एक लोकतांत्रिक राज्य को एक अलोकतांत्रिक राज्य से अलग पहचान देती हैं।

लोकतंत्र, राजनीतिक संस्थाओं और राजनीतिक आदर्शों दोनों का ही समुच्चय है। लोकतंत्र संज्ञा और विशेषण दोनों रूपों में प्रयोग किया जा सकता है। संज्ञा के रूप में प्रयोग किए जाने पर यह 'एक देश को कैसे संचालित किया जाना चाहिए' से संबंधित एक अमूर्त विचार है। इससे भी बढ़कर यह एक अति महत्त्वपूर्ण प्रतीक है, क्योंकि अमूर्त विचार अस्पष्ट होते हैं। इसलिए लोकतंत्र के विचार को मज़बूत बनाने के लिए उसका "राजनीतिक संस्थाओं" से जुड़ा होना आवश्यक है। तो फिर लोकतंत्र का मूल सिद्धांत क्या है? इसका मूल सिद्धांत स्व-शासन है: यह शब्द जिस ग्रीक शब्द "डेमोक्रेटिया" से आया है उसका अर्थ ही है लोगों (डेमोस) द्वारा शासन (क्रेटोस)। इस प्रकार, अपने शाब्दिक और सबसे समृद्ध अर्थ में लोकतंत्र सिर्फ जनता द्वारा शासकों का चुनाव नहीं बल्कि दोनों के बीच किसी भी अलगाव को नकारने को संदर्भित करता है। एक "आदर्श लोकतंत्र" स्व-शासन का वह प्रत्यक्ष शासन है जिसमें सभी नागरिक समानतापूर्वक एवं खुले विचार-विमर्श से सामूहिक निर्णयों को आकार देने में भागीदार बनते हैं। लेकिन वर्तमान में स्व-शासन नहीं बल्कि चुनी हुई सरकार ही शासन का मुख्य आधार है। आधुनिक लोकतंत्र एथेंस के प्राचीन लोकतंत्र के विपरीत प्रतिनिधिक एवं अप्रत्यक्ष लोकतंत्र है।

आज इस मत पर व्यापक सहमति है कि चुनावों में भागीदारी सभी वयस्क नागरिकों का हक होना चाहिए। लेकिन क्या हो यदि कानूनी तौर पर वोट देने के हकदार लोग गरीबी अथवा अज्ञानतावश अपने लोकतांत्रिक अधिकारों के ज्ञान से वंचित रह जाने पर वोट न दे पाएं? और उस लोकतंत्र के बारे में क्या कहा जाए जहाँ कुछ नागरिकों की राजनीतिक भागीदारी केवल कुछ वर्षों में चुनाव में मात्र एक वोट डालने तक ही सीमित है जबकि अन्य का राजनीतिक नेताओं से नियमित संपर्क रहता है? नागरिकों के भागीदारी के प्रश्न पर जोसेफ शुम्पीटर का मानना है कि निचले तबके के नागरिकों का दायित्व प्रतिनिधियों के निर्वाचन तक ही सीमित होता है जो लोकतंत्र की एक सीमित अवधारणा है, जबकि लोकतंत्र की एक व्यापक समझ निर्णय की उस सक्रिय भागीदारी पर केंद्रित है– जिसमें फैसला स्थानीय स्तर (local) एवं कार्यस्थल (पब्लिक डोमेन) [पैटमैन : 1970], जनमत संग्रह (referendum) [क्राउन : 1989] या पारस्परिक संवाद (deliberation) [फिस्किन : 1991] द्वारा निर्धारित होता है।

सी.बी. मैक्फर्सन (1977) ने 19वीं और 20वीं सदी में "उदार लोकतंत्र" के विकास को समझाने के लिए "लोकतंत्र के मॉडल" (models of democracy) का विचार प्रतिपादित किया। यह मॉडल सुरक्षात्मक (protective) (जेरेमी बेंथम), विकासात्मक (developmental) (जॉन स्टुअर्ट मिल), संतुलित (equilibrium) (जोसेफ शुम्पीटर) और सहभागी लोकतंत्र (participatory democracy) (मैक्फर्सन और केरोल पैटमैन) पर आधारित था। अपनी चर्चित पुस्तक *मॉडल ऑफ डेमोक्रेसी* (2006) में डेविड हेल्ड ने मैक्फर्सन के मॉडल का और विस्तार किया। उनके मॉडल में वे न्यायोचित सिद्धांत, प्रमुख राजनीतिक विशेषताएं और समाज की प्रकृति के बारे में धारणाएं शामिल हैं, जिनमें लोकतंत्र निहित होता है अथवा हो सकता है।

"लोकतांत्रिक सिद्धांत" में अक्सर पहचाने जाने वाले "लोकतंत्र" के मुख्य आधुनिक "मॉडल" निम्नलिखित हैं :

उदार प्रतिनिधिक मॉडल, जो व्यक्तिगत स्वतंत्रता पर बल देता है। (अपने हितों और इच्छाओं के अनुसार कार्य करने के लिए; इसे उनके मुक्त रूप से वोट दे पाने के उदाहरण के रूप में व्यक्त किया जा सकता है।) प्रतिनिधित्ववादी लोकतांत्रिक संरचनाएं (संसदीय प्रणालियों से आयातित) और वह अल्पतम राज्य (यदि मान्य हो) जो अपने नागरिकों की व्यक्तिगत स्वायतत्ता के लिए प्रतिबद्ध हो।

1. **सामाजिक लोकतांत्रिक मॉडल :** कुछ उदार लोकतांत्रिक संरचनाओं और प्रक्रियाओं के साथ काम करता है, लेकिन आर्थिक प्रक्रियाओं पर लोकतांत्रिक नियंत्रण के लिए सामाजिक एकजुटता और संस्थागत संरचनाओं के विकास पर एक साथ ज़ोर देता है।
2. **मार्क्सवादी/समाजवादी "प्रतिनिधिक" मॉडल :** जो औपचारिक लोकतंत्र के बजाय तात्विक लोकतंत्र जो सामाजिक और आर्थिक विषमताओं के समकरण पर बल देता है।
3. इन "मानक मॉडल्स" के अलावा, लोकतंत्र के मॉडल की एक पूरी शृंखला की परिकल्पना की गई है।
4. **सहभागी लोकतंत्र :** जो पदानुक्रमिक तथा उदार अभिजात्य प्रतिनिधित्व की लोकतांत्रिक प्रणालियों को चुनौती देता है। यह नागरिक सशक्तीकरण तथा नागरिकों की सक्रिय भागीदारी पर ज़ोर देता है चाहे वह नागरिक समाज, कार्य स्थल अथवा कोई सार्वजनिक निर्णय हो ।
5. **चरमपंथी लोकतंत्र :** लोकतांत्रिक राजनीति के गैर-पदानुक्रमिक और गैर-राज्य आधारित विवादास्पद रूपों पर ज़ोर देता है, और जो अक्सर सामाजिक आंदोलनों की पारस्परिक क्रियाओं पर केंद्रित होता है। (दलगत राजनीति से ऊपर)
6. **विमर्शी लोकतंत्र :** आधुनिक लोकतांत्रिक प्रणालियों में अधिक विचारशील तंत्र उत्पन्न करने के महत्त्व पर ज़ोर देता है। इस प्रकार लोकतांत्रिक शासन में नागरिकों के लिए न केवल एक बड़ी भूमिका का निर्माण होता है, बल्कि लोकतांत्रिक राज्य के अधिक प्रभावी और उत्तरदायी रूप का निर्माण भी होता है।
7. **लोकतंत्र के सर्वदेशीय मॉडल :** जो वैश्विक राजनीतिक दलों और कराधान के वैश्विक रूपों सहित विभिन्न नवीन तंत्रों के माध्यम से राज्यों के भीतर लोकतंत्र के किसी भी सार्थक अर्थ के रूप में वैश्विक स्तर पर राजनीति के लोकतंत्रीकरण करने की आवश्यकता पर ज़ोर देते हैं।

इन मॉडल्स के अलावा, नारीवादी, हरित (Green) और यहा तक कि इस्लामिक और लोकतंत्र के कन्फ्यूशियन (चीनी) विचारों के बारे में भी विभिन्न तर्क दिए गए हैं। [उदाहरण के लिए देखें, पैटमैन : 1989; सादिकी : 2004; बेल : 2006; और हम्फ्री : 2007] यह ध्यान रखने योग्य है कि इन विभिन्न मॉडल्स में समाज को संचालित करने, लोकतांत्रिक कार्यों और लोकतंत्र के आदर्श मानदंडों के बारे में महत्त्वपूर्ण विचार हैं? कई शिक्षाविदों और राजनीतिक कर्ताओं

का तर्क है कि लोकतंत्र एक सार्वभौमिक मूल्य है। [सेन : 1999] इतना ही नहीं, इसे केवल सार्वभौमिक पहुंच वाली लोकतंत्र की अवधारणा के रूप में नहीं बल्कि इसके उस अर्थ को लेना चाहिए जिससे इस अवधारणा को सार्वभौमिक बनाया गया है। हालांकि उदारवादी लोकतंत्र ने बीसवीं सदी [स्मिथ : 1994] में लोकतंत्र के विकास में एक महत्त्वपूर्ण भूमिका निभाई है। यह मॉडल शीत युद्ध के बाद और अधिक महत्त्वपूर्ण एवं प्रभुत्वशाली हो गया है।

लोकतंत्र का इतिहास (History of Democracy)

प्राचीन यूनानियों को लोकतंत्र के संस्थापक के रूप में जाना जाता है। लोकतंत्र की ऐतिहासिक उत्पत्ति की जड़ें 5वीं सदी ईसा पूर्व यूनान के प्राचीन नगर-राज्यों में मिलती हैं, एथेंस जिसका एक प्रमुख उदाहरण है । प्राचीन एथेंस में लोकतंत्र की उत्पत्ति 461 और 322 ई.पू. के मध्य हुई। एथेंस, प्राचीन यूनान का सबसे बड़ा पोलीस (नगर-राज्य) था। एथेंस की पोलीस का संचालन अरस्तू द्वारा निर्मित लोकतांत्रिक सिद्धांत "काम के बदले शासन" के आधार पर होता था। यह सिद्धांत नगर-राज्य की सभी सरकारी संस्थाओं पर लागू होता था। सभी नागरिक विधान-सभा की बैठकों, सरकारी परिषदों की सेवाओं और नागरिक पंचायतों में भाग ले सकते थे। प्राचीन यूनानी लोकतंत्र ने नागरिकों को अपने समुदाय की सामान्य भलाई के लिए सीधे शासन में भाग लेने के लिए समान अधिकार दिए। प्राचीन यूनान के लोकतंत्र में नागरिकों के व्यक्तिगत और निजी अधिकारों की कोई भावना नहीं थी। नागरिकों द्वारा बहुमत का नियम था, पोलीस के लोग नियम बनाने वाली संस्थाओं की सभाओं में सीधे तौर पर भाग ले सकते थे।

यूनानी लोकतंत्र के आदर्शों और उद्देश्यों का ब्यौरा प्रसिद्ध यूनानी राजनीतिज्ञ, पेरिकल के अंतिम संस्कार के भाषण में उल्लेखनीय रूप से व्यक्त किया गया है। यूनान की राजनीतिक ताकत और उसके महत्त्व को बढ़ाने वाले इस भाषण को थ्यूसिडाइडस ने लिपिबद्ध किया है :

> हमारे संविधान को लोकतंत्र कहा जाता है क्योंकि सत्ता किसी अल्पसंख्यक की नहीं बल्कि सभी लोगों की होती है। निजी विवादों को निपटाते समय कानून के सामने हर कोई समान है; जब सार्वजनिक जिम्मेदारी के पदों पर किसी एक व्यक्ति को दूसरे से पहले रखने का सवाल है, तो किसी एक विशेष वर्ग की सदस्यता नहीं है, बल्कि अमुक व्यक्ति की वास्तविक क्षमता मायने रखती है। इसलिए हमारी राजनीति में ऐसा नहीं है कि कोई गरीबी के कारण राज्य की सेवा से वंचित रह जाए। और, जिस तरह हमारा राजनीतिक जीवन स्वतंत्र और खुला है, उसी प्रकार हमारा दिन-प्रतिदिन का जीवन एक-दूसरे के साथ हमारे संबंधों में है। यहां का प्रत्येक व्यक्ति अपने निजी मामलों के साथ-ही-साथ राज्य के मामलों में भी रुचि रखता है: यहां तक कि जो व्यक्ति अपने निजी व्यवसाय में बहुत अधिक व्यस्त भी रहता है उसे भी सामान्य राजनीति की अच्छी-खासी जानकारी होती है। यह हमारी खासियत है: हम यह नहीं कहते हैं कि राजनीति में दिलचस्पी नहीं लेने वाला व्यक्ति एक ऐसा व्यक्ति है जो अपने व्यवसाय के बारे में सोचता है; हम कहते हैं कि उसका यहां कोई काम ही नहीं है। हम यूनानी लोग नीतियों के आधार पर हमारे निर्णय लेते हैं या उन्हें उचित चर्चा के लिए प्रस्तुत करते हैं; क्योंकि हम यह नहीं सोचते कि शब्दों

और कर्मों के बीच असंगति होती है; बल्कि बुरी स्थिति तो वह है कि नतीजों पर बहस से पूर्व ही काम को अंजाम दे दिया जाए......[थ्यूसिडाइडस : 1972]

पेरिकल एक ऐसे समुदाय का वर्णन करते हैं जिसमें नागरिक सामान्य जीवन के निर्माण और उसके परिष्कार की क्रियाओं में भाग ले सकते हैं। इस सिद्धांत के अनुसार, परिस्थितियां अथवा धन की कमी सार्वजनिक मामलों में नागरिकों की भागीदारी में कभी भी बाधा नहीं बनती है। सभी नागरिक आपस में मिलकर बहस करते हैं, निर्णय लेते हैं और नियमों का निर्माण करते हैं। सरकार का सिद्धांत प्रत्यक्ष भागीदारी का सिद्धांत है। और सरकार की खुद की प्रक्रिया पेरिकल्स द्वारा अनुशंसित "उचित चर्चा" पर आधारित है जो कि, स्वतंत्र और अप्रतिबंधित विमर्श है, जिसकी गारंटी संप्रभु विधानसभा (इस्कलेसिया) में बोलने के समान अधिकार द्वारा दी गई है। इसमें मान्यताओं, परंपराओं और नृशंस बल पर आधारित न होकर कानून, राज्य पूर्ण दोषरहित तर्क-वितर्क के आधार पर निर्मित होता है। राज्य के नियम नागरिकों के नियम हैं। इसीलिए पेरिकल्स कहते हैं, "नियम हम बनाते हैं"। यदि नियमों को आम-जीवन के ढांचे के अनुसार बनाया गया है तो यह वैध रूप से आज्ञाकारिता को स्थापित करता है।

इस प्रकार नियम एवं कानून संबंधी विचार, यथोचित प्रक्रियाएं और लोकतांत्रिक वैधता की आरंभिक और स्पष्ट झलक प्राचीन यूनान की राजनीति में मिलती है । एथेंस में राज्य और समाज के बीच कोई भेदभाव नहीं था, यहां शासन भी नागरिक-राज्यपालों द्वारा किया जाता था। नागरिक एक ही समय में राजनीतिक प्राधिकरण के एक अंग और सार्वजनिक नियमों और विनियमों के निर्माता भी थे। लोग(डेमोस) विधायी और न्यायिक कार्यों में संलग्न थे। यूनानी लोकतंत्र को नागरिक सदाचार के सिद्धांत के लिए एक सामान्य प्रतिबद्धता की आवश्यकता थी : नगर-राज्य के लिए समर्पण और सार्वजनिक एवं निजी मामलों की अधीनता। सार्वजनिक और निजी आपस में संबद्ध थे। इसके अलावा सभी नागरिक खुद की आवश्यकताओं को पूर्ण कर पोलीस के माध्यम से सम्मानपूर्वक जी सकते थे। हालांकि इस लोकतंत्र में सभी को नागरिकता प्राप्त नहीं थी, जिनमें मुख्य रूप से महिलाएं, गैर-प्रवासी और गुलाम शामिल थे।

आधुनिक लोकतंत्रः प्रक्रियात्मक लोकतंत्र का विचार
(Modern Democracy : The Idea of Procedural Democracy)

लोकतंत्र के अधिवक्ताओं के अनुसार, एथेनियन नगर-राज्य से बड़े और अधिक आबादी वाले "राष्ट्रों" के विकास ने "लोकतांत्रिक प्रतिनिधित्व" के सवाल पर नए सवाल उत्पन्न किए। [डाहल : 1989] इस बात की अब बहुत कम संभावना थी कि एक निश्चित आकार से बड़े देश के सभी लोग स्व-शासन में भाग ले सकें। "राजनीतिक प्रतिनिधित्व" इस समस्या को हल करता है, जिसमें नागरिकों के हितों का फैसला कुछ चुने हुए जन प्रतिनिधि द्वारा होता है। इस प्रकार आधुनिक लोकतंत्र का विचार प्राचीनकाल से आज काफी भिन्न है। अतीत की तरह, लोकतंत्र आज लोगों का, लोगों के लिए, लोगों द्वारा शासन है लेकिन आधुनिक लोकतंत्र में जनता "अप्रत्यक्ष रूप" से अपने निर्वाचित प्रतिनिधियों के माध्यम से सरकार को चुनती है, न कि सरकार सीधे लोगों द्वारा संचालित की जाती है, जैसा कि

प्राचीन समय में होता था। प्राचीनकाल में नागरिकता की सीमित परिभाषा के विपरीत, आज लोकतंत्र समावेशी है; किसी भी देश के लगभग सभी स्थायी निवासी नागरिक अधिकारों और विशेषाधिकारों को प्राप्त कर सकते हैं और इस तरह से राजनीति में अपनी भागीदारी का दावा कर सकते हैं। सबसे महत्त्वपूर्ण, आधुनिक लोकतंत्र बहुमत के शासन के साथ, अल्पसंख्यक अधिकारों के संरक्षण का काम पूरी प्रतिबद्धता से करने का दावा करता है।

आधुनिक लोकतंत्र में, नागरिक अथवा लोग स्वतंत्र, निष्पक्ष, सविरोध और नियमित रूप से होने वाले चुनावों के माध्यम से सरकार में प्रतिनिधि चुनते हैं। व्यावहारिक रूप से सभी वयस्कों को मतदान करने का अधिकार होता है और वे चुनावी प्रक्रिया में प्रतिनिधि के रूप में भी भाग ले सकते हैं। लोकतंत्र में रहने वाले सभी लोग अपनी सरकार के निर्णय को प्रभावित करने के लिए स्वतंत्र रूप से चुनाव में भाग ले सकते हैं। अल्पमत दलों के सदस्य सत्तारूढ़ दल की आलोचना और विरोध करने के साथ अगले चुनावों में जनमत को अपने पक्ष में कर शासन में अपना वैध अधिकार बना सकते हैं। अतः लोकतंत्र का तात्पर्य "लोकप्रिय संप्रभुता" से है जिसमें सरकार लोगों की सहमति और उसकी जवाबदेही से बनती है ।

वर्तमान समय का प्रामाणिक लोकतंत्र "संविधान" द्वारा निर्धारित है। यह सीमित सरकार का वह ढांचा है, जो नागरिकों के बोलने की स्वतंत्रता, प्रेस, याचिका, विधान सभा और संघों के अधिकारों की रक्षा की कानूनी गारंटी देता है। नागरिक सरकार में अपने प्रतिनिधियों का चुनाव करने और चुनाव के बीच की अवधि के दौरान उन्हें जवाबदेह ठहराने के लिए स्वतंत्र होते हैं। वे नागरिक समाज में अपनी निजता और विविधता को मुक्त रूप से व्यक्त कर सकते हैं। उनका यह निजी अधिकार क्षेत्र, (private domain) सरकार के नियंत्रण से बाहर होता है। एक विधिसम्मत संविधान लोगों के दैनिक जीवन में प्रभावी ढंग से कार्य करता है ताकि सरकार को मनमाने ढंग से कार्य करने से रोका जा सके।

संवैधानिकता (constitutionalism), सरकार में प्रतिनिधित्व (representation in government), और व्यक्तिगत स्वतंत्रता (individual liberty) का अधिकार, आधुनिक लोकतंत्र की मुख्य विशेषताएं हैं जो इसे एक गैर-लोकतंत्र से अलग करती हैं। संवैधानिकता, सीमित सरकार तथा संविधान आधारित कानून का शासन प्रदान करती है। लोकतंत्र में संवैधानिकता विशेष रूप से बहुमत के अत्याचार (tyranny of the majority) के नुकसान से बचाती है, जिससे अतीत और वर्तमान की लोकप्रिय सरकारें पीड़ित रहीं हैं। बहुसंख्यकों पर कुछ संवैधानिक प्रतिबंध लगाकर अल्पसंख्यकों के अधिकारों की रक्षा और लोकतंत्र में सबकी सहभागिता सुनिश्चित की जा सकती है। आज लोकतंत्र में न्याय के लिए यह एक आवश्यक शर्त है। इस प्रकार, संवैधानिकता और प्रतिनिधि सरकार का महत्त्व चुनावों के माध्यम से राष्ट्र के प्रत्येक व्यक्तियों चाहे वह अल्पसंख्यक हों या बहुसंख्यक, के लिए समान अधिकारों की गारंटी है। इस प्रकार, एक अप्रत्यक्ष या प्रतिनिधि लोकतंत्र में, स्वतंत्रता संवैधानिकता पर निर्भर करती है, जो किसी भी प्रकार के अत्याचार से रक्षा करने के लिए सरकार की शक्ति को सीमित और नियंत्रित करती है।

लोकतंत्र की एक "प्रक्रियात्मक" (procedural) उदार परिभाषा को स्वीकार करने की शुरुआत शुम्पीटर (1946) से हुई। 1940 के दशक में लेखन करने वाले शुम्पीटर का ध्यान

लोकतंत्र की अस्पष्ट और काल्पनिक छवियों पर विशेष रूप से केंद्रित था। इसे स्पष्ट करने के लिए उन्होंने मौजूदा लोकतांत्रिक प्रणालियों के स्पष्ट मानदंडों के विश्लेषण पर ज़ोर दिया। उन्होंने लोकतंत्र को सटीक लेकिन संकीर्ण रूप से परिभाषित करते हुए कहा– 'लोकतंत्र निर्वाचित नेताओं के लिए एक शासनतंत्र है'।

शुम्पीटर के अनुसार, लोकतंत्र को लोगों द्वारा लोकतांत्रिक 'शासन के किसी भी प्रत्यक्ष या अधिकतम रूपों के साथ जुड़े होने के बजाय', केवल 'उन पुरुषों के चुनाव' के रूप में देखा गया था जो निर्णय लेने वाले हैं। [शुम्पीटर : 1950 (1946), 296] एक बहुत ही सामान्य किंतु महत्त्वपूर्ण संदर्भ में लोकतंत्र का यह दृष्टिकोण काफी उदार था क्योंकि इसमें प्रत्येक व्यक्ति को मतदान करने का और चुनाव में खड़े होने का अधिकार प्राप्त था। इस प्रकार वह राजनीतिक प्रणाली में अपने हितों की रक्षा की तलाश कर सकता था। बाद में लोकतंत्र की प्रक्रियागत अवधारणा रॉबर्ट डाहल द्वारा विस्तृत रूप में प्रस्तुत और परिवर्धित की गई थी, जिसका बहुसूत्री शासन कार्य अब लोकतंत्र के आनुभविक अध्ययन के मुख्य मापदंडों को निर्धारित करता है।

रॉबर्ट डाहल (1989 : 2002) ने आमतौर पर जो स्वीकृत सूत्र प्रस्तुत किए हैं उनको वे "प्रक्रियात्मक न्यूनतम शर्तें" कहते हैं। और उनका मानना है कि आधुनिक राजनीतिक लोकतंत्र में इनकी उपस्थिति अनिवार्य है (उन्होंने इसे "बहुतंत्र" (Polyarchy) शासन कहा है)–

1. नीतियों से संबंधित सरकारी फैसलों पर नियंत्रण संवैधानिक रूप से निर्वाचित अधिकारियों के पास है।
2. निर्वाचित अधिकारियों को नियमित और निष्पक्ष रूप से आयोजित चुनावों में चुना जाता है जिसमें अपेक्षाकृत दबाव की गुंजाइश कम ही होती है।
3. व्यावहारिक रूप से सभी वयस्कों को अधिकारियों के चुनाव में मतदान करने का अधिकार है।
4. व्यावहारिक रूप से सभी वयस्कों को सरकार में निर्वाचित पदों पर खड़े होने का अधिकार है।
5. व्यापक रूप से परिभाषित राजनीतिक मामलों पर नागरिकों को गंभीर दंड के खतरे के बिना खुद को व्यक्त करने का अधिकार है।
6. नागरिकों को सूचना के वैकल्पिक स्रोतों की तलाश करने का अधिकार है। इसके अलावा, सूचना के वैकल्पिक स्रोत यदि मौजूद हैं तो कानून द्वारा उनके संरक्षण का अधिकार है।
7. नागरिकों को स्वतंत्र राजनीतिक दलों और हित समूहों सहित अपेक्षाकृत स्वतंत्र संघों या संगठनों को बनाने का भी अधिकार है।

लोकतंत्र से संबंधित ग्रंथों में लोकतंत्र के प्रकियावादी विश्लेषण का शायद सबसे अच्छा उदाहरण सैम्युअल हटिंग्टन की पुस्तक *थर्ड वेव* (1991) है, जिसमें हटिंग्टन ने लोकतंत्र की संकीर्ण प्रक्रियात्मक अवधारणा को बहुत ही विचारपूर्वक विश्लेषित किया है। लोकतंत्र के अर्थ पर विभाजनकारी प्रतिवादों से बचने के लिए, हंटिंगटन, शुम्पीटर की प्रक्रियात्मक

परिभाषा 'राजनीतिक निर्णयों पर पहुंचने के लिए संस्थागत व्यवस्था उपलब्ध है जिसमें व्यक्ति लोगों के वोट के लिए एक प्रतिस्पर्धी संघर्ष के माध्यम से निर्णय लेने की शक्ति प्राप्त करते हैं' को आगे बढ़ाता है। [हंटिंगटन 1991, 6-7 में उद्धृत] लोकतंत्र को परिभाषित करने में वह लोकतंत्र के दो प्रमुख पहलुओं को स्वीकार करता है, जिसे बाद में डाहल ने प्रतियोगिता और चुनावी भागीदारी द्वारा निर्धारित किया, और लोकतंत्र को निष्पक्ष, ईमानदार और आवधिक चुनाव के माध्यम से प्रतिनिधित्वात्मक प्रणाली के रूप में परिभाषित किया, जिसमें उम्मीदवार स्वतंत्र रूप से वोट के लिए प्रतिस्पर्धा करते हैं और जिसमें "लगभग सभी वयस्क" आबादी वोट देने के योग्य होती है। [हंटिंगटन : 1990, 6-7] तब उसके लिए लोकतंत्रीकरण 'एक सरकार का प्रतिस्थापन है जिसे [चुनावों के माध्यम से] एक मुक्त खुले और निष्पक्ष चुनाव में चुना गया था'। [हंटिंगटन : 1991, 9]

हाल के वर्षों में कई विद्वानों ने प्रक्रियात्मक तत्त्वों पर ध्यान केंद्रित करते हुए लोकतांत्रिक राजनीति के सांस्कृतिक संदर्भों पर महत्त्वपूर्ण रूप से ध्यान देना शुरू किया है। संकीर्ण रूप से प्रक्रियात्मक लोकतांत्रिक मॉडल से दूर हटने से उन समस्याओं के बारे में जागरूकता बढ़ी है जो कई राज्यों में "चुनावी लोकतंत्र" के विकास के बावजूद बनी हुई हैं। 20वीं सदी की शुरुआत में "सार्वभौमिक मताधिकार" ने नागरिकों के औपचारिक भागीदारी और लोकतांत्रिक अधिकारों को सुनिश्चित किया। लेकिन हाल के वर्षों में चुनावी लोकतंत्र की प्रक्रिया में मतदाताओं में उदासीनता बढ़ रही है। लोकतंत्र के बारे में चल रहे समकालीन विमर्शों में, लोकतंत्र में प्रतिनिधित्व और भागीदारी के प्रश्नों पर गहन चिंतन हो रहा है । यदि लोकतंत्र बड़े पैमाने पर भागीदारी नहीं करता है, तो क्या यह वास्तव में, "लोगों द्वारा लोगों की" सरकार हो सकती है? अथवा यह जनता के प्रतिनिधियों पर अधिक निर्भरता को दर्शाता है, जो एक सार्वजनिक संवैधानिक लोकतंत्र को बनाए रखने के लिए पर्याप्त रूप से सार्वजनिक चुनावों के माध्यम से नागरिकों द्वारा तय की जाती है? कौन-सी चीज़ एक समाज को लोकतांत्रिक बनाती है और हमें प्रतिनिधित्व और भागीदारी के बीच के संबंध को किस रूप में स्वीकार करना चाहिए? ये ऐसे कुछ सवाल हैं जिसपर अगले भाग में विस्तृत चर्चा होगी।

प्रतिनिधित्व और भागीदारी (Representation and Participation)

जैसे कि ऊपर चर्चा की गई है कि "प्रतिनिधि लोकतंत्र" मुख्य रूप से चुनाव में मतदान के अधिकार द्वारा नागरिकों की राजनीतिक भागीदारी को सुनिश्चित करता है । हालांकि, अपने वर्तमान रूप में प्रतिनिधि लोकतंत्र अक्सर "कुछ" (few) के द्वारा "कई" (many) के लिए ऐसे निर्णयों में प्रकट होता है, जिसमें जाने या अनजाने में अल्पमत से जुड़े नागरिकों (जाति, वर्ग, लिंग, आदि) के हितों का प्रतिनिधित्व न्यूनतम होता हैं।

जॉन रॉल्स और जर्गेन हैबरमास जैसे प्रमुख सिद्धांतकारों ने प्रक्रियाओं के महत्त्व को स्वीकार किया, लेकिन लोकतंत्र के एक न्यायसंगत औचित्य (normative justification) के लिए उन्हें अपने आप में अपर्याप्त माना है। रॉल्स के अनुसार, राजनीतिक समूह चुनावी क्षेत्र में अपरिहार्य हैं; हालांकि, उन्होंने यह भी माना कि एक लोकतंत्र जो केवल समूहों के बीच सौदेबाजी में संलग्न रहता है, एक न्यायपूर्ण समाज के लिए अनुपयुक्त है क्योंकि यह

नागरिकों को "बजाय आम हित के संकीर्ण या समूहवादी दृष्टिकोण" के लिए प्रेरित करता है। [रॉल्स : 1971, 360-61] हैबरमास की समालोचना इससे अधिक दूरगामी थी, जिसने शुम्पीटरियन यथार्थवाद के साथ प्रक्रियावाद की पहचान की जोकि नैतिक रूप से सामान्यत: एक संकीर्ण विधि थी। हैबरमास के लिए, हालांकि "कई दलों के बीच सार्वजनिक विवाद" लोकतांत्रिक निर्णय लेने के लिए एक आवश्यक शर्त है, वे "उचित गुणवत्ता" के साथ परिणामों की गारंटी नहीं देते हैं। [हैबरमास : 1988, 304] इसलिए, हैबरमास ने उन स्थितियों की पहचान करने का प्रस्ताव दिया जिनके तहत स्वायत्त विचार-विमर्श को लोकतांत्रिक प्रक्रियाओं के माध्यम से प्राप्त किया जा सकता है, जो तर्कसंगत रूप से आम सहमति की दिशा में एक रास्ता पेश कर सकता है।

हन्ना पिटकिन (1967) के अनुसार, प्रतिनिधित्व का लोकतंत्र के साथ एक संदेहास्पद संबंध है। दोनों विचारों में भिन्नता है, यहां तक कि इनकी उत्पत्ति भी परस्पर विरोधी है। लोकतंत्र का आगमन प्राचीन यूनान से हुआ जिसका विकास काफी संघर्षपूर्ण रहा। यूनान का लोकतंत्र सहभागी लोकतंत्र था जिसका प्रतिनिधित्व से कोई संबंध नहीं था। प्रतिनिधित्व का समावेश – एक राजनीतिक अवधारणा और अभ्यास के रूप में- मध्यकाल के पूर्वार्ध से हुआ, जब सम्राट द्वारा इसे कर्तव्य के रूप में लागू किया गया। अंग्रेजी गृह युद्ध और फिर 18वीं सदी की लोकतांत्रिक क्रांतियों के दौरान ये दोनों अवधारणाएँ आपस में जुड़ पाई। लोकतंत्रवादियों ने प्रतिनिधित्व को एक विस्तारित मताधिकार के साथ, लोकतंत्र को बड़ी संभावना के रूप में देखा। इसके विपरीत परंपरावादियों ने इसे लोकतंत्र में बाधक एक उपकरण के रूप में देखा।

हन्ना पिटकिन के लिए प्रतिनिधिक संबंध अर्थ और व्यवहार दोनों रूपों में काफी जटिल हैं। [पिटकिन : 1967] ये बड़े पैमाने पर कई प्रकार के राजनीतिक दलों, हित-समूहों और व्यावसायिक संगठनों द्वारा पोषित और मध्यस्तता से प्राप्त होते हैं। सार्वजनिक क्षेत्र और नागरिक सामाजिक संगठन द्वारा सार्वजनिक राय (public opinion) के विकसित होने से प्रतिनिधित्व के तंत्र न केवल नागरिकों की प्राथमिकताओं का ध्यान रख पाता हैं बल्कि उनका निर्माण और रूपांतरण भी करता है।

हन्ना पिटकिन ने निम्नलिखित चार प्रकार के प्रतिनिधित्व का वर्णन किया है–

1. अधिकृत (authorised) जहाँ एक प्रतिनिधि दूसरे के लिए कार्य करने के लिए कानूनी रूप से सशक्त है।
2. वर्णनात्मक प्रतिनिधित्व (descriptive representation) जहाँ प्रतिनिधि नस्ल, लिंग, जातीयता या निवास जैसी समान विशेषताओं को साझा करके एक समूह के लिए खड़ा होता है।
3. प्रतीकात्मक प्रतिनिधित्व (symbolic representation) जहाँ एक नेता राष्ट्रीय विचारों के लिए खड़ा है।
4. तात्विक प्रतिनिधित्व (substantive representation) जहाँ प्रतिनिधि एक समूह की नीति वरीयताओं और हितों को आगे बढ़ाना चाहता है।

पिटकिन के अनुसार, इनमें से प्रत्येक में अस्पष्टता और जटिलता है इसलिए इनकी विसंगतियों के बारे में सावधान रहना चाहिए। सर्वाधिक उल्लेखनीय पिटकिन द्वारा "वर्णनात्मक प्रतिनिधित्व"

को खारिज़ किया जाना है। वह विशेषताओं और कार्रवाई के बीच एक कड़ी की इसकी मुख्य धारणा को खारिज़ करती है। उनका मानना है कि "वर्णनात्मक प्रतिनिधित्व" पर ध्यान केंद्रित करने से "प्रतिनिधियों की कार्रवाई" पर ध्यान देने के बजाए उनकी "विशेषताओं" पर ध्यान चला जाता है।

सहभागिता लोकतंत्र (Participatory Democracy)

सहभागिता लोकतंत्र के सिद्धांतों का निर्माण करने वाले विद्वानों की ओर से उदार- प्रतिनिधित्व लोकतंत्र की आलोचना के प्रयास अधिक हुए हैं। [पैटमैन : 1970, बार्बर : 1984, मैक्फर्सन : 1977] सहभागिता लोकतंत्रवादियों के लिए प्रतिनिधित्व के मायने और उसमें शामिल अवधारणाएं अलग हैं, जैसे "सहभागिता की समानता" की अवधारणा। समान होना निष्क्रिय प्रवृत्ति नहीं दर्शाता, बल्कि, यह एक क्रिया है, अभ्यास है, गतिशीलता है। समान होने से मतलब है नागरिक का अपने अधिकारों के बारे में जागरूक होना और उसके महत्त्व के बारे सचेत होना और यह समझ होना कि अधिकारों के प्रयोग का अभ्यास ही उन्हें समान बनाता है। इसे केवल मतदान में समानता तक ही सीमित नहीं करना चाहिए। लोगों को निर्णय लेने में सहभागिता के सार्थक अवसर उपलब्ध होने चाहिए। केवल राजनीति व्यवस्था में ही नहीं बल्कि उनके दैनिक जीवन से जुड़ी संस्थाओं में भी जैसे विश्वविद्यालय, कार्यस्थल और परिवार। [पैटमैन : 1970] नागरिक अपने हित विभिन्न नगरीय सस्थानों से समझते और साधते हैं, जैसे हित समूह या इन्टरस्ट ग्रुप, राजनीतिक दल, नगरीय संगठन, गैर-सरकारी संगठन और आम नागरिक समूह। सहभागिता ही एक व्यक्ति को आम नागरिक में परिवर्तित करती है: राजनीतिक हितों, जनता के बीच उठते विमर्शों में शामिल समस्याओं और उनकी वरीयताओं का निर्धारण करने के लिए योग्य बनाती है। सहभागिता सिद्धांत सामाजिक वर्ग के जिस प्रारूप का समर्थन करता है वह सार्वजनिक समावेशन (popular inclusion) पर आधारित है। सामाजिक वर्ग में नागरिकों से सक्रिय सहभागिता की अपेक्षा रहती है।

सहभागितापूर्ण लोकतंत्र की सर्वप्रथम परिष्कृत व्याख्या केरोल पैटमैन की पुस्तक *पार्टिसिपेशन एंड डेमोक्रेटिक थ्योरी* (1970) से प्राप्त होती है। पैटमैन रूसो, जे.एस मिल, और जी.डी.एच. कोल के कार्यों को रेखांकित करते हुए सहभागितापूर्ण लोकतंत्र के सिद्धांत और संभ्रांत तथा बहुलतावादी सिद्धांत को आमने-सामने रखती हैं, और निष्कर्ष निकालती हैं कि सक्रिय सहभागिता नागरिकों को आत्म-विकसित बनाती है, साथ ही राजनीतिक योग्यता के बोध के साथ सकारात्मक मनोविज्ञान पैदा करती है। [1979 : पृ. 104-105] पैटमैन इसके अतिरिक्त यह भी तर्क देती हैं कि 'सहभागितापूर्ण समाज की धारणा में "राजनीतिक" शब्द में निहित संभावनाओं को राष्ट्रीय सरकार से बाहर भी विस्तार प्राप्त होना चाहिए।' [1970: 106] पैटमैन स्वीकार करती हैं कि इसमें संदेह है कि औसत नागरिक राष्ट्रीय स्तर पर लिए गए निर्णयों में उतनी ही रुचि रखे जितनी वह घर के आस-पास लिए गए निर्णयों में रखता। [1970 : पृ. 110] उनका कहना है इसलिए पहले हमें राजनीति के "स्थानीय" रूपों को बढ़ावा देना होगा जैसे कार्यस्थल, और "सार्वजनिक तथा निजी क्षेत्रों के बीच संपर्क को बढ़ावा देना" यह लोगों को सक्षम बनाने में प्रभावी हो सकता है। [1970 : 110]

बेंजामिन बार्बर (1984/2003) "प्रवृत्त नागरिक वर्ग द्वारा प्रत्यक्ष स्वशासन" [पृ. 261] की धारणा पर आधारित लोकतंत्र के उन्नत स्वरूप की स्थापना की वकालत करते हैं। बार्बर की दृष्टि पैटमैन की तुलना में अधिक व्यापक है, क्योंकि वे सहभागिता के सिद्धांत को केवल कार्यस्थल तक सीमित नहीं रखते। इसके प्रारूप के विस्तार में पूरे समाज को सम्मिलित करते हैं। उनका दावा है कि संशोधित प्रतिनिधि मंडल और संस्थाओं के विविध समूहों की स्थापना के माध्यम से उदार संस्थानों से लेकर जनमत संग्रह, मोहल्ला सभाओं, और इलेक्ट्रॉनिक नगर सम्मेलनों को व्यवस्था में शामिल किया जाए तो मजबूत लोकतंत्र प्राप्त किया जा सकता है। इस विषय का प्रतिपादन केरोल गूल्ड ने किया है। गूल्ड "लोकतंत्र के सिद्धांत का तात्विक पुनर्विचारण" का आग्रह करते हैं और कहते हैं "लोकतांत्रिक निर्णय केवल राजनीति पर लागू नहीं होने चाहिए बल्कि उनका विस्तार आर्थिक और सामाजिक जीवन तक भी होना चाहिए।" [पृ. 1] सी. मैक्फर्सन सहयोगितापूर्ण लोकतंत्र का सिद्धांत एक संसदीय या सम्मेलनात्मक ढांचे के माध्यम से व्यक्त करते हैं। [मैक्फर्सन : 1977, 114] मैक्फर्सन के अनुसार, सहभागितापूर्ण लोकतंत्र का लक्ष्य "अधिक न्यायपूर्ण और सहृदय समाज" [1977 : 94] के लिए कार्य करते हुए लोगों को आत्म-विकास करने के लिए सक्षम बनाना है। जहाँ पैटमैन ने कार्यस्थल में सहभागिता की बात उठाई, मैक्फर्सन पूर्व निर्मित पारंपरिक राजनीतिक संस्थानों के लोकतांत्रिकरण की बात करते हैं जो कि उनकी दृष्टि में उतने लोकतांत्रिक नहीं हैं जितने हो सकते हैं। तब सवाल यह रह जाता है कि आधुनिक जन समाज के चरित्र को देखते हुए इस लक्ष्य को कैसे हासिल किया जाए। मैक्फर्सन लिखते हैं, 'एक प्रकार की प्रतिनिधित्वकारी व्यवस्था का होना अनिवार्य है, पूर्णतया प्रत्यक्ष लोकतंत्र का नहीं'। [1977 : 95] इस प्रकार, मैक्फर्सन 'आधार में प्रत्यक्ष लोकतंत्र और ऊपरी प्रत्येक स्तर पर विचारात्मक लोकतंत्र वाली पिरामिडी व्यवस्था' (1977 : 108) के सिद्धांत का प्रतिपादन कर सहभागितापूर्ण लोकतंत्र के सिद्धांत में अपना योगदान सुनिश्चित करते हैं।

विमर्शी लोकतंत्र (Deliberative Democracy)

यह विचार कि वैध सरकार को "लोगों की इच्छा" को मूर्त रूप देना चाहिए, का एक लंबा इतिहास है और कई रूपों में दिखाई देता है। इस समृद्ध विरासत के प्राप्तकर्ता के रूप में "विमर्शी-लोकतंत्र" की अवधारणा जो पिछले दो दशकों में उभरी है, समकालीन राजनीतिक सिद्धांत के रोमांचक विकास को दर्शाती है। विमर्शी लोकतंत्र सिद्धांत एक "मानकीय सिद्धांत" है जो हमें लोकतंत्र को और सुदृढ़ करने और मानदंडों पर खरा न उतरने वाली संस्थाओं की आलोचना के लिए राह सुझाता है। विमर्शी लोकतंत्र को अपनाने का मुख्य लक्ष्य है- नागरिक सहभागिता में वृद्धि, परिणाम बेहतर हों, और अधिक विश्वस्त लोकतांत्रिक समाज बने। विशेष रूप से, यह लोकतंत्र के सामूहिक और यथार्थवादी मॉडलों की तुलना में बहुलतावाद से निपटने के लिए अधिक उपयुक्त और वास्तविक लोकतांत्रिक ढंग होने का दावा करता है। इस प्रकार, यह उदार व्यक्तिवादी या लोकतंत्र की आर्थिक समझ से अलग दायित्व और विचार-विमर्श की संकल्पना पर आश्रित दृष्टि से आरंभ होता है।

विमर्श-केंद्रित लोकतांत्रिक सिद्धांत मत-केंद्रित लोकतांत्रिक सिद्धांत को प्रतिस्थापित करता है। मत-केंद्रित दृष्टि लोकतंत्र को रणभूमि के रूप में देखती है जिसमें स्थित प्राथमिकताओं और हितों की प्रतिस्पर्धा संग्रह की निष्पक्ष प्रणाली के माध्यम से होती है। इसके विपरीत विचारशील लोकतंत्र मतदान से पहले अभिमतों और आकांक्षाओं की *संवादात्मक प्रक्रिया* पर केंद्रित होता है। वैधानिकता के संकल्पनात्मक मूल के रूप में दायित्व, सहमति को प्रतिस्थापित करता है। एक वैधानिक राजनीतिक आदेश वह है जो उसके कानून के तहत आने वाले सभी लोगों के लिए न्यायोचित हो सके। इस प्रकार, दायित्व को प्राथमिक तौर पर किसी "जिम्मेदारी" के तौर पर देखा जाता है, जो कि सार्वजनिक रूप से संबद्ध, व्याख्यायित और सबसे महत्त्वपूर्ण सार्वजानिक नीतियों से सुसंगत हों। सहमति (या निःसंदेह, मतदान) विलुप्त नहीं हो जाता, बल्कि संग्रहात्मक मॉडल की तुलना में विचारशील लोकतांत्रिक मॉडल में इसे और जटिल एवं समृद्ध स्वरूप प्रदान किया जाता है। हालांकि विचारशील लोकतंत्र के सिद्धांतकारों में मतभेद है कि वे मौजूदा प्रतिनिधि संस्थानों के रूप में कितने महत्त्वपूर्ण हैं, विचारशील लोकतंत्र को सामान्यतया प्रतिनिधिक लोकतंत्र के विकल्प रूप में नहीं देखा जाता है, बल्कि इसे प्रतिनिधिक लोकतंत्र के एक विस्तार के रूप में देखा जाता है। [चैंबर्स 2003]

विस्तृत रूप में, लोकतंत्र की चार मुख्य विशेषताएं शामिल हैं–

1. मुक्त जन समूह, जिसमें नागरिकों के बीच स्वतंत्र रूप से विचार-विमर्श और वाद-विवाद संभव हो सके; जिसमें नागरिक संगठन, सामाजिक आंदोलन, साझा-हित समूह, मीडिया और जनमत को विन्यासित और निर्धारित करने वाले क्षेत्र शामिल होंगे।
2. क्रियाविधियों का समुच्चय, यह सुनिश्चित करने के लिए कि सामूहिक मंत्रणा सभी प्रतिभागियों के लिए न्यायोचित, समान और निष्पक्ष है;
3. मंत्रणा या परिचर्चा तर्कमूलक, तर्कसंगत रूप में आयोजित हो, और महत्त्वपूर्ण सार्वजानिक हितों को साधती हो; और
4. सरकार इन सर्वसम्मतियों को कानून और नीतियों में परिवर्तित करे।

इस प्रकार, विमर्शी लोकतंत्र स्वतंत्र, समान और तार्किक विमर्शों के सार्वजनिक क्षेत्र के बीच एक मजबूत संबंध बनाता है और अधिक संगठित विचारशील राजनीतिक संस्थानों का निर्माण करता है। यह इस आधार पर टिका हुआ है कि यदि कोई वास्तविक लोकतांत्रिक सार्वजनिक स्थान है तो उसमें आम नागरिक विभिन्न मुद्दों पर सार्वजनिक संवाद में संलग्न हो सकते हैं। यह सरकारी संस्थानों को वैधता के बहुत उच्च स्तर पर रखता है। यदि वे अपने कानूनों और नीतियों को सार्वजनिक विचार-विमर्श की प्रक्रिया द्वारा निर्मित करते हैं, जिसमें नागरिक और प्रतिनिधि दोनों तर्कसंगत बहस में संलग्न हों और नैतिक-व्यावहारिक कारणों के मानदंडों का पालन करके अपने राजनीतिक पदों का औचित्य साबित करते हों, तो वे विचारशील लोकतंत्र मानदंडों को पूरा करते हैं। प्रमुख विचारशील सिद्धांतकारों में हैबरमास, साइला बेनहबीब, जेम्स बोमन, जॉन ड्रिजेक, जेम्स फिशकिन और मार्क वॉरेन शामिल हैं।

बेनहबीब और बर्नार्ड मैनिन राजनीतिक व्यवस्था और परिणामों को वैध बनाने के लिए विमर्शी लोकतंत्र को केंद्रीय रूप में देखते हैं, लेकिन बेनहबीब की वैधता तर्कसंगतता से जुड़ी

हुई है [1996 : 72], जबकि मैनिन के लिए विचार-विमर्श में समान भागीदारी वैधता प्रदान करती है। [1987 : 359, एंड सी एस्टलंड 1997 देखें: 177-81] जब भी अंतिम लक्ष्यों के बारे में विचारशील लोकतांत्रिक लोगों में मतभेद होते हैं, वे इस बात पर सहमत होते हैं कि, कम-से-कम एक अनुमानित लक्ष्य के रूप में, ईमानदारी से लोकतांत्रिक विचार-विमर्श नागरिकों को समान वस्तुओं पर आम सहमति बनाने के लिए प्रोत्साहित करेगा।

विमर्शी लोकतंत्र की चुनौतियां (Challenge of Deliberative Democracy)

कई सिद्धांतकार विमर्शी लोकतंत्र के सिद्धांतों के संबंध में निम्नलिखित संभावित समस्याओं पर विचार करते हैं। यदि केवल अभिव्यक्ति के कुछ निश्चित तरीके, तर्क के रूप और सांस्कृतिक शैली सार्वजनिक रूप से स्वीकार्य हैं, तो कुछ निश्चित नागरिकों की आवाज़ों को बाहर रखा जाएगा। यह बहिष्करण विचारशील प्रक्रियाओं के परिणामों की गुणवत्ता और वैधता को कम करेगा। इसके अलावा, विचार-विमर्श दूसरों के विचारों के आधार पर उचित, संगठनात्मक, समान और तार्किक बहसों द्वारा नागरिकों में विचारों के निर्माण की क्षमता देखता है। कुछ लोगों का तर्क है कि तुलनात्मक रूप से मनुष्य की क्षमता अधिक हो सकती है, या तो मानव स्वभाव के कारण या पहले से मौजूद सामाजिक असमानताओं और पूर्वाग्रहों के कारण। सामाजिक परिस्थितियां, जैसे पहले से मौजूद संरचनात्मक असमानताएँ, बहुलवाद, सामाजिक जटिलता, राजनीतिक सरोकारों का बढ़ता दायरा, और प्रभावित नागरिकों की अव्यावहारिकता आदि ऐसे कारक हैं जिनके कारण भी कुछ लोकतंत्र के विमर्शी रूप की व्यवहार्यता पर संदेह करते हैं।

अभ्यास प्रश्न (Practice Questions)

1. लोकतंत्र के उद्‌भव और विकास पर एक संक्षिप्त निबंध लिखिए।
2. प्रक्रियात्मक लोकतंत्र के महत्त्व और सीमाओं को रेखांकित करते हुए एक निबंध लिखिए।
3. सहभागिता लोकतंत्र क्या है? इसके महत्त्व की समीक्षा कीजिए ।
4. विमर्शी लोकतंत्र की अवधारणा क्या प्रक्रियात्मक लोकतंत्र के विचार को संवृद्ध बनाती है? विवेचना कीजिए ।

संदर्भ सूची (References)

बार्बर, बेंजामिन, (1984), *स्ट्रोंग डेमोक्रेसी : पार्टिसिपेटरी पॉलिटिक्स फॉर अ न्यू एज*, बर्कले: यूनिवर्सिटी ऑफ केलिफोर्निया प्रेस।

बेल, डैनियल ए., (2006), : *पॉलिटिकल थिंकिंग फॉर अ ईस्ट एशियाई कॉन्टेक्स्ट*, प्रिंसटनः प्रिंसटन यूनिवर्सिटी प्रेस।

केस्पर, जी. और टेलर, एम.ई.एम, (1996), *नेगोशिएटिंग डेमोक्रेसी*, पिट्सबर्ग, पिट्सबर्ग यूनिवर्सिटी प्रेस।

चेम्बर्स, सिमोन, (2003), *डेलीबेरेटिव डेमोक्रेटिक थ्योरी: एनुअल रिव्यु. पॉलिटिक्स* -। 6 : 307-26.

क्रिक, बर्नार्ड,(2002), *लोकतंत्र: अ वैरी शार्ट इंट्रोडक्शन*, ऑक्सफोर्ड, यू.के.: ऑक्सफोर्ड यूनिवर्सिटी प्रेस।

क्रोनिन, थॉमस ई., (1989), *डायरेक्ट डेमोक्रेसी : द पॉलिटिक्स ऑफ इनिशिएटिव, रेफरेनडम एंड रिकॉल*, कैंब्रिज मास, लंदन : हार्वर्ड यूनिवर्सिटी प्रेस।

डाहल , रॉबर्ट ए., (1998), *ऑन डेमोक्रेसी*, न्यू हेवन, कॉन : येल यूनिवर्सिटी प्रेस ।

गाउल्ड, केरोल सी., (1988), *रिथिंकिंग डेमोक्रेसी : फ्रीडम एंड सोशल कोऑपरेशन इन पॉलिटिक्स, इकॉनमी एंड सोसाइटी*, कैंब्रिज : कैंब्रिज यूनिवर्सिटी प्रेस।

डाहल, रॉबर्ट, (1957), *अ प्रीफेस टू डेमोक्रेटिक थ्योरी*, शिकागो : यूनिवर्सिटी ऑफ शिकागो प्रेस।

डाहल, आर.ए., (1971), *पोल्यार्ची, पार्टिसिपेशन एंड ओपो अपोजिशन*, न्यू हेवन, सीटी : येल यूनिवर्सिटी प्रेस।

डाहल, आर.ए., (1989), *डेमोक्रेसी एंड इट्स क्रिटिक्स*, न्यू हेवन, सीटी : येल यूनिवर्सिटी प्रेस।

डन, जॉन, (सं), (1992), *डेमोक्रेसी : द अनफिनिश्ड जर्नी, 508 ई.पू. टु 993 ए.डी.* (508 ईसा पूर्व से 1993 ईस्वी तक) ऑक्सफोर्ड : ऑक्सफोर्ड यूनिवर्सिटी प्रेस।

एलस्टर, जॉन (सं), (1998), *डेलीबेरेटिव डेमोक्रेसी*, कैंब्रिज: कैंब्रिज यूनिवर्सिटी प्रेस।

फिशकिन, जे.एस., (1991), *डेमोक्रेसी एंड डेलीगेशन : न्यू डायरेक्शन फॉर डेमोक्रेटिक रेफ्रोम्स*, न्यू हेवन, सीटी : येल यूनिवर्सिटी प्रेस।

गुटमैन, एमी और डेनिस थॉम्पसन, (2004), *वाइ डेलीबेरेटिव डेमोक्रेसी?* प्रिंसटन, एन.जे : प्रिंसटन यूनिवर्सिटी प्रेस।

हैबरमास, (1988), *बिटवीन फैक्ट्स एंड नोर्म्स कॉन्ट्रिब्यूशनस टू अ डिस्कोर्स थ्योरी ऑफ लॉ एंड डेमोक्रेसी*, विलियम रेहग द्वारा अनुवादित, एमआईटी प्रेस, कैंब्रिज, मैसाचुसेट्स।

हेल्ड, डी., (2006), *मॉडल्स ऑफ डेमोक्रेसी*, थर्ड एडिशन, कैंब्रिज: पॉलिटी प्रेस।

हम्फ्री, मैथ्यू, (2007), *इकोलॉजिकल पॉलिटिक्स एंड डेमोक्रेटिक थ्योरी : द चेंलेंजेस टू डेलीबेरेटिव आइडियल*, लंदन: और न्यूयॉर्क, रूटलेज।

हंटिंगटन, एस.पी. (1991), द *थर्ड वेव : डेमोक्रिटाइजेशन इन द लेट ट्वेंटीथ सेंचुरी*, नॉर्मन, ओके: यूनिवर्सिटी ऑफ ओक्लाहोमा प्रेस।

मैनिन, बर्नार्ड, (1997), द *प्रिंसिपल्स ऑफ रिप्रेजेंटेटिव गवर्नमेंट*, कैंब्रिज: कैंब्रिज यूनिवर्सिटी।

मैक्फर्सन, सी. बी.,(1977), द *लाइफ एंड टाइम्स ऑफ लिबरल डेमोक्रेसी*, ऑक्सफोर्ड: ऑक्सफोर्ड यूनिवर्सिटी।

री, गेरेंट और माइकल मोरन (सं), (1994), *डेमोक्रेसी एंड डेमोक्रिटाइजेशन*, रूटलेज: लंदन एंड न्यूयॉर्क।

पैटमेन .सी., (1970), *पार्टिसिपेशन एंड डेमोक्रेटिक थ्योरी*, कैंब्रिज : कैंब्रिज यूनिवर्सिटी प्रेस।

पटनम, पुतनाम, रॉबर्ट डी,(1993), *मेकिंग डेमोक्रेसी वर्क : सिविक ट्रेडिशन इन मॉडर्न इटली*, प्रिंसटन, एन.जे : प्रिंसटन यूनिवर्सिटी प्रेस।

रॉल्स, जॉन (1971), *ए थ्योरी ऑफ जस्टिस*, कैंब्रिज, एम. ए: हार्वर्ड यूनिवर्सिटी प्रेस, पृ. 360–61.

सदिकी, लार्ब. (2004), द *सर्च फॉर अरब डेमोक्रेसी : डिस्कोर्सेस एंड काउंटर- डिस्कोर्सेस.* न्यूयॉर्क: कोलंबिया यूनिवर्सिटी प्रेस।

सार्तोरी, जियोवनी (1987), द *थ्योरी ऑफ डेमोक्रेसी रीविसिटेड*, चथम, एन.जे .: चाथम हाउस।

सेन, अमर्त्य, (1999), "डेमोक्रेसी ऐज अ यूनिवर्सल वैल्यू", *जर्नल ऑफ डेमोक्रेसी* 10.3: 3–17।

शूम्पीटर, जोसेफ ए., 1950 (1942), *कैपिटलिज़्म, सोशलिज़्म एंड डेमोक्रेसी*, न्यूयॉर्क : हार्पर।

थ्यूसिडाइड्स, (1972), *हिस्ट्री ऑफ द पेलोपोनेसियन वॉर*, ट्रांसलेटेड बाई रेक्स वार्नर, विथ एन इंट्रोडक्शन एंड नोट्स बाई एम. आई. फिनले. हारमोंसवर्थ, इंग्लैंड; बाल्टीमोर, एमडी : पेंगुइन बुक्स।

टोकेविले, एलेक्सिस दे, (2000), *डेमोक्रेसी इन अमेरिका*, हार्वे मैंसफील्ड एंड डेल्बा विन्थ्रोप (सं). शिकागो: यूनिवर्सिटी ऑफ शिकागो प्रेस ।

यंग, आइरिस एम., (2000), *इन्क्लुसन एंड डेमोक्रेसी*, ऑक्सफोर्ड: ऑक्सफोर्ड यूनिवर्सिटी प्रेस।

अध्याय 16

शक्ति
Power

संजय शर्मा

प्रस्तावना (Introduction)

शक्ति राजनीति विज्ञान की एक महत्त्वपूर्ण संकल्पना है। शक्ति (power) राजनीतिक अध्ययन की एक विवादित संकल्पना भी है, जिस पर अलग-अलग विचार तथा राजनीतिक सिद्धांत हैं। शक्ति की एक संकल्पना के रूप में यात्रा अत्यंत वृहत है जो कि प्राचीनकाल में थ्यूसिडाइडस (Thucydides) से शुरू होते हुए वर्तमान में उत्तर-आधुनिकतावाद तक पहुंची है तथा अभी आगे भी जारी है। शक्ति की व्याख्या सामान्यत: "अ" के उस आदेश के रूप में की जाती है जो "ब" मानने को बाध्य होता है। यह शक्ति की शास्त्रीय व्याख्या है तथा इसमें शक्ति का निर्धारण करने वाले अन्य घटकों जैसे कि सामाजिक संरचना, मूल्य, तथा शक्ति के स्रोत इत्यादि का विशेष ध्यान नहीं रखा जाता।

शक्ति का अध्ययन करते हुए यह जानना आवश्यक है कि शक्ति स्वयं में न ही तो बुरी है और न ही अच्छी। यह एक निरपेक्ष संकल्पना है। शक्ति के प्रयोग के आधार पर ही इसे अच्छा या बुरा माना जाता है। यदि किसी समाज में वंचित वर्गों व व्यक्तियों के हित में शक्ति का प्रयोग किया जाता है तो इसे सशक्तीकरण (Power to) के रूप में जाना जाता है। उदाहरणत: महिलाओं को शिक्षा, रोजगार, समाज में पुरुषों के समान स्वतंत्रता, कन्या भ्रूण हत्या को अपराध की श्रेणी में रखना, पिछड़े वर्गों के लिए शिक्षा तथा रोजगार का प्रबंध, सामाजिक न्याय तथा समानता सुनिश्चित करना इत्यादि। शक्ति का प्रयोग यदि किसी व्यक्ति, वर्ग या समूह के विरोध में किया जाए तो इसे शक्ति आधिपत्य (power hegemony) के रूप में जाना जाता है। शक्ति को आधुनिक विचारकों द्वारा बाध्यकरण के रूप में देखा गया। किसी व्यक्ति, समूह या वर्ग को उसकी इच्छा के विरुद्ध बाध्य करना शक्ति का प्रयोग माना गया है। ऐतिहासिक विश्लेषण से शक्ति आधिपत्य के विभिन्न उदाहरण देखने को मिलते हैं। उदाहरणत: दास प्रथा, नस्ल-भेदभाव, महिलाओं का शोषण व जातिगत शोषण इत्यादि। शक्ति आधिपत्य व्यक्तियों की निर्णय-निर्माण की स्वतंत्रता को सीमित करता है। शक्ति आधिपत्य का एक उपयुक्त उदाहरण भारतीय समाज में जाति-व्यवस्था है। भारतीय समाज

में जाति-व्यवस्था एक बंद व्यवस्था है। इसे एक प्रदत्त व्यवस्था के रूप में भी जाना जाता है क्योंकि जाति-व्यवस्था कर्म पर आधारित न होकर जन्म पर आधारित है। जाति-व्यवस्था में विभिन्न जातियां मुख्यत: चार भागों- ब्राह्मण, क्षत्रिय, वैश्य व शूद्र में बंटी हुई हैं। यह चारों मुख्य जातियां पद-सोपान अनुसार व्यवस्थित हैं तथा एक जाति का दूसरी जाति में प्रवेश वर्जित है। इसके अतिरिक्त, प्रत्येक जातियों के एक-दूसरे से संबंध व आदान-प्रदान के नियम भी लगभग स्पष्ट हैं। वस्तुत: जाति-व्यवस्था व्यक्तियों के निर्णय-निर्माण की स्वतंत्रता को सीमित करती है। [दूबे, 2018 : 52-60] इस प्रकार शक्ति का प्रयोग शक्ति आधिपत्य तथा सशक्तीकरण दोनों अर्थों में किया जाता है।

शक्ति के विश्लेषण में यह भी एक पक्ष है कि शक्ति का प्रयोग कुछ अनचाहे प्रभाव भी छोड़ता है। विश्व में बहुत सारे जननेता, अभिनेता, कलाकार व खिलाड़ियों इत्यादि द्वारा अपने दर्शकों व प्रशंसकों (followers) पर अनचाहे प्रभाव छोड़े जाते हैं। इनके प्रशंसकों के द्वारा अपने पंसदीदा व्यक्ति के व्यक्तिव से प्रभावित होकर अपना पहनावा, खान-पान, भाषा व जीवन के अन्य तरीकों को बदल लिया जाता है। जबकि इस बदलाव के लिए व्यक्ति विशेष द्वारा कोई प्रयास या अपील नहीं की जाती।

शक्ति के प्रयोग के कई आधार हैं परंतु इसमें (i) बाध्यकारी नियम (coercieve) (ii) मनोवैज्ञानिक व (iii) आर्थिक आधार मुख्य है। शक्ति के प्रयोग का प्रथम आधार बाध्यीकरण है। यदि "ब" के द्वारा "अ" की आज्ञा का पालन न किया जाए तो "अ" द्वारा बाध्यीकरण का प्रयोग किया जा सकता है। [बरनेस : 1984] अंतर्राष्ट्रीय संबंधों में इसे राज्य द्वारा आर्थिक प्रतिबंध (economic sanctions) के रूप में देखा जा सकता है। अमेरिका द्वारा ईरान व उत्तरी कोरिया के विरुद्ध आर्थिक प्रतिबंध लगाए गए हैं जिससे कि यह दोनों अपने राज्यों में परमाणु हथियार बनाना बंद कर दें। यहां यह जानना आवश्यक है कि बाध्यीकरण सदैव सफल नहीं हो पाता। अमेरिका के आर्थिक प्रतिबंधों के बावजूद ईरान व दक्षिणी कोरिया के द्वारा अमेरिका की शर्तों को नहीं माना गया जिससे अमेरिकी बल अप्रभावी साबित हो रहा है तथा अमेरिका दोनों राज्यों से द्विपक्षीय वार्ता की ओर अग्रसर हो रहा है जिससे आपसी विवादों का शांतिपूर्ण हल निकाला जा सके।

शक्ति के प्रयोग का दूसरा मुख्य आधार मनोवैज्ञानिक साधन है। मनोवैज्ञानिक साधनों के द्वारा व्यक्तियों की पंसदों, नापसंदों व रुचि का निर्माण किया जाता है। मनोवैज्ञानिक आधार का उपयुक्त उदाहरण वर्तमान की उपभोक्तावादी संस्कृति में देखा जा सकता है। मल्टीनेशनल कंपनियों द्वारा विज्ञापन व प्रायोजित शोध के द्वारा मनोवैज्ञानिक आधार पर अपने उत्पाद को सेहत के लिए अनुकूल व आवश्यक बताया जाता है। विज्ञापनों के प्रभाव के चलते एक साधारण व्यक्ति मनोवैज्ञानिक रूप से उन्हीं तथ्यों को सही व उपयुक्त मानने लगता है जो कि टी.वी., रेडियो व अन्य जन संचार के माध्यमों पर दिखाए व सुनाए जा रहे हैं। इसी प्रकार लोक-मत (public-opinion) के निर्माण में समाचार-पत्र, टेलीविजन तथा जन-संचार के अन्य माध्यमों के साथ सोशल मीडिया अत्यंत महत्त्वपूर्ण है। वर्तमान में लगभग प्रत्येक राष्ट्रीय राजनीतिक दलों के पास सूचना-तकनीकी कक्ष (I-T-Cell) है। इनका मुख्य कार्य लोकमत को अपने पक्ष में करना है। इन सूचना-तकनीकी कक्षों के द्वारा

अपने-अपने राजनीतिक दलों के लिए ऐसी सामग्री तैयार की जाती है जिससे व्यक्ति को मनोवैज्ञानिक आधार पर अपने पक्ष में किया जा सके। इसी प्रकार समाचार-पत्रों, टेलीविजन व जन-संचार के अन्य माध्यमों द्वारा भी लेखों, वाद-विवाद तथा संपादकीय इत्यादि के द्वारा व्यक्तियों को मनोवैज्ञानिक आधार पर किसी विषय या राजनीतिक दल विशेष को सर्मथन या विरोध में प्रभावित किया जाता है।

शक्ति का तीसरा व मुख्य आधार आर्थिक शक्ति है। शक्ति का प्रयोग केवल बल या बाध्यीकरण के द्वारा ही नहीं किया जाता, अपितु शक्ति के प्रयोग में आर्थिक साधन भी उतने ही प्रभावकारी हैं जितने कि बाध्यकारी। शक्ति के आर्थिक आधार का विश्लेषण इस अध्याय के भाग-1 में विस्तार से किया गया है।

शक्ति के अध्ययन हेतु इस अध्याय को तीन भागों में बांटा गया है। प्रथम भाग में शक्ति के शास्त्रीय आयाम की चर्चा की गई है। इसमें ग्रीक नगर-राज्य से लेकर थॉमस हॉब्स तक के विचारों का अध्ययन किया गया है। शक्ति का शास्त्रीय आयाम शक्ति के आपसी संबंधों का विश्लेषण करता है तथा सामाजिक संरचना का संज्ञान नहीं लेता। अध्याय के दूसरे भाग में शक्ति की अभिकरण (agency) संबंधी अवधारणा का विश्लेषण किया गया है। इस भाग में शक्ति के विभिन्न आयामों की चर्चा की गई है जैसे अभिजनवादी दृष्टिकोण, डाहल का बहुलवाद, पीटर बचार्च, मर्टन बरॉट्ज के प्रच्छन्न (covert) संघर्ष की अवधारणा तथा स्टीवन ल्यूक्स (Steven Lukes) द्वारा प्रतिपादित शक्ति के तीन प्रकारों की चर्चा की गई है। अध्याय के तीसरे भाग में शक्ति के उत्तर-आधुनिकतावादी/संरचनावादी (post-structuralist) आयाम का विश्लेषण किया गया है। माइकल फूको (Michel Foucault) के अनुसार, शक्ति के अर्थ का विश्लेषण अन्य संबंधों के साथ जोड़ कर देखा गया है जबकि शक्ति का विश्लेषण व्यक्ति के अपने संबंध में (power with me) का विश्लेषण भी आवश्यक है। इन तीनों भागों का पटापेक्ष अध्याय के अंत में निष्कर्ष में किया गया है।

I शक्ति का शास्त्रीय आयाम (Classical Dimension of Power)

शक्ति के शास्त्रीय अध्ययन में राज्य व व्यक्ति के संबंधों पर ज़ोर दिया गया है। राज्य के एकीकरण, बल व स्थायित्व का विश्लेषण शक्ति के आधार पर ही किया गया है। शास्त्रीय दर्शन मानता है कि शक्ति के अभाव में राज्य के अस्तिव को खतरा उत्पन्न हो जाता है। इसमें शक्ति के केंद्रीकरण तथा तार्किक प्रयोग पर बल दिया गया है। ग्रीक विचारक थ्यूसिडाइडस ने शक्ति का विश्लेषण तत्कालीन ग्रीक नगर-राज्यों में आपसी संघर्ष के संदर्भ में किया। इन्होंने अपनी रचना *The Peloponnesion War* में उल्लेख किया कि मनुष्य की प्रकृति में ही शक्ति की अत्यधिक चाह निहित है। इसी कारणवश। प्रत्येक नगर-राज्य सर्वशक्तिमान बनने की चाह रखता है जिसका परिणाम युद्ध के रूप में सामने आता है। थ्यूसिडाइडस ने शक्ति के संदर्भ में यह कथन भी रखा कि शक्ति के इस संघर्ष में न्याय, कानून तथा समाज का कोई भी स्थान नहीं रह जाता। अंतर्राष्ट्रीय राजनीति में शक्ति के लिए संघर्ष ही मुख्य प्रकार्य है। न्याय, समानता तथा कानून सरीखी संकल्पनाओं का शक्ति के समक्ष कोई महत्त्व नहीं रह जाता। [बेली और स्मिथ : 2004, 166] थ्यूसिडाइडस के इन्हीं विचारों से

अंतर्राष्ट्रीय राजनीति की यर्थाथवादी संकल्पना को बल मिला। थ्यूसिडाइडस के द्वारा यह कहा गया कि शक्ति की राजनीति के बीज मनुष्य की प्रकृति में ही है। शक्ति के लिए संघर्ष तथा प्रभुत्व की चाह मानव प्रकृति के ही प्रारूप हैं। शक्ति की इसी व्याख्या को आधुनिक काल के यर्थाथवादी विचारकों ने अपनाया। हंस मारगेन्थौ (Hans Margenthou) अपनी रचना द *पॉलिटिक्स आमोंस्ट नेशन* (The Politics Amongst Nations) में यह मानते हैं कि अंतर्राष्ट्रीय राजनीति में संघर्ष, प्रतिस्पर्धा, भय तथा युद्ध को मानव प्रकृति के माध्यम से समझा जा सकता है।

प्लेटो (Plato) द्वारा राज्य का विश्लेषण दार्शनिक ज्ञान के आधार पर किया गया। प्लेटो के अनुसार, एक आदर्श राज्य की स्थापना उसी स्थिति में हो सकती है जबकि मनुष्य अपने गुणों के आधार पर कार्य करे तथा राज्य में भी वर्गों की स्थापना कार्य के विभाजन के आधार पर की जाए। इस प्रकार राज्य में न्याय की स्थापना होगी तथा आदर्श राज्य की प्राप्ति संभव हो पाएगी। [नेल्सन, 2007 : 30-31] प्लेटो के शिष्य अरस्तू (Aristotle) द्वारा राजनीति का अनुभवजन्य अध्ययन किया गया। अरस्तू ने अपनी कृति *पॉलिटिक्स* (Politics) में यह प्रतिपादित किया कि हमें किसी भी कार्य का अध्ययन हेतुवाद (Teleology) के आधार पर करना चाहिए। अरस्तू के अनुसार, राजनीति का हेतु मनुष्य के जीवन में सुख की प्राप्ति है। अरस्तू के द्वारा अपने दार्शनिक अध्ययन में यथार्थ व दर्शन में परस्पर संबंधों की खोज की गई है।

प्लेटो तथा अरस्तू के दर्शन से विपरीत निकोलो मैक्यावली (Niccolo Machiavelli) द्वारा राजनीति का अनुभवजन्य अध्ययन शक्ति विश्लेषण के आधार पर किया गया है। मैक्यावली ने राज्य का शक्ति केंद्रित तार्किक विश्लेषण किया। मैक्यावली के अनुसार, उसके राजनीतिक अध्ययन में कोई वृहत दार्शनिक संकल्पना नहीं है अपितु यह अहेतुवाद पर आधारित है। मैक्यावली ने अपनी *पुस्तक द प्रिंस* (The Prince) में शक्ति को राजनीति के मुख्य घटक रूप में स्थापित किया। मैक्यावली के द्वारा शक्ति का उल्लेख "अ" की उस योग्यता के रूप में किया गया जिसके द्वारा वह "ब" पर नियंत्रण स्थापित कर "ब" से अपने आदेशों का पालन करवाता है। इस प्रकार शक्ति वह योग्यता है जिससे वह अन्य को अपने आदेश के पालन हेतु बाध्य करता है। बाध्यकरण शक्ति की इस "व्याख्या" का एक प्रमुख घटक है। मैक्यावली के अनुसार, मनुष्य आत्म-केंद्रित है तथा अपने आत्म-हित के आधार पर ही शासित होते हैं। यदि कोई व्यक्ति आत्म-हित से शासित नहीं होता तो उस पर शक्ति द्वारा कोई नियंत्रण स्थापित नहीं किया जा सकता। वर्तमान समय में "हाराकीरी" इसका उपयुक्त उदाहरण है। हाराकीरी एक जापानी समुराई योद्धा होता है, जो अपने आत्म-हित से परे अपने जीवन की बलि दे देता है। एमाइल दुर्खीम (Emile Durkheim) के द्वारा इस प्रकार की आत्म-बलि (type of suicide) को अपने सामाजिक-घटक (social-fact) के अध्ययन में परोपकारी बलि के रूप में उल्लेखित किया गया है। [जोंस, 1986 : 82-114]

मैक्यावली ने शक्ति के विश्लेषण में आत्म-हित को महत्त्व दिया गया है। मैक्यावली के अनुसार, व्यक्ति के आत्म-हित के नियंत्रण के दो मुख्य साधन है (i) हिंसा (ii) छल-योजना (Manipulation)। मैक्यावली का मानना है कि हिंसा का प्रयोग भी अमर्यादित नहीं होना चाहिए तथा इसके प्रयोग के कुछ नियम इस प्रकार हैं :

(i) हिंसा का प्रयोग उसी स्थिति में करना चाहिए जबकि यह अत्यंत आवश्यक है।

(ii) हिंसा का प्रयोग बहुत तीव्र तथा निर्दयता (mercilessly) से किया जाना चाहिए।

(iii) हिंसा का प्रयोग इस प्रकार हो कि बदले की कोई संभावना न बचे।

मैक्यावली द्वारा हिंसा को शक्ति का एक प्रभावी साधन नहीं माना गया। मैक्यावली का विचार है कि हिंसा एक प्रभावी दीर्घकालिक साधन नहीं है। इसी कारण मैक्यावली द्वारा छल-योजना (manipulation) को अधिक प्रभावशाली साधन माना गया है। छल-योजना के नियम हिंसा के विपरीत नियम हैं। छल-योजना या आर्थिक लाभ का प्रयोग धीरे-धीरे एक दीर्घ अवधि के लिए करना चाहिए जिससे कि व्यक्ति उस लाभ पर निर्भर हो जाए तथा इस लाभ के अभाव, अपने आत्म-हित पर आघात, को सहन न कर पाए। मैक्यावली के इस विश्लेषण में यह तथ्य सामने आता है कि मैक्यावली ने मनुष्य के आचरण का अनुभवमूलक अध्ययन करके यह दर्शाया कि व्यक्ति स्वभावतः बुरा है। परंतु यहां यह बताना आवश्यक है कि व्यक्ति का बुरा होना एक प्राकृतिक सत्य है तथा इस तथ्य से मुंह मोड़ना सत्य की अनदेखी है।

मैक्यावली द्वारा शक्ति के संबंध में यह भी स्थापित किया गया कि राज्य में शासन केवल शक्ति के आधार पर नहीं किया जा सकता। मैक्यावली ने 16वीं सदी में प्राधिकार जैसी संकल्पना की संभावना तलाश की। मैक्यावली के अनुसार, सशक्त राज्य की स्थापना प्राधिकार के आधार पर ही हो सकती है। केवल शक्ति के आधार पर राज्य में प्रभावी शासन स्थापित नहीं किया जा सकता। प्राधिकार में व्यक्ति अपनी सहमति से आदेशों का पालन करता है जो कि एक अच्छे व सशक्त शासन की प्राथमिक आवश्यकता है। यहां यह उल्लेख करना आवश्यक है कि मैक्यावली को 16वीं सदी में यह आभास हो चुका था कि शक्ति केवल व्यक्ति के बाहरी आचरण को नियंत्रित करती है जबकि प्राधिकार व्यक्ति के आंतरिक व्यवहार को निर्देशित करता है। मैक्यावली ने समकालीन राजनीतिक व्यवस्था में शक्ति को प्राधिकार में परिवर्तित करने के लिए वैधता के माध्यम का अन्वेषण किया तथा उसे धर्म से अधिक प्रभावी वैधता नहीं दिखाई पड़ी। [नेल्सन : 2007: 149-151]

मैक्यावली के अनुसार, शक्ति का अत्यधिक प्रयोग पतन की ओर ले जाता है। उदाहरणतः अधिकांश राज्यों में सैन्य शासन का इतिहास बहुत अच्छा नहीं रहा है। [डनोपौलोस और वॉटसन : 1996, 240-248] मैक्यावली ने अपनी पुस्तक द *डिसकोर्स* (The Discourses) में उल्लेख किया कि शक्ति का प्रभाव शासक के जीवनकाल तक ही रहता है। अपितु दूसरी ओर, प्राधिकार का हस्तांतरण भावी शासकों तक भी बना रहता है। [मैनहाइम : 2001; 153-160]

मैक्यावली धर्म को वैधता का आधार बनाकर प्राधिकार की स्थापना का समर्थन करता है। मैक्स वेबर की कानून-तार्किक वैधता की संभावना 16वीं सदी में कम थी। मैक्यावली ने माना कि यदि किसी कानून को धार्मिक समर्थन प्रदान कर दिया जाए तो व्यक्तियों द्वारा इसका पालन निर्विरोध किया जाएगा। इस संबंध में मैक्यावली वॉल्टेयर (Voltaire) के इस कथन से सहमत प्रतीत होते हैं कि यदि भगवान का अस्तिव नहीं है तो उसका निर्माण करना आवश्यक है।

इस संदर्भ में थॉमस हॉब्स के विचार भी महत्त्वपूर्ण हैं। हॉब्स का मानना है कि शक्ति तथा प्राधिकार में कोई विशेष अंतर नहीं होता है। हॉब्स ने अपनी पुस्तक *लेवियाथान* में

कहा कि राज्य की स्थापना चाहे सामाजिक समझौते के माध्यम से की जाए, चाहे शक्ति के द्वारा दोनों का प्रभाव एकसमान होता है। हॉब्स अपने सामाजिक समझौते में राज्य (लेवियाथान) को अत्यंत शक्तिशाली बनाना चाहता है। हॉब्स के अनुसार, व्यक्ति के जीवन की सुरक्षा व राज्य में व्यवस्था बनाए रखने के लिए शक्ति का केंद्रीकरण अत्यंत आवश्यक है। इसके अभाव में राज्य में शांति की स्थापना संभव नहीं है। हॉब्स के अनुसार, प्रत्येक व्यक्ति अपनी इच्छाओं की पूर्ति चाहता है। इच्छाओं की पूर्ति का साधन शक्ति है। शक्ति का समाज के विभिन्न वर्गों में विभाजन ही अशांति व असुरक्षा का कारण है। इस कारण हॉब्स राज्य में शक्ति के केंद्रीकरण का पक्षपाती है। हॉब्स अपने शक्ति के विश्लेषण में राजनीतिक शक्ति तथा शारीरिक शक्ति में भी भेद करता है। हॉब्स के अनुसार, राजनीतिक शक्ति का प्रयोग "अ" की उस योग्यता के रूप में होता है जिससे "अ" के आदेश का "ब" द्वारा पालन उसकी इच्छा के विरुद्ध भी किया जाता हैं। राजनीतिक शक्ति एक तार्किक संकल्पना है जिसमें विभिन्न राजनीतिक खेमों में आपसी वार्तालाप के द्वारा विभिन्न समस्याओं का हल निकाला जाता है। इसके विपरीत शारीरिक शक्ति (बल) का प्रयोग उस स्थिति में किया जाता है, जबकि "ब" द्वारा "अ" की आज्ञा का पालन नहीं किया जाता है। बल के प्रयोग के द्वारा "अ" अन्यों पर तो शक्ति संबंधों की स्थापना कर सकता है परंतु "ब" के संबंध में यह लागू नहीं होता क्योंकि बल के प्रयोग के साथ ही राजनीतिक शक्ति के प्रयोग की संभावनाएं लगभग समाप्त हो जाती हैं। [नेल्सन : 2007, 161–171]

इस संदर्भ में हॉब्स का मानना है कि किसी भी राज्य के बल में वृद्धि उसकी शक्ति में वृद्धि का सूचक नहीं है। उदाहरण के लिए, अमेरिका के पास अत्यधिक बल है परंतु अमेरिका अपने वियतनाम, इराक व अफगानिस्तान के अभियानों के दौरान बल को शक्ति में परिवर्तित नहीं कर पाया। इस प्रकार हॉब्स द्वारा राजनीतिक शक्ति तथा शारीरिक शक्ति (बल) का प्रयोग अलग-अलग अर्थों में किया गया है।

मैक्यावली तथा हॉब्स द्वारा शक्ति का उल्लेख राज्य-व्यक्ति के परिप्रेक्ष्य में किया गया है। सामाजिक संरचना में शक्ति की संकल्पना के निर्माण तथा इसके प्रयोग के संदर्भ में टालकट पार्सन्स (Talcott Parsons) द्वारा शक्ति का समाजशास्त्रीय अध्ययन किया गया है। पार्सन्स द्वारा शक्ति का क्रियात्मक (functionalist) विश्लेषण किया गया है, जिसमें सामाजिक संस्थाओं के आपसी संबंधों को शक्ति के परिप्रेक्ष्य में वर्णित किया गया है। पार्सन्स के द्वारा सामाजिक व्यवस्था में शक्ति का उपयुक्त रूप से तार्किक विश्लेषण किया गया है। पार्सन्स अपनी शक्ति की सामाजिक व्याख्या में समाज को एक ऐसी इकाई नहीं मानता जिसमें हॉब्स के अनुसार सभी व्यक्ति अपने आत्म-हित से शासित होते हैं। पार्सन्स के अनुसार, ऐसा मानने पर समाज की परिणति एक अंतहीन संघर्ष में होती है। पार्सन्स के अनुसार, व्यक्ति अपने आत्म-हित (self-interest) से परे समाजीकरण के द्वारा समाज के मूल्य व नियमों का पालन करता है। समाजीकरण की प्रक्रिया में सामाजिक नियम व मूल्य व्यक्ति की नैतिक चेतना (moral conciousness) के रूप में स्थापित होते हैं। इन सामाजिक मूल्यों व नियमों की अवहेलना करने पर जो मानसिक दुख होता है उससे बचने के लिए व्यक्ति अपने आत्म-हित से ऊपर उठकर सामाजिक मूल्यों व नियमों का पालन करने लगता है। पार्सन्स के अनुसार,

शक्ति व शक्ति संबंध इन्हीं सामाजिक मूल्यों का एक हिस्सा हैं। शक्ति सामाजिक मूल्यों से वैधता प्राप्त एक प्रकार्य है। सामाजिक मूल्यों से वैधता प्राप्त कर शक्ति एक शाश्वत प्रकार्य बन जाता है। पार्सन्स ने सामाजिक मूल्यों के अध्ययन में शक्ति निर्माण की प्रक्रिया का विश्लेषण कर शक्ति की संकल्पना को आधार प्रदान किया। [बरनेस : 1988, 209-210] समाज में शक्ति संबंधों का विश्लेषण अध्याय के भाग दो में वर्णित है।

II शक्ति की अभिकरण अवधारणा
(Agency Concept of Power)

शक्ति के विभिन्न सिद्धांतों को मुख्यत: दो मुख्य धाराओं में बांटा जा सकता है। शक्ति की संकल्पना का अध्ययन एक ओर तो समाजशास्त्रियों द्वारा किया गया है तथा दूसरी ओर राजनीतिक विचारकों के द्वारा। शक्ति का समाजशास्त्रीय अध्ययन इसके केंद्रीकरण पर ज़ोर देता है तथा इसका राजनीतिक अध्ययन इसके विकेंद्रीकरण पर। शक्ति के समाजशास्त्रीय व राजनीतिक अध्ययनों में शक्ति के अभिकरण केंद्रित विश्लेषण पर ज़ोर दिया गया है। शक्ति के समाजशास्त्रीय विश्लेषण का मुख्य केंद्र अभिजन सिद्धांत है। इस सिद्धांत के अनुसार, राज्य में सदैव शक्ति का संक्रेंद्रण रहता है। विलेफ्रेडो पेरेटो (Vilfredo Pareto) ने अपनी पुस्तक *माइंड एंड सोसायटी* (Mind and Society) में उल्लेख किया है कि यदि समाज में व्यक्तियों को, नैतिक मान्यता से इतर, एक पद-सोपान में बांटा जाए तो जो व्यक्ति उच्चतम स्थान पर आसीन होते हैं उन्हें अभिजन के रूप में जाना जाता है। राजनीति में भी राजनीतिक अभिजन होते हैं जो कि सत्ता को नियंत्रित करते हैं। पेरेटो के अनुसार, राजनीतिक अभिजनों में सामान्यत: दो गुण पाए जाते हैं- (i) शेर (Lion) व (ii) लोमड़ी (Fox)। शेर की प्रवृत्ति वाले अभिजन अपने बल के आधार पर सत्ता में कायम रहते हैं तथा लोमड़ी के गुण वाले अभिजन अपनी बुद्धि के आधार पर। इसके अतिरिक्त, अभिजन को सत्ता से, जनता द्वारा, हटाया तो नहीं जा सकता परंतु इन्हें दूसरे अभिजन समूहों के द्वारा बदला ज़रूर जा सकता है। पेरेटो इसे अभिजन वर्ग का परिसंचरण (Circulation of Elite) कहते हैं । गीटानो मोस्का (Gaetano Mosca) ने अपनी रचना द *रूलिंग क्लास* (The Ruling class) में कहा है कि समाज में सामान्यत: दो वर्ग पाए जाते हैं एक जो शासन करता है तथा दूसरा जिस पर शासन किया जाता है। शासन करने वाला वर्ग संख्या में सीमित होता है। मोस्का के अनुसार, शासक वर्ग अपने एक नेतृत्व के अंतर्गत कार्य करता है तथा अपने संगठन की योग्यता के कारण ही बहुसंख्यक शासित वर्ग का नियंत्रण करता है। मोस्का का विश्लेषण संगठन की योग्यता पर अधिक बल देता है। यह योग्यता केवल शासक वर्ग में ही पाई जाती है तथा शासित वर्ग असंगठित होने के कारण अपनी शक्ति का प्रयोग नहीं कर पाता। [मेक्किनन : 2012, 77-93]

रॉबर्ट मिशेल (Robert Michels) अपनी रचना *आयरन लॉ ऑफ ओलीगार्की* (Iron Law of Oligarchy) में कहते हैं कि राज्य में यद्यपि समाजवादी, साम्यवादी, लोकतांत्रिक या अन्य प्रकार का शासन हो, परंतु सभी प्रकार के शासनों में सत्ता का नियंत्रण कुछ ही हाथों

में होता है। मिशेल इसे कुलीन तंत्र का लौह नियम (Iron Law of Oligarchy) कहते हैं। इसी श्रृंखला में सी.राइट. मिल्स (C.W. Mills) का नाम आता है। मिल्स ने अपनी रचना द *पावर एलीट* (The Power Elite) में अमेरिका की लोकतांत्रिक व्यवस्था का अध्ययन किया। मिल्स ने अपने अध्ययन में पाया कि अमेरिकी राजनीतिक व्यवस्था के संबंध में निर्णय-निर्माण में विकेंद्रीकरण, शक्ति का विभाजन तथा बहुलवादी समाज एक कोरी कल्पना है। अमेरिका की संवैधानिक सत्ता के पीछे की एक सच्चाई यह है कि एक अभिजन वर्ग सत्ता को नियंत्रित करता है। अमेरिकी समाज में यह अभिजन वर्ग तीन अलग-अलग वर्गों से मिलकर बना है। यह वर्ग क्रमश: व्यापारी वर्ग, राजनीति वर्ग व सैन्य वर्ग है। अमेरिका के महत्त्वपूर्ण निर्णयों के पीछे इन तीनों वर्गों की सहमति रहती है। इसके अतिरिक्त, मिल्स ने अपने अध्ययन में यह भी पाया कि इन तीनों वर्गों में पारिवारिक संबंध है तथा यह तीनों वर्ग किसी नए सदस्य को इस समूह में शामिल होने की अनुमति बड़ी मुश्किल से प्रदान करते हैं। इस प्रकार शक्ति की समाजशास्त्रीय व्याख्या अभिजन सिद्धांत के रूप में शक्ति को समाज के एक छोटे से समूह अभिजन में ही संकेंद्रण की बात करती है।

शक्ति की समाजशास्त्रीय विवेचना में शक्ति की व्याख्या एक वर्ग द्वारा दूसरे वर्ग पर नियंत्रण के रूप में की गई है। इसे शक्ति आधिपत्य (power over) के रूप में जाना जाता है। शक्ति आधिपत्य समाज में एक समूह की वह योग्यता है जिसके आधार पर वह दूसरे समूहों को नियंत्रित करता है। शक्ति की राजनीतिक व्याख्या में शक्ति के विकेंद्रीकरण की बात की जाती है। सी.राइट.मिल्स तथा अन्य अभिजन सिद्धांतकारों की शक्ति के केंद्रीकरण की संकल्पना का राजनीतिक बहुलवादियों द्वारा खंडन किया गया। इस संबंध में राबर्ट डाहल (Robert Dahl) का योगदान मुख्य है। डाहल के द्वारा 1960 में अभिजनवाद के सिद्धांत का विरोध किया गया। डाहल द्वारा अमेरिकी शहर न्यू हैवन का अध्ययन किया गया तथा अपनी पुस्तक हू *गवर्न्स* (Who Governs) में यह कहा कि अमेरिका की लोकतांत्रिक नगरपालिका (muncipal democracy) वास्तव में बहुलवादी है न कि अभिजनवादी। डाहल के अनुसार, निर्णय-निर्माण की प्रक्रिया पर किसी एक समूह का अधिकार नहीं है अपितु निर्णय-निर्माण बहुत सारे समूहों के बीच संघर्ष का परिणाम है। [डाहल : 1977 : 75-90]

डाहल के अनुसार, जब अभिजनवादी यह कहते हैं कि अमेरिका पर अभिजनों का शासन है तो वह निर्णय-निर्माण प्रक्रिया पर किस प्रकार व कौन-से समूहों की शक्ति नियंत्रण करती है इसका विश्लेषण नहीं कर पाते। डाहल ने न्यू हैवन के अपने अध्ययन में यह पाया कि शक्ति के विभिन्न साधन अलग-अलग समूहों में बंटे हुए थे तथा कोई भी एक समूह निर्णय-निर्माण पर अपना पूर्ण अधिकार नहीं रखता था। इसी कारण न्यू हैवन की शक्ति संरचना बहुलवादी थी न कि अभिजनवादी। डाहल द्वारा अपने अध्ययन में शक्ति की शास्त्रीय संकल्पना को अपनाया गया जिसमें शक्ति का अर्थ "अ" की वह योग्यता है जिसके आधार पर वह "ब" से उसकी इच्छा के विरुद्ध अपनी बात मनवाता है। शक्ति की इस संकल्पना के साथ डाहल ने यह विश्लेषण किया कि कैसे राजनीतिक निर्णय-निर्माण के आपसी विवादों में विभिन्न समूहों द्वारा अपने प्रभावों (Influences) का प्रयोग किया जाता है तथा निर्णय-निर्माण की प्रक्रिया अभिजनवादी न रहकर बहुलवादी हो जाती है।

राबर्ट डाहल द्वारा किए गए शक्ति के विश्लेषण को पीटर बर्चाच (Peter Bacharch) व मर्टन एस बर्राट्ज (Morten S. Baratz) द्वारा अधूरा माना गया। इन्होंने अपने लेख "टू फेसेस ऑफ पवार" (Two Faces of Power) में कहा कि बहुलवादी विचारकों जैसे कि राबर्ट डाहल द्वारा शक्ति के एक चेहरे को ही देखा गया है जो कि अनुभवमूलक विवाद का चेहरा है। परंतु बहुलवादियों द्वारा शक्ति के दूसरे चेहरे को नहीं देखा जो अनुभव मूलक-विवाद के रूप में सामने आता ही नहीं है। इन्होंने कहा कि किसी भी राजनीतिक व्यवस्था में विवाद के दो रूप होते हैं एक तो वह जिसे हम जान सकते हैं तथा दूसरा वह जो कि विवाद के रूप में सामने आता ही नहीं। यह शक्ति का दूसरा चेहरा है। बचार्च व बर्राट्ज के अनुसार "अ" के द्वारा अपनी शक्ति का प्रयोग इस रूप में भी किया जाता है कि निर्णय-निर्माण की प्रक्रिया में ऐसे विषय सामने ही न आ पाएं जो कि "अ" के हितों के विपरीत हों। इस शक्ति को यह शक्ति का दूसरा रूप मानते हैं तथा इसे कार्यसूची निर्धारण (agenda setting) के नाम से जानते हैं। शक्ति के इस प्रारूप को यह "अनिर्णय-निर्माण" (non decision making) के नाम से भी संबोधित करते हैं। यह राजनीतिक समुदाय की एक अंदरूनी प्रक्रिया है जो कि शक्ति का ही एक प्रारूप है। इस प्रकार बर्चाच व बर्राट्ज बहुलवादियों के उस विचार की आलोचना करते हैं जहाँ बहुलवादी मुख्य निर्णयों का विश्लेषण कर शक्ति स्थापना का समर्थन करते हैं। [बचार्च ओर बर्राट्ज : 1962, 947-952]

बचार्च ओर बर्राट्ज के टू *फेसेस ऑफ पवार* के विश्लेषण को स्टीवन ल्यूक्स द्वारा अधूरा माना गया है। ल्यूक्स तथा नादिया उरबिनाती (Nadia Urbinati) द्वारा संपादित पुस्तक *Condorcet Political Writings* में ल्यूक्स ने यह कहा की अपरोक्ष तथा परोक्ष संघर्ष के अतिरिक्त भी शक्ति का एक प्रारूप है। ल्यूक्स के अनुसार, "अ" के द्वारा केवल कार्यसूची निर्धारण व निर्णय-निर्माण ही नहीं किया जाता, अपितु "ब" की पंसद व हित किस प्रकार के हो ऐसे मूल्यों तथा पंसदों का निर्माण भी किया जाता है। इस प्रकार शक्तिशाली वर्ग द्वारा समाज में व्यक्तियों के हितों का निर्माण कर इसे परिभाषित किया जाता है जिससे भविष्य में शक्तिशाली व शक्तिहीन के हितों में आपसी संघर्ष दिखाई ही न पड़े। [ल्यूक्स और उरबिनाती : 2912 : 162-180]

ल्यूक्स की इस अवधारणा को भारतीय व्यवस्था में लागू करके देखा जाए तो यह प्रश्न उठता है कि भारतीय जाति व्यवस्था में निचली जातियों द्वारा अपने शोषण के विरुद्ध आवाज क्यों नहीं उठाई गई। इसकी एक संभावना तो यह है कि शोषित जातियों के पास समय व संसाधनों का अभाव था या हो जाता है, इनमें आपसी सहयोग व एकता का अभाव हो जिससे यह मुखर नहीं हो सके। परंतु आवाज न उठाने के पीछे एक बड़ी व सशक्त संभावना यह भी है कि इन निचली जातियों द्वारा अपने शोषण को आत्मसात कर लिया गया हो तथा शक्तिशाली व ऊंची जातियों द्वारा एक ऐसे ग्रहणबोध व मूल्यों का निर्माण किया गया हो कि शोषित वर्ग को अपनी स्थिति सामान्य व प्राकृतिक लगती रही हो। सिंदुजा शंकरन (Sinduja Sankaran), मसिइक सेकेरदेज (Maciek Sekerdej) तथा उलरिच वान हेकेर (Ulrich Von Hecker) द्वारा अपने लेख "The Role of Indian Caste Identity : Caste Inconsistent Norms on Status Representation" में भारतीय जाति व्यवस्था का अध्ययन किया गया

है। इस लेख में इन्होंने जाति-व्यवस्था के अध्ययन में यह पाया कि ऊंची जातियों की मूल्य व्यवस्था नैतिक मूल्यों से तथा निचली जातियों की मूल्य व्यवस्था अनैतिक मूल्यों से संबंधित मानी जाती है। इस अध्ययन में इन्होंने "ब्लैकशिप इफेक्ट" (Black Sheep Effect) को दर्शाया है जिसके अनुसार, यदि ऊंची जातियों के अस्तित्व पर निचली जातियों की ओर से कोई खतरा आता है तो निचली जातियों की वस्तुस्थिति (Status) का अवमूल्यन कर दिया जाता है। ऐसा करके जाति-व्यवस्था में ऊंची जातियों द्वारा निचली जातियों के हित व मूल्यों का निर्धारण कर संघर्ष या विवाद को व्यवस्था से परे रखा जाता है। [सिंदूजा, सेकेर्देज और हेकर : 2017, 1-14]

इस प्रकार शक्ति के राजनीतिक विश्लेषण से निम्नलिखित तथ्य सामने आते हैं :

(i) शक्ति का अर्थ "अ" द्वारा अपनी योग्यता से "ब" को उसकी इच्छा के विरुद्ध नियंत्रित करना है।

(ii) समाज में शक्ति की संरचना बहुलवादी है जिसका विश्लेषण निर्णय-निर्माण प्रक्रिया में समाज के विभिन्न समूहों के द्वारा अपने प्रभावों के प्रयोगों के द्वारा समझा जा सकता है।

(iii) समाज में शक्ति की संरचना को समझने के लिए इसके प्रत्यक्ष व परोक्ष रूपों को जानना आवश्यक है। शक्ति का प्रयोग केवल निर्णय-निर्माण में ही नहीं होता अपितु उन विषयों में भी होता है जहाँ "अ" द्वारा अपनी शक्ति का प्रयोग कार्यसूची निर्धारण में किया जाता है तथा अपने अहित के विषयों को निर्णय-निर्माण में निषेध किया जाता है।

(iv) समाज में शक्ति संरचना को समझने के लिए इसके प्रत्यक्ष व परोक्ष रूपों से भी आगे विश्लेषण करना आवश्यक है। समाज में "अ" द्वारा केवल कार्यसूची-निर्धारण ही नहीं की जाती अपितु "ब" के मूल्यों व हितों का निर्धारण भी किया जाता है जिससे कि भविष्य में "अ" व "ब" के हितों में टकराव की स्थिति ही न आए।

III उत्तर-संरचनावादी- फूको

(Post Modernist – Foucault)

शक्ति का उत्तर-संरचनावादी विश्लेषण माइकल फूको द्वारा किया गया है। फूको के अनुसार, स्टीवन ल्यूक्स की शक्ति की अवधारणा में भी कुछ सीमाएं हैं। ल्यूक्स द्वारा शक्ति का प्रयोग शक्ति आधिपत्य (power over) के रूप में किया गया है जिसमें शक्ति का आशय नैतिक रूप से आधिपत्य के रूप में लिया जाता है तथा शक्ति का अर्थ हस्तक्षेप के रूप में भी लिया गया है। परंतु शक्ति का अर्थ किसी कार्य को करने की योग्यता भी है तथा यह हमेशा आधिपत्य का एक साधन नहीं है। शक्ति के आधुनिक विचारकों जैसे डाहल, बर्चाच व बर्राट्ज तथा स्टीवन ल्यूक्स द्वारा शक्ति की अभिकरण (agency) केंद्रित विवेचना की गई है। परंतु उत्तर-आधुनिकता में माइकल फूको द्वारा शक्ति की सामाजिक संरचना केंद्रित विवेचना की गई है। फूको द्वारा शक्ति के विश्लेषण के संबंध में कहा गया कि आधुनिक विचारकों द्वारा शक्ति का अर्थ शक्ति आधिपत्य (Power over) के रूप में लिया गया। यह

शक्ति की एक नकारात्मक अवधारणा में प्रयुक्त हुआ है। शक्ति के द्वारा यह अर्थ लिया गया कि "अ" द्वारा "ब" को कोई कार्य करने से रोका गया या राज्य ने अपनी संप्रभुता का प्रयोग करके किसी व्यक्ति या समूह की स्वतंत्रता को बाधित किया। इस प्रकार शक्ति का अर्थ एक नकारात्मक, बाध्यकारी, स्वतंत्रता को सीमित करने वाली संकल्पना के रूप में लिया गया। माइकल फूको द्वारा शक्ति की आधुनिक विवेचना को अपूर्ण माना गया। फूको के अनुसार, यदि "अ" कोई कार्य करना चाहता है तो "अ" के पास कार्य की योग्यता व स्वतंत्रता होना ही शक्ति है। फूको के अनुसार, शक्ति का सही अर्थ किसी कार्य को करने की योग्यता है। आधुनिक उदारवादी विचारकों के द्वारा शक्ति को योग्यता के रूप में स्थापित करने का प्रयास किया गया है। परंतु इनके द्वारा इस योग्यता को नकारात्मक रूप में दर्शाया गया है। दूसरी ओर, आधुनिक उदारवादी विचारकों द्वारा विभिन्न प्रकार की योग्यताओं का तो उल्लेख किया गया है परंतु यह स्पष्ट नहीं किया गया कि समाज में योग्यता (शक्ति) का निर्माण किस प्रकार होता है। इस कारणवश फूको शक्ति की आधुनिक व्याख्या को एक अधूरी व्याख्या मानता है। फूको के द्वारा योग्यता निर्माण की सामाजिक प्रक्रिया का विश्लेषण करने का प्रयास किया गया है। फूको के अनुसार, योग्यता के निर्माण में अभ्यास का महत्त्वपूर्ण योगदान होता है। अभ्यास के दो प्रारूप हैं– पहला, सामाजिक मूल्य आधारित अभ्यास तथा दूसरा, हमारे व्यवहार को नियंत्रित कर अभ्यास द्वारा योग्यता का निर्माण। फूको की योग्यता आधारित शक्ति की अवधारणा को एक बालक द्वारा बांसुरी वादन से समझा जा सकता है। बालक द्वारा बांसुरी वादन के पीछे कई कारण हो सकते हैं जैसे–

(i) बालक संगीत में अपना पेशा (career) बनाना चाहता है;
(ii) बालक को बांसुरी बजाना पंसद है;
(iii) बालक को बांसुरी बजाने के लिए उसके माता-पिता द्वारा बाध्य किया गया हो;
(iv) बालक सामाजिक मूल्यों के कारण बांसुरी बजा रहा हो।

पहली दोनों परिस्थितियों में बालक द्वारा अपने ऊपर सशक्तीकरण (power to) का सफल प्रयोग किया गया। तीसरे व चौथी परिस्थिति में बालक का व्यवहार दूसरों के द्वारा नियंत्रित हो रहा है। इन चारों परिस्थितियों में शक्ति का प्रयोग अलग प्रकार से हो रहा है। पहली दो परिस्थितियों में बालक अपनी स्वतंत्रता का प्रयोग करते हुए अपने कार्य करने की स्वतंत्रता को स्वयं-निर्देशित करता है। इसके विपरीत तीसरी व चौथी परिस्थितियों द्वारा बालक की अपने कार्यों को निर्देशित करने की योग्यता का नियंत्रण के द्वारा हनन होता है। फूको द्वारा अपनी रचना *डिसिप्लिन एंड पनिश : द बर्थ ऑफ प्रिज़न* (Discipline and Punish : The Birth of Prison) में अनुशासनात्मक शक्ति का भी विश्लेषण किया है। फूको के अनुसार, अनुशासनात्मक शक्ति की अवधारणा यह दर्शाती है कि किस प्रकार अनुशासन का पालन करते हुए व्यक्ति स्वयं अपने ऊपर शक्ति के प्रयोग का एक साधन बन जाता है। अपनी अनुशासनात्मक शक्ति की संकल्पना द्वारा फूको यह विश्लेषण करता है कि विभिन्न संस्थानों जैसे की परिवार, विद्यालय, जेल, खेल, तथा संगीत, शिक्षा इत्यादि द्वारा किस प्रकार अनुशासनात्मक शक्ति व्यक्ति को स्वयं ही अपने ऊपर शक्ति प्रयोग का एक साधन बना देता है।

फूको के द्वारा शक्ति के अन्य आयाम "ज्ञान-शक्ति" (Power-Knowledge) का भी विश्लेषण किया गया है। फूको के अनुसार ज्ञान के आधार पर ही शक्ति का प्रयोग किया जाता है। यदि बांसुरी सीखने वाले बालक की बात की जाए तो बालक का अभ्यास उसके ज्ञान पर आधारित है। उसका यह ज्ञान कई घटकों पर आधारित है जैसे–

(i) शरीर व संगीत उपकरण में सही तालमेल;
(ii) संगीत की सही लय (Tune) का चयन; तथा
(iii) आत्म-चेतना द्वारा संगीत को निर्देशन देना इत्यादि।

फूको के अनुसार, किसी भी संगीत के शिक्षक द्वारा अपने छात्र के संगीत प्रदर्शन पर आधारित ज्ञान के अनुसार ही संगीत शिक्षा दी जाती है। छात्र इस संगीत शिक्षा को अभ्यास के आधार पर ही ज्ञान में परिवर्तित कर पाता है। [फूको : 1980, 120-127]

फूको ने अपनी रचना *डिसिप्लिन एंड पनिश : द बर्थ ऑफ प्रिज़न* (1977) में यह दर्शाया है कि किस प्रकार अनुशासन के द्वारा व्यक्ति स्वयं का ही नियंत्रण करने लगता है। इस स्वयं के नियंत्रण के द्वारा व्यक्ति अपने ऊपर शक्ति प्रयोग के साधन के रूप में कार्य करता है। जिस प्रकार बांसुरी बजाने वाला बालक इस अनुभूति के आधार पर अभ्यास करता है कि उसके कार्य की निगरानी की जा रही है उसी प्रकार राज्य भी इसी प्रकार व्यक्तियों पर शक्ति का प्रयोग करता है। व्यक्तियों के द्वारा राज्य की निगरानी का एक आभास बना रहता है जिससे वह अपने ऊपर शक्ति प्रयोग का एक साधन बन जाते हैं। फूको शक्ति के विश्लेषण में यह बताते हैं कि सामाजिक संरचना द्वारा निर्मित मूल्यों व नैतिकता का आधार व्यक्तियों के आपसी अंतर्संबंध है। व्यक्ति के अयोजनाकृत अतर्संबंधों (unplanned interrelation) के आधार पर ही सामाजिक संरचनाओं का निर्माण होता है। फूको के द्वारा शक्ति के अध्ययन में यह बताया गया कि किसी भी शोधार्थी द्वारा शक्ति का विश्लेषण सामाजिक संरचनाओं के अंर्तगत ही किया जाना चाहिए। सामाजिक संरचनाओं में विभिन्न कर्ता, घटक व अभिकरण हैं जिससे शक्ति का निर्माण होता है। फूको द्वारा शक्ति के निर्माण का सामाजिक विश्लेषण करके इसका राज्य व संस्थाओं के अतिरिक्त व्यक्ति केंद्रित अध्ययन किया गया। [फूको : 1995, 157-169]

निष्कर्ष (Conclusion)

इस अध्याय का आरंभ शक्ति की शास्त्रीय अवधारणा से किया गया। शक्ति की शास्त्रीय अवधारणा में थ्यूसिडाइडस से हॉब्स तक शक्ति को "अ" की वह योग्यता माना गया जिसके आधार पर "ब" की इच्छा के विरुद्ध अपनी आज्ञा का पालन करवाता है। शक्ति की शास्त्रीय अवधारणा में मैक्यावली द्वारा महत्त्वपूर्ण योगदान दिया गया। मैक्यावली ने शक्ति को राजनीतिक विश्लेषण का आधार बनाया। मैक्यावली के अनुसार, व्यक्ति अपने हितों का पालन करता है इस तथ्य को एक बुराई के रूप में न देखकर एक प्राकृतिक सच्चाई के रूप में देखना चाहिए। मैक्यावली द्वारा शक्ति प्रयोग की नियमावली भी बनाई गई। परंतु मैक्यावली द्वारा यह भी माना गया कि शक्ति के आधार पर लंबे समय तक शासन नहीं किया जा सकता है। इसी कारण मैक्यावली ने धर्म से वैधता प्राप्त कर शक्ति को प्राधिकार

में परिवर्तित करने पर बल दिया। दूसरी ओर, थ्यूसिडाइडस व हॉब्स ने मानव प्रकृति के आधार पर शक्ति की व्याख्या की। थ्यूसिडाइडस के अनुसार, अंतर्राष्ट्रीय राजनीति मनुष्य के स्वभाव पर आधारित है इसी कारण प्रत्येक राज्य अपने हितों की पूर्ति के लिए अधिकाधिक शक्ति का संचय करना चाहता है। हॉब्स के अनुसार व्यक्ति के जीवन की रक्षा उसी अवस्था में हो सकती है जबकि शक्ति का केंद्रीकरण राज्य के हाथों मे हो। यदि शक्ति विभिन्न संस्थाओं व समूहों में बंटी रहेगी तो व्यक्ति के जीवन व स्वतंत्रता की रक्षा नहीं की जा सकती। वर्तमान में सीरिया, यमन, पाकिस्तान व दक्षिणी सूडान जैसे राज्यों में हिंसा का मुख्य कारण शक्ति के केंद्रीकरण का अभाव है जिसके कारण विभिन्न कबीले, संजातीय समूह व भौगोलिक समूह अपने-अपने शक्ति आधिपत्य हेतु संघर्षरत रहते हैं। परिणामस्वरूप यहां राज्य व्यक्तियों के जीवन व स्वतंत्रता की रक्षा प्रभावी रूप से नहीं कर पा रहा। इस अध्याय के भाग II व III में शक्ति का विश्लेषण दो अलग-अलग रूपों में किया गया है। भाग-II में आधुनिक विचारकों जैसे सी.राइट. मिल्स, राबर्ट डाहल, बर्चाच व बर्राट्ज तथा स्टीवन ल्यूक्स के द्वारा शक्ति का अध्ययन अभिकरण केंद्रित संकल्पना के आधार पर किया गया है। राबर्ट डाहल ने शक्ति के अभिजनवादी सिद्धांत का खंडन करके शक्ति के बहुलवादी सिद्धांत की स्थापना की। पीटर बर्चाच व मटर्न एस बर्राट्ज ने शक्ति की बहुलवादी व्याख्या में कार्यसूची निर्धारण का एक नया आयाम जोड़ा। इसी परंपरा को आगे बढ़ाते हुए स्टीवन ल्यूक्स द्वारा शक्ति को "ब" के हितों के निर्धारण की प्रक्रिया बताया गया। दूसरी ओर अध्याय के भाग-III में शक्ति का उतर-आधुनिकतावादी विश्लेषण किया गया है। इस विश्लेषण के मुख्य विचारक माइकल फूको के द्वारा शक्ति का उतर-संरचनावादी विश्लेषण किया गया है। इस विश्लेषण में शक्ति के निर्माण को वृहत सामाजिक संरचना के रूप में देखा गया है। यह एक गैर-अभिकरण केंद्रित विश्लेषण है। अभिकरण-केंद्रित शक्ति विश्लेषण के द्वारा शक्ति संबंधों में उत्तरदायित्व का निर्धारण किया जाता है। अभिकरण को किसी कार्य के करने हेतु या न करने हेतु उत्तरदायी ठहराया जा सकता है। परंतु दूसरी ओर, शक्ति के गैर-अभिकरण केंद्रित विश्लेषण में शक्ति के विश्लेषण का मुख्य घटक स्वतंत्रता है। गैर-अभिकरण केंद्रित शक्ति का विश्लेषण किसी संस्था विशेष को शक्ति संबंधों के लिए उत्तरदायी नहीं मानता। इस विश्लेषण के अनुसार, शक्ति का अध्ययन व्यक्तियों के आपसी व्यवहार से निर्मित सामाजिक संरचना को समझ कर किया जा सकता है न कि किसी अभिकरण विशेष के अध्ययन के द्वारा। इस प्रकार गैर-अभिकरण केंद्रित शक्ति के विश्लेषण में संस्थागत न्याय को सामाजिक परतंत्रता तथा असमानता के लिए उत्तरदायी माना जाता है। अभिकरण केंद्रित विश्लेषण जहाँ शक्ति के कुछ विशेष घटकों का विश्लेषण करता है। वहीं दूरारी ओर गैर अभिकरण केंद्रित शक्ति का विश्लेषण विभिन्न सागाजिक संबंधों, मूल्यों व परंपराओं के अध्ययन को महत्त्वपूर्ण मानता है।

अभ्यास प्रश्न (Practice Questions)

1. शक्ति की अवधारणा का आलोचनात्मक विश्लेषण कीजिए।
2. शक्ति पर समाजशास्त्रीय और राजनीतिक विचारों का विश्लेषण कीजिए।

3. शक्ति पर उत्तर–आधुनिकतावादी विचारों का आलोचनात्मक विश्लेषण कीजिए।
4. शक्ति के शास्त्रीय आयाम का आलोचनात्मक विश्लेषण कीजिए।
5. शक्ति की अभिकरण अवधारणा का आलोचनात्मक विश्लेषण कीजिए।

संदर्भ सूची (References)

बर्चाच, पीटर व मर्टन एस. बर्राट्ज, (1962), "टू फेसस ऑफ पावर", द *अमेरिकन पॉलिटिकल साइंस रिव्यू*, खंड 56, अंक 4, दिसंबर 1962.

बरनेस, बेरी, (1984), "ऑन अथोरिटी एंड इटस रिलेशनशिप टू पावर", द *सोसियोलोजिकल रिव्यू*, मई, 1984.

बरनेस बेरी, (1988), द *नेचर ऑफ पावर*, शेयने : यूनिर्वसटी ऑफ इलिनियोस प्रेस।

डाहल, राबर्ट, (1977), हू *गर्वन्स, न्यू हेवेन* : येल यूनिर्वसटी प्रेस।

डनोपौलोस, कांस्टैटिन व सिंथया वाटसन, (1996), द *पॉलिटिकल रोल ऑफ मिलिट्री : एन इंटरनेशनल हैंड बुक*, वेस्ट पोर्ट, सीटी: ग्रीनवुड प्रेस।

दूबे, एस.सी., (2018), *इंडियन सोसायटी*, दिल्ली: नेशनल बुक ट्रस्ट।

डूने, टिम व ब्रियांक शिमट, (2004), "रियलिसम", इन जॉन बेयलिस व स्टीव स्मिथ (संपा.), द *ग्लोबलाइजेशन ऑफ वर्ल्ड पॉलिटिक्स*, न्यूयॉर्क: ऑक्सफोर्ड।

फूको, माइकल, (1980), *पावर नॉलेज*, न्यूयॉर्क: विंटेज बुक।

फूको, माइकल (1995), *डिसिप्लिन एंड पनिश: द बर्थ ऑफ द प्रिज़न*, न्यूयॉर्क: विंटेज बुक।

जेस, रॉबर्ट एलुन (1986), *एमाइल दुर्खीम एन इंट्रोडक्शन टू फोर मेजर वर्क्स*, बेवरली हिल्स: सेज पब्लिकेशन।

ल्यूक्स, स्टीवन व नादिया उरबिनाती, (2012), *कॉन्डोर्सेट पॉलिटिकल राइटिंगस*, कैंब्रिज: यूनिर्वसटी प्रेस।

मैकनिनन, केटरिओना, (2012), *इश्यूज इन पॉलिटिकल थ्योरी*, ऑक्सफोर्ड: यूनिर्वसटी प्रेस।

मैनहाइम, कार्ल, (2001), *फ्राम मैक्स वेबर: एसेज इन सोसियोलोजी*, ओक्सोन: रूटलेज।

नेल्सन, ब्रायन, (2007), *वेर्स्टन पॉलिटिकल थॉट फ्राम सोक्रेटस टू द ऐज ऑफ आइडियोलोजी*, नोएडा: पीर्यसन पब्लिकेशन।

शंकरन, सिंदूजा, मसिइक सेकेरदेज व उलरिच वान हेकर, (2017), द *रोल ऑफ इंडियन कास्ट आइडेंटी एंड कास्ट इंकनसिस्टेंट नोंमस ऑन स्टेटस रिप्रेजेंटेशन, फ्रंटियर इन साइकोलॉजी*, 31 मार्च, 2017.

अध्याय 17

जेंडर
Gender

मानसी मिश्रा

प्रस्तावना (Introduction)

इस बात से इनकार नहीं किया जा सकता कि आज जेंडर का मुद्दा जाति अथवा वर्ग जितना ही महत्त्वपूर्ण है। नारीवादी अध्येयताओं को इस बात का श्रेय देना चाहिए कि वे इस मुद्दे को बौद्धिक और अकादमिक दुनिया में लेकर आए। परंतु लिंग या जेंडर शब्द की जो परिभाषा आज दी जाती है, उसके वर्तमान रूप की परिणति आसान नहीं रही है। शब्दकोशों में प्राय: सेक्स और जेंडर, इन दोनों शब्दों को एक दूसरे के पर्याय के रूप में दर्शाया जाता है जबकि नारीवादी विचारक पहले ही इन दोनों को दो भिन्न अवधारणात्मक शब्दों के रूप में व्यक्त कर चुके हैं। सन् 1972 में प्रकाशित, अपनी पुस्तक *सेक्स, जेंडर एंड सोसाइटी* में येन ओकली ने इस कथन को लोकप्रिय बनाया कि – 'यौन (sex) जैविक प्रकृति और लिंग (जेंडर) संस्कृति (सामाजिक प्रकृति) को व्यक्त करता है'। [ड्यूकेन 1994 : 228] इसका तात्पर्य है हमारा जन्म सेक्स के रूप में होता हैं, लेकिन हम जिस सांस्कृतिक परिवेश में रहते हैं वहां के समाजीकरण की प्रक्रिया द्वारा हम मर्द और औरत (लिंग) के रूप में परिणत होते हैं। अत: सेक्स यह बताता है कि इंसान महिला है अथवा पुरुष है जबकि जेंडर स्त्रीत्व (femininity) अथवा मर्दानगी (masculinity) को व्यक्त करता है । स्त्री और पुरुष का अर्थ तो सर्वव्यापी है लेकिन स्त्रीत्व और पुरुषत्व का अर्थ विभिन्न संस्कृतियों के कारण प्रत्येक स्थान पर भिन्न है। कभी-कभी जेंडर का उपयोग भिन्न सेक्स के लोगों के बीच संबंध को निरूपित करने के लिए किया जाता है तो कभी इसका अर्थ महिलाओं की भूमिका, स्थिति और अनुभव से संबंधित होता है। [ड्यूकेन : 1994)

सेक्स/जेंडर-नारीवादी अध्ययन (Gender-Feminist Studies)

नारीवादी अध्ययनों में इस बात पर विशेष बल दिया गया है कि जैविक बनावट में अंतर के आधार पर महिला और पुरुष की समाज में भिन्न स्थिति है या उन्हें भिन्न कामों का आवंटन किया गया है और इसी आधार पर उन्हें समाज में विशेष शक्तियां और अधिकार मिले हैं।

विश्लेषण के एक उपकरण के रूप में लिंग (जेंडर) महिलाओं की स्थिति की स्वाभाविकता और सर्वव्यापकता के दावे को नकारने में मदद करता है। इस प्रकार, नारीवादी अध्ययनों में सेक्स और जेंडर अर्थात् जैविक पहचान और सामाजिक स्थिति में एक अंतर बनाए रखने का प्रयास किया जाता है। आगे के वर्णन में हम यह देखेंगे कि यह विभाजन हमेशा सभी नारीवादियों द्वारा एक तरह से स्वीकार नहीं किया जाता है। कुछ अन्य प्रश्नों पर भी विचार किया जाएगा, जैसे; क्या यह कहना सही है कि जैविक सेक्स का संस्कृति से कोई लेना-देना नहीं है या सेक्स कोई सामाजिक तत्त्व नहीं है? उसके बाद इस बात पर भी विचार किया जाएगा कि क्या लिंग विशुद्ध रूप से सांस्कृतिक और सामाजिक निर्माण है? हम देखेंगे कि नारीवादियों ने हालिया वर्षों में इन सवालों को हल करने की भरसक कोशिश की है।

अपने एक विचारोत्तेजक लेख "डूइंग जेंडर" (Doing Gender) (1987) में केंडेस वेस्ट और डॉन जिमरमैन ने जेंडर को "हम जो कुछ भी करते हैं" के रूप में व्याख्यायित किया है। लिंग पुरुषत्व और स्त्रीत्व के आदर्श मानदंडों के आधार पर पुनर्निर्माण की एक सतत प्रक्रिया है। लोग जानते हैं कि उनके व्यवहार, फैशन और रहन-सहन के आधार पर उन्हें पुरुष या स्त्री के रूप में वर्गीकृत किया जाएगा। अत: भले ही पुरुषत्व और स्त्रीत्व की अवधारणाएं स्थिर नहीं हैं फिर भी ज्यादातर लोग सचेत रूप से पुरुष या स्त्री के रूप फिट होने की कोशिश करते हैं। इस प्रकार फ्रेंकाइन एम डच (2007) के शब्दों में "लिंग (जेंडर) सामाजिक संपर्क का एक प्रमुख पहलू है।" [पृष्ठ संख्या 107] लौरेल वेस्टब्रुक और क्रिस्टन सचिल्ट (2014) ने "डूइंग जेंडर" और "डिटरमाइनिंग जेंडर" के बीच में अंतर किया है। "डिटरमाइनिंग जेंडर" का उपयोग वे लिंग श्रेणियों में दूसरों को रखने की सामाजिक प्रथाओं के लिए एक छत्र-शब्द के रूप में करते हैं। (पृष्ठ 32) सामाजिक अंत:क्रियाओं में लोग अपने रहन-सहन, कपड़े, अन्य जैविक और शारीरिक विशेषताओं के आधार पर अपने लिंग के बारे में जानकारी प्रदान करते हैं। दूसरी ओर, दशकों से इन सूचनाओं की व्याख्या के आधार पर लोगों को विभिन्न लिंग श्रेणियों में रखा गया है जिससे उनके लिंग का निर्धारण होता है। लिंग का निर्धारण आवश्यक रूप से दृश्य और व्यवहार संबंधी समझ पर निर्भर नहीं है। [वेस्टब्रुक और सचिल्ट : 2014] आगे के विवरण में हम यह भी देखेंगे कि लिंग निर्धारण में चिकित्सा और नीति का हस्तक्षेप कैसे महत्त्वपूर्ण हो सकता है?

नारीवादी बोध के अनुसार, लिंग एक संबंधपरक अवधारणा है। अर्थात् प्रत्येक लिंग का अर्थ केवल दूसरे के संबंध में है। लिंग और सत्ता के बीच एक अति राजनीतिक संबंध है। यह सामाजिक संरचनाओं के भीतर पुरुषों और महिलाओं के बीच असमानताओं को उजागर करता है, शक्ति के तत्त्व के बिना, पुरुषों और महिलाओं को बस सामाजिक संरचना के भीतर अलग तरह से रखा जाएगा, उनके पदानुक्रमित पदों पर किसी का ध्यान नहीं जाएगा।

लिंग की धारणा को समझने के लिए हम एक वैचारिक अभ्यास कर सकते हैं। उर्सुला ले गुएन (Ursula Le Guin) की बहुप्रशंसित साइंस-फिक्शन पुस्तक द *लेफ्ट हैंड ऑफ डार्कनेस* (1969) में उन्होंने एक काल्पनिक ग्रह की परिकल्पना की है- जो स्थाई रूप से उभयलिगियों द्वारा बसाया हुआ है जिसमे कोई व्यक्ति "पुरुष" या "महिला" नहीं है।

जब उन्हें मैथुन करने की आवश्यकता महसूस होती है, तो एक व्यक्ति नर का रूप लेता है, दूसरा मादा का। इस प्रकार उनके लिंग अस्पष्ट हैं। प्रजनन के दौरान, जो व्यक्ति मैथुन के समय अस्थायी महिला थी, मां बन जाती है। इस प्रकार, विंटर ग्रह में कोई भी स्थायी रूप से पुरुष या महिला नहीं है, और न ही उन्हें महिला अथवा पुरुष के होने के कारण किन्हीं विशेष भूमिकाओं और जिम्मेदारियों का निर्वहन करना होता है। क्या होगा यदि पृथ्वी पर भी काल्पनिक ग्रह जैसे नियम लागू हों? बहुत-सी बातें जिनकी हम कल्पना कर सकते हैं उनमें से सबसे महत्त्वपूर्ण परिवर्तन जो दिखेगा वह होगा, जैविक पहचान के आधार पर सामाजिक स्थिति निर्दिष्ट करने की उस प्रथा का खात्मा जोकि जन्म के आधार पर "पुरुष" अथवा अभ्यास के आधार पर "महिला" का निर्माण करती है। हम सभी जानते हैं कि पुरुष और महिलाएं विभिन्न सामाजिक, आर्थिक और राजनीतिक पदों पर काबिज हैं। लिंग की अवधारणा यह समझने का एक महत्त्वपूर्ण उपकरण है कि ऐसा क्यों और कैसे होता है? नारीवादी बुद्धिजीवियों ने लिंग शब्द की पुनर्व्याख्या यह समझने के लिए की है कि किस प्रकार जीव विज्ञान ने मानव सभ्यता को दो अलग पदानुक्रमिक समूहों "महिला" या "पुरुष" में विभाजित किया है (या नहीं किया है)।

अगर हम ले गुएन की काल्पनिक दुनिया में देखें, तो कोई भी पुरुष या महिला हो सकता है, कोई भी बच्चे के लिए माता या पिता हो सकता है, कोई भी पुरुष या महिला काम कर सकता है। हमारी दुनिया में ऐसा क्यों नहीं होता? यह वास्तव में सच है कि पृथ्वी पर, पुरुष और महिला जैविक सत्य हैं, केवल महिलाएं जन्म दे सकती हैं और इसलिए मां बन जाती हैं। लेकिन इससे यह निष्कर्ष भी क्यों निकाल लिया जाता है कि पुरुषों और महिलाओं के लिए काम और सामाजिक पदों को भी स्पष्ट रूप से निर्धारित किया जाना चाहिए? क्या जीवविज्ञान, जैसा कि फ्रायड लिखते हैं- नियति भी है? हममें से जो इस सवाल का जवाब सकारात्मक देना चाहते हैं, उनके लिए यह "जैविक नियतिवाद" का मामला है। सीधे शब्दों में कहें, तो यह एक अवधारणा है जो यह मानती है कि जीवविज्ञान यह निर्धारित करता है कि किसी को जीवन भर समाज में कहाँ रखा जाएगा। नोबेल पुरस्कार विजेता जेम्स वॉटसन को जैविक नियतिवाद के समर्थक के रूप में देखा जा सकता है जब वे कहते हैं कि आनुवंशिक संरचनाओं के कारण काले और श्वेत लोगों के आईक्यू स्तर में अंतर होता है।

जैविक नियतिवाद को चुनौती देने के लिए लिंग (जेंडर) एक नारीवादी उपकरण है। जेंडर संबंधी सिद्धांत इस धारणा का खंडन करते हैं कि "नर" आवश्यक रूप से "पुरुष" और "मादा" आवश्यक रूप से "महिला" का रूप धारण करती है। नर और मादा जैविक श्रेणियां हैं, जबकि पुरुष और महिला सामाजिक रूप से निर्मित हैं। इसे एक दूसरे तरीके से भी समझ सकते हैं- एक महिला छात्र समाज में कथित रूप से महिलाओं के लिए निर्धारित सभी विशेषताओं को प्रदर्शित कर सकती है- वह शृंगार, खाना पकाने, चरित्रवान और मृदुभाषी होने की शौकीन हो सकती है। साथ ही, वह कोई ऐसी व्यक्ति भी हो सकती है जो अंशकालिक रूप से काम करके अपने माता-पिता की आर्थिक रूप से मदद करती हो, परिवार की कार चलाती हो, मुक्केबाजी का खेल देखने में आनंद लेती हो। इन सभी बाद वाले गुणों को मर्दाना (Masculine) माना जाता है, लेकिन एक मादा उन्हें फिर भी अपना

लेती है। तो पहले ही उन्हें उपरोक्त गुणों के आधार पर स्त्रीत्व/स्त्री और पुरुषत्व/पुरुष में वर्गीकृत क्यों किया जाता है?

पर यदि आप गौर से सोचें तो यह वर्गीकरण बड़ी समस्या नहीं है। समस्या यह है कि किस प्रकार से उन्हें पदानुक्रमित किया जाता है। पुरुषों को कुछ गुणों का अधिकारी माना जाता है क्योंकि वे पुरुष पैदा हुए थे। महिलाओं से कुछ अन्य गुणों की अपेक्षा की जाती है क्योंकि वे महिलाएं पैदा हुई थीं। एक ही समय में, वे "भिन्न किंतु समान गुणों वाले" नहीं हो सकते हैं। जो कुछ भी नर है, उसमें हर मादा को पदानुक्रम में नीचे रखा जाएगा। जैसा कि एक नारीवादी विद्वान ने इसे व्यक्त करते हुए कहा है, भले ही वह पुरुष हो या महिलाएं यदि वे बहादुरी जैसे कुछ गुणों को प्रदर्शित करती हैं, तो उन्हें प्रकृति में 'मर्दाना' माना जाता है। [मेनन : 2012] एक बहादुर और ईमानदार महिला पुलिस अधिकारी के चरित्र पर आधारित एक लोकप्रिय हिंदी फिल्म का शीर्षक "मर्दानी" था! जब एक लड़की में लड़कों जैसी विशेषताएं होती हैं, तो उसके लिए यह कम-से-कम एक निश्चित उम्र तक पूरी तरह से स्वीकार्य होती है, पर एक लड़के में यदि लड़कियों जैसी कुछ विशेषताएं दिखती हैं तो उसे शर्मिंदा होना पड़ता है! स्वीकार्यता में यह अंतर इस धारणा के कारण है जिसके अनुसार यह माना जाता है कि पौरुषेय विशेषताएं स्त्रैण विशेषताओं की तुलना में बेहतर होती हैं।

ऐसा क्यों होता है कि जो कुछ भी मर्दाना है उसे श्रेष्ठ दर्जा दिया जाता है? सबसे आम धारणा है कि यह ईश्वरीय फरमान है जिसके अनुसार, भगवान ने महिलाओं को अवर (inferior) बनाया । बाइबल में, ईव को "आदम की एक अलौकिक हड्डी से निर्मित" दर्शाया गया है। [द बुआ : 1997, पृ. 16] अरस्तू का मानना था कि कुछ *गुणों की कमी* के कारण स्त्री, स्त्री बन गई, और उनके द्वारा मादा प्रकृति को "प्राकृतिक दोष" द्वारा परिभाषित किया गया। इसी प्रकार, सेंट थॉमस, महिला के लिए स्त्री एक "अनुपूरक प्राणी" अथवा एक "अपूर्ण पुरुष" थी। यहूदियों की सुबह की प्रार्थना में पुरुषों द्वारा भगवान की उपासना में उन्हें महिला ना बनाने के लिए धन्यवाद दिया जाता है, जबकि महिलाएं प्रार्थना में ईश्वर की इच्छा के अनुसार स्वयं को निर्मित करने के लिए उसे धन्यवाद देती हैं। प्लेटो ईश्वर को इस बात के लिए धन्यवाद देता है कि उसने उसे दास न बनाकर एक स्वतंत्र व्यक्ति बनाया, *महिला न बनाकर पुरुष बनाया।* ये सभी उदाहरण एक सामान्य सूत्र से बंधे हैं- कि एक पुरुष और एक महिला होना समान बात नहीं है। कुछ तर्क महिलाओं की इस सहज हीनता के विचार को स्थापित करने के लिए जैविक विज्ञान का आह्वान करते हैं- जैसे महिलाओं के मस्तिष्क का आकार छोटा होता है। इसलिए, वे विज्ञान विषयों में (ऐसे ही कुछ अन्य निश्चित विषयों में) पुरुषों की भांति प्रदर्शन करने में असमर्थ हैं। इस बिंदु पर पूछना उचित है कि महिलाओं ने खुद के लिए इस तरह की अधम भावना क्यों स्वीकार की? सिमोन द बुआ (Simone de Beauvoir) ने लिखा है कि यह इसलिए संभव था क्योंकि महिलाओं का कोई अतीत नहीं था, कोई इतिहास नहीं था, उनका खुद का कोई धर्म नहीं था। [द बुआ : 1997, 19] हालांकि, गेरडा लर्नर के अनुसार, इसका संबंध महिलाओं के इतिहास की कमी से नहीं बल्कि उस अतीत या इतिहास से है जिसमें उनकी अनुपस्थिति रही है। लर्नर के अनुसार, यह अनुपस्थिति दो कारकों का परिणाम है- महिलाओं का शिक्षा से वंचित होना

और उस परिभाषा पर पुरुष का एकाधिकार होना जिसमें पुरुष को आदर्श और महिला को अधम के रूप में व्यक्त किया जाता है। [लर्नर : 1989)

लिंग की अवधारणा को समझने के दौरान हमें निरंतर उस प्रक्रिया को समझने में भी मदद मिलती है जो पुरुषत्व और स्त्रीत्व की धारणाओं के निर्माण के लिए उत्तरदायी हैं। यह, यह भी दर्शाता है कि ये धारणाएं कितनी परिवर्तनशील होती हैं। एक समय में जिसे मर्दाना रूप में स्थापित किया जाता है कि अंत में वह जनाना हो सकता है। उदाहरण के लिए, सेसिल एडम्स ने 2008 के अपने एक निबंध में लिखा कि 'नीले रंग को मर्दाने और गुलाबी रंग को जनाने रंग में एक मिथक के रूप में व्यक्त किया गया है लेकिन क्या सच में नीला रंग मूल रूप से पुरुषों का रंग है और गुलाबी रंग मूल रूप से महिलाओं का? मर्दानगी और स्त्रीत्व का निर्माण प्रकृति और उससे संबंधित शक्ति संबंध है? अलग-अलग समय में विभिन्न नारीवादियों द्वारा पूछताछ की गई। ऐसे लेखकों की पहली पीढ़ी को उदार नारीवाद की श्रेणी में रखा जा सकता है। मर्दानगी और स्त्रीत्व की निर्मित प्रकृति और संबंधित शक्ति संबंध पर विभिन्न नारीवादियों द्वारा अलग-अलग समयों में सवाल उठाए गए हैं। ऐसे लेखकों की पहली पीढ़ी को उदार नारीवाद की श्रेणी में रखा जा सकता है।

उदार नारीवाद और जेंडर (Liberal Feminism and Gender)

17वीं सदी में यूरोप में "तर्कशील नारीवाद" का उदय हुआ। इस समूह के सबसे प्रमुख नामों में से एक फ्रेंकोइस पोलेन डी ला बर्रे था। उनका मौलिक तर्क था कि मस्तिष्क का कोई "सेक्स" नहीं होता है, इसलिए महिलाएं भी पुरुषों की तरह तर्क सक्षम हैं। वे सभी सामाजिक, आर्थिक, राजनीतिक और सैन्य गतिविधियों में समान भागीदारी के लिए आवश्यक सभी कौशल प्राप्त कर सकती हैं। डे ला बर्रे के अनुसार, पुरुष श्रेष्ठता और इसपर विश्वास, समाज में सर्वाधिक स्वीकार्य और व्यापक था और अन्य सभी सामाजिक पूर्वाग्रहों को समाप्त करने के लिए इस मौजूदा पूर्वाग्रह को चुनौती देना आवश्यक था। [ब्रायसन : 2003, 7] उस समय के पुरुष प्रधान समाज में महिलाओं के समान अधिकार की वकालत करने की वजह से मैरी एस्टेल एक उल्लेखनीय अपवाद थी। यद्यपि वह अपने ही देश की महिला साथी मैरी वॉलस्टोनक्राफ्ट के समान प्रसिद्धि नहीं पा सकी, लेकिन एस्टल ने कई तर्क ऐसे दिए जो वॉलस्टोनक्राफ्ट शायद उनसे एक सदी बाद दे पाती। महिलाओं के समान अधिकार के संबंध में उन्होंने लिखा- 'चूंकि भगवान ने पुरुषों के साथ-साथ महिलाओं को भी बुद्धिमान मस्तिष्क दिए हैं, तो उन्हें उनका उपयोग करने से क्यों मना किया जाना चाहिए?' [ब्रायसन : 2003, 9] जब उन्होंने यह कहा कि महिलाएं जिस तरह के कामों में प्रवृत्त होती हैं वह उनकी अंतर्निहित कमियों के कारण नहीं, बल्कि दोषपूर्ण परवरिश के कारण होता है, ऐसा कहकर उन्होंने पूर्वानुमानित लिंग का ही तर्क दिया। हालांकि, एस्टेल महिलाओं के समान राजनीतिक अधिकारों का समर्थक नहीं करती।

ज्ञान, तर्क और पारंपरिक सत्ता पर आक्रमण के साथ ये आदर्श के रूप में स्थापित हो गए। भले ही ज्ञानोदय दर्शन इस विचार पर आधारित था कि तर्कसंगत पुरुषों के पास कुछ अधिकार हैं जिन्हें मनमाने अधिकार द्वारा कभी भी विनियमित नहीं किया जा सकता है। यह

शासित की सहमति से शासक के लिए एक तर्क था। इसी समय महिलाओं की सहमति के बिना भी महिलाओं के ऊपर पुरुषों के अधिकारों को वैध माना जाता था। अधिकांश प्रबुद्ध दार्शनिकों के लिए यह अकल्पनीय था कि सभी पुरुषों के अधिकारों में आवश्यक रूप से महिलाओं के अधिकार शामिल थे।

इस विरोधाभास को चुनौती देने वालों में मैरी वॉल्स्टोनक्राफ्ट सर्वाधिक प्रसिद्ध थी। उसने उन सभी मौजूदा दावों का खंडन किया जिनमें कहा गया था कि भगवान ने महिलाओं को हीन बनाया। पुरुषों और महिलाओं दोनों के ही पास ऐसे जन्मजात कारण हैं जो उन्हें पूर्ण बनाते हैं। केवल इन कारणों को वहन करके ही मनुष्य नैतिकता या सच्चा गुण विकसित कर सकता है। वॉल्स्टोनक्राफ्ट ने यह मानने से इनकार कर दिया कि ईश्वर नारी का निर्माण करेगा और फिर उसे सद्‌गुण विकसित करने की क्षमता से वंचित करेगा। उन्होंने "मर्दाना" और "जनाना" शब्दों का इस्तेमाल किया जो उनके "सेक्स" को व्यक्त करने वाले प्राकृतिक गुणों के पारंपरिक अर्थों में नहीं बल्कि स्वतंत्रता और तर्कसंगतता के विकास के अर्थ में था। "मर्दाना गुण" को दोनों लिंगों द्वारा हासिल किया जा सकता है, क्योंकि ये ऐसे गुण हैं जो मानव चरित्र को आत्मसात करते हैं'। उन्होंने महिलाओं को "अधिक मर्दाना" बनने के लिए प्रेरित किया। विलासिता, आलस्य, कामुकता और चापलूसी "स्त्रैण" (effeminate) गुण थे और पुरुष और महिलाएं दोनों ही उससे संतृप्त हो सकते थे। वॉल्स्टोनक्राफ्ट ने सेना को उनकी "पोशाक और आचरण" के लिए स्त्रैण करार दिया । इस प्रकार उन्होंने "पुरुषत्व" और "स्त्रीत्व" की निर्मित धारणा को उजागर किया। द *विंडीकेशन ऑफ द राइट्स ऑफ* द *विमेन* (The Vindication of the Rights of Women) में तर्क, पुरुषों और महिलाओं की मान्य जन्मजात विशेषताओं के मौलिक असंतोष के बारे में थे।

19वीं सदी में जे. एस. मिल ने अपनी पुस्तक *सब्जेक्शन ऑफ वीमेन* (1869) के जरिए वोल्स्टोनक्राफ्ट के प्रमुख तर्कों को जारी रखा। मिल के अनुसार, जिन तर्कों का समर्थन वे नहीं कर पाए इसका कारण यह था कि उन तर्कों द्वारा प्रकृति द्वारा पुरुषों और महिलाओं की सतही विशेषताओं को निर्धारित किया गया था। पुरुषों द्वारा महिलाओं पर वर्चस्व सभी वर्चस्वों में सबसे महत्त्वपूर्ण था क्योंकि इससे समाज की समग्र प्रगति बाधित हुई थी। मिल के अनुसार, ब्रिटेन में पुरुष को भरण-पोषण करने वाले आश्रयदाता और महिला को आश्रित का दर्जा मिला हुआ था। महिलाओं का कार्यक्षेत्र स्वाभाविक और अनिवार्य रूप से घर था। सार्वजनिक दुनिया केवल पुरुषों के लिए थी। हालांकि इन हालातों में भी कई अपवाद मौजूद थे। कई महिलाएं सभी प्रकार के जबकि कुछ का कार्यक्षेत्र केवल अपने परिवार के भरण-पोषण तक ही सीमित था। भले ही पत्नी और मातृत्व को महिलाओं के लिए जीवन लक्ष्य माना जाता था, लेकिन बड़ी संख्या में योग्य साथी न मिलने के कारण महिलाओं को अविवाहित रहना पड़ता था। मिल ने महिलाओं के लिए समान शैक्षिक और रोज़गार के अवसरों की वकालत की। उनके विचार में, महिलाएं पुरुषों से पीछे इसलिए रह गईं क्योंकि उन्हें अपनी वास्तविक क्षमताओं को जानने की स्वतंत्रता से वंचित कर दिया गया था। एक बार यह हासिल हो जाने के बाद, महिलाओं की प्रतिभा से अबतक वंचित समाज को अत्यधिक लाभ होगा। मिल ने महिलाओं को "समान किंतु भिन्न" रूप में देखा। उनके लेखन में "दो

क्षेत्रों" की विचारधारा को बनाए रखा गया था। महिलाएं विवाह को अपनी आजीविका के रूप में चुनने के लिए समान रूप से स्वतंत्र थीं। मिल ने माना था कि घरेलू जिम्मेदारियां और देखभाल करना अपने आप में ही गतिविधियां थीं, जब एक विवाहित महिला काम करने के लिए बाहर जाती थी, तो इन जिम्मेदारियों में बाधा पड़ती थी। अपनी समकालीन मैरियन रीड के विपरीत, मिल ने घरेलू कार्यों के मूल्य को स्वीकार करने में कोई रुचि नहीं दिखाई। इस बात पर ज़ोर देकर कि महिलाओं को यदि चयन की स्वतंत्रता दी गई तो वे निश्चित रूप से घरेलू जिम्मेदारियों का चयन करेंगी, मिल उस पारंपरिक ज्ञान को स्वीकार कर रहे हैं जिसमें महिलाओं को अपने पति और परिवारों की सेवा करने का उद्देश्य मिला है।

भले ही ये लेखक महिलाओं की समान स्वतंत्रता और अधिकारों के मुखर समर्थक थे, लेकिन वे स्त्रीत्व और पुरुषत्व की निर्मित समझ से पूरी तरह मुक्त नहीं थे। एलिसन जगर और केरोल पेटमैन जैसे विद्वानों ने बताया है कि मानव स्वभाव की उनकी समझ अनिवार्य रूप से मर्दाना थी, न कि सार्वभौमिक जैसा कि दावा किया गया। वे उन विशेषताओं की अनदेखी करेंगे जो पारंपरिक रूप से महिलाओं के साथ जुड़ी हुई हैं जैसे कि पोषण। इसके अलावा, न केवल सार्वजनिक/निजी बाइनरी को उनके लेखन में स्पष्ट रूप से बनाए रखा गया था, बल्कि पुरुष की श्रेष्ठता भी एक पूर्व निष्कर्ष थी। इन सभी का कारण एक ही था "नारीत्व पर काबू पाना"। [ब्रायसन : 2001, 9] तार्किक ज्ञान, व्यक्तिनिष्ठता, आत्मनिरीक्षण या सहानुभूति से रहित होना चाहिए– "फेमेनाइन यूनिवर्स" [बोर्डो : 1994], इसलिए इन गुणों के पीछे भागना किसी महत्त्व का नहीं है।

जेंडर के उदार विचार को चुनौती : उग्र नारीवाद

(Challenge to the Liberal Idea of Gender : Radical Feminism)

1970 के दशक में, उग्र नारीवादियों के रूप में जाने जाने वाली नारीवादियों के एक समूह ने जेंडर–सेक्स के भेद को नए दृष्टिकोण से देखना शुरू किया। गेल रुबिन ने सेक्स/जेंडर प्रणाली को व्यवस्था के एक समूह के रूप में परिभाषित किया है, जिसके द्वारा 'एक समाज जैविक कामुकता को मानव गतिविधि के उत्पादों में बदल देता है'। [टोंग : 2009, 51] जेंडर निर्माण के लिए पितृसत्तात्मक समाज को जिम्मेदार ठहराया जाता है। यह पुरुषत्व और स्त्रीत्व, लिंग पहचान और व्यवहार के निर्माण के लिए पुरुष और महिला जीव विज्ञान के बारे में कुछ तथ्यों का उपयोग करता है। इस निर्माण का उद्देश्य महिलाओं के समक्ष पुरुषों को सशक्त बनाना है। हालांकि ऐसे चरित्र लक्षण पूर्व निहित होते हैं, पितृसत्ता द्वारा उन्हें प्राकृतिक गुणों में परिवर्तित किया जाता है। इस प्रकार पुरुषों और महिलाओं दोनों के लिए "सामान्य व्यवहार" लैंगिक मानदंडों के प्रति अटूट आस्था के लिए सशर्त होते हैं।

उग्र नारीवादियों का एक समूह (उग्र इच्छा स्वतंत्रवाद) (Radical Libertarians) सेक्स (पुरुष/स्त्री) से जेंडर (पुरुष/महिला) को अलग करना चाहता है। जेंडर महिलाओं को निष्क्रिय और विनम्र रखने तथा पुरुषों को सक्रिय रखने के लिए पितृसत्ता के हाथों में एक उपकरण है। महिलाओं की स्थायी अधीनता को समाप्त करने के लिए, पहला काम यह है कि न तो पुरुषों को और न ही महिलाओं को उनकी निर्मिति की प्रक्रिया के बारे में

बताया जाए। अपने भिन्न गुणों के आधार पर, कोई भी स्नेही, सहानुभूतिपूर्ण, देखभाल करने वाला, मित्रवत (तथाकथित स्त्रैण गुण) या आक्रामक, जिम्मेदार, महत्त्वाकांक्षी, प्रतिस्पर्धी (तथाकथित पौरुषेय गुण) गुणों का वाहक हो सकता है। उग्र नारीवादियों के एक अन्य समूह –(उग्र सांस्कृतिक) (radical cultural) द्वारा उभयलिंगता (androgyny) के लिए उनके विचार को प्रभावी ढंग से नकार दिया गया है। मैरीलिन फ्रेंच और मैरी डेली जैसे नारीवादियों का तर्क है कि पुरुषों और महिलाओं के बीच पोषण या समाजीकरण की प्रक्रिया के बीच अंतर को वरीयता देना हमेशा उचित नहीं होता है। उनकी जैविक विशेषताओं के कारण नर और मादा के बीच मूलभूत प्राकृतिक अंतर हैं। मैरीलिन फ्रेंच के मत के अनुसार, स्त्री गुण मर्दाना लोगों की तुलना में बेहतर होते हैं। प्रकृति पर मानव के प्रारंभिक नियंत्रण के लिए पितृसत्ता की उत्पत्ति का पता लगाते हुए, वह तर्क देती हैं कि प्रकृति और महिलाओं का वर्चस्व एक साथ स्थापित हुआ क्योंकि महिलाओं को उनकी प्रजनन क्षमताओं के कारण प्रकृति के समकक्ष रखा गया और यह एक ऐसा तंत्र है जिसमें शक्ति को किसी भी अन्य चीज़ से अधिक वरीयता दी गई है। पितृसत्तात्मक प्रतिस्पर्धा (कई मानते हैं जो पहले से ही है) दुनिया के लिए विनाशकारी साबित हो सकती है। पितृसत्तात्मक समाज के लिए मुक्ति का एकमात्र साधन प्रेम, करुणा, सहयोग और पोषण के स्त्री गुणों को आत्मसात करना है। ये बहुत महत्त्वपूर्ण बात है कि पितृसत्ता ने हमेशा एक हीन स्थिति कायम की है। स्त्री संसार जीने के लिए एक बेहतर स्थान होगा क्योंकि यह रचनात्मकता और शक्ति के साझे सिद्धांतों पर आधारित होगा।

मैरी डेली– ने रेडिकल सांस्कृतिक नारीवादी– ने अपनी पुस्तक *जीन/इकोलॉजी* (1978) में "नारीत्व" की निंदा की है। उनके अनुसार, पितृसत्ता सकारात्मक स्त्री गुण का निर्माण करती है जैसे कि पोषण, करुणा और सौम्यता। साथ ही ईर्ष्या और क्षुद्रता के रूप में स्त्रीत्व से जुड़ी ऐसी नकारात्मकता भी पितृसत्तात्मक निर्माण है। वास्तव में मुक्त होने के लिए, महिलाओं को स्त्रीत्व को पूरी तरह से अस्वीकार करना चाहिए। यदि महिलाएं वास्तव में पुरुष द्वारा निर्मित स्त्रीत्व को अस्वीकार करती हैं, तो वे अपनी वास्तविक "महिला शक्ति" और सुंदरता की खोज करेंगी। पितृसत्ता में वह स्त्री की तुलना कृत्रिम रूप से चित्रित जकड़े हुए पक्षी से करती हैं। दूसरी ओर, झूठी नारीत्व का प्रतिरूप प्राकृतिक उन्मुक्त पक्षी है। वह कभी भी पितृसत्तात्मक मूल्यों और सत्ता के जाल में फंसे बिना ऊंची उड़ान भर सकती है।

जेंडर हमेशा निर्मित नहीं होता : उत्तर-आधुनिकतावादी दृष्टिकोण

(Gender is not Always Constructed : The Post-Modernist View)

सेक्स/जेंडर में सबसे आम भेद यह है कि सेक्स प्राकृतिक है, जबकि जेंडर सांस्कृतिक और सामाजिक रूप से निर्मित है। आज नारीवादी इस विचार को बहुत ही सीमित करार देते हैं। उनका तर्क है मानव जीव विज्ञान (सेक्स) स्वयं ही मानव शरीर, भौतिक पर्यावरण और प्रौद्योगिकी और समाज के विकास की स्थिति के बीच की जटिल पारस्परिक क्रियाओं द्वारा गठित है। इस प्रकार, हाथ उतना ही श्रम का उत्पाद है जितना कि श्रमिक का उपकरण–

मानव हस्तक्षेप बाहरी वातावरण को बदल देता है और साथ-ही-साथ बाहरी वातावरण में बदलाव से मानव शरीर आकार लेता है। [मेनन : 2012, 64] समझने की बात यह है कि जिस मानव शरीर पर सांस्कृतिक रूप से लिंग का निर्माण किया जाता है उसकी निर्मिति इतनी आसान नहीं रही है। विकासवादी जीव विज्ञान यह सिद्ध करता है कि विभिन्न बाह्य कारकों जैसे कि भिन्न-भिन्न समयों और स्थानों पर जलवायु और आहार के भिन्न होने से मानव का जैविक विकास भी अलग तरीके से होता है। इसी तरह, सौंदर्य और सामाजिक प्रतिबंधों के मानदंड भी शरीर के विकास को प्रभावित कर सकते हैं। इसी तरह आज खेल में सक्रिय महिलाएं अधिक मजबूत हैं, अधिक स्थायी हैं जिससे कुछ दशकों पहले के सामान्य आंकड़ों में सुधार हुआ है। काम के दौरान बहुत से कारकों का संयोजन महिला शरीर के विकास और इसकी क्षमता का विशेष तरीके से नेतृत्व करता है। इस प्रकार केवल जेंडर ही बाह्य कारकों से प्रभावित नहीं होता बल्कि सेक्स की निर्मिति पर भी बाह्य कारकों का असर पड़ता है।

यदि हम पूरी तरह से यौन शरीर के बारे में अपनी समझ को उलटा कर देते हैं, तो सेक्स/लिंग भेद के बारे में एक उग्र पुनर्विचार हो सकता है। जूडिथ बटलर का तर्क है कि यह सेक्स या जैविक शरीर नहीं है जो लिंग का निर्माण करता है, बल्कि लिंग 'सोचने के तरीके के रूप में जैविक सेक्स की श्रेणी का उत्पादन करता है। [मेनन : 2012, 70] प्रदर्शन की एक शृंखला के माध्यम से जेंडर, सेक्स को निर्मित करता है। सामाजिक संस्थाएं, प्रथाएं, बायोमेडिकल विज्ञान की भाषाएं "हेट्रोसेक्सुअल मैट्रिक्स" का निर्माण करती हैं, जो प्रकृति के इस तथ्य की तरह दिखती है कि सभी मनुष्यों को पुरुष या महिला के रूप में वर्गीकृत किया जा सकता है; और विपरीत लिंग के प्रति विषमता या आकर्षण ही इसका एकमात्र आदर्श है। एक बार जब हम इस मैट्रिक्स के जाल से मुक्त हो जाते हैं, तो हम महसूस करते हैं कि मानव शरीर और इच्छाएं नियत नहीं हैं। पुरुष/महिला बाइनरी को स्थानांतरित करने वाली यौन पहचान हो सकती है। भक्ति आंदोलन के कवियों ने पुरुष-महिला को अलग करने वाली रेखाओं को लगातार पार किया है। [मेनन : 2012, 57] 10वीं सदी के एक कवि दासिमय्या ने निम्नलिखित शब्दों में, शरीर के सामाजिक रूप से निर्मित स्वभाव को व्यक्त किया:

> अगर उन्हें स्तन और लंबे बाल आते हैं, तो वे इसे महिला कहते हैं, अगर दाढ़ी और मूंछें हैं, तो वे इसे एक आदमी कहते हैं। [मेनन : 2012, 57]

विषमलैंगिक मैट्रिक्स शरीरों की सच्चाई को निर्धारित करता है। जो पुरुष और महिला की सटीक श्रेणियों में नहीं आते हैं उन्हें किसी एक में बलपूर्वक अनुशासित होना चाहिए। इस तरह के कृत्यों में सर्जिकल हस्तक्षेप, हार्मोनल थेरेपी, लिंग के उपयुक्त कपड़े और मेकअप शामिल हो सकते हैं। यह पूर्वधारणा के आधार पर है कि जैविक संरचना (सेक्स) को पुरुष या महिला (जेंडर)के रूप में ढाला जाएगा। इस बिंदु में एक मामला इंटरसेक्स बच्चों का भी है। जैसा कि उन्हें निश्चित रूप से पुरुष या महिला श्रेणी में नहीं रखा जा सकता है, सामान्य प्रथा जन्म के समय उसके लिंग निर्धारण की है। सेक्स का यह निर्धारण (या सेक्स का निर्माण क्योंकि इसमें अक्सर सर्जिकल हस्तक्षेप शामिल होता है) आमतौर पर सांस्कृतिक

मान्यताओं पर आधारित होता है न कि प्राकृतिक, जैविक विशेषताओं पर। उदाहरण के लिए, माता-पिता एक बच्ची चाहते हैं और यह इच्छा उन सभी सांस्कृतिक अपेक्षाओं को दर्शाती है जो एक बच्ची को पसंद होनी चाहिए। इस प्रकार बनाई गई लड़की को एक लड़की के रहने के लिए आजीवन बाहरी हस्तक्षेप से गुजरना पड़ सकता है। यह केवल विषम मैट्रिक्स के भीतर समझ में आता है क्योंकि इंटरसेक्स लोग पूरी तरह से स्वस्थ और सामान्य जीवन जी सकते हैं जिस भी श्रेणी में वे हैं।

यह ध्यान रखना आकर्षक है कि तीन जैविक पहचानों का एक आदर्श संगम पुरुष या महिला के रूप में परिणत होता है। ये हैं: (i) आनुवंशिक- पुरुषों के लिए XX गुणसूत्र, महिलाओं के लिए XY; (ii) हार्मोनल- महिला के लिए एस्ट्रोजन, पुरुष के लिए एंड्रोजन या टेस्टोस्टेरोन; (iii) विशिष्ट पुरुष या महिला जननांग। [मेनन : 2012] हालांकि, इन तीनों को आवश्यक रूप से प्रतिष्ठित नहीं किया गया है। एक शरीर में महिला जननांग हो सकते हैं, लेकिन गुणसूत्र के पैटर्न भिन्न हो सकते हैं। कभी-कभी, शरीर में हार्मोन विपरीत लिंग का हो सकता है भले ही अन्य दो मापदंड पूरे हों।

केस स्टडी : 1

प्रतिभाशाली भारतीय एथलीट दुति चंद को वर्ष 2014 में ग्लासगो में हुए राष्ट्रमंडल खेलों में हिस्सा लेने से रोका गया था। यह एशियन जूनियर एथलेटिक्स चैंपियनशिप में दो स्वर्ण पदकों की जीत हासिल करने के बाद की घटना है। कारण उसके शरीर में एंड्रोजन(विशेष रूप से टेस्टोस्टेरोन) की अत्यधिक मात्रा में उपस्थिति थी। अपने एथलेटिक करिअर को जारी रखने के लिए चंद को दो विकल्प दिए गए- सर्जरी और हार्मोनल थेरेपी से उसके शरीर में प्राकृतिक रूप से उत्पन्न होने वाले टेस्टोस्टेरोन के अत्यधिक स्तर को कम करना। उसने मना कर दिया और तर्क दिया कि उसे दो बातों पर दृढ़ विश्वास है-कि वह महिला है और एक विश्व स्तरीय एथलीट है। उसने अतिउभयलिंगता (hyperandrogeneous) संबंधी दिशा-निर्देश, जिसमें एंड्रोजन के उच्च स्तर के साथ महिलाओं का ट्रैक और फील्ड इवेंट में खेलना वर्जित था, को कोर्ट ऑफ आर्बिट्रेशन फॉर स्पोर्ट (CAS) में चुनौती दी, और लंबी लड़ाई के बाद, इंटरनेशनल एसोसिएशन ऑफ एथलेटिक फेडरेशन (IAAF) ने 100 और 200 मीटर दौड़ में एंड्रोजन की अधिकता वाली महिलाओं को हिस्सा लेने की अनुमति देने के लिए अपने नियमों को बदला। चंद की यह लड़ाई दो कारणों से उल्लेखनीय है- पहले यह सेक्स और जेंडर संबंधी बहस और व्यक्ति विशेष को अपने लिंग निर्धारण का अधिकार को नए सिरे से परिभाषित करता है। दूसरा सवाल, अति उभयलिंगी महिला एथलीटों का अन्य प्रतियोगियों के विरुद्ध अनुचित लाभ लेने की कथित धारणा से संबंधित है।

पेशेवर खेलों की दुनिया में खेल के मैदान के सभी का सम-स्तर होना अनिवार्य है, किसी को भी अन्य की तुलना में किसी भी कारण से कोई लाभ नहीं उठाना चाहिए। उच्च टेस्टोस्टेरोन वाली महिलाओं में भले ही यह हार्मोन प्राकृतिक रूप से शरीर में हो, इसे अधिक शारीरिक बल और इसलिए प्रदर्शन में लाभ पहुंचाने वाले तत्त्व के रूप में देखा जाता है। 2018 में IAAF ने दिशा-निर्देश जारी किए जिसमें 400 मीटर से एक मील तक के ट्रैक इवेंट में भाग लेने के लिए शरीर में टेस्टोस्टेरोन के 5 से अधिक नैनोमोल (nanomoles) वाली

महिलाओं को वर्जित किया गया था। यह आंकड़ा ब्रिटिश जर्नल ऑफ स्पोर्ट्स मेडिसिन द्वारा प्रकाशित एक अध्ययन के बाद आया था जिसमें यह दिखाया गया था कि उच्च टेस्टोस्टेरोन वाली महिलाओं को इसका 400 मीटर, 400 मीटर हर्डल, 800 मीटर, हैमर थ्रो और पोल वॉल्ट खेलों में प्रदर्शन में लाभ होता है (https://indianexpress.com/article/sports/sport-others/caster-semenya-cas-gender-testosterone-athletics-doping-5588598/) date of access February 18,2019

दक्षिण अफ्रीकी एथलीट कॉस्टर सेमन्या को इन नए नियमों ने सीधे प्रभावित किया था क्योंकि वो 800 मीटर और 1500 मीटर श्रेणियों में भाग लेती थीं और अब दोनों ही प्रतिबंधित प्रतिस्पर्धाओं की श्रेणी में आती थी। वर्ष 2009 में, सेमन्या को प्रतिस्पर्धी खेलों में भाग लेने से प्रतिबंधित कर दिया गया था क्योंकि उनकी लैंगिक पहचान को लेकर शंकाएं जताई गई थीं। उन्होंने 2010 में पेशेवर खेलों में वापसी की। सेमन्या ने इस प्रतिबंध को CAS में चुनौती दी और मई 2019 में फैसला उसके खिलाफ आया। परिणामत: अब सेमन्या को टेस्टोस्टेरोन स्तर को 5nmol/L तक कम करने और प्रतियोगिता से पहले छह माह तक इसे बनाए रखने के लिए हार्मोनल थेरेपी से गुजरना था। CAS को हालांकि विभिन्न एथलीटों को हुए हार्मोनल उपचार के साइड इफेक्ट की जानकारी थी। यह फैसला दुर्भाग्यपूर्ण था क्योंकि यह पूर्वधारणा कि किसी भी तरह पुरुष शरीर ही शारीरिक बल में उत्तम है, पर बल देता है इसलिए उच्च टेस्टोस्टेरोन जैसी पुरुष सुलभ ताकतें रखने वाली कुछ महिला एथलीटों को अनुचित लाभ मिलता है। दूसरा मुद्दा अन्य पहचानों के साथ जेंडर के अंतर्विभाजन से संबंधित है। हम इस पर अगले खंड में चर्चा करेंगे।

केस स्टडी : 2

स्व्यर सिंड्रोम एक ऐसा रोग है जिसमें महिला आनुवंशिक रूप से पुरुष होती है, लेकिन उसमें महिला सुलभ लक्षण रहते हैं। इसे XY गोनाडल डिस्जेनेसिस के नाम से भी जाना जाता है। यह एसआरवाई जीन के उत्परिवर्तन के कारण होता है, जो XY क्रोमोसोम के वाई भाग में वृषण के निर्माण के लिए उत्तरदायी होता है। उत्परिवर्तन से शरीर में टेस्टोस्टेरोन का अवशोषण थम जाता है और पुरुष अंगों की संरचना होती है। इस रोग के साथ व्यक्ति बाह्य तौर पर, स्त्रीसुलभ आवाज, स्तन, योनि, फैलोपियन ट्यूब और शिशु गर्भाशय के साथ लड़की के रूप में जन्म लेता है। लेकिन उसके शरीर में अंडाशय नहीं होगा बल्कि अल्पविकसित वृषण होगा जिसे स्ट्रीक गोनाडके नाम से जाना जाता है। शरीर में टेस्टोस्टेरोन का उत्पादन होगा, लेकिन यह अवशोषित नहीं होगा। वहीं एस्ट्रोजन या प्रोजेस्टेरोन का उत्पादन नहीं होगा। इस रोग के साथ जन्म लेने वाली महिला के शरीर में अंडाशय न होने के कारण उसे मासिक धर्म नहीं हो सकता। वह असिस्टेड रिप्रोडक्टिव तकनीकों द्वारा प्रजनन कर सकती है। भारत में मेरठ की रहने वाली स्वयर सिंड्रोम से ग्रसित एक महिला, जन्म देने वाली पहली महिला बनी हैं। अब तक इस सिंड्रोम के साथ दुनिया में छह अन्य महिलाएं जन्म दे चुकी हैं। इस रोग का निदान मुश्किल है, और इस पर अब तक बहुत कम ध्यान दिया गया है।

स्रोत:: www.indianexpress-com.cdn.ampprojct.org date of access 18 feb2019

जेंडर और अन्य अस्मिताएं (Gender and Other Identities)

अब हम कॉस्टर सेमन्या और उसके इंटरनेशनल एसोसिएशन ऑफ एथलेटिक फेडरेशन (IAAF) के साथ अंतहीन मुसीबतों को लेते हैं। केटरीना कार्काजी, दुति चंद मामले में (CAS) सीएएस के सामने गवाही देने के विशेषज्ञों में से एक ने तर्क दिया कि आईएएएफ ने विशेष रूप से 400 मीटर से एक मील तक के ट्रैक इवेंट की विशेष जानकारी ली, क्योंकि ये ऐसे खेल हैं जहाँ विश्व के दक्षिण देशों की महिलाएं आमतौर पर उत्कृष्टता हासिल कर रही हैं। उनका तर्क गौर करने योग्य है क्योंकि *ब्रिटिश जर्नल ऑफ स्पोर्ट्स मेडिसिन* के अध्ययन ने इसमें हैमर थ्रो और पोल वॉल्ट का भी उल्लेख किया गया है। दरअसल, इन दोनों खेलों में हाइपरएंड्रोजेज्म (hyperandrogenism) का फायदा सबसे ज्यादा होता है, जबकि 800 मीटर रेस में यह सबसे कम है। लेकिन इन दोनों खेलों का प्रतिबंधित खेलों की श्रेणी में कोई उल्लेख नहीं मिलता है। अत: हमें यह सवाल पूछना चाहिए कि क्या केवल पुरुष या स्त्री होना ही या जाति, वर्ग, राष्ट्रीयता और नस्ल जैसी अन्य पहचानें भी जेंडर की समझ तय करने में प्रभावी कारक हैं? मसलन, वी. गीता बताती हैं कि जाति विरोधी या नस्ल विरोधी आंदोलन हमेशा लैंगिक समानता के सिद्धांत का समर्थन नहीं करना चाहते। दबे-कुचले समूहों के पुरुषों की उन विशेषाधिकारों को बनाए रखने में हिस्सेदारी है जो उन्हें पुरुष होने के नाते मिले होते हैं। उनमें मर्दानगी और स्त्रीत्व ज़रूरी नहीं कि बेहतर या कमतर हो। अन्य पहचानों के साथ अंतर्विभाजकता, शक्ति पदानुक्रम में उनकी स्थिति निर्धारित करती है। उदाहरण के लिए, हार्पर ली के प्रसिद्ध *उपन्यास टू किल अ मॉकिंगबर्ड* (1960) में बलात्कार पीड़िता एक गरीब श्वेत महिला और नस्ल में अश्वेत आदमी की पेशी चल रही है, जिसका वर्णन 1930 के दशक के नस्लीय आधार पर विभाजित अमेरिका के दौर में किया गया है। श्वेत महिला द्वारा लगाया गया आरोप झूठा था और पेशी के दौरान इसे प्रमाणित कर दिया गया। लेकिन अदालत ने त्वचा के रंग की वजह से आदमी के खिलाफ अपना फैसला सुनाया। वे अंततः अश्वेत व्यक्ति के खिलाफ श्वेत औरत के शब्द हैं। आदमी अपनी मर्दानगी के बावजूद यहां हार जाता है क्योंकि नस्ल इस संदर्भ में प्रमुख पहचान है। जाति विभाजित समाज में, सवर्ण जाति की महिला निचली जातियों के पुरुषों की तुलना में अधिक शक्तिसंपन्न और विशेषाधिकार प्राप्त होगी। निचली जाति के व्यक्ति को प्राय: मनुष्य के रूप में ही नहीं देखा जाता है- उसकी मर्दानगी पर अन्य पहचानें भारी पड़ जाती हैं। इसी तरह, अश्वेत नारीवादी अध्ययन बताते हैं कि लिंगभेद के अनुभवों और नस्लभेद के अनुभवों में भिन्नता है और नस्लभेद के साथ लिंगभेद के अनुभव भी भिन्न हैं। [ब्राइसन : 2001] अश्वेत महिलाओं की कथित संकीर्णता श्वेत महिला की "पवित्रता" के ठीक विपरीत होगी, और इसी से बाद में उनपर प्रतिबंधों के औचित्य साबित किए जाएंगे। स्त्रीत्व या उससे संबंधित आदर्श धारणा इस प्रकार एक स्वतंत्र धारणा कभी नहीं हो सकती। सोजूर्न ट्रुथ (Sojourner Truth) का प्रसिद्ध भाषण और *मैं कोई औरत नहीं हूँ?* (And Ain't I a Woman\) लिंग और नस्ल के बीच बलपूर्वक अंतर-संबंध स्थापित करता है। उन्होंने अक्रोन ओहियो में 1851 में हुए महिला अधिकार सम्मेलन में उनके वक्तव्य के शब्द थे... *वहां वो आदमी कहता है कि औरतों को*

गाड़ियों में मदद करने की ज़रूरत है और खाइयों से बचाना चाहिए, और हर जगह बेहतर स्थान दिलाया जाना चाहिए। कोई गाड़ी में मेरी कभी मदद नहीं करता, या कीचड़ भरे गड्ढों में उठाता, या मुझे कभी बेहतर स्थान देता है। और मैं कोई औरत नहीं हूँ? मेरी तरफ देखो! मेरी बाहों को देखो! मैंने जोता और बोया है, और खलिहानों को भरा है, और कोई आदमी मुझ पर हुकूमत नहीं कर सकेगा! और मैं कोई औरत नहीं हूँ? मैं किसी आदमी जितना ही काम कर सकती हूँ, मैं किसी आदमी जितना ही खा सकती हूँ- जब मिल जाए तो- और कोड़े भी खा सकती हूँ! और मैं कोई औरत नहीं हूँ? मैंने तेरह बच्चों को जन्म दिया है, और सबको ही दास बनने के लिए बिकते देखा है, और जब मैं अपनी मां के दुःख में रोई हूँ, किसी ने नहीं सिर्फ ईशु ने मुझे सुना है! और मैं कोई औरत नहीं हूँ? [https://www.nps.gov/articles/sojourner-truth.htm] वो महिलाओं के प्रति शौर्य की कमी की चर्चा करते हुए, स्त्रीत्व की सभी धारणाओं को चूर-चूर कर देती हैं, उनकी शारीरिक शक्ति, उनकी खेतों में कार्य करने की क्षमता किसी भी रूप में किसी आदमी से कम नहीं है। स्त्रीत्व और मर्दानगी इस प्रकार पुरुष और महिला होने के आधार पर निर्मित सत्य नहीं हैं, लेकिन यह ज़रूर है कि किस तरह के पुरुष या महिला को संदर्भित करते हैं।

निष्कर्ष (Conclusion)

इस अध्याय में विगत वर्षों में उत्पन्न जेंडर की विभिन्न नारीवादी समझ के प्रक्षेप पथ तैयार करने का प्रयास किया गया है। जेंडर संबंधी ये विविध दृष्टिकोण यह मुक्ति तथ्य सामने लाता हैं कि हम अनिवार्य रूप से अपने शरीर (जीव विज्ञान) में कैद नहीं हैं। सेक्स के द्विआधारी सीमित पहलू -कभी निर्विवाद सत्य माने जाते थे- तेज़ी से स्पष्ट होते जा रहे हैं। इस पर ध्यान दिया जाना चाहिए कि एक पहचान के रूप में जेंडर को लगातार और बार-बार कई तरह से गढ़ा गया है, और अन्य पहचानें भी इसी तरह के संसर्ग में गढ़ने की प्रक्रिया का परिणाम हैं।

अभ्यास प्रश्न (Practice Questions)

1. "स्त्री पैदा न होकर निर्मित होती है।" जेंडर निर्माण के संदर्भ में इस कथन की व्याख्या कीजिए।
2. "सेक्स प्रकृति मूलक है; जेंडर संस्कृतिमूलक है।" पिछले कुछ वर्षों में विभिन्न नारीवादी सिद्धांतों में इस कथन को किस प्रकार व्याख्यायित किया गया है?
3. क्या ऐसा कहा जा सकता है कि नारीवाद के किसी सिद्धांत ने जेंडर की सबसे बेहतर अवधारणा दी है? यदि हाँ, तो वह कौन-सा सिद्धांत है?
4. क्या आपको लगता है कि एक वैचारिक उपकरण के रूप में जेंडर जैविक नियतत्ववाद की धारणा को चुनौती देता है?

संदर्भ एवं टिप्पणियां (Notes and References)

1. रोजमेरी टोंग रेडिकल नारीवादियों को दो समूहों में बांटती हैं- रेडिकल इच्छास्वतंत्रवादी और रेडिकल सांस्कृतिक। दोनों ही इस सिद्धांत पर सहमत हैं कि सेक्सिजम (sexism) मानव उत्पीड़न

का सबसे पुराना और गहरा स्वरूप है, लेकिन वे सेक्सिजम के खात्मे के लिए उनके विचारों में भिन्नता है। कट्टरपंथी उदारवादी उभयलिंगता(एंड्रोजिनी) के हिमायती हैं, जबकि दूसरा समूह पुरुषत्व पर स्त्रीत्व की श्रेष्ठता को कायम रखता है।

2. मसलन, पैर बांधने की प्राचीन चीनी प्रथा का इस्तेमाल महिलाओं के पैरों की वृद्धि को प्रतिबंधित करने के लिए किया जाता था। पैरों का छोटा आकार सौंदर्य की पहचान था, और इस तरह सांस्कृतिक मानदंडों से शरीर का विकास कैसे होना चाहिए यह निर्धारित किया जाने लगा। इसी तरह की प्रथाएं प्राचीन बर्मा में प्रचलित थीं, महिलाओं की गर्दन को लंबा आकार देने की, क्योंकि हंस की तरह लंबी गर्दन में ही स्त्री का सौंदर्य माना गया।
3. इस संदर्भ में एक पंजाबी फिल्म *किस्सा* (2013) का जिक्र किया जा सकता है। एक लड़की को बेटे के लिए पागल पिता द्वारा लड़के की तरह पाला जाता है। वह जैविक रूप से लड़की है, लेकिन अनुकूल प्रदर्शन के विभिन्न पहलुओं की शृंखला से गुजरते हुए जैसे लड़कों की तरह कपड़े पहनना और औरत से शादी होने पर अधिक आक्रामक होना आदि के माध्यम से पुरुष होना सीखती है।
4. मध्यलिंगी या उभयलिंगी लोग, दोनों डिंबग्रंथि और वृषण ऊतकों या अस्पष्ट यौन अंगों के साथ पैदा होते हैं।

एडम्स, सेसिल (2008), https://www.straightdope.com/columns/read/2831/was-pink-originally-the-color-for-boys-and-blue-for-girls/ 5 मई 2019 को एक्सेस किया गया।

द बुआ, सिमोन, (1997), द *सेकंड सेक्स*, लंदन : विंटेज बुक्स।

ब्रायसन, वैलेरी, (2003), *फेमिनिस्ट पॉलिटिकल थ्योरी*, न्यूयॉर्क : पालग्रेव मैकमिलन।

ड्यूश, फ्रेंकिन एम. (2007), "अन्डोइंग जेंडर", *जेंडर एंड सोसाइटी* वॉल्यूम 21 नंबर 1: 106–127।

डचेन, क्लेयर, (1994), "लिंग पैराग्राफ", वॉल्यूम 17, नंबर 3 : 227–235।

गीता, वी, (2009), जेंडर, कोलकाता : स्ट्री।

मेनन, निवेदिता, (2012), *सीइंग लाइक ए फेमिनिस्ट*, दिल्ली : जुबां-पेंगुइन।

पेटमैन, कैरोल, (2009), "वॉलस्टोनक्राफ्ट इन पॉलिटिकल थिंकर्स : सुकरात टु प्रेजेंट", डेविड बाउचर और पॉल केली, (सं.) 325–43। न्यूयॉर्क : ऑक्सफोर्ड : ऑक्सफोर्ड यूनिवर्सिटी प्रेस ।

टोंग, रोजमेरी, (2009), *फेमिनिस्ट थॉट : ए मोर कॉम्प्रिहेंसिव इंट्रोडक्शन*, यूसए : वेस्टव्यू प्रेस।

ट्रूथ, सोजॉर्नर, (1851), "आन्ट आई अ वोमेन"? Ain't I a Woman?' https://www.nps.gov/articles/sojourner-truth.htm). 5 मई 2019 को एक्सेस किया गया।

वेस्टब्रुक, लॉरेल और क्रिस्टन शिल्ट, (2014), "डूइंग जेंडर, डेटरमाइनिंग जेंडर : ट्रांसजेंडर पीपल, जेंडर पैनिक्स, एंड द मेंटेनेंस ऑफ द सेक्स / जेंडर / सेक्सुअलिटी सिस्टम", जेंडर एंड सोसाइटी, वॉल्यूम 28 नंबर 1 : 32–57।

वोल्स्टोनक्राफ्ट, मैरी, (2004), द *विंडीकेशन ऑफ द राइट्स ऑफ द विमेन*, इंग्लैंड : पेंगुइन।

संपादक एवं सहयोगी लेखक परिचय

संपादक

संजीव कुमार दिल्ली विश्वविद्यालय के ज़ाकिर हुसैन दिल्ली कॉलेज, राजनीति विज्ञान विभाग में प्रोफेसर के पद पर कार्यरत हैं। वह पिछले 19 वर्षों से राजनीतिक सिद्धांत, भारतीय राजनीतिक चिंतन, पश्चिमी राजनीतिक दर्शन, अंडरस्टैंडिंग गांधी जैसे विषयों को पढ़ा रहे हैं। उनके शोध के मुख्य क्षेत्र सामाजिक राजनीतिक सिद्धांत, नागरिकता अध्ययन, आपदा प्रबंधन के सामाजिक पहलू तथा गांधीवादी दर्शन और शांति अध्ययन हैं। इनके लेख कई पुस्तकों और राष्ट्रीय व अंतर्राष्ट्रीय शोध-पत्रिकाओं में प्रकाशित हुए हैं। भारतीय समाजशास्त्र समीक्षा, गांधी मार्ग, इंडिया क्वार्टरली, एपीए स्टडीज (अमेरिकन फिलोसोफिकल एसोसिएशन), इकोनॉमिक एंड पॉलिटिकल वीकली (EPW), दी इंडियन एक्सप्रेस, एमपलॉयमनेट न्यूज वीकली में सैद्धांतिक एवं समसामयिक राजनीतिक मुद्दों पर इन्होंने विस्तृत लेखन किया है। हाल ही में इन्होंने *गांधी एंड द कंटेंपरेरी वर्ल्ड* (रूटलेज : लंदन, 2020) पुस्तक का संपादन किया है। वह दिल्ली स्थित सेंटर फॉर द स्टडी ऑफ डेवलपिंग सोसाइटीज (CSDS) में रिसर्च फेलो और डेवलपिंग कंट्री रिसर्च सेंटर (DCRC), दिल्ली विश्वविद्यालय में फेलो रह चुके हैं। वर्तमान में वह सेंटर फॉर एथिक्स, पॉलिटिक्स एंड ग्लोबल अफेयर्स, नई दिल्ली में एक वरिष्ठ फेलो के रूप में जुड़े हैं।

सहयोगी लेखक

कुमार राहुल राजनीति विज्ञान विभाग, रामजस कॉलेज, दिल्ली विश्वविद्यालय में राजनीति विज्ञान के एसोसिएट प्रोफेसर हैं। उनकी रुचि के क्षेत्रों में राजनीतिक सिद्धांत, गांधीवादी अध्ययन, नैतिकता और राजनीति और तुलनात्मक राजनीतिक सिद्धांत शामिल हैं। वह विकासशील देशों के अनुसंधान केंद्र (DCRC), दिल्ली विश्वविद्यालय और बर्मिंघम विश्वविद्यालय में न्याय फेलो रहे हैं। उनके लेख गांधी मार्ग, संवाद क्वार्टरली, जर्नल ऑफ कंटेंपरेरी थॉट, और इकोनॉमिक एंड पॉलिटिकल वीकली (EPW) जैसी अहम पत्रिकाओं में छपे हैं।

अभिषेक चौधरी दिल्ली विश्वविद्यालय के राजनीति विज्ञान विभाग में असिस्टेंट प्रोफेसर हैं। इन्होंने जवाहरलाल नेहरू विश्वविद्यालय के अंतर्राष्ट्रीय अध्ययन संस्थान के अंतर्राष्ट्रीय राजनीति, संगठन एवं अशस्त्रीकरण केंद्र (सीपॉड) से अपना पीएचडी पूरा किया है। इन्होंने दिल्ली विश्वविद्यालय से राजनीति विज्ञान में प्रथम श्रेणी के साथ स्नातक तथा स्नातकोतर की उपाधियां प्राप्त की हैं। इन्होंने कई द्विभाषी लेखों, अध्यायों और पुस्तक समीक्षाओं के साथ ऑक्सफोर्ड यूनिवर्सिटी प्रेस से भारत की विदेश नीति : पुनरावलोकन एवं संभावनाएं' शीर्षक से हिंदी अनुदित पुस्तक भी प्रकाशित की है।

मानसी मिश्रा जाकिर हुसैन दिल्ली कॉलेज, दिल्ली विश्वविद्यालय में राजनीति विज्ञान पढ़ाती हैं। वर्तमान में वह जवाहरलाल लाल नेहरू विश्वविद्यालय के सेंटर फॉर वीमेन स्टडीज से "उत्तर-औपनिवेशिक असम में जेंडर एवं अस्मिता निर्माण" के विषय पर पीएचडी कर रही हैं।

पवन कुमार ने दिल्ली विश्वविद्यालय के राजनीति विज्ञान विभाग से पीएचडी की है। उनके शोध क्षेत्रों में लोकतंत्र, भ्रष्टाचार, न्याय, अधिकार और वैश्विक नारीवाद मुख्य हैं। इन्होंने कई प्रतिष्ठित राष्ट्रीय और अंतर्राष्ट्रीय जर्नल में शोध लेख प्रकाशित किए हैं। उन्होंने राष्ट्रीय और अंतर्राष्ट्रीय सेमिनारों और सम्मेलनों में भी भाग लिया है। उन्होंने स्नातक और स्नातकोत्तर दोनों स्तरों पर भी पढ़ाया है।

निशांत कुमार वर्तमान में दिल्ली विश्वविद्यालय के दयाल सिंह कॉलेज में राजनीति विज्ञान विभाग में एसोसिएट प्रोफेसर हैं। इन्होंने किंग्स कॉलेज, लंदन से राजनीति विज्ञान में पीएचडी की उपाधि हासिल की है।

स्मिता अग्रवाल वर्तमान में दिल्ली विश्वविद्यालय में राजनीति विज्ञान विभाग में असिस्टेंट प्रोफेसर के पद पर कार्यरत हैं।

संजय शर्मा पांडिचेरी विश्वविद्यालय के राजनीति और अंतर्राष्ट्रीय अध्ययन विभाग में एसोसिएट प्रोफेसर के पद पर 2022 से कार्यरत हैं। इन्होंने भारतीय समाज विज्ञान अनुसंधान परिषद (ICSSR) द्वारा प्रदत एक मेजर प्रोजेक्ट संपन्न किया है तथा 2022 से एक अन्य प्रोजेक्ट पर काम कर रहे हैं। आपकी विशेषज्ञता संघात्मक शासन, पर्यावरण व आपदा शासन-प्रणाली तथा जलवायु परिवर्तन जैसे विषयों में है। आपके शोध-पत्र राष्ट्रीय व अंतर्राष्ट्रीय जर्नलों में प्रकाशित हो चुके हैं।

तृप्ता शर्मा जाकिर हुसैन दिल्ली कॉलेज, दिल्ली विश्वविद्यालय, में अस्सिटेंट प्रोफेसर के पद पर कार्यरत हैं। इन्होंने दिल्ली विश्वविद्यालय के राजनीति विज्ञान विभाग से पीएच.डी. की उपाधि प्राप्त की है। राजनीति विज्ञान के उप विषयों के साथ साथ राजनीति, सामाजिक आंदोलन और मीडिया के अंतर-संबंधों की अकादमिक पड़ताल में इनकी विशेष रुचि हैं।

कुँवर प्रांजल सिंह वर्तमान में जाकिर हुसैन दिल्ली कॉलेज (सांध्य) दिल्ली विश्वविद्यालय में असिस्टेंट प्रोफेसर के पद पर कार्यरत हैं। वे भारतीय समाज विज्ञान अनुसंधान परिषद् (ICSSR) के अध्येयता हैं। वे अकादमीय पत्रिकाओं व संपादित पुस्तकों में नियमित लेखन कार्य करते रहते हैं। लोकतंत्र, सामाजिक आंदोलन, ट्रेड यूनियन, आदिवासी प्रश्न, हाशियाई समाज से जुड़ी उनकी कुछ प्रमुख रचनाएं प्रकाशित हुई है।

शाबाना आज़मी दिल्ली विश्वविद्यालय के जाकिर हुसैन दिल्ली कॉलेज में राजनीति विज्ञान पढ़ाती हैं। उन्होंने जामिया मिलिया इस्लामिया से राजनीति विज्ञान में अपनी पीएचडी अर्जित की। उन्होंने राजनीति विज्ञान में महत्त्वपूर्ण मुद्दों और विषयों से संबंधित कई लेख और अध्याय प्रकाशित किए हैं। उनके रुचि के क्षेत्रों में राजनीतिक सिद्धांत, राजनीतिक दर्शन एवं राजनीतिक विचार, लोक-नीति, भारतीय राजनीति, मानवाधिकार, और लोक प्रशासन शामिल हैं। शिक्षा के क्षेत्र में उनके योगदान के लिए उन्हें दिल्ली विश्वविद्यालय से शिक्षण उत्कृष्टता पुरस्कार भी मिला है।

विकास कुमार दिल्ली विश्वविद्यालय के आत्मा राम सनातन धर्म कॉलेज में राजनीति विज्ञान में असिस्टेंट प्रोफेसर हैं। इन्होंने दिल्ली विश्वविद्यालय से पीएच.डी. की है।

भावना शर्मा दिल्ली विश्वविद्यालय से संबद्ध श्री गुरु नानक देव खालसा कॉलेज, में असिस्टेंट प्रोफेसर हैं। साथ ही स्कूल ऑफ सोशल साइंस, जवाहरलाल नेहरू विश्वविद्यालय से पीएचडी कर रही हैं। उनके शोध के क्षेत्र में बहिष्करण और समावेश, लोकतंत्र, सक्रियता, सकारात्मक कार्रवाई, राजनीतिक समाजशास्त्र शामिल हैं।

शिम्पी पांडे दिल्ली विश्वविद्यालय के भारती कॉलेज में राजनीति विज्ञान पढ़ाती हैं। उन्होंने दिल्ली विश्वविद्यालय से राजनीति विज्ञान में एम.फिल एवं पीएच.डी. की है। उनकी शोध रुचि पाकिस्तान स्टडीज, राजनीति सिद्धांत, राजनीतिक चिंतन, और इंडियन पॉलिटिक्स में हैं।

अंकित तोमर वर्तमान में आईसीएसएसआर अनुसंधान परियोजना के अनुसंधान सहायक के रूप में कालिंदी कॉलेज, दिल्ली विश्वविद्यालय, नई दिल्ली में कार्यरत हैं। साथ ही दिल्ली विश्वविद्यालय के राजनीति विज्ञान विभाग से एम.फिल. और जवाहरलाल नेहरू विश्वविद्यालय के अंतर्राष्ट्रीय राजनीति, संगठन और निरस्त्रीकरण केंद्र (सीआईपीओडी), स्कूल ऑफ इंटरनेशनल स्टडीज से अंतर्राष्ट्रीय राजनीति में पीएच.डी. कर रहे हैं । उनके राष्ट्रीय और अंतर्राष्ट्रीय स्तर की पुस्तकों एवं अकादमिक पत्रिकाओं में भी कई अध्याय और लेख प्रकाशित हो चुके हैं। उनकी रुचि के क्षेत्रों में भारतीय और पश्चिमी दर्शन, अंतर्राष्ट्रीय संबंधों के सिद्धांत, वैश्विक राजनीतिक अर्थव्यवस्था और अंतर्राष्ट्रीय संबंधों का अनुशासनात्मक इतिहास शामिल हैं।

अभिजीत कुमार, वर्तमान में जाकिर हुसैन दिल्ली कॉलेज, मैत्रेयी कॉलेज, गैर-कॉलेजिएट महिला शिक्षा बोर्ड (NCWEB), दिल्ली विश्वविद्यालय में अतिथि शिक्षक के रूप में भी काम कर रहें हैं। उनका एम. फिल "डिप्लोमेसी इन क्लासिक्स: ए केस स्टडी ऑफ महाभारत" पर था तथा दिल्ली विश्वविद्यालय के राजनीति विज्ञान विभाग में सी. राजगोपालाचारी के साहित्यिक और राजनीतिक जीवन पर पीएचडी कर रहें हैं। प्राचीन और आधुनिक भारतीय राजनीतिक चिंतन के विषयों का विश्लेषण और मूल्यांकन इनके रुचि के विषय हैं।

शब्द अनुक्रमणिका